Andrea Maurer · Uwe Schimank (Hrsg.)

Die Rationalitäten des Sozialen

Andrea Maurer
Uwe Schimank (Hrsg.)

Die Rationalitäten des Sozialen

VS VERLAG

Bibliografische Information der Deutschen Nationalbibliothek
Die Deutsche Nationalbibliothek verzeichnet diese Publikation in der
Deutschen Nationalbibliografie; detaillierte bibliografische Daten sind im Internet über
<http://dnb.d-nb.de> abrufbar.

1. Auflage 2011

Alle Rechte vorbehalten
© VS Verlag für Sozialwissenschaften | Springer Fachmedien Wiesbaden GmbH 2011

Lektorat: Cori Mackrodt

VS Verlag für Sozialwissenschaften ist eine Marke von Springer Fachmedien.
Springer Fachmedien ist Teil der Fachverlagsgruppe Springer Science+Business Media.
www.vs-verlag.de

Umschlaggestaltung: KünkelLopka Medienentwicklung, Heidelberg
Gedruckt auf säurefreiem und chlorfrei gebleichtem Papier
Printed in Germany

ISBN 978-3-531-17717-5

Inhalt

Soziologie und Rationalität

Einleitung: Die Soziologie – zwischen Rationalitätsverhaftung und Rationalitätsskepsis?

Andrea Maurer / Uwe Schimank

Rationalität ist einer der Leitbegriffe der Moderne. Die Sozialwissenschaften haben vor dem Hintergrund von Aufklärung, Liberalismus und Romantik die Möglichkeiten und Grenzen einer rationalen Erkenntnis ebenso erörtert wie diejenigen einer rationalen Gestaltung des menschlichen Zusammenlebens. In die Soziologie fand dies über die Klassiker, vor allem Max Weber, prominent Eingang. So finden wir heute auf der einen Seite Rationalität in den sozialtheoretischen Prämissen und Grundkategorien der Soziologie fest verankert – und auf der anderen Seite steht eine soziologische Gesellschaftsanalyse und -kritik, die sich vornehmlich im Gewande einer umfassenden Rationalitätsskepsis zeigt.

Ist die Soziologie also eine Disziplin, die einerseits unhinterfragt Rationalitätsprämissen aufgegriffen und in ihren theoretischen Kern aufgenommen hat, die dann andererseits durch die realen gesellschaftlichen Entwicklungen fundamental in Frage gestellt worden sind? Ist es womöglich so, dass das Rationalitätspostulat zwar ein anfänglicher Leitbegriff der Moderne war, der sich indes als falscher Hoffnungsträger entlarvt hat, weil insbesondere die emphatische Gleichsetzung mit Vernunft falsch ist und weil so auch die fortdauernde Bedeutung von Traditionen und Emotionen sträflich vernachlässigt wird? Oder verhält es sich gar so, dass zwar die individuelle Rationalität ein besseres Erkennen und – auf dieser Grundlage – einen besseren Umgang mit der Welt verspricht, aber dem durch die komplexen Strukturen, Organisationsformen und Interdependenzen in modernen Gesellschaften all zu enge Grenzen gesetzt sind? Es waren ja vor allem die ausbleibenden Gestaltungserfolge und die unübersehbaren unerwünschten Nebenfolgen des gesellschaftlichen Zusammenlebens nicht erst im 20. Jahrhundert, welche uns ein um das andere Mal die Begrenztheit eines rationalen individuellen und vor allem kollektiven Handelns vor Augen geführt haben.

Was bedeutet das alles aber nun für die Soziologie? Wieviel an Rationalität, und an welcher Stelle im Theoriegebäude, ist ihr anzuraten, und wo ist Rationalitätsskepsis oder gar Rationalitätskritik im radikalen Sinne angebracht, um zu verhindern, dass Rationalität zum „stahlharten Gehäuse" oder zum „totalitären Gewaltpotential" wird und so Aufklärung in Entfremdung und Unterdrückung umschlägt – noch dazu soziologisch verbrämt!?

Rationalität ist eine ebenso zentrale wie ambivalente Komponente in der Konzeption gesellschaftlicher Akteure und im Verständnis der modernen Gesellschaft. Die Soziologie führt in vielen ihrer Begriffe, Konzepte und Theorien Rationalannahmen mit und ordnet sich davon absetzende Handlungskonzepte als nicht-rationales Handeln bzw. als defizienten Handlungsmodus ein; und sie deklariert solches Handeln allzu schnell als Relikt vormoderner Gesellschaften. Max Webers Handlungstypologie (siehe dazu auch die Beiträge von Müller bzw. von Maurer in diesem Band) ebenso wie Talcott Parsons' (1937) großangelegter Versuch einer genuin soziologischen Handlungstheorie, die den „unit act" dem Handlungsverständnis der Wirtschaftswissenschaften entgegensetzen will, tragen bei genauerem Hinsehen die Basiskomponenten eines rationalen Handlungsmodells (Akteur, Ziele, situative Bedingungen und Mittel) weiter und stehen für die Rationalitätsverhaftung der soziologischen Sozialtheorie. Demgegenüber wollen verschiedene Versuche „soziologischer Aufklärung" (Luhmann 1967) überzogene und vereinseitigte oder gar als unheilvoll eingestufte (Horkheimer/Adorno 1947) gesellschaftliche Rationalitätsversprechungen relativieren. Ob und inwiefern ihnen dies gelingt, oder ob sie sich dabei umso mehr in den Fallstricken dieser Leitidee der Moderne verfangen, ist noch lange nicht geklärt (Habermas 1981).

Weil Rationalität sowohl die moderne Gesellschaft als auch die Soziologie im doppelten Sinne des Wortes nach wie vor fasziniert, muss sich die soziologische Theorie immer wieder zum einen gegenstandsbezogen, zum anderen selbstbezogen – und zum dritten beide Bezüge aufeinander beziehend – mit diesem Thema auseinandersetzen. Dies ist auch die Zielsetzung des vorliegenden Bandes, der auf eine Tagung der Sektion „Soziologische Theorie" der Deutschen Gesellschaft für Soziologie im November 2009 in der Evangelischen Akademie Tutzing zurückgeht.

Unstrittiger Ausgangspunkt ist die gerade getroffene Doppelfeststellung: Soziologische Theorien beinhalten oftmals Annahmen über die Rationalität ihrer analytischen Grundeinheiten, ob diese nun als Akteure, Handlungen oder Kommunikationen gefasst werden; und es gehört ferner zur Tradition soziologischen Denkens, den Rationalitätsgrad sozialer Prozesse und Strukturen zu analysieren. Auf den verschiedenen soziologischen Analyseebenen – der Makroebene der Gesellschaft, der Mesoebene der Organisationen und der Mikroebene des Interaktionsgeschehens – finden sich in Form von erkenntnistheoretischen Prämissen, Methodologien und gegenstandsbezogenen Konzepten nach wie vor unterschiedlichste Rationalitätsbegriffe, -vorstellungen und –konzepte. Die Rationalitätsvorstellungen der französischen Aufklärung, des deutschen Idealismus und des englischen Liberalismus bzw. der Schottischen Moralphilosophie sind auch von den Klassikern der Soziologie aufgegriffen worden und haben auf ganz verschiedene Weise die soziologische Theoriebildung und Gesellschaftslehre nachhaltig geprägt.

Seit den 1980er Jahren kam es in verschiedenen Theorietraditionen und auch in den einzelnen sozialwissenschaftlichen Teildisziplinen zu einer Renaissance der Rationalitätsthematik, die nicht zuletzt wohl auch im Zusammenhang mit den Erfolgen der ökonomischen Theorie und der darin prominent Platz findenden Theorie der rationalen Wahl zu sehen ist. Insoweit trat Rationalität wieder einmal als theoretischer Hoffnungsträger auf. Zugleich interessierte sich die Soziologie allerdings gegenstandsbezogen wieder stärker vor allem für die Rationalitätsparadoxien der Moderne. In diesem Spannungsverhältnis, das für die soziologische Theorie gegenwärtig eine der großen Herausforderung darstellt, bewegen sich sämtliche Beiträge des vorliegenden Bandes.

Eine enzyklopädische oder auch nur handbuchartige Vermessung des Rationalitätstopos in der gegenwärtigen Sozial- und Gesellschaftstheorie kann hier freilich nicht geleistet werden. Solange so etwas noch nicht vorliegt oder zumindest in Angriff genommen wird, kann es nur darum gehen, mit dem Mut zur Lücke ausgewählte Theorietraditionen und Gegenstandsbezüge ins Gespräch miteinander zu bringen. Beides – die Reflexion bestimmter Theorietraditionen hinsichtlich der ihnen zugrundeliegenden Rationalitätsannahmen, -begriffe und -konzepte sowie die Analyse gesellschaftlich vorkommender Rationalitätsfallen, -dilemmata und sonstiger „Unlogiken" rationalen Handelns – ist nicht voneinander zu trennen, weil sozialtheoretische Konzepte letztlich explizit oder implizit als Werkzeuge zum Verständnis bestimmter gesellschaftliche Phänomene formuliert werden. Dennoch setzen die Beiträge des ersten Teils des Bandes eher sozialtheoretische, die Beiträge des zweiten Teils eher gegenstandsbezogene Akzente. Im abschließenden dritten Teil schließlich wird noch einmal der sozialtheoretischen Selbstreflexion das Wort erteilt.

1. Sozialtheorien und ihre Rationalitätskonzeptionen

Dieser Teil beginnt mit einem Beitrag von *Andrea Maurer*, der an die Tradition der klassisch-modernen Sozialtheorie anknüpft. Sie fragt, von der allgemeinen Fähigkeit des Menschen zu einem logisch-abstrakten Denken und Handeln ausgehend, nach der Etablierung und Gestaltung sozialer Institutionen, welche ein gesellschaftliches Zusammenleben ermöglichen bzw. noch weitergehend zu einer aus Sicht der Menschen vorteilhaften Gestaltung ihrer sozialen Welt beitragen. Dazu wird vorgeschlagen, aus Sicht rationaler, also bewusst und logisch denkender Individuen soziale Verhältnisse als problematisch und gestaltungsbedürftig zu erschließen und dann darzulegen, wie mögliche soziale Lösungen für die zu spezifizierenden Problemlagen (Kooperation zum allgemeinen Vorteil, Verteilungskonflikte mit und ohne Koordinationserträge usw.) aussehen und welche Erfolgs- und Stabilitätsbedingungen diese aufweisen. Auf diesem Wege ist es Andrea Maurer möglich, zum einen zwischen „sozialer" und „individueller Rationalität" zu unterscheiden und zum anderen darauf hinzuweisen, dass soziale Institutionen unterschiedliche „soziale Rationalitätsgrade" haben können.

Hans-Peter Müller formuliert im darauf folgenden Beitrag sein großes Erstaunen darüber, dass die Sozialwissenschaften und die Soziologie trotz der vielfach zu beobachtenden Irrationalitäten und Paradoxien des Sozialen übereinstimmend am Begriff der Rationalität festhalten und Rationalität zur Leitlinie ihrer Analysen machen. Warum und wie sich dies im Werk von Max Weber und Pierre Bourdieu wiederfindet, rekonstruiert er sodann unter der griffigen Formel der drei „R" (Rationalität, Rationalisierung, Rationalismus). Sein Fazit lautet, dass Webers Überlegungen zentral um die Rationalität des Sozialen kreisen und dass ihm zufolge einerseits der Prozess der Rationalisierung der Welt dominant sei, andererseits aber in Ideen und im Charisma auch Gegenkräfte vorliegen, wohingegen in Bourdieus Denken zwar die drei „R" einen Platz finden, aber die Ideen den Interessen untergeordnet werden, so dass – auch dem modernen Intellektuellen – nur die Resignation vor der vollends rationalisierten Welt bleibt.

Wolfgang-Ludwig Schneider folgt mit einem Beitrag, der sich mit dem Stellenwert von Rationalität in Niklas Luhmanns Systemtheorie beschäftigt. Anders als viele Handlungstheorien muss Luhmann dem Rationalitätskonzept keine so tragende Rolle in seiner Theoriearchitektur geben. Denn die Reduktion von Komplexität oder – in der neueren Theorievariante – die Autopoiesis von Kommunikationen ist zunächst einmal nicht auf Rationalität ihres Operierens angewiesen. Rationalität stellt sich dieser Theorieperspektive vielmehr als ein ganz besonderer, insbesondere als ein sehr voraussetzungsvoller Modus der Komplexitätsbewältigung dar. Schneider geht zur Darlegung dieser These zum einen auf Luhmanns frühe Überlegungen zur insbesondere in Organisationen zur Geltung kommenden Funktionalität von Zwecksetzungen und damit verbundener Zweckrationalität ein; zum anderen erläutert und kommentiert er den schon früh von Luhmann eingeführten, aber erst später genauer ausgearbeiteten Begriff der „Systemrationalität" als spezifischer Form der Selbstreflexion gesellschaftlicher Teilsysteme hinsichtlich ihrer Umweltwirkungen und der sich daraus ergebenden Rückwirkungen auf das je eigene Operieren.

Ein wiederum ganz anderes sozialtheoretisches Rationalitätsverständnis diskutiert *Jens Greve* in seinem der Theorie von Jürgen Habermas gewidmeten Beitrag. Habermas' Begriff der „kommunikativen Rationalität" ist eindeutig handlungstheoretisch angelegt, will aber Verkürzungen des gängigen Begriffs der Zweckrationalität vermeiden. Greve sieht aber die beiden zentralen Ingredienzien des Habermas'schen Rationalitätsverständnisses sehr kritisch. Zum einen erscheint Greve die These, dass „kommunikative Rationalität" in den Grundstrukturen menschlicher sprachlicher Verständigung verankert und in dem Sinne für die Handelnden unhintergehbar sei, als nicht haltbar. Damit geht zum anderen einher, dass der Prozeduralismus dieses Rationalitätskonzepts, das verständigungsorientiertes Handeln in einen inhaltlich nicht vorgeprägten, sondern zwanglos diskursiv erzeugten Konsens münden lässt, zu optimistisch gedacht ist. Weiterhin moniert Greve an Habermas' Verständnis gesellschaftlicher Ordnung als Wechselverhältnis von „Lebenswelt" und ausdifferenzierten, eigenlogisch operierenden Systemen der Wirtschaft und Politik, dass die Letzteren zugeschriebene systemische Rationalität in ihrem Status unklar bleibt und vermutlich handlungstheoretisch nicht widerspruchsfrei zu explizieren ist.

Diese vier Beiträge umreißen in der Zusammenschau ein Spektrum, in dem sich ein Großteil der sozialtheoretischen Erörterungen der Rationalitätsthematik bewegt. Deutlich wird jeweils auch, welche gesellschaftlichen Phänomene sich mit den verschiedenen Rationalitätskonzepten entschlüsseln lassen. Im folgenden zweiten Teil werden umgekehrt bestimmte Phänomene in den Mittelpunkt gestellt und mittels gegenstandsbezogen angemessen erscheinenden theoretischen Instrumenten analysiert.

2. Gesellschaftliche Rationalitätsparadoxien

Mit der von *Reinhard Zintl* geführten Diskussion, ob und inwieweit der Markt eine rationale, gerechte oder anarchisch-chaotische Erfindung von Gesellschaften darstelle, sollen Rationalitätspotentiale und Rationalitätsprobleme dieser gesellschaftlichen Basis-Institution einer theoretischen Prüfung unterzogen werden. Den Kern der Ausführungen bildet die Unterscheidung von „stilisierten" und „realistischen Akteursbeschreibungen" im Hinblick auf Inhalt und Umfang der individuellen Rationalität und die daraus folgende Kennzeichnung von „Rationalitätsleistungen" des Marktes in einer stilisierten Welt sowie, davon abgehoben, die Erörterung der Rationalitätsprobleme des Marktes in der stilisierten und der realen Welt. Die Conclusio ist, dass zwar die Sätze über die Rationalitätsprobleme des Marktes sowohl in der stilisierten als auch in der realen Welt gelten, dass aber die in der stilisierten Welt dargestellten Rationalitätsleistungen des Marktes nicht auf die reale Welt übertragen werden können. Dass sich die ökonomische Analyseperspektive dennoch auch für die Soziologie und die Politikwissenschaft eignet, folgt daraus, dass der homo oeconomicus nicht disziplinkonstituierend wirkt, sondern ein übergreifendes Instrument für die Analyse realer wie auch idealtypisch stilisierter Konstellationen ist.

Auch *Anita Engels* widmet sich in ihrem Beitrag dem wirtschaftlichen Marktgeschehen.[1] Sie argumentiert hierzu konsequent aus der Perspektive des soziologischen Neo-Institutionalismus, für den Rationalität vor allem eine soziale Konstruktion zur Legitimationssicherung des Handelns ist. Was „an sich" rational ist, interessiert aus dieser Perspektive nicht weiter und lässt sich womöglich sowieso gar nicht sagen; aber der Neo-Institutionalismus notiert, dass bestimmte Handlungsweisen gemeinhin als rational gelten. Wenn sich Akteure – Organisationen wie Individuen – nun dieser Handlungsweisen befleißigen, haben sie sogar dann nichts falsch gemacht, wenn alles falsch läuft. Denn sie haben ja nur das getan, was jeder „vernünftige" Handelnde in ihrer Situation getan hätte. Was Weber noch – diesbezüglich naiv und fortschrittsgläubig – als real gegebene Rationalität und gesellschaftliche Rationalisierung angesehen hatte, stellt der Neo-Institutionalismus als wirkmächtige Rationalitätsmythen dar, etwa die gerade aktuellen und von jedem Unternehmen, das als up to date erscheinen will, übernommenen Managementmoden. Der Neo-Institutionalismus changiert, wie Engels ebenfalls zeigt, zwischen einer fast schon strukturalistischen Auffassung der Rationalitätsmythen, denen sich dann kein Akteur entziehen kann und an die alle fest glauben, und einer Auffassung, die zumindest bestimmte Akteure als geschickte Strategen sieht, die diese Mythen inszenieren, um eine legitimitätssichernde Vorderbühne zu gestalten, die vom wirklichen Geschehen auf der Hinterbühne ablenkt, das ganz anderen Regeln folgt.

Richard Münch widmet sich den paradoxen Dynamiken heutiger Wissensgesellschaften. Er stellt vier miteinander zusammenhängende Paradoxien dieser globalen Gesellschaftsformation heraus, die allesamt aus der rational-kognitiven Durchdringung der Welt hervorgehen: Mit zunehmendem Wissen wächst auch unser Nichtwissen und das Wissen darüber; mit zunehmender Maßstabsvergrößerung unserer wissensbasierten Gestaltungsbemühungen produzieren wir immer mehr unvorhergesehene und unerwünschte Neben- und Fernwirkungen; mit zunehmender Gestaltung unserer gesellschaftlichen Strukturen beseitigen wir Traditionen, was aber nicht nur die erwünschten Freiheiten verschafft, sondern auch neue Zwänge mit sich bringt; und mit zunehmender Inklusion von immer mehr Gesellschaftsmitgliedern in den Kreis der dieses Wissen Besitzenden und – vor allem beruflich – Nutzenden werden diejenigen, die hiervon ausgeschlossen bleiben, um so folgenreicher ausgegrenzt. Diese Paradoxien manifestieren sich in Pathologien lokaler Lebenswelten, gegen die es kein universelles Patentrezept gibt. Nur ein mühsames fallweises Bilanzieren von Vor- und Nachteilen und entsprechende Rebalancierungen auf lokaler Ebene können die globalen Dynamiken halbwegs erträglich gestalten.

Uwe Schimank schließlich begibt sich auf die Organisations- und Interorganisationsebene des gesellschaftlichen Geschehens. Ihn interessieren Organisationsblockaden, also Zustände bedrohlichen Stillstands, in denen Wandel zum Besseren angesagt ist und von vielen Beteiligten als dringend erforderlich eingeschätzt wird, aber dennoch hartnäckig ausbleibt. Schimank begreift Organisationsblockaden dabei als Rationalitätsfallen: Eine Organisation

---

1　Hier sei auch auf einen von Anita Engels und Lisa Knoll herausgegebenen Sammelband zum Thema „Wirtschaftliche Rationalität – Soziologische Perspektiven" verwiesen, der derzeit ebenfalls im VS Verlag für Sozialwissenschaften erscheint.

ist dann blockiert, wenn die ihre Strukturdynamiken tragende Akteurkonstellation der Handlungsrationalität der involvierten Akteure solche Handlungen nahe- oder sogar auferlegt, die im handelnden Zusammenwirken ein allseits unbefriedigendes Resultat, also keine Ergebnisrationalität zeitigen. Ähnlich wie bei Münch zeigt sich: Eine Generalstrategie der Problembeseitigung gibt es nicht, die involvierten Akteure können allenfalls durch eine geschickte und geduldige Kombination verschiedener je für sich bescheiden ansetzender Praktiken versuchen, durch gemeinsame Lockerungsübungen allmählich wieder Bewegungsspielraum zu gewinnen.

3. Soziologie und Rationalität

Im abschließenden Teil wird auf einer metatheoretischen, die anderen Beiträge rahmenden Ebene die „Rationalität" von Erklärungen des Sozialen behandelt. Ob handlungstheoretisch bzw. methodologisch-individualistisch fundierte Sozialtheorien in der Lage sind, komplexes soziales Geschehen zu erklären, oder ob diese reduktionistisch verkürzend verfahren müssen, weil sie als Letztelemente auf individuelle Akteure und deren Handeln zurückgreifen und diese – so ein vielfach vorgetragener Verdacht – rein additiv in Sozialität überführen, ist die Leitfrage von *Rainer Greshoff*. Träfen die vorgetragenen Einwände zu, wären methodologisch-individualistisch angelegte Erklärungen des Sozialen als irrational einzuschätzen. Dem hält Greshoff entgegen, dass nur durch eine solche Fundierung die Kräfte des Sozialen in den Blick genommen werden können, wenngleich dazu bestimmte Kriterien erfüllt sein müssen; wie diese aussehen und wie sie umgesetzt werden können, wird mit Blick auf soziale Gebilde ausgeführt, die als nicht-additive soziale Aggregationen vorgestellt werden und deren Erklärung als kausales Herleiten vorgenommen wird, so dass hier auch ein Beitrag zur aktuellen Kontroverse darüber, was eigentlich „Erklären" heißt, beigesteuert wird.

Michael Schmid beschreibt die Soziologie als eine Sozialwissenschaft, die als eine erklärende Wissenschaft betrieben werden kann und somit den Aufbau und Wandel sozialer Phänomene erklären können muss (vgl. schon Schmid 2004). Eine offene Frage ist jedoch, welcher Logik eine erklärende Soziologie folgen könnte. Schmid entwirft als Antwort darauf ein sozialwissenschaftliches Erklärungsprogramm, das sich durch eine nicht-normative Verwendung des Begriffs des „rationalen Handelns" auszeichnet und stattdessen eine individuelle Entscheidungstheorie favorisiert, die im Anschluss an Leonard Savage Basisvariablen des individuellen Entscheidungsprozesses angibt und von Akteuren ausgeht, die im Erwartungshorizont liegende Handlungsalternativen gegeneinander abwägen und zu einer eindeutigen, nutzensteigernden Entscheidung gelangen können. Bei Schmid wird diese Akteurkonzeption – ähnlich wie bei Zintl und Maurer – als ein hochgradig idealisierter Ausgangspunkt für Theorienentwicklungen und –verbesserungen in verschiedenen Richtungen behandelt und so Grundlage eines revisionsoffenen Forschungsprogramms. Den mehrfachen Vorteil eines solchen Erklärungsprogramms sieht Schmid darin, durch die Variation der situationsbeschreibenden Annahmen verschiedene Modellierungen sozialer Verhältnisse ineinander überführen oder auseinander ableiten zu können, bzw. auch scheinbar divergente Ansätze und Theorien durch den Hinweis auf ihre gemeinsame oder aneinander anschließbare Situationslogik zueinander in Beziehung setzen zu können. Das Credo Schmids lautet daher auch, dass hier eine große Chance für eine rationale Theoriearbeit liege; leider sei aber derzeit nicht abzusehen, ob und in welchem Umfang diese Chance auch genutzt werden wird.

Von der Sache her steht Michael Schmids Beitrag am Ende dieses Bandes. Das, was dieser Band dokumentiert, stand freilich schon ganz am Anfang seines sozialtheoretischen Lebensthemas. Er hat sich in all seinen Arbeiten umfassend mit den Einsatzmöglichkeiten und den Grenzen der Theorie der rationalen Wahl in soziologischen und sozialwissenschaftlichen Erklärungen beschäftigt. Sein übergreifender Anspruch war dabei stets, durch Theorievergleich zu einer Verbesserung und auch zu einer Integration des sozialwissenschaftlichen Theorienbestandes beizutragen. Indem die Sektion „Soziologische Theorie" der Deutschen Gesellschaft für Soziologie mit der Rationalitätsthematik ein für Michael Schmid zentrales Thema aufgriff, wollte sie auch einen wichtigen Protagonisten der deutschen soziologischen Theoriediskussion, ein langjähriges Sektions- und mehrfaches Vorstandsmitglied ehren.

Literatur

Habermas, Jürgen, 1981: Theorie des kommunikativen Handelns. Frankfurt/M.: Suhrkamp.

Horkheimer, Max, und Theodor W. Adorno, 1947: Dialektik der Aufklärung. Philosophische Fragmente. Amsterdam: Querido.

Luhmann, Niklas, 1967: Soziologische Aufklärung In: Ders. (Hg.), Soziologische Aufklärung. Bd. 1. Opladen: Westdeutscher Verlag, S. 66-91.

Parsons, Talcott, 1937: The Structure of Social Action. A Study in Social Theory with Special Reference to a Group of Recent European Writers. New York: McGraw Hill.

Schmid, Michael, 2004: Rationales Handeln und soziale Prozesse. Beiträge zur soziologischen Theoriebildung. Wiesbaden: VS.

Sozialtheorien und
ihre Rationalitätskonzeptionen

Individuelle Rationalität und soziale Rationalitäten

Andrea Maurer

1. Rationalität: eine Grundkategorie der Soziologie

Rationalität zählt zu den zentralen Kategorien der Philosophie und der Erkenntnistheorie und hat darüber vermittelt Eingang in die modernen Sozialwissenschaften gefunden. Wegweisend dafür waren vor allem *vertragstheoretische Gesellschaftskonzepte* wie die von Thomas Hobbes, John Locke u. a., in denen die Möglichkeit einer bewussten Gestaltung der Welt durch die Individuen vermittels Verfassung und Recht thematisiert wurde und einen enormen sozialen Sprengstoff entfaltete (Jonas 1981, Bd. 1). In Erweiterung dazu haben die *Schottischen Aufklärer* – allen voran Adam Smith, Bernard de Mandeville, David Hume, Adam Ferguson – ausgehend vom rationalen Handeln der Einzelnen nach vorteilhaften Abstimmungsmechanismen gesucht, dabei aber ausdrücklich die Möglichkeit ungeplanter, positiver wie negativer Effekte berücksichtigt wissen wollen. Die bekannte Metapher von der „unsichtbaren Hand" des Marktes, welche gesellschaftlichen Reichtum generiert, ohne dass dies von den Individuen so geplant sein muss, bringt dies bildhaft zum Ausdruck (Maurer 2004: 63 ff.).

Die ökonomische Theorie hat das Programm der Schottischen Aufklärer in der Frage weitergeführt, wie denn knappe gesellschaftliche Ressourcen angesichts der (unbegrenzten) Bedürfnisse der Einzelnen möglichst effizient eingesetzt werden können. Es ist ihr damit gelungen, eine integrierende disziplinäre Leitfrage zu gewinnen und darüber hinaus mit dem Modell des *freien Wettbewerbs* auch Bedingungen zu benennen, unter denen es rationalen und eigennützigen Akteuren ohne zentrale Entscheidungsinstanzen gelingt, effiziente Abstimmungsergebnisse zu erreichen. In Folge davon wurde der Marktmechanismus dann von manchen sogar zum universell effizienten Mechanismus stilisiert (Vanberg 1982; vgl. dazu weitergehend Zintl und Engel in diesem Band). Auch die Soziologie erhielt durch die Aufklärung entscheidende Impulse, vor allem indem das vormoderne statische und theokratische Gesellschaftsverständnis aufgebrochen und erstmals die Gestaltung der sozialen Welt durch die Individuen – bezogen auf deren Fähigkeiten und Bedürfnisse – thematisiert werden konnte. Die Klassiker von Karl Marx über Max Weber bis hin zu Emile Durkheim haben denn auch *verschiedenste soziale Problemlagen* zum Ausgangspunkt der Soziologie gemacht, mit denen die Akteure in ihrem sozialen Zusammenleben konfrontiert werden: die gesellschaftliche Planung der Produktion, wechselseitige Erwartungsbildung, Sicherung individueller Freiheit usw. (vgl. dazu ausführlich Maurer und Schmid 2010: 63 ff.).

Gleichwohl nahm die Entwicklung der soziologischen Theorien eine gänzlich andere Richtung als die Standardökonomik (vgl. Schmid 2008). Zum einen bildete sich die Soziologie „multiparadigmatisch" aus (vgl. etwa Schimank und Greshoff 2005; vgl. zu den Implikationen Schmid und Greshoff in diesem Band), so dass sich in der Soziologie *individu-*

alistische und *holistische* Erklärungsansätze als Kontrahenten gegenüberstehen und auch Mischformen wie der „institutionelle Individualismus" bzw. Theorien mittlerer Reichweite an verschiedenen Punkten mit Rationalitätsannahmen arbeiten, ohne dass immer klar expliziert wird, ob sich diese auf Individuen, Interaktionen oder Strukturen beziehen und wie sie miteinander verbunden sind. Auf Seiten individualistischer Erklärungen ging damit lange die verkürzende Gleichsetzung von individueller und kollektiver Rationalität einher und auf Seiten reiner Makroerklärung mit die Vernachlässigung bzw. Negierung individueller Rationalität. Der methodologische Stellenwert von Rationalitätsannahmen bleibt dabei allemal im Dunkeln, so dass Rationalannahmen den Status anthropologischer Konstanten, empirischer Typen oder auch von methodologischen Annahmen haben können (Maurer 2007). Dass sich die Rationalitätsdebatte in der Soziologie sehr unübersichtlich darstellt und heute eine starke Rationalitätsskepsis vorherrscht, verwundert dann nicht mehr.[1]

Ich werde hier die Position ausarbeiten, dass *Rationalität* – auch in der Soziologie – zunächst die Eigenschaft menschlicher Akteure bezeichnet, *logisch-abstrakt denken, entscheiden* und darauf aufbauend *handeln* zu können (vgl. auch Zintl und Schmid in diesem Band). Die Prämisse eines an sich rationalen menschlichen Handelns macht es den Sozialwissenschaften möglich, Bezüge zwischen den Menschen und der sie umgebenden Welt herzustellen. Oder anders formuliert: weil den Menschen zugetraut wird, in der Welt durch Abstraktion und logisches Denken sinnvolle Ausschnitte zu erkennen – und diese auch auf die eigenen Motive und Absichten zu beziehen – ist es überhaupt nur möglich, die Welt aus Sicht der Individuen zu *erschließen* und davon ausgehend Gestaltungsvorschläge für die Praxis zu unterbreiten.[2] Die frühen Rationaltheorien[3] haben noch unmittelbar aus der den Akteuren zugeschriebenen *Fähigkeit* logisch-abstrakt denken und Zwecke setzen zu können, auf die bewusste und vorteilhafte Gestaltung der Welt durch soziale Institutionen wie den Staat, Eigentumsrechte usw. geschlossen. Dagegen wird in holistischen Ansätzen von einer eigenständigen, von den Akteuren unabhängigen Rationalität oder Logik des Sozialen ausgegangen, die sich über die „Köpfe der Individuen" hinweg auswirkt. Die Herausforderung ist daher heute, Rationalitätsannahmen auf der Ebene des Individuums und der von Strukturen zu unterscheiden, gleichwohl aber nach deren explizitem Verhältnis zu fragen.[4]

---

1   Rationalitätseinschränkungen werden denn auch sowohl auf der Individual- als auf der Ebene des Sozialen (bezogen auf Interaktionen, Organisationen, Wirtschaftssysteme oder Gesellschaften) konstatiert, freilich meist ohne auf Wechselwirkungen zwischen den Ebenen näher einzugehen (vgl. für Überblicke Hartfiel 1968; Hollis 1995).

2   Dabei können unterschiedliche Annahmen ergänzend darüber eingeführt werden, ob und in welchem Maße die Menschen auch in der Lage sind, ihre Intentionen zu reflektieren und zu bewerten. Ich werde im zweiten Abschnitt zeigen, dass Weber im zweck- und wertrationalen Handeln auch die bewusste Zwecksetzung der Subjekte annahm, wohingegen in Rational-Choice-Erklärungen und insbesondere in der ökonomischen Theorie dies nicht explizit angenommen wird; dort wird entweder von situationsadäquat richtig operationalisierten Zwecken (anthropologische Grundbedürfnisse) oder in der Ökonomie von gegebenen und logisch konsistenten Präferenzordnungen ausgegangen.

3   Vgl. zu deren Bedeutung für die Entwicklung der Soziologie etwa Coleman (1991; 1992), Hernes (1993), Udehn (2001).

4   Hinter all dem verbirgt sich nicht selten der Zweifel, ob die Soziologie überhaupt in der Lage sei, theoretisch-erklärendes Wissen über die soziale Welt zu gewinnen und so anzulegen, dass bislang rätselhafte soziale

Dies will ich hier versuchen und werde dazu zunächst den Klassiker der soziologischen Rationalitätsdiskussion *Max Weber* kritisch rekonstruieren (Abschnitt 2), um einerseits den Stellenwert der Annahme eines individuell rationalen Handelns kenntlich zu machen und um andererseits Idealisierungen aufzuhellen. Ausgehend von der kritischen Rekonstruktion Max Webers werde ich dann erläutern (Abschnitt 3), dass und wie sich die vorteilhafte Gestaltung sozialer Verhältnisse aus Sicht der Akteure mittels *erwartungssichernder Institutionen* erklären lässt. Dazu werde ich vorschlagen, das von Weber beschriebene Problem der *Bildung wechselseitiger Erwartungen* aus Sicht rationaler Akteure zu spezifizieren und soziale Problemlagen zu erschließen, die durch (mangelhafte) kognitive Fähigkeiten der Akteure verstärkt werden können. Solche Abstimmungsprobleme können als rationaler Anlass für die Akteure gelten, mittels Institutionen die Welt umzugestalten. Woraus aber keinesfalls folgt, dass dies immer erfolgreich gelingen muss. Der Gewinn dieser Betrachtungsweise liegt vielmehr gerade darin, Bedingungen angeben zu können, unter denen die Einsetzung vorteilhafter Regelungen gelingt bzw. misslingt. Dass dies tiefere Einsichten für das klassische Problem eines sozialen Handelns zur Realisierung allgemeiner Zwecke und daher auch Erkenntniszuwächse für die soziologische Analyse von Ordnungsbildung durch Herrschaft bietet, stelle ich abschließend dar (Abschnitt 4).

2. Max Weber: klassischer Bezugspunkt

Mit Max Weber findet die Soziologie maßgeblich Anschluss an die Ideen der Aufklärung und ein individualistisches Erklärungsprogramm (Levine 1981; Shionoya 1992; Norkus 2000). Dafür ist bei Weber die Prämisse eines an sich *sinnhaften menschlichen Tuns* zentral. Die *unendliche Mannigfaltigkeit* der Welt wird demnach durch die Sinnsetzungsleistungen der Menschen in relevante kulturbedeutsame Ausschnitte gegliedert, so dass diese im alltäglichen wie im wissenschaftlichen Handeln[5] *abstrakt* und *logisch denkend* geordnet werden kann (Weber 1988a). Überhaupt gilt Weber das Handeln der Menschen in dem Maße verstehbar, indem es sinnhaft, also *bewusst* an individuell gesetzten Zwecken (Interessen oder Werten) orientiert, verläuft. Sowohl der Ablauf des individuellen wie des sozialen Handelns sind daher umso besser erklärbar, je *rationaler,* d. h. je bewusster und im Hinblick auf die Zwecke geplanter, es angelegt ist. Ein Höchstmaß an Rationalität weist das zweckrationale Handeln auf, da in diesem Fall sowohl die Zwecksetzung als auch die Mittelwahl als bewusster und logischer Entscheidungsakt vor dem Hintergrund individueller Bewertungen erfolgt (Weber 1985: 12). Weniger rational ist ein zweckrationales Handeln Weber zufolge schon dann, wenn dies nicht objektiven Richtigkeiten, sondern davon abweichenden subjektiven Urteilen folgt. Und eine weitere Abstufung beschreibt ein rationales Handeln, bei dem zwar die Wahl der Mittel zweckrational (bewusst und konsequenzenorientiert) erfolgt, nicht aber die Zwecksetzung. Die „Ge-

---

Phänomene zunehmend besser verstanden und damit auch einer bewussten Gestaltung zugänglich gemacht werden können (Popper 2000).

5   Auch das wissenschaftliche Arbeiten beruht auf der Fähigkeit zur Setzung sinnhafter Ausschnitte – vor allem dem Finden einer Forschungsfrage (Weber 1988a) – sowie zum logisch-analytischen und abstrahierenden Denken. Die von Weber favorisierte analytische Begriffsbildung in Form von Idealtypen (Schmid 2004) will kausale Zusammenhänge durch Abstraktion erkennen und so die soziale Welt durchschauen (Weber 1988c).

sinnungsethik" beschreibt dann weiterhin ein Handeln, das ausschließlich an Werten orientiert ist, ohne jegliche Berücksichtigung von Folgen oder Nebenfolgen (Weber 1973: 171 ff.).[6]

Für Weber war das reale Handeln der Menschen durch vielfältigste, mitunter unlogische und sogar verdrängte Motive bedingt, aber er nahm doch auch an, dass das menschliche Handeln in einem hinreichenden Maße *sinnhaft motiviert* und daher *verstehbar* und in seinen Abläufen und sozialen Konsequenzen auch von außen nachvollziehbar und erklärbar erfolgt. Die soziologische Erklärungsarbeit bezieht sich auf den sinnhaften Ausschnitt menschlichen Tuns, sofern es sinnhaft an dem Handeln anderer orientiert ist (Weber 1985: 1 ff.; 1988c). „Transzendentale Voraussetzung jeder Kulturwissenschaft ist nicht etwa, daß wir eine bestimmte oder überhaupt irgendeine Kultur wertvoll finden, sondern daß wir Kulturmenschen sind, begabt mit der Fähigkeit und dem Willen, bewußt zur Welt Stellung zu nehmen und ihr einen Sinn zu verleihen. Welches immer dieser Sinn sein mag, er wird dazu führen, daß wir im Leben bestimmte Erscheinungen des menschlichen Zusammenseins aus ihm heraus beurteilen, zu ihnen als bedeutsam (positiv oder negativ) Stellung nehmen. Welches immer der Inhalt dieser Stellungnahme sei, – diese Erscheinungen haben für uns Kulturbedeutung, auf dieser Bedeutung beruht allein ihr wissenschaftliches Interesse." (Weber 1988c: 180 f.)

Die Fähigkeit zur Sinnsetzung wie auch das Bedürfnis nach Sinnhaftigkeit angesichts der *Mannigfaltigkeit der Welt* machen wechselseitige Erwartungen zur erforderlichen Grundlage eines *sozialen Handelns*. Ein sinnhaft aneinander orientiertes rationales Handeln kann demnach nur gelingen, wenn die Handelnden verständliche und sichere Erwartungen über die Folgen ihr eigenen sowie über das Tun (oder Lassen) der Anderen haben. Soziale Beziehungen lassen sich mithin danach unterscheiden, in welchem Ausmaß sie auf stabilen und verständlichen *wechselseitigen Erwartungen* beruhen. Das bestimmt die Problemkonturierung der Weber'schen Soziologie grundlegend. Mit Weber unterscheiden sich soziale Beziehungen – neben inhaltlichen Aspekten – danach, inwieweit sie *berechenbar* im Sinne von *erwart- und kalkulierbar* sind. Daher sind für ihn *formal korrekt* und *zweckrational gesatzte Ordnungen* auch die entscheidende Grundlage eines stabilen Zusammenlebens und insbesondere eines *kollektiven Zweckhandelns*. Der *hierarchische Zweckverband* stellt das Idealmodell einer rationalen Vergesellschaftung dar, weil dort die Abstimmung der Einzelhandlungen auf *beliebige Ziele* unübertroffen formal berechen- und erwartbar verläuft. Weber hat die Verbreitung der großen Massenverbände mit ihren bürokratischen Verwaltungen in allen Bereichen moderner Gesellschaften mit deren Koordinations- und Rationalisierungseffekten erklärt und damit auch die Durchsetzung formal rationaler Herrschaftsinstitutionen gegen weniger rationale Beziehungsformen begründet (Weber 1985). Dabei unterstellt er freilich, dass individuelle und kollektive Ziele einander entsprechen (Lepsius 1990), was ein Idealfall ist, wie ich im Folgenden noch ausführen werde.

Zum anderen ist festzuhalten, dass Webers Hauptinteresse der Erklärung *sozialer Regelmäßigkeiten* bzw. der Reproduktion sozialer Ordnung galt, wozu er die Bedingungen benennen wollte, unter denen ein bestimmtes Handeln Einzelner, Mehrerer oder Vieler in einer erwartbaren Art und Weise regelmäßig auftritt. Dazu unterstellt Weber gegebene institutio-

---

6 Vgl. dazu auch die Interpretation der Weber'schen Handlungstypologie in Wirtschaft und Gesellschaft bei Norkus (2000: 275) als 15 Mischformen, die das Handeln jeweils als abhängige Größe von Opportunitäten und/oder Zielen, Werten, Gewohnheiten oder Affekten fassen.

nelle Ordnungen, die sich im *Grad ihrer Bewusstheit, logischen Geordnetheit* sowie auch im *Grad ihrer Anerkanntheit* unterscheiden können. Weber arbeitet mit einer „Situationsbeschreibung", die eine rahmende institutionelle Ordnung voraussetzt und strategische Interdependenzen ausschließt, was sich darin äußert, dass von der autonomen Orientierung der Einzelnen an der institutionellen Ordnung unabhängig davon, was die anderen tun, ausgegangen wird. Es werden spezifische Einzelhandlungen direkt aus den zugrundeliegenden sozialen Erwartungen – ausgedrückt etwa in Form legaler Ordnungen – gefolgert: das pünktliche Eintreffen der Beamten im Amt, der Gehorsam auf anerkannte Befehle, die Askese der Protestanten und Protestantinnen usw.

Weber hat der Soziologie aber auch zugetraut und zugemutet, die Mechanismen des *sozialen Zusammenlebens* aufzudecken und deren *formalen Rationalitätsgrad* bestimmen zu können bzw. zu müssen. Zwar hebt Weber selbst hervor, dass Rationalisierung Verschiedenes meinen kann: „Man kann eben – dieser einfache Satz, der oft vergessen wird, sollte an der Spitze jeder Studie stehen, die sich mit „Rationalismus" befaßt – das Leben unter höchst verschiedenen letzten Gesichtspunkten und nach sehr verschiedenen Richtungen hin ‚rationalisieren'" (Weber 1988b: 63), aber er macht auch unmissverständlich klar, dass soziale Institutionen und auch kollektive Ideensysteme daraufhin analysiert werden können, inwiefern sie die *individuelle Rationalität* unterstützen und das intentionale Handeln verbessern. Das meint bei Weber vor allem, inwiefern soziale Institutionen dazu beitragen, *objektives Wissen* zu sammeln und bereit zu stellen – um damit subjektive Erwartungen in objektiv richtige zu überführen – und inwiefern sie weiterhin dazu beitragen, dass nicht-rationale Orientierungen wie das affektuelle und gewohnheitsmäßige Handeln in ein *bewusstes, logisches* und *zweckorientiertes Handeln zu* überführen. Ein Höchstmass an formaler Rationalität wird daher nach Weber im Zweckverband mit zweckrational gesatzter Ordnung und einem bürokratischen Stab erreicht. Weber adressiert mit dem Begriff der Zweckrationalität nicht, ob die individuellen Zwecke bezogen auf ein „objektives Kriterium" richtig sind, sondern allein, ob und inwiefern die individuelle Zwecksetzung (Interessen und Werte) *bewusst* an letzten subjektiven Urteilen – die sowohl durch Interessen als auch durch ethisch-ästhetische Einstellungen bestimmt sein können – orientiert erfolgt.[7]

Webers Problemzuschnitt: die Ausbildung und Sicherung wechselseitiger *Erwartungen*, ist auch aus heutiger Sicht für soziologische Erklärungen bemerkenswert anschlussfähig. Dies vor allem deshalb, weil Weber das allgemeine Problem expliziert, wie es Akteuren mit verschiedensten Intentionen – auch bei unvollständigen, begrenzten individuellen Fähigkeiten (subjektive Richtigkeit) – gelingt, ihr Handeln so aneinander zu orientieren, dass die individuelle Zweckverfolgung gestützt wird. Webers Antwort war, dass Ordnungen – oder besser: allgemeine Regeln – *wechselseitige Erwartungen* in verschiedensten Handlungsfeldern und angesichts unterschiedlichster *Abstimmungsprobleme* bewirken, weil sie das individuelle

---

7   Weber hat aber etwa bei der Analyse des Wirtschaftens zwischen *formaler* und *materialer Rationalität* unterschieden und als *formale Rationalität* das Maß der Orientierung an Geldrechnung und als *materiale Rationalität* den Grad der Orientierung der Versorgung an wertenden Postulaten (zu denken wäre an Marxens Grundsatz „jeder nach seinen Fähigkeiten, jedem nach seinen Bedürfnissen" oder dem Prinzip der „Gleichverteilung") definiert (Weber 1985: 44). Mir scheint, dass der ‚Grad' der in sozialen Beziehungen erreichten formalen Rationalität bei Weber zentral ist, weil dies die ‚wechselseitige Erwartbarkeit' bestimmt und im Falle von Wirtschaftssystemen deren Berechenbarkeit und Leistungsfähigkeit bei der Erstellung von Nutzleistungen.

Handeln regeln, dabei aber verschiedene formale Rationalitätsgrade auftreten können. Eine Festlegung auf eine spezifische Problemfokussierung wie sie etwa Thomas Hobbes (soziale Gewalteinhegung), Karl Marx (gesellschaftliche Planung der Produktion) oder Emile Durkheim (kollektive Freiheitssicherung) aufgrund anthropologischer Annahmen über die Absichten der menschlichen Akteure treffen mussten, ist so zu umgehen. Wird das Problem sozialer Erwartungsbildung aufgrund fester Annahmen über bestimmte inhaltliche Ziele oder Bedürfnisse der Menschen entwickelt, dann reduziert sich die Frage der Ordnungsbildung auch auf ein sehr enges Problem- oder Themenfeld: entweder die materielle Produktion oder die Gewalteinhegung oder die Konfliktregelung. Dies hat Weber erfolgreich umgangen, indem er die Komplexität der Welt – was auch vielfältigste individuelle Motive beinhaltet – als das entscheidende Hindernis für individuelle und soziale Erwartungen und damit sowohl für ein logisch-intentionales Handeln als auch für soziale Beziehungen allgemein fasste. Das *Rationalitätskriterium* für soziale Institutionen ist das Ausmaß, in dem das soziale Handeln erwartbar, berechenbar und planbar wird.

Damit kann mit Max Weber geschlossen werden, dass menschliche Akteure, die an sich mit der Fähigkeit zu einem bewussten, logisch konsistenten und zweckgerichteten bzw. intentionalen Handeln in der Lage sind, immer dann, wenn wechselseitige Erwartungen eine notwendige Grundlage ihres sozialen Handelns sind, soziale Institutionen suchen, die ihnen bei der objektiv richtigen, bewussten und logisch konsistenten Ausbildung von Erwartungen helfen. Je mehr und je besser soziale Institutionen dies leisten, desto vorteilhafter sind sie für ein zweckgerichtetes Handeln in allen sozialen Kontexten. Diese Vorteilhaftigkeit ist individuell begründet und zugleich sozial wirksam und trägt dazu bei, soziale Institutionen hinsichtlich ihres *formalen Rationalitätsgrades* charakterisieren zu können, ohne dafür auf kollektive „ethische" Maßstäbe zurückgreifen zu müssen.

Die Geschichte der modernen westlichen Gesellschaften wird als paralleles Ablaufen vieler Rationalisierungsprozesse beschrieben, die aufgrund eines einmaligen Begünstigungsverhältnisses von Rationalisierungen auf der Ebene von Ideen, Institutionen und dem individuellen Handeln[8] die Rationalisierung des Okzidents bewirken. Nur im Okzident, so Weber, kam es zur Ausbildung zunehmend formal rationaler *sozialer Institutionen* (welche das individuell zweckrationale Handeln sowohl erzwingen als auch ermöglichen), zu zunehmend formal rationalen *Ideensystemen* wie dem Protestantismus (der wiederum die systematische Lebensführung als auch die Ausbildung formal rationaler Institutionen der Wirtschaft befördert) und der Ausprägung zunehmend rationaler *Fähigkeiten* und *Orientierungen der Einzelnen* (welche wiederum durch das Zurückdrängen affektuellen und traditionalen Handelns die formale Rationalisierung von Institutionen und Ideen stützen). Bemerkenswert an dieser Argumentation ist, dass der spezifische Rationalisierungsprozess moderner westlicher Gesellschaften als ein sich zufällig positiv verstärkendes Zusammenspiel verschiedener Rationalisierungsprozesse auf der Mikro-, der Meso- und der Makroebene beschrieben wird. In den herrschafts-, religions- und wirtschaftssoziologischen Studien hat Weber diese Einzelprozesse als das unintendierte Ergebnis individuell intentionalen, wenngleich nicht immer nur zweck-

---

8   Die Ausbreitung der zweckrationalen Handlungsorientierung – parallel dazu der Rückgang von emotionalen Handlungen – ist das unintendierte, wenngleich für die Einzelnen durchaus ‚gewinnträchtige' Beiprodukt einer langen Entwicklung (Hirschman 1980; Gerhards 1989).

rationalen Handelns dargestellt. Der Rationalisierungsprozess des Westens ist für Weber weder Ausdruck eines sozialen Gesetzes, einer funktionalen Notwendigkeit oder eines individuellen Plans, sondern er ist die Folge zufälliger Situationskonstellationen, in denen Individuen mehr oder weniger rational handeln und Erwartungen ausbilden.

Die Forschungsanlage findet sich prominent in den *Vorbemerkungen* zusammengefasst, wo Weber die Entwicklung der westlichen Welt als Vielzahl von Rationalisierungsprozessen charakterisierte, die sich in so verschiedenen Handlungsfeldern wie der Architektur, Musik, Wissenschaft, Wirtschaft usw. vollziehen (Weber 1988d).[9] Im Ergebnis wird das individuelle Handeln und werden soziale Beziehungen in Wirtschaft, Politik, Kultur und Gesellschaft zunehmend plan-, vorherseh- und damit berechenbarer. Zwar rekonstruiert Weber die jeweiligen Rationalisierungsprozesse als Ergebnis intentionalen Handelns der Menschen in spezifischen Situationen, aber der gesellschaftliche Prozess der Rationalisierung wird als ein unintendiertes Beiprodukt verstanden, der es den Menschen in den westlichen Gesellschaften freilich ermöglicht, sich aus den Zwängen undurchschaubarer sozialer Wechselverhältnisse zunehmend zu befreien und ihr Handeln und ihre sozialen Beziehungen mithilfe *sozialer Institutionen* bewusster, zweckgerichteter und erwartbarer als jemals zuvor zu regeln. Drei grundlegende Aspekte der Rationalitätskonzeption Webers, die für die Behandlung der Rationalitätsthematik innerhalb der Soziologie von nicht zu überschätzender, wenn auch nicht immer offenkundiger Bedeutung werden sollten, sind hier zu resümieren. So ist erstens festzuhalten, dass Webers Handlungstypologie entlang des Rationalitätsgrades von Einzelhandlungen konstruiert ist. Es waren empirisch-klassifikatorische Absichten, die Weber hatte, so dass er die verschiedenen Handlungstypen nicht in eine Handlungstheorie integriert hat. Es fehlt daher ein theoretisches Argument, das zweck- und wertrationale sowie auch die nicht-rationalen Handlungsformen zueinander in Beziehung setzt und in Folge eine Heuristik, die angibt, welche Situationsfaktoren warum und wie bedeutsam werden. Die Handlungstypologie kann nicht als theoretischer *Suchscheinwerfer* gelten, der relevante Situationsfaktoren ausleuchtet und in ihrer Wirkung entschlüsselt. Die Rezeptionsgeschichte der Protestantischen Ethik belegt auf vielfache Weise, dass dann nur noch die intuitive Suche nach wirksamen Faktoren möglich ist, welche den Kapitalismus und die Steigerung der formalen Rationalität neben der Ethik des Protestantismus noch befördert haben könnten.

Zum zweiten ist durch die Annahme eines intersubjektiven Sinnzusammenhangs – der im Verbands- bzw. Bürokratiemodell als anerkannte, zweckrational gesatzte Ordnung spezifiziert wird – im Normalfall von einem *ordnungsgeleiteten Handeln* der Verbandsmitglieder auszugehen, einerlei was die relevanten Anderen tun. Den materialen Studien ist jeweils zu entnehmen, welches *Handeln* die jeweiligen Ordnungen den Einzelnen, Gruppen oder allen Mitgliedern vorgeben: Gewinnstreben im Falle der protestantischen Unternehmer oder Berufsarbeit bezogen auf protestantische Arbeiter oder die systematische Lebensführung beider Gruppen. Dabei werden spezifische Wechselwirkungen zwischen den solcherart rekonstru-

---

9 Weber hat mit besonderer Sorgfalt die Rationalisierung religiöser Ideensysteme und der dazu gehörigen Organisationsformen dargestellt und einzelne Religionen als mehr oder weniger systematisch-logische Vorstellungswelten, Handlungsweisen und Organisationsformen analysiert (Weber 1985: 245 ff.; 1988b), was es ihm einesteils erlaubte, den Rationalisierungsgrad einzelner Religionen in Bezug auf die Herstellung von ‚Heilsgütern‘ zu betrachten (vgl. Bourdieu 2000), als auch deren rationalisierende Wirkungen in anderen Handlungsfeldern wie insbesondere der Wirtschaft zu analysieren.

ierten Handlungen nicht berücksichtigt, sondern allein aus der Vielzahl gleichartiger Handlungen auf entsprechende soziale Regelmäßigkeiten geschlossen.[10] Die starken Erklärungen Webers in der Protestantismus-Studie wie in der Herrschaftssoziologie beruhen auf zwei methodologischen Kunstgriffen: der Annahme eines geltenden institutionellen Rahmens und der Abwesenheit strategischen Handelns, so dass spezifische Handlungen abgeleitet und in analoge Struktureffekte übersetzt werden können: den privat-wirtschaftlichen Wirtschaftsbetrieb als akkumuliertes Kapital hervorgehend aus Askese und Gewinnstreben sowie bürokratische Verbände als Ansammlung von Befehl-Gehorsam-Beziehungen.

Die Rationalität sozialer Institutionen wie des bürokratisch-monokratischen Herrschaftsverbandes oder auch der Institutionen des Kapitalismus drückt sich drittens in deren Fähigkeit aus, den Individuen ein rationales – und das ist sowohl ein bewusstes und logisch-abstraktes Abwägen von Zwecken als auch das Erkennen adäquater Zweck-Mittel-Relationen Handlungen – zu ermöglichen. Soziale Regelsysteme sind für Weber grundsätzlicher Ausgangspunkt sozialen Handelns bzw. sozialer Beziehungen, weil sie ein objektives und im Falle formaler Ordnungen auch ein bewusstes gemeinsames *Wissen* über passende *Zwecke* und *Zweck-Mittel-Relationen* und das dafür richtige Handeln bereitstellen – unabhängig davon, wie sich die Individuen zueinander positionieren bzw. wie sich ihre Interessen und Werte zueinander stellen. Das Situationsmodell der formal-legalen Herrschaft wie auch das des modernen rationalen Kapitalismus ist insofern als ein Spezialfall sozialer Ordnungsbildung zu erkennen, als dort unter der Bedingung formal rationaler und anerkannter Ordnungen ein Höchstmass an Erwartungssicherheit hergestellt wird, unabhängig davon, welche Interessen oder Werte die Individuen zu erreichen suchen. Die Einbindung des individuellen Handelns in objektive Sinnzusammenhänge macht den Rationalitätsgrad des institutionellen Rahmens zur zentralen Größe der Vergesellschaftung. Max Weber wird zu Recht einem „institutionellen Individualismus" zugeordnet, da er die Reproduktion vielfältigster institutionalisierter Handlungskontexte vermittelt über das sinnhafte Handeln der Individuen zu rekonstruieren suchte, so dass der Rationalitätsgrad von Institutionen als Rahmengröße der individuellen Rationalität erschlossen werden kann.

3. Die Ordnungsfrage aus Sicht rationaler Akteure

Das bei Weber aufgeworfene Problem rationalen Handelns: das Angewiesensein auf ein *möglichst objektiv richtiges Wissen* über Zwecke und Zweckmittelrelationen, kann dadurch präzisiert und vor allem problemorientiert ausgearbeitet werden, dass verschiedene Schwierigkeitsgrade und Vorteilseffekte unterschieden werden. Dies ist durch den Ausweis von *Abstimmungsproblemen* möglich, die für die Einzelnen sichere und nachvollziehbare Erwartungen über das Handeln der anderen für die eigene Zweckrealisierung vorteilhaft werden lassen. Damit lassen sich Situationen kenntlich machen, in denen die Realisierung individueller Zwecke durch das zweckgerichtete Handeln anderer positiv oder negativ beeinflusst wird. Ausgehend von der

---

10   Die Bedeutung emergenter Effekte für soziologische Erklärungen hat Robert Merton (1936; 1972) früh erkannt. Die damit verbundenen weitergehenden methodologischen Implikationen werden seither diskutiert (Wippler 1981) und finden sich auch in der Bibliothek der Sozialtheorie beeindruckend dokumentiert (vgl. etwa Greshoff et al. 2003).

Annahme eines individuell zweckrationalen Handelns können so soziale Interdependenzen als Interessenkonstellationen thematisiert und daraufhin „seziert" werden, in welchem Maße das Handeln der anderen entweder die *Ertragshöhe* oder auch die *Erfolgswahrscheinlichkeiten* beeinflussen und welche sozialen Institutionen dabei helfen können, dafür vorteilhafte Erwartungen zu generieren und zu gewährleisten.[11] Demgegenüber würden ausgehend von einem wertrationalen Handeln etwa Wertkonflikte problematisierbar werden.

3.1 Individuelle Rationalität

Die Theorie rationalen Handelns besagt, dass das Handeln aller Menschen von Intentionen motiviert ist und dass sie dafür den besten Weg suchen und zwar im Unterschied zu Weber unabhängig davon, wie die Zwecksetzung erfolgt (bewusst oder unbewusst).[12] *Rational* ist ein Handeln dann, wenn es für die Realisierung der Zwecke (materielle wie ideelle Interessen sowie Werte) *adäquate oder beste Mittel* findet und einsetzt; das kann bewusst oder unbewusst geschehen (vgl. auch Schmid und Zintl in diesem Band). Der Grad der individuellen Rationalität kann an verschiedenen Stellschrauben variiert werden. Zum einen durch zusätzliche Annahmen über den *Bewusstheitsgrad der Absichten*, zum zweiten über die *logische Ordnung der Zwecke* und davon abzuheben drittens über die *Fähigkeiten* der Menschen, die Welt wahrzunehmen und zu deuten. Der Fall der individuell begrenzten Rationalität meint in diesem Sinne, dass die Individuen bewusste und logisch konsistente Zwecke haben und auch zweckrational handeln wollen, aber über nur begrenzte Fähigkeiten zur Situationsdeutung verfügen und daher Zweck-Mittel-Beziehungen nur unvollständig oder gar falsch bestimmen (auch Fußnote 14).[13]

Ein solcher handlungstheoretischer Kern fungiert in *mehrstufigen Erklärungen* als eine allgemeine Kausalaussage darüber, was das individuelle Handeln motiviert, und lässt davon inspiriert einzelne Aspekte der Welt als relevant im Sinne von erfolgsrelevant erfassen. Davon

---

11   Vgl. dazu die methodologischen Überlegungen bei Boudon (1980), Lindenberg (1989), Lindenberg und Wippler (1987), Coleman (1991), Esser (1993) oder zusammenfassend Maurer und Schmid (2010).

12   Hier werden wichtige Implikationen der Weber'schen Rationalitätskonzeption deutlich, da Weber rationales Handeln sowohl als *bewusstes* Entscheiden als auch als ein Entscheiden auf der Grundlage objektiv bzw. subjektiv richtigen Wissens im Hinblick auf 1) die individuelle Zwecksetzung als auch auf 2) Zweck-Mittel-Relationen beschreibt. Damit schließt Weber eine ‚Kritik' der individuellen Zwecksetzung mit Bezug auf materiale, soziale Kriterien aus und er macht auch zur Bedingung, dass rationales Handeln ‚ge- und bewusst' ist. Demgegenüber wird hier nur verlangt, dass das individuelle Handeln von be- oder unbewussten Intentionen geleitet ist und dass rationales Handeln dann meint, dafür ein adäquates Handeln zu realisieren (Zintl 1989; vgl. auch Zintl in diesem Band). Die Frage, ob die Handelnden umfassend und/oder objektiv richtig die Situation als Handlungsrahmen wahrnehmen, ist für Weber eine empirische Frage, die er über die Unterscheidung *subjektive* und *objektive Richtigkeitsadäquanz* einfängt. Ich folge hier Weber insofern, als ich die Zwecksetzung der Individuen als einen eigenen Erklärungsschritt ansetze und damit unterstelle, dass rationales Handeln ein Handeln meint, das bei gegebenen Zwecken die adäquaten Mittel ergreift.

13   In der Soziologie finden sich verschiedenste Annahmenbündel zur Beschreibung der Akteure und ihrer Rationalität. Diese reichen von relativ einfachen Annahmen bis hin zu komplexen Handlungsmodellen wie dem homo oeconomicus oder dem homo sociologicus. Der Rational-Choice-Theorie kommt dabei eine besondere Bedeutung zu, weil sie erstens eine analytische Handlungstheorie ist, weil sie zweitens gut und explizit ausgearbeitet ist und weil sie über Disziplinengrenzen hinweg eingesetzt werden kann (vgl. dazu etwa die Rekonstruktion bei Wiesenthal 1987; Baurmann 2008).

ausgehend lassen sich für typische Situationen einerseits die zweckrationalen Handlungen re-konstruieren und andererseits auch Zusammenhänge zwischen den individuellen Handlungen beschreiben, die emergente Effekte erklären helfen.[14] Die soziologische Heuristik folgt aus der Erfassung *sozialer Situationskonstellationen* als handlungsrelevant und der Kennzeichnung spezifischer Wechselwirkungen zwischen den individuellen Handlungen. Die soziologische Handwerkskunst besteht darin, soziale Interdependenzen als den Bezugspunkt für individuel-les Handeln und darüber für soziale Effekte zu erkennen. Die Logik sozialer Interdependenzen wäre mit Hilfe der zentralen Handlungsvariable: den Intentionen, näher zu kennzeichnen und etwa offenzulegen, welche Abstimmungsprobleme warum wechselseitige Erwartungen zu-gleich vorteilhaft und problematisch werden lassen. Zu diesem Zweck empfehlen sich analy-tische Handlungstheorien – und nicht rein klassifizierende Handlungstypologien – weil diese in der *allgemeinen Handlungsannahme* ein Argument haben, das es ihnen erlaubt, *empirisch prüfbare* Thesen über das Verhältnis von Handeln und Struktur zu formulieren, indem sie eine funktionale Beziehung zwischen dem individuellen Handeln und der Struktur festhalten. Die Annahme eines *rationalen Handelns* leistet dies besonders gut,[15] weil sie bestimmte Situati-onsmerkmale mit Bezug auf individuelle Zwecke als relevant identifiziert (Werte oder Oppor-tunitäten) und zwischen diesen Faktoren und der Handlungsentscheidung einen eindeutigen Zusammenhang herstellt: weil bestimmte Situationsmerkmale die Erträge oder Ertragswahr-scheinlichkeiten einer oder mehrerer Handlungsmöglichkeiten erhöhen oder verschlechtern.

Die Handlungstheorie besagt,[16] dass die Handlungswahl von den Erträgen (und mitun-ter auch von der Schätzung von Ertragswahrscheinlichkeiten) der jeweils möglichen Hand-lungen bestimmt wird und dass rationale Individuen die Handlung mit dem bestmöglichen Ertragswert ergreifen. Empirischen Gehalt erfährt diese Erklärung durch Annahmen, welche Intentionen situations- oder gruppenspezifisch konkretisieren, z. B. dass das Angewiesensein der Menschen auf materielle Existenzsicherung und soziale Anerkennung als Interesse an ei-ner gut bezahlten Erwerbsarbeit in modernen Industriegesellschaften, und durch empirische Thesen über Zweck-Mittel-Relationen, z. B. dass eine gute Ausbildung und soziale Netze in modernen Arbeitsgesellschaften ein zieldienliches Mittel der Arbeitsplatzbeschaffung sind. Spezifischer wären für Beamtenlaufbahnen hochwertige formale Abschlüsse oder für Karrie-ren im Wissenschaftssystem kulturelle Fähigkeiten wie Schreibfertigkeit und Disziplin bzw. soziale Netze anzugeben. Es wäre daher individuell als wenig rational einzuschätzen, wenn der Einstieg in eine Wissenschaftslaufbahn mit einer Vernetzung der Wirtschaftselite forciert werden würde bzw. die Sicherung einer bezahlten Erwerbsarbeit mit dem Ausbau magischer Fähigkeiten.

Die Annahme des individuell zweckrationalen Handelns besagt, dass die Akteure auf-grund ihrer geordneten Intentionen (im Idealfall in Form einer Präferenzordnung) und unter

---

14   Ob Akteure maximieren, optimieren oder – wie Herbert Simon vorschlug – nur ein subjektiv „zufriedenstel-lendes" Anspruchsniveau erreichen können, hängt davon ab, wie gut oder objektiv richtig sie die Situation einschätzen, was aber nichts am intentionalen Handeln ändert (vgl. auch Schimank in diesem Band).

15   In der Soziologie scheint nach wie vor der Unterschied zwischen normativ-philosophischen Vorstellungen über den Handelnden, empirisch-induktiv gewonnenen Handlungstypologien und analytischen Handlungstheorien in Erklärungen sozialer Sachverhalte nicht hinreichend geklärt zu sein (Schmid 2005; Maurer 2007).

16   Der analytische Kern der Theorie rationaler Handlungswahl besagt, dass das Handeln die Folge von Intentionen unter Nutzung von Fähigkeiten ist.

Nutzung ihres (im Idealfall vollkommenen und objektiv richtigen Wissens) die in einer Situation möglichen Handlungen und deren Erträge (bewusst oder auch unbewusst) kennen und sich für diejenige Handlung entscheiden werden, die ihren Intentionen am besten entspricht (das kann Nutzenmaximierung ebenso sein wie Angstminimierung oder das Erreichen eines sozialen Standards). „Dieses Handlungsprinzip bildet dann einen notwendigen festen Kern, aus dem verschiedenartiges Systemverhalten bzw. verschiedene soziale Phänomene erwachsen, wenn es in unterschiedlichen sozialen Kontexten lokalisiert ist und wenn die Handlungen verschiedener Personen auf verschiedene Weise verknüpft werden." (Coleman 1991: 13) Die Theorie rationalen Handelns postuliert den allgemeinen Kausalzusammenhang, dass die Menschen in ihrem Handeln durch Intentionen motiviert sind und setzt weiterhin an, dass sie ihre Intentionen logisch konsistent ordnen und Situationen im Hinblick darauf (mehr oder weniger) vollständig und objektiv richtig „scannen" können. Rationales Handeln meint dann, dass die Handlung mit der besten Realisierung der Absichten gewählt wird (das kann bewusst oder unbewusst erfolgen). Der Kern der Annahme individueller Rationalität besagt, dass das menschliche Handeln eine möglichste gute Realisation der eigenen Absichten zu bewirken sucht, und dass unter den beiden Minimalbedingungen: Präferenzordnung und vollständige Information über relevante Weltaspekte, eine Handlungswahl möglich ist, welche die Intentionen *bestmöglich* realisiert. Dies unterstellt den Willen und die Fähigkeit der Individuen, die Welt im Lichte ihrer Intentionen wahrnehmen und in Erträge übersetzen zu können; es bedeutet freilich nicht, dass dies immer in vollem Umfang gelingen oder dass dies auch immer bewusst erfolgen muss. Es besagt vor allem gar nichts über die soziale Erwünschtheit der individuellen Absichten und auch nichts über die soziale Erwünschtheit der daraus hervorgehenden kollektiven Effekte.

Die Theorie rationalen Handelns ist theoriegeleitet an *drei Stellen* erweiterbar, um realitätsnähere Aussagen über das individuelle Handeln zu erreichen. Auf dieser Grundlage – und in Kombination mit empirischen Situationsmodellen – kann dann auch das Problem der wechselseitigen Erwartungsbildung präzisiert, zugespitzt und auch auf ganz konkrete Situationen bezogen werden.[17]

1. Der handlungstheoretische Kern: die Intentionalität der Akteure, kann mit Bezug auf soziale Situationen (Strukturen) inhaltlich konkretisiert werden, indem über empirische Thesen die Zwecke Einzelner, von Gruppen oder ganzen Gesellschaften situationsbezogen operationalisiert und konkretisiert werden. Wird als Prämisse für menschliches Handeln die materielle und soziale Existenzsicherung angenommen, dann wäre etwa für

---

17 Erklärungen, die mit Frame-Modellen arbeiten, gehen dagegen davon aus, dass die Individuen sowohl zweckrational als auch gewohnheitsmäßig, wertgebunden oder emotional handeln können und formulieren eine theoretische Beziehung zwischen den verschiedenen Handlungsorientierungen, um so die Bedingungen angeben zu können, unter denen von einem zweck- oder einem wertrationalen bzw. einem traditionalen oder affektuellen Handeln auszugehen ist (vgl. vor allem Esser 2004; Lindenberg 2010). Dabei handelt es sich um den mit Blick auf Max Weber gemachten Versuch, den Akteuren verschiedene Handlungsorientierungen zuzuschreiben und das zweckrationale Handeln (mit seiner Spezialform des homo oeconomicus) als einen Spezialfall zu kennzeichnen, der erst dann anzuwenden ist, wenn Frames nicht vorliegen oder passen (und die Situation für die Akteure sehr wichtig ist) oder auch wenn der Frame ‚zweckrationales Handeln' vorgibt (Esser 2010).

Erwerbstätige in modernen Industriegesellschaften als oberstes Ziel die Sicherung der Erwerbstätigkeit anzugeben.

2. Zum zweiten können auch spezifische Zusammenhänge zwischen den Zwecken und dem Handeln hergestellt werden, indem empirische Thesen über die Zweckadäquatheit einzelner Handlungen bezogen auf einzelne Situation näher gekennzeichnet werden. Eine solche These wäre, dass Arbeitnehmer in modernen Gesellschaften an kollektiven Standards und Handlungsformen interessiert sind, um ihre Arbeitsbedingungen zu verbessern.

3. Ergänzend können drittens auch Fähigkeiten der Akteure, die Welt im Hinblick auf ihre Zwecke als Opportunitäts- oder Restriktionsrahmen wahrzunehmen, näher bestimmt werden.[18] Um im obigen Beispiel zu bleiben, kann etwa in Rechnung gestellt werden, dass bestimmte Arbeitnehmergruppen über besondere Fähigkeiten und Mittel in Form von Netzwerken, teurer Ausbildung oder Verhaltensweisen verfügen, die es ihnen erlauben, sich auf dem Arbeitsmarkt besser durchzusetzen.

Die Einführung solcher zusätzlicher Annahmen erfolgt wie bereits erwähnt im Scheinwerferlicht des handlungstheoretischen Kerns: den Intentionen der Akteure. Sie dienen dazu, den Suchscheinwerfer zu erweitern und soziale Sachverhalte durch neue Argumente besser zu erklären. Das bedeutet aber nichts anderes, als dass Ergänzungen und Erweiterungen zuallererst darauf abstellen sollten, die Wirkung soziologisch wichtiger Erklärungsfaktoren auf die Handlungen der Individuen zu erfassen, d. h. zu zeigen, wie sich eine Variation sozialer Konstellationen auf das Handeln der Individuen und darüber letztlich auf soziale Phänomene auswirkt. Es geht also nicht an sich darum, den Akteur in all seinen Facetten oder gar in seiner Einmaligkeit möglichst genau und realitätsgetreu abzubilden, sondern es geht darum, die unterschiedlichen Wirkungen einer bürokratischen Verwaltung, eines privat-wirtschaftlichen Unternehmens oder einer Universität als Handlungssituation auf das individuelle Handeln zu erfassen. Dabei kann die Soziologie vor allem soziale Verflechtungen – in den Beispielen hier vor allem Konkurrenz bzw. Konflikt um knappe Positionen auf dem Arbeitsmarkt – zur Geltung bringen. Im Sinne der hier betriebenen institutionentheoretischen Perspektive wäre es dann möglich zu diskutieren, ob und welche Institutionen das Handeln in Konkurrenzsituationen so lenken, dass sich dadurch ein vorteilhafter Einsatz der Qualifikationen für die Einzelnen ergäbe. Die analytische Kraft des Suchscheinwerfers liegt darin, Variationen in den sozialen Konstellationen in ihrer Wirkung auf das intentionale Handeln und darüber in kollektive Effekte zu übersetzen.[19]

---

18 Herbert Simon (1957; 1959) hat dies getan und dazu genutzt, um die Wirkung begrenzter individueller Wahrnehmungsfähigkeiten *„bounded rationality"* bei kollektiven Entscheidungsfindungen zu erfassen und konnte daraus folgern, dass das kollektive Handeln in Organisationen durch Standardisierung, Arbeitsteilung, Hierarchien und Bürokratie vorteilhaft wird, weil so Komplexität reduziert und durch soziale Hilfsmittel die begrenzte individuelle Rationalität abgefedert und mitunter sogar verbessert werden kann.

19 Ein wichtiger Vorschlag dafür ist die Formulierung von Brückenhypothesen, die in Form „sozialer Produktionsfunktionen" (Lindenberg 1991) für bestimmte Situationen Zweck-Mittel-Relationen abbilden und einerseits Aussagen über die Umsetzung der Intentionalität in situationsspezifische Zwecke und andererseits Aussagen über die Effektivität und Effizienz von Handlungen bezüglich solcher Zwecke treffen. So wäre etwa für Beamte zu Zeiten Goethes das Ziel zu benennen: aus Ämtern kurzfristig möglichst viel Ertrag in Geld zu ziehen, wohingegen für Beamte in modernen Verwaltungen das systematische Aufsteigen und ein existenzsicherndes Gehalt

3.2 Soziologische Perspektive: Varianten sozialer Ordnungsbildung

Die Annahme des individuell intentionalen Handelns öffnet den Blick vor allem für soziale Konstellationen,[20] die den Individuen bei der Realisierung ihrer individuellen Intentionen Schwierigkeiten bereiten. Bezogen auf die soziale Welt können Abstimmungsprobleme vorgestellt werden, die sich aus sozialen Konstellationen speisen, in denen das intentionale Handeln der anderen als *gestaltungsbedürftig* gilt und daher Anlass für rationale Akteure ist, *soziale Institutionen* einzusetzen. Damit ist auch eine Hintergrundfolie benannt, die es erlaubt, die darauf bezogene *Problemlösungsfähigkeit* von *Institutionen* zu erfassen und diese dann als mehr oder weniger *sozial rational* zu kennzeichnen. Der soziologische Gehalt folgt aus der Kennzeichnung verbesserbarer sozialer Konstellationen aus individueller Sicht. Die Gestaltbarkeit sozialer Situationen wird aber wesentlich aus der Fähigkeit der Akteure, Absichten realisieren zu wollen und zu können und sich dazu dann auch auf die Suche nach entsprechenden *Institutionen* machen zu wollen und zu können, hergeleitet. Damit ist die soziologische Erklärungspraxis in der Lage, zum einen die Entstehung *sozialer Institutionen* durch rationale Akteure in verschiedensten Kontexten zu behandeln und deren Effekte: konkret deren Vorteilhaftigkeit, mit Bezug auf die Ausgangssituationen und die Fähigkeiten der Individuen[21] zu hinterfragen. Es lassen sich auf diesem Wege dann sowohl positive als auch negative Nebenfolgen und emergente Effekte unterscheiden und auch einzelne Institutionen oder Institutionenarrangements bezogen auf ihre Leistungskraft zur Bearbeitung bestimmter Problemlagen oder Situationen miteinander vergleichen. Nicht zuletzt lassen sich mit Hilfe systematischer Präzisierungen auf der Ebene der Handlungs- wie der Situationsbeschreibung auch bislang verstreute, scheinbar unverbundene Probleme und Modelle sozialer Ordnungsbildung (vgl. dafür etwa die Sammlung bei Boudon 1980; Neckel et al. 2010) miteinander in Beziehung setzen und sogar als Spezialfälle rekonstruieren. Die Theorie rationalen Handelns ist der Leitfaden, um die so vielfältig erscheinenden Schwierigkeiten einer wechselseitigen Erwartungsbildung aufeinander zu beziehen oder auch auseinander abzuleiten und darauf bezogen verschiedene soziale Institutionen erklären und miteinander in Beziehung setzen zu können. Neben Typen von Abstimmungsproblemen können auch Problemzuspitzungen durch Variationen der Situationsfaktoren und Handlungsfähigkeiten gewonnen und so Problemlösungsqualitäten sozialer Institutionen präzise analysiert werden.

Dazu kann eine *Situationstypologie* aus typischen Konstellationen der individuellen Absichten – den zentralen Faktoren der Handlungsebene – gewonnen werden und durch empirische Beschreibungen soziologisch relevante Kontexte zu soziologisch relevanten Fragestel-

---

typisch wären, wofür Erstere vor allem ihre ‚guten Kontakte' zu Hof und kurzfristige ‚Ausbeutungsstrategien' und Letztere mittelfristig in formale Bildung investieren sollten.

20 Das beinhaltet jedoch auch, die über eine einfache Handlungstheorie gewonnenen Grundkonstellationen durch ergänzende Handlungsannahmen zu spezifizieren. Die soziologische Grundheuristik ist jedoch primär in einer Typologie der situativen Problemlagen zu sehen, die durch zusätzliche Annahmen über individuelle Eigenschaften wie Informationsverarbeitungskapazitäten, Opportunismus, kreative Potentiale, soziale Kompetenz usw. lediglich zugespitzt in dem Sinne werden, dass die Erwartungsbildung weiter dramatisiert wird.

21 Dabei können natürlich auch Fähigkeiten der Akteure, die für die Realisierung dieser Absichten relevant sind, konkreter beschrieben werden: etwa begrenzte kognitive Leistungen bei der zweckdienlichen Erfassung der Handlungssituation oder aber kreatives Potential beim Erkennen und Ausbauen von Mitteln.

lungen ausgebaut werden (vgl. ausführlich Maurer und Schmid 2010). Im einfachsten Fall lassen sich soziale Interdependenzen über Begünstigungs- oder Verhinderungskonstellationen der individuellen Absichten (ideelle und materielle Interessen aber auch Werte) gewinnen und danach ordnen, wie das zweckrationale Handeln der Einzelnen sich wechselseitig oder einseitig tangiert und warum und in welchem Maße wechselseitige Erwartungen dabei hilfreich im Sinne von vorteilhaft wären und auch definiert werden könnten. Dazu können grundsätzlich Situationen ausgeschieden werden, in denen keine Interdependenz vorliegt, d. h. das individuell zweckrationale Handeln nicht vom Tun und Lassen anderer abhängt, woraus folgt, dass einseitige oder wechselseitige Erwartungen unerheblich für die Einzelnen sind. Hingegen geben Situationen, in denen ein Akteur vom intentionalen Handeln anderer betroffen ist und auch Situationen, in denen die Akteure sich wechselseitig in ihrem Handeln tangieren, grundsätzlich Anlass für einseitige bzw. wechselseitige Erwartungen, die auch zunächst einen Vorteil oder Ertragszuwachs versprechen. Um die erwähnten Fallstricke zu umgehen, muss aber nun handlungstheoretisch angeleitet präzisiert werden, welcher Problemgehalt und welcher Problemgrad für die Einzelnen dabei auftritt. Eine solche Problemorientierung ist nicht einfach zu entwickeln, weil sich die Soziologie – anders als die Ökonomie und die Politikwissenschaft – nicht auf eine Leitfrage oder ein Problemfeld wie die effiziente Nutzung knapper Ressourcen oder die Sicherung von Demokratie und individueller Freiheit hat verständigen und dieses entsprechend ausarbeiten können oder wollen.

Ein Lösungsweg wäre, die von Max Weber überkommene Idee der sozialen Interdependenz aufzugreifen und zunächst ausgehend von der Annahme eines zweckrationalen Handelns verschiedene Probleme wechselseitiger Erwartungsbildung zu charakterisieren (Schelling 1960): „In the terminology of game theory, most interesting international conflicts are not ‚constant-sum games' but ‚variable-sum games': the sum of the gains of the participants involved is not fixed so that more for one inexorably means less for the other. There is a common interest in reaching *outcomes* that are *mutually advantageous*. […] They are situations in which the ability of one participant to gain his ends is dependent to an important degree on the choices or decisions that the other participant will make" (ebd.: S. 5; Hervorh. A.M.). Entscheidend ist, dass nunmehr soziale Interdependenzen aus Sicht rationaler Akteure entsprechend dem Maße unterschieden werden können, indem die je individuelle Zweckerreichung sich mit der der anderen entweder positiv oder negativ ‚verbindet'. Soziale Situationen sind als typische oder sehr konkrete Verflechtung der Einzelinteressen oder des individuellen Zweckhandelns zu beschreiben. Die soziologische Ordnungsfrage könnte davon profitieren, indem nun deutlich wird, dass der Konstellationstyp gemeinsamer Interessen (der Konsens der vernünftigen Individuen) ein Sonderfall ist, der zudem eine Verflechtungsstruktur aufweist, die mitunter eine Lösung systematisch verhindert. Allgemeiner gesprochen bedeutet dies, dass auch eine soziale *Verflechtung durch gemeinsame Zwecke* zum Rationalitätsthema werden kann, weil sich allein aus der individuellen Rationalität noch keine vorteilhafte Lösung ergibt. Darüberhinaus ist schnell einsichtig, dass die soziale Welt die Individuen nicht nur mit Situationen konfrontiert, in denen sie sich aufgrund ihrer Intentionalität auf gemeinsame Zwecke beziehen können, sondern dass sie auch auf komplexere, stärkere und schwächere Problemtypen treffen können. Zu unterscheiden wären Interdependenzen, in denen sich 1) die jeweilige individuelle Zielerreichung uneingeschränkt und wechselseitig positiv stützt (einfache Koordination), 2) sich zwar alle durch Abstimmung verbessern könnten, aber einige Akteure doch mehr als andere (komplexe Koordination), und 3) sich das Handeln wechselseitig blockiert oder doch behindert (vgl. Abb. 1).

Abbildung 1: Typologie sozialer Situationen anhand der individuellen Interessenlagen

Einfache Koordination	Komplexe Koordinationen	Kooperation
Das Problem ist zu wissen, was der/die andere/n tun; jede gemeinsame Erwartung ist hilfreich und gleich gut.	Das Problem ist, dass der Ertrag der jeweiligen Handlung davon abhängt, was der/die andere/n tun, dass aber verschiedene Lösungen möglich sind, die alle besser stellen als ein unkoordiniertes Handeln, zugleich aber durch Strategien und Macht relative Ertragsvorteile ermöglichen.	Das Problem ist, dass der Ertrag individueller Handlungen vom Zutun aller oder doch vieler anderer abhängt.

Handlungssituationen werden als soziale Interdependenzen beschrieben, die sich nach Schwierigkeitsgraden bei der Definition von Erwartungen klassifizieren lassen. Der einfachste Fall der Koordination umfasst soziale Interdependenzen, in denen jede Erwartung aus Sicht aller einzelnen Akteure eine gleichermaßen gute Lösung darstellt und auf jeden Fall besser ist als keine soziale Institution. Komplexe Koordinationen machen zwar auch gelungene Erwartungsbildungen möglich, da sie aber eine unterschiedliche Aufteilung der Erträge ermöglichen, sind sie Anlass, strategisch und unter Nutzung von Macht zu agieren. Kooperationen unterliegen hingegen dem Problem, dass nur sichere wechselseitige Erwartungen überhaupt den individuellen Kooperationsbeitrag rational werden lassen und damit der Sirenengesang lockender Abweichungserträge die Kooperation systematisch blockiert.

3.3 Individuelle Rationalität und soziale Rationalitäten

Der entscheidende Schritt zur Makroebene folgt aus der Klärung der Frage, ob und in welchem Maße die Akteure in der Lage sind, bezogen auf die erschlossenen Abstimmungsproblematiken mit Hilfe *mehr* oder *weniger* passender sozialer Institutionen zu reagieren. Solche Institutionen wären insofern ‚sozial rational‘, als sie Abstimmungserträge realisieren helfen, die ansonsten verloren wären und die jeden Einzelnen bei der Realisierung seiner individuellen Intentionen auf die eine oder andere Art und Weise unterstützen würden Damit wird das Etablieren entsprechender Institutionen aus Sicht der Individuen vorteilhaft und es kann auch diskutiert werden, welche Institution vor welchem Problemhintergrund machbar und vorteilhafter wäre. Um rationale Kurzschlüsse zu vermeiden, sollte nicht schon aus der erschlossenen Vorteilhaftigkeit auf die erfolgreiche institutionelle Umgestaltung der Situation geschlossen werden und es sind immer auch neuartige Interdependenzformen zu berücksichtigen, die erst dadurch entstehen und die Funktionsfähigkeit und die sozialen Effekte gefundener institutioneller Lösungen wesentlich beeinflussen (vgl. Abb. 2).

Abbildung 2: Formen und soziale Effekte gefundener institutioneller
                Abstimmungslösungen

Problem / Lösung	Einfache Koordination	Komplexe Koordination	Kooperation
Soziale Rationalität	Jede Lösung bewirkt soziale und individuell zurechenbare Erträge. Spontane oder bewusste Lösungssetzungen sind möglich.	Es sind individuell und sozial ertragssteigernde Lösungen möglich, die aber nicht zwingend entstehen müssen. Je nach Schwierigkeitsgrad ist strategisches und machtgewichtetes Handeln möglich; so dass Ausstattungsunterschiede bzw. Machtverhältnisse entstehen oder reproduziert werden.	Rationales Handeln be- und verhindert sozial vorteilhafte Abstimmungen. Zufällige private und kollektive Lösungen sind aber möglich, wenn auch mit Folgeproblemen behaftet.
Formale Eigenschaften der Institutionen	Logisch folgen Nash-Gleichgewichte und mitunter auch ein oder mehrere Pareto-Optima.	Logisch folgen sowohl a) eindeutige Nash-Gleichgewichte, b) mehrere gleichwertige Nash-Gleichgewichte oder auch c) der andauernde Wechsel zwischen Nash-Gleichgewichten.	Logisch folgen stabile suboptimale Zustände.
Institutionelle Lösungen	Konvention, Brauch, Sitte, Ritual usw.	Verhandlungen, Organisationen, Unternehmen, Machtgruppen, Koalitionen, Allianzen, Korruption, Wettkämpfe, Winner-take-all-Märkte, Lizenzen usw.	Repräsentative Herrschaft (Staat, Parteien), private oder politische Unternehmer oder situational bedingte zufällige Lösungen.

3.3.1 Einfache Koordination

Die handlungstheoretisch fundierte Analyse der vorgestellten Problemtypiken kann dann beabsichtigte und unbeabsichtigte kollektive Konsequenzen unterscheiden und ableiten, wenn dafür eigene Modelle eingesetzt werden. So kann etwa für *einfache Koordinationsprobleme* festgehalten werden, dass jede auch zufällig gefundene Handlungsabstimmung für alle in gleichem Maße vorteilhaft ist. Dies trifft etwa auf Abstimmungen von der Art zu, wo nur wichtig ist zu wissen, wo ein Freund in New York zu treffen ist, in welchem In-Cafe in München sich die SoziologInnen treffen, welcher Hut und welche Rocklänge in ist usw. Um sich individuell orientieren zu können, ist es allein wichtig, einen klaren und von den relevanten Anderen praktizierten Bezugspunkt zu kennen: für das Treffen in New York reicht das Wissen um die herausragende Bekanntheit des Empire State Building aus (Schelling 1960: 56 ff.), für die Wahl des richtigen Cafes Gerüchte und Gespräche, für die Rocklänge schon die Beobachtung. Die Beispiele zeigen, dass sich jede/r sofort an einer ausgemachten Lösung orientieren wird, weil diese die gewünschte Erwartungssicherheit bietet und eine Schneise in das breite Feld der eigenen Unwissenheit schlägt. Das Problem ist, einen Standard zu setzen oder zu erkennen. Dies ist durch jeden Einzelnen, Gruppen oder alle Beteiligten autonom möglich, indem sie etwa als soziale, wirtschaftliche oder politische Unternehmer Marken ins Leben rufen, zufällig oder gezielt Signale aussenden, Moden in Gang setzen usw. Die soziale Logik besagt, dass jede beliebige Lösung gleich gut für alle und auf jeden Fall besser als keine ist. Daraus folgt, dass ein einmal gesetzter Meilenstein – der anfänglich auch ganz anders hätte lauten, aussehen, klingen können – individuell und sozial zum Orientierungspunkt wird; solange sich die Rahmenbedingungen nicht ändern. Da die Einführung neuer Lösungen sowie Modifikationen der alten Standards in der Regel Kosten und vor allem Unsicherheiten dahingehend mit sich bringen, dass Einzelne dann nicht mehr sicher wissen, was die anderen tun werden, sind *soziale Institutionen* in diesem Fall zwar variantenreich, jedoch sehr stabil. Die spontane, ohne weitere soziale Bemühungen erfolgende Ausbildung sozialer Konventionen wie Moden, Etiketten, Szenen usw. sind ein Spezialfall dieser Form sozialer Ordnungsbildung. Aber nicht jedes Institutionensystem entsteht unter den hier vorausgesetzten Bedingungen, so dass auch nicht jedes Institutionensystem diese wunderbaren Eigenschaften der individuellen und sozialen Vorteilhaftigkeit und der Selbststabilisierung aufweist.

3.3.2 Komplexe Koordination

Schon bei der Behandlung komplexer Koordinationsprobleme, die für die Einzelnen je nach gefundener institutioneller Lösung relative Vorteile bergen, sind die sozialen Effekte nicht mehr unmittelbar aus den Einzelhandlungen zu folgern. Die relativen Vorteile leiten rationale Akteure bei der Wahl und Gestaltung sozialer Institutionen und machen es für sie nun attraktiv, bei deren Durchsetzung ihre Ressourcen bzw. ihre relative Macht einzusetzen und auch strategisch zu handeln, um die für sie bessere Lösung zu erwirken. Unter der Annahme dass keine Ressourcen- oder Machtunterschiede relevant werden, sind vor allem die Möglichkeiten eines strategischen Handelns wichtig, z. B. als Erster zu handeln, falsche Informationen zu streuen oder Informationen zurückzuhalten, Koalitionen und Allianzen zu bilden usw. Die institutionellen Lösungen hängen von in der Situation realisierbaren Strategien ab, wozu vor allem die Nutzung von Informationen bei begrenzter individueller Rationalität zählt, aber auch reale oder inszenierte Exit-Optionen bei asymmetrischer Information. Komplexe Koordinationen lassen sich ganz vielfältig in verschiedenen Modellen ausarbeiten. Für die Soziologie scheint mir vor allem die Einführung von Macht oder spezifischen Ressourcen und Ressourcenausstattungen bedeutsam zu sein, weil damit eine ganz spezifische soziale Interdependenz erfasst werden kann: ein/mehrere Akteur/e können das Handeln anderer auch gegen deren Interessen und Absichten bestimmen. Zum zweiten verweisen Machtinterdependenzen auf Selbststabilisierungen, die sich aus gelungenen ersten Schritten ergeben und damit eine Dynamisierung der Betrachtung von Institutionen erlauben, die darin liegt, die Zentralisierung relevanter Ressourcen vor und nach Etablierung von institutionellen Regeln zu analysieren. Situationsbeschreibungen müssen zu diesem Zweck dann zumindest Thesen umfassen, die angeben, warum welche Ressourcen in einer Situation für die individuelle Zweckverfolgung relevant werden und wie diese in der jeweiligen Situation verteilt sind. Daraus kann nun gefolgert werden, welche Akteure welche Ressourcen abgeben, behalten oder vermehren und wer dadurch welche *Chancen* für weitere Ressourcen erhält. Ein Beispiel hierfür wären Situationen, in denen jede/r seine Absichten nur realisieren kann, wenn er sich mit dem/der anderen koordiniert und dabei die jeweils favorisierte Lösung betreibt. Dies gilt etwa für Paare, die den Abend zusammen verleben möchten, aber er lieber ins Kino und sie lieber ins Konzert ginge, für Fußballbegeisterte, die zweimal die Woche trainieren wollen, aber manche lieber am Dienstag und Donnerstag und die anderen lieber am Mittwoch und Freitag, aber auch für die Festlegung von Standards bei bereits getätigten Vorinvestitionen usw. Wer mehr liebt, kommt weniger auf seine Kosten, wer eine weniger gute Ausbildung hat, nimmt die weniger guten Plätze auf Arbeitsmärkten ein, wer über weniger Kapital verfügt, hat in der Wirtschaft schlechtere Karten usw.

Komplexe Koordinationen finden gut institutionelle Lösungen, weil sie individuelle und soziale Vorteile bergen. Sie „bevorzugen" aber oftmals Einzelne oder Gruppen, wenn sie aufgrund von Ausstattungsvorteilen oder strategisches Handeln die für sie relativ bessere Variante durchsetzen und stabilisieren können. Machtasymmetrien (wozu auch Informationsasymmetrien zu zählen wären) und ungleiche Ausstattungsverhältnisse reproduzieren sich dabei. Der systematisch zu erwartende, ungeplante Nebeneffekt solcher institutioneller Lösungen sind Machtaufbau und sich verstärkende Ungleichheitsstrukturen. Dies wird dann dramatische Formen annehmen, wenn keine positiven Zuwächse zu verteilen sind und Erträge der einen Seite voll zu Lasen der Anderen gehen: also bei reinen Konflikten. Dort sind die Vorteilsdifferenzen am höchsten und ist die Wirkung von Macht am stärksten. Bei Scheidungen sind die Schwächeren die Verlierer, Arbeitsmärkte in Wirtschaftskrisen führen zur Verdrängung schwacher Arbeitnehmergruppen usw.[22]

3.3.3 Kooperation

Noch problemhaltiger sind *Interdependenzen* in Form eines gemeinsamen Anliegens zu dessen Realisierung mehrere, viele oder alle Akteure etwas beitragen müssen (z. B. die Einhaltung vereinbarter Regeln, bestimmte Handlungen, Geld usw.), von deren Genuss nach Fertigstellung aber niemand ausgeschlossen werden kann oder soll. Ein solches Verhältnis ist bestimmt von der Abhängigkeit *aller von allen*. Aus Sicht rationaler, eigennütziger Akteure ist dies einerseits als Anreiz zum Trittbrettfahren zu interpretieren. Andererseits auch als ein massives Interesse an bestimmten Handlungen anderer, das aber insofern und ganz berechtigt unsicher erscheint, wenn für diese auch Trittbrettfahreranreize unterstellt werden müssen. Individuelle Beiträge sind dann doppelt unsicher. Solange kein Hinweis darauf vorliegt, dass die anderen beitragen, ist schon aufgrund der Interdependenzstruktur: der erfolgsrelevanten wechselseitigen Abhängigkeit, jeder rationale Akteur (er/sie muss dann noch nicht einmal eigennützig sein) veranlasst, nichts beizutragen. Da dies für alle anzunehmen ist, folgt daraus rein *logisch* die Nicht- oder doch die suboptimale Erstellung öffentlicher Güter, sofern diese definiert wird über bestimmte Einzelleistungen (Wippler 1981; Wippler und Lindenberg 1987; Wittek 2006).[23] Es ist nicht die Unmoral oder die Unvernünftigkeit der Akteure, sondern die

---

22   Problemgeleitete Zuspitzungen komplexer Koordinationsformen sind mit Hinweis auf Situationsfaktoren möglich, welche Machtasymmetrien adressieren (wertvolle Ressourcen wie Zeit, Informationen, kulturelle Kompetenzen usw.) oder auch zufällige soziale Konstellationen adressieren, die strategisches Handeln erlauben (Koalitionen, Allianzen, Oligopole, Gruppenstaffelungen usw.). Verstärkungen sind zudem mit Bezug auf dafür relevante individuelle Fähigkeiten (kognitiv, kreativ, interpretativ) möglich.

23   Die Überführung der Effekte individuellen Handelns in soziale oder kollektive Sachverhalte ist ein eigener Erklärungsschritt, der *Transformationsregeln* und *Aggregationsmodelle* erfordert, die Aussagen darüber

starke *wechselseitige Erfolgsabhängigkeit,* welche das kollektive Ergebnis zwingend definiert. Ein „Gefangenendilemma" können auch rationale, nicht-eigennutzorientierte Individuen nur schwer durchbrechen; es führt in entsprechenden Situationen im politischen, wirtschaftlichen und sozialen Leben zu äußerst stabilen *unvorteilhaften* Zuständen.

4. Die Kooperation zum allseitigen Vorteil

Für die Soziologie höchst bedeutsam ist das Kooperationsproblem, weil es eine Interdependenzstruktur beschreibt, in der gemeinsame Zwecke[24] ein kollektives *Zweckhandeln* vorteilhaft werden lassen. In den klassischen Studien der Aufklärung wie auch der Soziologie wurde diese Konstellation meist durch die Annahme der vernünftigen Einsicht bzw. der sozialen Veranlagung der Akteure entproblematisiert und die Bildung dafür erforderlicher oder günstiger Institutionen schon daraus begründet. Bei Weber wird dies durch die Annahme anerkannter Ordnungen umgesetzt, die einerseits vorteilhafte und andererseits problemfreie soziale Lösungen durch Regeln implizieren. Wird diese idealisierende Situationsbeschreibung als ein Sonderfall identifiziert und über ergänzende Situationsbeschreibungen und Handlungsannahmen realistischer gefasst, kann stattdessen für diese Problemform problematisiert werden, wie es rationalen Akteuren gelingen kann, ihr Handeln überhaupt kollektiv zu organisieren, indem das wechselseitige Aufeinanderangewiesensein in Problemlagen wie etwa Abweichungsgewinne durch Trittbrettfahrer übersetzt und zugespitzt wird. Auf diese Weise kann auf Verhältnisse hingewiesen werden, in denen solange keine sicheren Erwartungen über das Zutun der anderen vorliegen, jede/r Einzelne ganz rational keine teuren Beiträge leisten wird, einfach weil der Erfolg nicht zu erwarten ist. Damit sind solche Situationen Anlass für rationale Gestaltungsbemühungen, so dass die unterstellte institutionelle Rahmung bei Weber zum Erklärungsproblem gemacht werden kann, und es kann weiterhin gefragt werden, welche Institutionen in welcher Form dafür vorteilhaft sind, weil sie ‚Abweichler' verhindern.

Die Einsetzung von Institutionen zur Organisation und Sicherung des gemeinsamen Zweckhandelns stellt ein „öffentliches Gut" (vgl. Olson) zweiter Ordnung dar, weil ja wiederum alle davon Vorteile unabhängig von ihrem individuellen Beitrag hätten. Aber nun kann argumentiert werden, dass dafür nicht mehr alle Akteure wichtig sind, sondern dass die Sanktionierung von Trittbrettfahrern in einer kleineren Gruppe gesichert werden kann, so dass spontane Lösungen je nach Situation möglich werden, freilich auch erschwert sein können, wenn mächtige Akteure sanktioniert werden müssen. Es ist wiederum nicht die Bösartigkeit, die Eigennutzorienierung oder gar die Dummheit der Akteure, welche die institutionelle Siche-

---

formulieren, *wie* sich die Handlungen der Akteure so miteinander verbinden, dass daraus bestimmte soziale Effekte hervorgehen. Es gibt bislang noch keinen Konsens drüber, welche der bereits verwendeten Transformationsregeln wann einzusetzen sind, bzw. was die Qualität soziologischer Transformationsregeln ausmacht (Lindenberg 1977: 126 f.; Coleman 1991: 7 f.). Komplexe formale ‚Übersetzungen' wie Wahlmodi, Schwellen- oder Stufenwertmodelle sowie Netzwerkanalysen sind zwar durchaus bekannt und werden auch schon seit längerer Zeit genutzt, um Handlungen in kollektive Effekte zu transformieren, allerdings vor allem in der Ökonomie und in der nur vereinzelt betriebenen mathematischen oder mit Simulationen arbeitenden Soziologie (Coleman 1971; Boudon 1973; Hedström 2005).

24   Wobei durchaus unberücksichtigt bleiben kann, woraus diese folgen.

rung erschwert, sondern in erster Linie die *soziale Interdependenzstruktur*: Das Angewiesensein auf bestimmte Handlungen der anderen und offenstehende Abweichungserträge. Daher ist gegenüber den klassischen Aufklärern und Max Weber die These zu vertreten, dass auch ein sozial vorteilhaftes kollektives Zweckhandeln nicht automatisch zu vorteilhaften sozialen Institutionen führt. Das Modell des Gefangenendilemma[25] beschreibt diese *wechselseitige Blockade* individuell rationalen Handelns, indem es im Trittbrettfahreranreiz den Mechanismus aufdeckt, der zum Auseinanderfallen von individueller und kollektiver Rationalität führt. Weil Trittbrettfahreranreize die Situation dominieren, sind die erforderlichen Handlungen der anderen unsicher und auch ihr Zutun bei der Etablierung entsprechender Regeln. Weil alle am öffentlichen Gut interessiert sind und weil alle dieselbe Erfolgswahrnehmung teilen, kann von der typischen Entscheidung eines rationalen Akteurs auf die aller geschlossen werden und weil der Erfolg des kollektiven Handelns definiert wird als entsprechendes Zutun aller, kann direkt gefolgert werden, dass die öffentliche Gutproblematik sich auf verschiedenen Ebenen wiederholt und so das individuell rationale Handeln zu sozial unvorteilhaften Zuständen führt.

Wir können nun aber unter Verwendung unseres Suchscheinwerfers: der Handlungstheorie und der durch sie benannten kausalen Kraft der Absichten, ergänzt durch empirische Zusatzannahmen, auf die Suche nach Lösungen für diesen problematischen Fall einer vorteilhaften Ordnungsbildung gehen. Im modelltheoretisch einfachsten Zuschnitt einer zweckrationalen Handlungswahl[26] folgt daraus, dass die Handlungswahl wesentlich von Situationsaspekten abhängt, welche die Einschätzung des Handlungserfolgs erhöhen, was dann auch der Suche nach Lösungen den Weg weist. Es sind dies Faktoren, welche das erwünschte Handeln der anderen erwartbarer werden lassen. Das können Signale sein, die *einzelne (mächtige) Akteure* ausstrahlen, die nicht auf die anderen angewiesen sind, oder aber Eiferer, die erfolgsunabhängig agieren. Das können aber auch *sozialstrukturelle Gegebenheiten* wie kleine Gruppen sein, welche die Möglichkeit bieten, sich kennenzulernen, regelmäßig zu treffen und so die Beitragsleistungen wechselseitig unmittelbar beobachtbar und kontrollierbar werden zu lassen und dadurch Trittbrettfahreranreize auszusetzen (Olson 1968). Eine andere sozialstrukturelle Gegebenheit wären politische, wirtschaftliche oder kulturelle Unternehmer, welche Ordnungen setzen und durchsetzen, weil sie sich davon private Erträge versprechen und in diesem Kontext dann zufällig dazu beitragen, wechselseitige Erwartungen zu definieren und ein kollektives Zweckhandeln zu ermöglichen. Das kann aber auch das *bewusste kollektive Einsetzen von Institutionen* der Erwartungssicherung sein (Kontrolle ebenso wie Anreizsysteme), sofern Bedingungen vorliegen, die das öffentliche Gutproblem auf der zweiten Ebene reduzieren (wie z. B. geringere Anzahl von Beteiligten usw.).

---

25 Das Gefangenendilemma beschreibt sowohl den Schritt von der Makro- zur Mikroebene (kein individuelles Beitragsmotiv wegen der Nichtausschließbarkeit im Konsum) als auch den von der Mikro- zurück zur Makroebene (wechselseitige Blockade) und ist in der Aggregation durch die Annahme sequentiellen Handelns durch Diffusions- und Segregationsmodelle (Hirschman 1974; Schelling 1978) ausbaubar; vgl. für die formale spieltheoretische Darstellung z. B. Diekmann (2009).

26 Ob die Akteure vollständig oder unvollständig informiert sind, ist in dieser Konstellation nicht zentral; das Interdependenzproblem folgt ja gerade daraus, dass sie rational davon ausgehen müssen, dass ein Beitrag sinnlos ist, so dass nur ‚starke Annahmen', die den Beitrag der anderen ‚erwartbar' werden lassen, als Information wichtig wären.

In Erweiterung zu Weber wäre nun das Einsetzen, das Um- und Durchsetzen einer Ordnung als ein bewusster sozialer Gestaltungsakt zu erklären, der zwar zur Etablierung von Herrschaft führt, um die Ordnung zu sichern, dass aber nunmehr erstens zu unterscheiden wäre, ob eine solche Herrschafts- oder Verbandsordnung kollektiv oder aber von Einzelnen Akteuren definiert wird. Es wäre also einerseits zu erfassen, dass Ordnungen, die einem kollektiven Zweckhandeln zum Erfolg verhelfen sollen, nicht automatisch dem Willen aller entsprechen und daher auch nicht alle Interessen darin aufgehoben sein müssen und dass andererseits eingesetzte Herrschaftsagenten die Situation verändern, indem sie zum einen Akteure darstellen, die nicht unbedingt die Interessen der Ordnung teilen und die vor allem über neue Handlungsmöglichkeiten verfügen und neue Interdependenzen generieren: sie können untereinander Allianzen bilden, sie können sich auf Kosten der Verbandsmitglieder bereichern, sie können mit Außenstehenden zu Lasten der Gruppe Verträge schließen, sie können ihre Herrschaft ausbauen usw. Anders als dies Weber vorhersah, sind Herrschaftsverbände nicht frei von Folgeproblemen, sondern ihre Leistungskraft: das Sichern wechselseitiger Erwartungen und das Organisieren eines kollektiven Zweckhandelns, ist ständig durch Folgekosten und -probleme bedroht, eingeschränkt und kehrt diese mitunter sogar ins Gegenteil um.

Auf der anderen Seite ist jetzt auch festzuhalten, dass eine sozial rationale Lösung des Problems der Kooperation nicht immer und unbedingt erfolgen muss, sondern dass vor allem die kollektiv getragene Einsetzung herrschaftlicher Lösungen von vielen weiteren Faktoren abhängt, die auf die Bewältigung der Trittbrettfahreranreize auf der nächsten Ebene positiv einwirken. Es handelt sich bei Herrschaftsinstitutionen zwar um eine prinzipielle Lösung auch für Kooperationsprobleme; insoweit hatte Weber eine sehr gute Intuition, gleichwohl ist darauf hinzuweisen, dass diese von rationalen Akteuren nur dann gewählt werden wird, wenn die einfacheren und günstigeren spontanen oder Gruppenlösungen nicht realisierbar sind und wenn es ihnen darüber hinaus auch noch gelingt, das Trittbrettfahrerproblem zweiter Ordnung zu lösen (Coleman 1991; 1992). Die Herrschaftslösung ist auf allen Ebenen vom Anreiz zum Trittbrettfahren bedroht und in ihrer Leistungskraft eingeschränkt. Daher erfordern repräsentative Herrschaftssysteme immer Kontrollmaßnahmen, welche die individuellen Beiträge (Zwangsapparat zur Einsammlung von Steuern, Normen, Anreize) sichern, die zumindest durch ihre Kosten die Vorteilhaftigkeit einschränken, nicht selten aber neue Probleme und Interdependenzen hervorbringen. Herrschaftslösungen erfordern zudem, vor allem wenn viele Akteure beteiligt sind, komplexe Strukturen oder Stäbe, die zwischen die Verbandsmitglieder treten, verschiedenen Allianzen schmieden und vielfältige Kontrollprobleme hervorrufen können.

Herrschaftlich organisierte Kooperationen definieren Herrschaftsrechte und generieren *Konfliktstrukturen*, deren weitergehende Rahmung für den Erfolg des kollektiven Handelns unterschiedliche Formen aufweisen kann – die wohl vor allem durch Gruppenbildung und Ressourcenverfügung bestimmt sein werden – auf jeden Fall aber für den Erfolg relevant werden. Damit sind *herrschaftskritische Einsichten* mit den *Abstimmungsvorteilen* einer Herrschaft zu verbinden und in Folge davon institutionelle Einbettungen zu diskutieren, die im Falle einer kooperationsförderlichen Herrschaft dazu beitragen können, dem erwartbaren Missbrauch der Herrscher ebenso vorzubeugen wie anfälligen Kontrollproblemen eingesetzter Herrscher, der Gefahr von Korruption und von Machtausbau. Insgesamt ist zu folgern, dass eine herrschaftlich organisierte Kooperation für die Individuen nur dann vorteilhaft ist und auch bleibt,

wenn die Kooperationsvorteile höher sind, als die individuell für die Herrschaft und ihre Gestaltung bzw. Kontrolle aufzubringenden Beiträge, und dass sie nur dann sozial vorteilhaft
ist, wenn sie größere Erträge erbringt als keine, spontane oder Gruppenlösungen. Herrschaft
zur Sicherung wechselseitiger Erwartungen und eines kollektiven Zweckhandelns ist weder
immer zu erwarten, wenn sie vorteilhaft wäre, noch uneingeschränkt vorteilhaft, sondern immer von Trittbrettfahreranreizen und sekundär von *Macht* beeinträchtigt.

Damit ist das Zweckverbandmodell von Weber als eine spezielle Lösung der Sicherung
wechselseitiger Erwartungen zu kennzeichnen, allerdings als eine Bewältigungsform, die
nur unter der Bedingung einer anerkannten Ordnung ein Höchstmaß an formaler Rationalität garantiert.

5. Abstimmungsprobleme und die Vorteilhaftigkeit sozialer Institutionen

Ausgangspunkt meiner Überlegungen war die Beobachtung, dass gegenwärtig in der Soziologie zwar viel von Rationalität zu hören und zu lesen ist, dass aber oftmals ungeklärt bleibt,
was unter Rationalität verstanden wird, insbesondere, ob damit die Ebene der Individuen
oder die des Sozialen bezeichnet wird. Hinzu kommt, dass in der Soziologie eine diffuse Rationalitätsskepsis weit verbreitet ist, die indes kaum mit einer kritischen Rekonstruktion der
klassischen Rationaltheorien des Sozialen einhergeht und daher auch nicht auf deren Verbesserung abhebt. Vor diesem Hintergrund war mein Anliegen, eine soziologische Erklärungspraxis in Erinnerung zu rufen und weiterzuführen, die ihren Ausgangspunkt bei der Annahme
eines individuell rationalen Handelns nimmt und davon ausgehend sowohl zwischen individueller und sozialer Rationalität unterscheiden als auch ein Konzept *„sozialer Rationalität"*
bestimmen kann und auf diesem Wege kritische Bezüge zur klassischen Ordnungsfrage der
Soziologie gewinnt.

Dazu habe ich mit Bezug auf die Tradition der „individualistischen Sozialtheorie" vorgeschlagen, aus Sicht rational handelnder Individuen soziale Verhältnisse als gestaltungsbedürftig und gestaltbar zu erschließen. Dazu werden soziale Interdependenzen erfasst, die das
Handeln der Einzelnen vor mehr oder weniger große Probleme der Art stellen, dass das Handeln der anderen für den Handlungserfolg wichtig ist. Das erlaubt es in einem ersten Schritt,
Situationen als Konstellationen der individuellen Intentionen zu charakterisieren und entsprechend des jeweiligen Problemgrades zu systematisieren. In den weiteren Schritten können
durch zusätzliche empirische Annahmen über die Situation und/oder erfolgsrelevante Fähigkeiten der Akteure der Problemgrad weiter zugespitzt oder auch entlastet werden. Solche Situationen sozialer Interdependenzen lassen sich dann aus Sicht der Einzelnen rational als Anlass für die Einsetzung sozialer Institutionen verstehen, so dass einerseits die Etablierung und
andererseits die Funktionsweise bzw. die sozialen Effekte daraufhin eingesetzter Institutionen
analysiert und als Maßstab der ‚sozialen Rationalität' gesehen werden können. Institutionen
sind dann in dem Maße rational, als sie der Bearbeitung aus individueller Sicht spezifizierter
Abstimmungsprobleme dienen und Erträge durch die Bewältigung von Handlungs- und Abstimmungsproblemen erbringen.

Der theoretische Ertrag davon ist das von Weber dargelegte Problem sozialer Ordnungsbildung: die Ausbildung wechselseitiger Erwartungen, aufnehmen, präzisieren und zu einer

soziologischen Forschungsheuristik ausarbeiten zu können, die soziale Situationen als mehr oder weniger *problematische Abstimmungsprobleme* aus Sicht rationaler Akteure kennzeichnet und die dafür möglichen sozialen Institutionen daraufhin analysiert, in welchem Maße sie dazu beitragen, das Ausgangsproblem vorteilhaft zu bearbeiten. Die Annahme des rationalen Handelns Einzelner dient dazu, die soziale Welt als gestaltungsbedürftigen Rahmen des Handelns zu erschließen und Problemgehalte zu differenzieren. Die Prämisse von der Fähigkeit menschlicher Akteure zu einem prinzipiell rationalen Handeln wird dazu genutzt, um situationsbezogen erstens Zwecke zu operationalisieren oder konkret zu definieren, was es einerseits ermöglicht, auf spezifische anthropologische Zwecksetzungen zu verzichten, und Intentionalität in materielle, ideelle oder soziale Ziele zu übersetzen, zum anderen aber auch empirische Thesen über geeignete Mittel und Zweck-Mittel-Relationen einzuführen. Damit können unter einem Dach verschiedenste Situationsbeschreibungen behandelt, variiert und problematisiert werden und davon ausgehend auch verschiedene Interdependenz- oder Wechselwirkungsmodelle eingesetzt werden, die Aussagen darüber treffen, ob, wie und mit welchen sozialen Konsequenzen sich die individuell rationalen Handlungen jeweils zueinander verhalten. Wird für ein vorteilhaftes kollektives Zweckhandeln weder eine spezifisch soziale Ader des Menschen noch eine gegebene anerkannte Ordnung unterstellt, kann auf diesem Wege dargelegt werden, dass bei gemeinsamen Vorhaben, welche das Zutun vieler oder aller Akteure erfordern und wenn Trittbrettfahren möglich ist, rationale Akteure nichts beitragen werden und das auch wechselseitig wissen. Weil das für alle gleichermaßen gilt, wird das Vorhaben, weil es ja entsprechender Handlungen bedarf, unterbleiben. Das individuell rationale Handeln blockiert sich wechselseitig, da jede/r zu Recht annimmt, dass die anderen nicht beitragen und es schon deshalb sinnlos wäre, selbst etwas beizutragen. Es ist diese Verkettung, die ein vorteilhaftes kollektives Kooperieren unter bestimmten Bedingungen verhindert und auch das dafür rationale Einsetzen von sozialen Regeln erschwert. Bei vorteilhaften Kooperationen, die von Abweichungserträgen geprägt sind, be- und verhindert das individuell rationale Handeln sozial rationale Institutionen, indem sowohl deren Etablierung erschwert ist als auch deren problemfreie Wirkungsweise. Herrschaftsverbände können, müssen aber nicht bei Kooperationsvorteilen entstehen und sie sind immer mit Kontrollproblemen aufgrund der Abweichungserträge verbunden, wenn keine normative Bindung unterstellt werden kann. Daher bedürfen Herrschaftsinstitutionen in der Regel komplexer Nach- und Umgestaltungen und sind selbst Anlass für weitere institutionelle Rahmungen.

Allgemeiner formuliert: soziologische Erklärungen können ausgehend von der Annahme eines rationalen Handelns der Einzelnen und daraus abgeleiteter abstimmungsbedürftiger Situationen auf die Entstehung sozial vorteilhafter Institutionen schließen und dabei auch Aussagen über die sozialen Rationalitäten treffen, indem sie auf das Nichtzustandekommen vorteilhafter Institutionen sowie auch auf ungeplante negative Effekte aufmerksam machen. Dabei können zusätzliche Annahmen über relevante Situationsmerkmale als auch über spezifische Fähigkeiten theoretisch informiert eingesetzt werden, um den Problemgehalt von Abstimmungsproblemen und damit auch die Relevanz und Form von Institutionen näher zu analysieren.

Literaturverzeichnis

Baurmann, Michael, 2008: Homo Ökonomikus als Idealtypus. Oder: Das Dilemma des Don Juan. In: Analyse & Kritik 30: 555-573.

Boudon, Raymond, 1973: Mathematische Modelle und Methoden. Hauptströmungen der sozialwissenschaftlichen Forschung. Franz. Orig. 1970. Frankfurt/M. et al.: Ullstein Verlag.

Boudon, Raymond, 1980: Die Logik gesellschaftlichen Handelns. Eine Einführung in die soziologische Denk- und Arbeitsweise. Franz. Orig. 1978. Darmstadt et al.: Luchterhand Verlag.

Bourdieu, Pierre, 2000: Das religiöse Feld. Texte zur Ökonomie der Heilsgeschehens. Konstanz: Universitäts-Verlag.

Coleman, James S., 1971: Collective Decisions. In: Herman Turk und Richard L. Simpson (Hg.), Institutions and Social Exchange. The Sociologies of Talcott Parsons and George C. Homans. Indianapolis et al.: Bobbs-Merrill Company: 272-286.

Coleman, James S., 1991: Grundlagen der Sozialtheorie. Handlungen und Handlungssysteme. Amerik. Orig. 1990. München et al.: Oldenbourg.

Coleman, James S., 1992: Grundlagen der Sozialtheorie. Körperschaften und die moderne Gesellschaft. Amerik. Orig. 1990. München et al.: Oldenbourg Verlag.

Diekmann, Andreas, 2009: Spieltheorie. Einführung, Beispiele, Experimente. Reinbek bei Hamburg: Rowohlt Verlag.

Esser, Hartmut, 1993: Soziologie. Allgemeine Grundlagen. Frankfurt/M., New York: Campus Verlag.

Esser, Hartmut, 2004: Soziologische Anstöße. Frankfurt/M., New York: Campus Verlag.

Esser, Hartmut, 2010: Sinn, Kultur, Verstehen und das Modell der soziologischen Erklärung. In: Monika Wohlrab-Sahr (Hg.), Kultursoziologie. Paradigmen – Methoden – Fragestellungen. Wiesbaden: VS Verlag für Sozialwissenschaften: 309-335.

Gerhards, Jürgen, 1989: Affektuelles Handeln – Der Stellenwert von Emotionen in der Soziologie Webers. In: Johannes Weiß (Hg.), Max Weber heute. Frankfurt/M.: Suhrkamp: 335-370.

Greshoff, Rainer, Georg Kneer und Uwe Schimank (Hg.), 2003: Die Transintentionalität des Sozialen. Eine vergleichende Betrachtung klassischer und moderner Sozialtheorien. Wiesbaden: VS Verlag für Sozialwissenschaften.

Hartfiel, Günter, 1968: Wirtschaftliche und soziale Rationalität. Untersuchungen zum Menschenbild in Ökonomie und Soziologie. Stuttgart: Enke.

Hedström, Peter, 2005: Dissecting the Social. On the Principals of Analytical Sociology. Deutsch 2008. Cambridge: Cambridge University Press.

Hernes, Gudmund, 1993: Hobbes and Coleman. In: Aage B. Sørensen und Seymour Spilerman (Hg.), Social Theory and Social Policy. Essays in Honor of James S. Coleman. Westport, Conn et al.: Praeger: 93-104.

Hirschman, Albert O., 1974: Abwanderung und Widerspruch. Reaktionen auf Leistungsabfall bei Unternehmungen, Organisationen und Staaten. Amerik. Orig. 1970. Tübingen: Mohr (Siebeck).

Hirschman, Albert O., 1980: Leidenschaften und Interessen. Politische Begründungen des Kapitalismus vor seinem Sieg. Amerik. Orig. 1977. Frankfurt/M.: Suhrkamp Verlag.

Hollis, Martin, 1995: Soziales Handeln. Eine Einführung in die Philosophie der Sozialwissenschaft. Amerik. Orig. 1994. Berlin: Akademie Verlag.

Jonas, Friedrich, 1981: Geschichte der Soziologie. 2. Aufl. Opladen: Westdeutscher Verlag.

Lepsius, M. Rainer, 1990: Interessen, Ideen und Institutionen. Opladen: Westdeutscher Verlag.

Levine, Donald N., 1981: Rationality and Freedom: Weber and Beyond. In: Sociological Inquiry 51: 5-25.

Lindenberg, Siegwart, 1977: Individuelle Effekte, kollektive Phänomene und das Problem der Transformation. In: Klaus Eichner und Werner Habermehl (Hg.), Probleme der Erklärung sozialen Verhaltens. Meisenheim am Glan: Hain Verlag: 46-84.

Lindenberg, Siegwart, 1989: Social Production Functions, Deficits, and Social Revolutions. Prerevolutionary France and Russia. In: Rationality and Society 1: 51-77.

Lindenberg, Siegwart, 1991: Die Methode der abnehmenden Abstraktion. Theoriegesteuerte Analyse und empirischer Gehalt. In: Hartmut Esser und Klaus G. Troitzsch (Hg.), Modellierung sozialer Prozesse. Neuere Ansätze und Überlegungen zur soziologischen Theoriebildung. Bonn: Informationszentrum Sozialwissenschaften: 29-78.

Lindenberg, Siegwart, 2010: Why Framing Should Be All About The Impact of Goals. In: Paul Hill, Frank Kalter, Johannes Kopp, Clemens Kroneberg und Rainer Schnell (Hg.), Hartmut Essers Erklärende Soziologie. Frankfurt/M., New York: Campus: 53-79

Maurer, Andrea, 2004: Herrschaftssoziologie. Eine Einführung. Frankfurt/M., New York: Campus.

Maurer, Andrea, 2007: Handlungstheorien und -modelle in der Soziologie. Möglichkeiten interdisziplinärer Verständigung aus soziologischer Sicht. In: Martin Führ, Kilian Bizer und Peter H. Feindt (Hg.), Menschenbilder und Verhaltensmodelle in der wissenschaftlichen Politikberatung. Möglichkeiten und Grenzen interdisziplinärer Verständigung. Baden-Baden: Nomos Verlag: 180-192.

Maurer, Andrea, und Michael Schmid, 2010: Erklärende Soziologie. Grundlagen, Vertreter und Anwendungsfelder eines Forschungsprogramms. Wiesbaden: VS Verlag.

Merton, Robert K., 1936: The Unanticipated Consequences of Purposive Social Action. In: American Sociological Review 1: 894-904.

Merton, Robert K., 1972: Die unvorhergesehenen Folgen zielgerichteter sozialer Handlung. In: Hans Peter Dreitzel (Hg.), Sozialer Wandel. Zivilisation und Fortschritt als Kategorien der soziologischen Theorie. 2. Aufl. Neuwied et al.: Luchterhand Verlag: 169-183.

Neckel, Sighard, Ana Mijic, Christian von Scheve und Monica Titton (Hg.), 2010: Sternstunden der Soziologie. Wegweisende Theoriemodelle des soziologischen Denkens. Frankfurt/M., New York: Campus.

Norkus, Zenonas, 2000: Max Weber's Interpretative Sociology and Rational Choice Approach. In: Rationality and Society 12: 259-282.

Olson, Mancur, 1968: Die Logik kollektiven Handelns. Kollektivgüter und die Theorie der Gruppen. Amerik. Orig. 1965. Tübingen: Mohr (Siebeck).

Popper, Karl R., 2000: Vermutungen und Widerlegungen. Das Wachstum der wissenschaftlichen Erkenntnis. Engl. Orig. 1963. Tübingen: Mohr (Siebeck).

Schelling, Thomas C., 1960: The Strategy of Conflict. Cambridge, Mass. et al.: Harvard University Press.

Schelling, Thomas C., 1978: Micromotives and Macrobehavior. New York, London: W.W. Norton & Company.

Schimank, Uwe, und Rainer Greshoff (Hg.), 2005: Was erklärt die Soziologie? Methodologien, Modelle, Perspektiven. Münster: LIT Verlag.

Schmid, Michael, 2004: Die 'Objektivität' der sozialwissenschaftlichen Erkenntnis. Einige kritische Bemerkungen zu Max Webers Wissenschaftslehre. In: Berliner Journal für Soziologie 4: 545-560.

Schmid, Michael, 2005: Ist die Soziologie eine erklärende Wissenschaft? In: Uwe Schimank und Rainer Greshoff (Hg.), Was erklärt die Soziologie? Methodologien, Modelle, Perspektiven. Münster: LIT Verlag: 122-148.

Schmid, Michael, 2008: Individuelle Entscheidungsrationalität und soziale Einbettung. Zum Verhältnis von Ökonomie und Wirtschaftssoziologie. In: Andrea Maurer (Hg.), Handbuch der Wirtschaftssoziologie. Wiesbaden: VS Verlag für Sozialwissenschaften: 87-108.

Shionoya, Yuichi, 1992: Max Webers soziologische Sicht der Wirtschaft. In: Karl H. Kaufhold, Guenther Roth und Yuichi Shionoya (Hg.), Max Weber und seine 'Protestantische Ethik'. Klassiker der Nationalökonomie. Düsseldorf: Verlag Wirtschaft und Finanzen: 93-119.

Simon, Herbert A., 1957: Models of Man. Social and Rational. New York: Wiley & Sons.

Simon, Herbert A., 1959: Administrative Behavior. A Study of Decision-Making Processes in Administrative Organization. New York: The Mcmillan Company.

Udéhn, Lars, 2001: Methodological Individualism. Background, History and Meaning. London, New York: Routledge.

Vanberg, Viktor, 1982: Markt und Organisation. Individualistische Sozialtheorie und das Problem korporativen Handelns. Tübingen: Mohr (Siebeck).

Weber, Max, 1973/1919: Der Beruf zur Politik. In: Max Weber (Hg.), Soziologie – Universalgeschichtliche Analysen – Kritik. Vorlesung gehalten 1919. Stuttgart: Kröner Verlag: 167-185.

Weber, Max, 1985/1922: Wirtschaft und Gesellschaft. Grundriß der verstehenden Soziologie. 5., rev. Aufl. Tübingen: Mohr (Siebeck).

Weber, Max, 1988a/1904: Die „Objektivität" sozialwissenschaftlicher und sozialpolitischer Erkenntnis. In: Max Weber (Hg.), Gesammelte Aufsätze zur Wissenschaftslehre. 7. Aufl. Tübingen: Mohr (Siebeck): 146-214.

Weber, Max, 1988b/[1920]: Gesammelte Aufsätze zur Religionssoziologie I. 9. Aufl. Tübingen: Mohr (Siebeck).

Weber, Max, 1988c/[1922]: Gesammelte Aufsätze zur Wissenschaftslehre. 7. Aufl. Tübingen: Mohr (Siebeck).

Weber, Max, 1988d/1920: Vorbemerkung. In: Max Weber (Hg.), Gesammelte Aufsätze zur Religionssoziologie I, 9. Aufl. Tübingen: UTB: 1-16.

Wiesenthal, Helmut, 1987: Rational Choice. Ein Überblick über Grundlinien, Theoriefelder und neuere Themenakquisition eines sozialwissenschaftlichen Paradigmas. In: Zeitschrift für Soziologie 16: 434-449.

Wippler, Reinhard, 1981: Erklärung unbeabsichtigter Handlungsfolgen. Ziel oder Meilenstein soziologischer Theoriebildung? In: Joachim Matthes (Hg.), Lebenswelt und soziale Probleme. Verhandlungen des 20. Deutschen Soziologentages in Bremen 1980. Frankfurt/M, New York: Campus Verlag: 246-261.

Wippler, Reinhard, und Siegwart Lindenberg, 1987: Collective Phenomena and Rational Choice. In: Jeffrey C. Alexander, Bernhard Giesen, Richard Münch und Neil J. Smelser (Hg.), The Micro-Macro Link. Berkeley et al.: University of California Press: 135-152.

Wittek, Rafael, 2006: Abnehmende Abstraktion, Idealtypen, Erklärungslogik und Theorieverständnis bei Weber und der erklärenden Soziologie. In: Rainer Greshoff und Uwe Schimank (Hg.), Integrative Sozialtheorie? Esser – Luhmann – Weber. Wiesbaden: VS Verlag für Sozialwissenschaften: 421-443.

Zintl, Reinhard, 1989: Der Homo Oeconomicus: Ausnahmeerscheinung in jeder Situation oder Jedermann in Ausnahmesituationen? In: Analyse & Kritik 11: 52-69.

Rationalität, Rationalisierung, Rationalismus. Von Weber zu Bourdieu?

Hans-Peter Müller

1. Wozu Rationalität?

Je tiefer man in die Welt der „Rationalitäten des Sozialen" eindringt, desto unabweisbarer wird der Eindruck der begrenzten Rationalitäten, ja regelrechten Irrationalitäten, der Paradoxien und der Dilemmata des Sozialen. Die Sozialwissenschaften halten auch selbst in einem erstaunlichen Maß an Rationalität fest. Die Wirtschafts- und Sozialwissenschaften arbeiten zunehmend mit der Rational-Choice-Theorie und auch die Organisations- und Systemtheoretiker, ja selbst Kritische Theoretiker und Gouvernementalitätstheoretiker nutzen gern Rationalitätsunterstellungen. Woher kommt diese allgemeine Orientierung, obgleich man im multiparadigmatischen Gehäuse der soziologischen Hörigkeit sonst nicht viel mehr gemein zu haben scheint? Ich sehe vier allgemeine und einen fünften genuin soziologischen Grund dafür. Dahinter stehen anthropologische, ethische, theoretische, methodische und ja eben gesellschaftliche Erwägungen.

Anthropologisch gesehen war der Mensch als instinktunabhängiges und umweltabhängiges Wesen stets schwer zu definieren, aber der kleinste gemeinsame Nenner sah ihn als „vernunftbegabtes Wesen". Von der griechischen Tradition bis zum englischen Utilitarismus, von Platon und Aristoteles bis zu Bentham und John Stuart Mill, durfte der Mensch als „animal rationale" bzw. als „homo oeconomicus" gelten. Es dürfte nicht wenig zum Prestige und zur ubiquitären Akzeptanz der ökonomischen Theoriebildung beigetragen haben, dass der „homo oeconomicus" als die moderne Verkörperung des „vernünftigen Menschen" gelten darf. *Ethisch* gewendet, wird hier ein ganz enger Konnex zwischen der Freiheit des Menschen und seiner Vernunft angenommen. Der sich hinter diesem Konnex verbergende Individualismus gilt vielen Philosophen und Soziologen als letztes großes Kollektivideal zumindest im Westen, was Menschen eine methodisch rationale Lebensführung (Max Weber 1988b) eröffnet, bzw. heute „Das unternehmerische Selbst" (Bröckling 2007) zumutet. *Theoretisch* betrachtet scheint sich in den Sozialwissenschaften immer mehr durchzusetzen, dass eine Handlungstheorie, die mit Akteuren rechnet, als solide Basis für eine Gesellschaftstheorie gelten darf und muss. Und Handeln lässt sich am besten über Rationalitätsvorstellungen modellieren. *Methodisch* scheint das Verstehen dann besonders leicht zu fallen, wenn es auf das rationale Handeln von Akteuren (vgl. Greshoff et al. 2008) rechnen darf. Hier gilt der Grundsatz: Je rationaler das Handeln der Akteure ausfällt, desto leichter bzw. besser lässt es sich verstehen. Dieser Transparenzgrundsatz durchschnittlicher bzw. typischer Handlungsrationalität steht an der Wiege von Webers „verstehendem Erklären" bzw. „erklärendem Verstehen" und hat von da aus seinen Siegeszug durch die Handlungstheorie (vgl. Schmid 1979; 2004) angetreten. Schließlich dürfte noch ein fünfter *gesellschaftlicher* Grund triftig sein, den vor allem die Soziologie schlecht ignorieren kann: die Praxis der Moderne. Seit gut 250 Jahren operiert die moderne Gesellschaft mit einer Institutionentrias von Wirtschaft, Politik und Kultur, die ohne Rationalität kaum denkbar wäre: Kapitalistische Marktwirtschaften beruhen auf Freiheit, demokratische Staaten basieren auf Gleichheit und die Kultur des Individualismus propagiert das souveräne Individuum. Diese Funktionsweise, so idealtypisch zugespitzt sie auch sein mag, braucht nur eines und produziert nur eines: den rationalen Menschen, der sich mit seiner methodisch-rationalen Lebensführung gesellschaftlich nützlich macht und dadurch selbst zurechtkommt. Der „homo rationalis" ist ein Produkt der Wertetrias von Freiheit, Gleichheit und Individualismus wie ein Produkt der Institutionentrias von Kapitalismus, Demokratie und individualistischer Kultur. Es ist gerade dieser Menschentypus, idealtypisch und mit Weber gesprochen, der herangezüchtet und ausgelesen wird.

Diese „große Transformation" des Menschen gilt für alle vier Ebenen, auf die es bei der Rationalisierung der Lebensführung ankommt: Ideen, Werte, Normen und Standards. Als *Idee*, die in der moralischen Autonomie des Individuums den Gipfel menschlicher Entwicklung erblickt, was Emile Durkheim (1978) in der Formel vom „Kult des Individuums" zu fassen versucht hat; als *Wert*, der sich in den Menschenrechten, und als *Norm,* die sich in den Bürgerrechten artikuliert; schließlich als *Standard*, wie er in den zeitgenössischen Biographie- und Lebenslaufprogrammen für jedermann und jederfrau zum Ausdruck kommt. Das reicht ideengeschichtlich von Kants kategorischem Imperativ über Durkheims (Durkheim 1978: 6) „Mets-toi en état de remplir utilement une fonction déterminée" bis zu Tom Peters Slogan „Seien Sie besonders ... oder Sie werden ausgesondert!" (Peters 2001: 8). Dieser Veralltäglichungs- und Normalisierungsprozess spiegelt sich schon in den Trägern der Propagierung eines solchen Menschenbildes wider: von der heiligen Philosophie über die profane Soziologie bis zum ubiquitären Consulting.

Wenn diese fünf Erwägungen nicht völlig überzeichnet sind – überspitzt sind sie allemal – dann muss Rationalität als normal und natürlich, ja als gesellschaftliches Massenphänomen gelten. Rational – ja sicher, was sonst? Der „homo rationalis" ist Allgemeingut geworden – Rationalität gilt als Menschen- und allgemeines Bürgerrecht und, soziologisch hinzugefügt, auch als Pflicht. In den Niederungen der Alltagswelt des Rationalitätshaushalts eines Managers am öffentlichen Pranger schlägt sich das individuell-egoistische Nutzen- und Interessenkalkül seiner Ich-Welt dann in bemerkenswerten Selbsteinschätzungen wie jener nieder, dass man zwar nicht gierig, aber doch wohl auch nicht blöd sei.

Es muss dieser ungeheure Rationalitätsdruck der Gesellschaft sein, der den Rational-Choice-Theorien in den letzten dreißig Jahren zu einem Siegeszug in Wirtschafts-, Politik- und Sozialwissenschaften ohnegleichen verholfen hat. Es scheint zu gelten: Je ökonomisierter eine Gesellschaft, desto ökonomistischer ihre Theorie und umgekehrt. Je stärker eine Gesellschaft in ihrem theoretischen Grundverständnis kategorisch auf das ökonomische Denken setzt, desto ökonomistischer wird die Gesellschaft durchrationalisiert, -organisiert und –systematisiert. Das erscheint als ein unschlagbar erfolgreiches, fast unheimliches Wechselwirkungsdual. Umso überraschender ist die stillschweigende Resistenz der Leute gegen dieses ökonomische Paradigma – es scheint vor allem bei Managern und Politikern, unter Umständen auch einigen wenigen, Politik und Wirtschaft (zu) nahe stehenden Wissenschaftlern, angekommen zu sein. Die große Mehrheit der Menschen hingegen bleibt reserviert und skeptisch gegenüber den Zumutungen von ökonomisierter Gesellschaft und ökonomistischem Erklärungsideal (vgl. Kahneman et al. 1982) und verhält sich nicht so „rational", wie es die Modelle nahe legen. In der Zeitschrift „Analyse & Kritik", welche in den vergangenen dreißig Jahren ihrer erfolgreichen Existenz dem homo rationalis viel Platz eingeräumt hat, war jüngst dazu zu lesen: „Insgesamt scheint also in fast allen Feldern, die er bisher zu besetzen suchte, für einen *Homo Ökonomikus* die Stunde geschlagen zu haben: mit seinem Prinzip der Optimierung des Erwartungsnutzens lässt sich das menschliche Entscheidungsverhalten aus der Sicht seiner zahlreichen Kritiker weder *beschreiben, erklären* noch *normieren*. Niemand verhält sich nach diesem Prinzip, und es scheint auch besser so!" (Baurmann 2008: 558).

Was heißt diese zeitgenössische Diagnose für die Soziologie und ihre Theoriebildung? Am Ende allen Nachdenkens scheint man – *nolens, volens* – bei Poppers berühmtem Diktum zu landen, dass sich die Soziologie der nicht-intentionalen Folgen intendierten Handelns oder, in der jüngsten Sprache der Theoriesektion, der „Transintentionalität des Sozialen" (Greshoff et al. 2003) als ihrem Hauptgegenstand annehmen sollte. Also, alles wie gehabt? Gilt demnach die alte Faustregel von James Duesenberry (1960: 233) noch: „Economics is all about how people make choices. Sociology is all about why they don't have any choices to make"?[1]

Um nicht das Kind mit dem Bade auszuschütten und das „Charisma der Vernunft" (Max Weber) aus der soziologischen Theoriebildung gänzlich zu verabschieden (vgl. auch Zintl in diesem Band), soll im Folgenden der Versuch unternommen werden, zwei exemplarische Ansätze aus der Soziologie auf ihre Relationierungsversuche der drei „R" – Rationalität, Rationalisierung und Rationalismus – zu untersuchen. Ich lasse mich bei diesem Versuch von zwei, auf Anhieb wenig originellen Hypothesen leiten mit dem Hintergedanken, dass auch unoriginelle Thesen mitunter wertvolle oder zumindest brauchbare soziologische Einsichten liefern können. Erstens: Weber als klassischer Soziologe und Bourdieu als zeitgenössischer Klassiker lassen sich von strukturell-individualistischen Erklärungen leiten, die es ihnen zuallererst erlauben, Rationalitäten und Irrationalitäten des Sozialen herauszuarbeiten. Ohne Verrechnungseinheit, sei es ein Akteur, eine Handlung oder eine Kommunikation, fehlt der Maßstab der Rationalitätseinschätzung. Zweitens: Aus der Sicht der Soziologen, die das Mikro-Makro-Verhältnis bzw. das Verhältnis von Handeln und Struktur zum Gegenstand haben, muss der Leitfaden der Rationalität als Richtschnur über alle Aggregationsebenen verfolgt werden; also nicht nur auf der Mikroebene des Handelns, sondern auch auf der Mesoebene der Organisation oder der Makroebene von Gesellschaft und Kultur (vgl. dazu auch Maurer, Schimank, Schmid und Zintl in diesem Band). Nur so lassen sich strukturelle Zwänge und Opportunitäten des Kontextes, Restriktionen und Chancen der sozialen Situation herausarbeiten und nur so lassen sich die begrenzten Realisierungschancen des „Charismas der Vernunft" einschätzen. Weber bedient sich dazu expressis verbis der drei „R", ohne indes einen

---

1   Es ist diese angesonnene Arbeitsteilung zwischen Ökonomie und Soziologie, wie sie von Popper bis Duesenbery vorgeschlagen wurde, die die Soziologie auf die Erforschung nicht-intentionaler Folgen intendierten Handelns verwiesen hat. Im Extremfall, dem sog. Soziologismus, hat das zu dem (Vor-)Urteil geführt, dass die Soziologie die Gesellschaft wichtiger nimmt als die Menschen, die Strukturen bedeutender erachtet als das Handeln. Vgl. zur Debatte um nicht-intentionale Folgen Baert (1991), Elster (1987), Hennen (1990), Jokisch (1981), Plé (1997), Schmid (2004; in diesem Band), Vernon (1979), Wippler (1978). Michael Schmid (1979) hat schon recht früh in seiner wichtigen Habilitationsschrift über „Handlungsrationalität" eine kongeniale „Kritik einer dogmatischen Handlungswissenschaft" vorgelegt.

handlungs-, ordnungs- und kulturtheoretischen Ansatz auszuarbeiten.[2] Bourdieu hingegen bettet seine Diskussion der Rationalitäten von Akteuren und Feldern in seinen praxistheoretisch inspirierten Ansatz von Struktur, Habitus und Praxis ein, ohne auch nur den Anspruch zu einer ausgearbeiteten Gesellschaftstheorie zu erheben. Die Ansätze von Weber und Bourdieu dürfen in dieser Frage als Steinbrüche gelten, deren Einsichten und Erkenntnisse man mühsam rekonstruieren muss.

Um das wenigstens skizzenhaft zu tun, will ich in einem ersten Schritt an Webers Überlegungen erinnern, um dann in einem zweiten Schritt Bourdieus Versuch einer theoretischen Konzeptualisierung zu schildern. In einem dritten Teil will ich die Ergebnisse der beiden ersten Schritte im Hinblick auf die Fragestellung nach der „Rationalität des Sozialen" auswerten.

2. Die drei „R" bei Max Weber

Max Webers (1988b: 4) Interesse galt "der schicksalsvollsten Macht des modernen Lebens": dem Kapitalismus. Seine Problemstellung zielt auf den westlichen Rationalismus, seine Genese wie seine universelle Bedeutung und Gültigkeit, aber auch seine endemische Widersprüchlichkeit. Über der historisch-systematischen Frage, warum und wodurch es ausgerechnet in der „modernen europäischen Kulturwelt" zu dieser gesellschaftsgeschichtlichen Konfiguration gekommen ist, warum also nur im Westen und durch welche Verkettung von Weichenstellungen und Mechanismen, wird leicht Webers theoretisches Interesse an einer „Typologie und Soziologie des Rationalismus" (Weber 1988b: 537) übersehen. Die große Aufregung über Webers vermeintlichen „Eurozentrismus" – so als wolle er die Moderne für Europa und Amerika pachten – hat sich mittlerweile gelegt, einerseits weil sich die historische Frage ein Stück weit erledigt hat und Genese und Geltung eines sozialen Phänomens ohnehin zu trennen sind, andererseits weil mit der Redeweise von den „multiplen Modernen" (Eisenstadt 2002) alle Gemüter beruhigt worden sind – jeder Region, jedem Land, jedem Potentaten seine Moderne. Über die egalitäre Verteilung der Modernitäten (vgl. Müller 2007; 2010) werden freilich alle makrosoziologischen Katzen grau.

Anders steht es mit dem theoretischen Interesse Max Webers an der universellen Bedeutung des Rationalismus. Sicher, als Ambivalenztheoretiker galt Webers eigene, vermeintlich pessimistische Einschätzung des tragischen Schicksals der Zukunft – man denke nur an das „Gehäuse der Hörigkeit", den geforderten „Verzicht auf die faustische Allseitigkeit des Menschentums", den „entsagenden Abschied von einer Zeit vollen und schönen Menschentums" oder „die ‚letzten Menschen' dieser Kulturentwicklung […], Fachmenschen ohne Geist, Genußmenschen ohne Herz" (Weber 1988b: 203 f.). Diese Kulturdiagnose wurde zum Vorbild des Kritiktopos der vollends durchrationalisierten Moderne. Man denke nur an die Kritische Theorie, wo diese groteske Felsenmelodie Horkheimers und Adornos (1985) „Dialektik der Aufklärung", als dem schicksalhaften Verhängnis des Umschlags der total gewordenen Moderne in Barbarei, bis zu Marcuses (1967) „Der eindimensionale Mensch" reicht und den Ton der Gesellschaftskritik lange bestimmt hat und „Die Zerstörung der Vernunft" (Lukacs 1988)

---

2   Wer sich dafür interessiert, kann sich der analytischen Überlegungen von Habermas (1981), Schluchter (1988; 2009), Lepsius (1991) und Schwinn (1998) bedienen.

vorhersagte. Aber über dieser scharfen Kritik an der Entwicklung moderner Gesellschaften und der Auseinandersetzung mit dem Verkünder dieser schlechten Botschaft, der Kritik an Webers angeblicher Präferenz für instrumentelle Rationalität als „positivistisch halbierter Vernunft" (Habermas 1973), wurde ein wichtiger Umstand weitgehend übersehen: Webers genuines Interesse an einer theoretischen Skizze des Rationalismus. „Unser europäisch-amerikanisches Gesellschafts- und Wirtschaftsleben", so heißt es im „Sinn der ‚Wertfreiheit'", „ist in einer spezifischen Art und in einem spezifischen Sinn ‚rationalisiert'. Diese Rationalisierung zu erklären und die ihr entsprechenden Begriffe zu bilden, ist daher eine der Hauptaufgaben unserer Disziplinen" (Weber 1988a: 525).

Um es vorwegzunehmen: Dieses schlichte Übersehen in der Rezeption muss nicht weiter verwundern, hat Weber doch keine Theorie des Rationalismus, der Rationalisierung und der Rationalität entwickelt. Die Bausteine muss man mühsam zusammentragen, und selbst dann bleiben die Zusammenhänge noch unterbestimmt. Zudem ist der Gebrauch von „rational" geradezu inflationär – der Steinbruchcharakter des Weber'schen Werkes hat die Exegeten zur Verzweiflung getrieben und eine Fülle von Systematisierungsversuchen ausgelöst. Mit wenig Erfolg, ist doch Webers Redeweise an dieser Stelle inkonsistent und ad-hocistisch eingefärbt. Rogers Brubaker (1984) etwa hat 16 verschiedene Rationalitätsbegriffe herausgefunden, und das mit durchaus guten Gründen. Das semantische Spektrum der Rationalität streut breit, um den schlichten Tatbestand situationsadäquaten Handelns zum Ausdruck zu bringen. Doch diese analytische Suboptimalität sollte den Versuch eines Ein- und Überblicks nicht entmutigen. Aus meiner Sicht lassen sich in theoretischer wie diagnostischer Hinsicht wertvolle Erkenntnisse zu den drei „R" extrahieren, ohne zwangsläufig in bürgerlichen Kulturpessimismus zu verfallen.

Meines Erachtens sind die drei „R" nicht auf einer Ebene angesiedelt, sondern konstitutiver Bestandteil der mehrebenenartigen Architektonik der Weber'schen Soziologie: Rationalität bezieht sich auf die Mikro-, Rationalisierung auf die Meso- und Rationalismus auf die Makroebene. Schluchter hat dies jüngst auf die Formel von „Handlung, Ordnung, Kultur" gebracht, welche Webers Forschungsprogramm anleiten sollen (Schluchter 2009). Nun wird diese Dreiteilung der komplexen Anlage der Weber'schen Grundbegriffe nicht gerecht, die über Handeln, soziales Handeln, soziale Beziehung bis zu sozialer Ordnung und sozialem Verband reicht. Aber zu Orientierungs- und Systematisierungszwecken eignet sie sich gleichwohl. Rationalität bezieht sich auf Handeln – hier dominiert die Unterscheidung von Zweck- und Wertrationalität; Rationalisierung zielt auf Organisationen und Ordnungen – hier operiert Weber mit der Distinktion von formaler und materialer Rationalität; Rationalismus erstreckt sich auf Kultur oder in Webers Sprache: auf Weltbilder – hier dominiert die Unterscheidung von theoretischem und praktischem Rationalismus. Der moderne Okzident zeichnet sich durch einen sogenannten „Rationalismus der Weltbeherrschung" mit einer charakteristischen Legierung aus theoretischem und praktischem Rationalismus aus. Gehen wir die drei „R" der Reihe nach durch.

2.1 Handlungsrationalität

Rationalität ist primär auf der Handlungsebene angesiedelt. Nur Akteure, individuelle oder kollektive Akteure, vermögen rational zu handeln. Rationalität in diesem elementaren Sinne meint Handlungsrationalität. Das Paradigma auf der Mikroebene zielt auf die Unterscheidung von Zweck- und Wertrationalität ab. Unter „Zweck" versteht Weber „die Vorstellung eines *Erfolges*, welche *Ursache* einer Handlung wird." (Weber 1988a: 183) „Zweckrational handelt, wer sein Handeln nach Zweck, Mitteln und Nebenfolgen orientiert und dabei sowohl die Mittel gegen die Zwecke, wie die Zwecke gegen die Nebenfolgen, wie endlich auch die verschiedenen möglichen Zwecke gegeneinander rational *abwägt*" (Weber 1980: 13). „„Wert ist die Vorstellung einer *Verpflichtung*, die *Ursache* einer Handlung wird" (Schluchter 1988a: 75). Konsequenterweise muss „Wertrationalität" dem zweckrationalen Handeln als weniger rational bzw. sogar als „irrational" erscheinen, „weil sie ja umso weniger auf die Folgen des Handelns reflektiert, je unbedingter allein dessen *Eigenwert* (reine Gesinnung, Schönheit, absolute Güte, absolute Pflichtmäßigkeit) für sie in Betracht kommt" (Weber 1980: 13).

Erfolgsorientierung versus Eigenwertorientierung, so konstruiert Weber die Alternativen auf der Handlungsebene. Affektives und traditionales Handeln sind im strengen Sinne nicht rational, aber rationalisierungsfähig – Emotionen durch Sublimierung, Traditionen durch reflexive Aufklärung. Man könnte meinen, dass Weber durch den „homo rationalis" dem Menschen gleichsam anthropologisch das „Charisma der Vernunft" auf dem Wege der handlungstheoretischen Fundierung vindizieren würde. Doch das verbietet seine strikt theoretische und empirische Modellierung, die gerade nicht normativ sein will. Er warnt daher im gleichen Atemzug vor dem Irrtum, „der unvermeidlich (relativ) rationalistische Charakter der *Begriffs*-bildung bedeute den Glauben an das *Vorwalten* rationaler Motive oder gar: eine positive *Wertung* des ‚Rationalismus'" (Weber 1980: 9). Das wäre in der Tat weit gefehlt. Im Gegenteil: Weber macht sich über die Dignität rationalen Handelns keine Illusionen: „Streng rationales Handeln, – so kann man es auch ausdrücken, – wäre glatte und restlose ‚Anpassung' an die gegebene ‚Situation'" (Weber 1988a: 227, Fn. 1).

2.2 Formale und materiale Rationalität

Die Rationalität primär auf der Handlungsebene anzusiedeln heißt nun gerade nicht, dass Organisationen oder Ordnungen auf der Meso- oder Makroebene nicht „rational" verfasst sein könnten. Im Gegenteil: Je höher der Institutionalisierungsgrad eines Rationalitätskriteriums, desto „rationaler" fällt die Institution aus. Webers eigenes Beispiel ist die Bürokratie als vermeintlich rationalste Form der Verwaltung. Es ist das Höchstmaß an formaler Rationalität, was bürokratische Strukturen auszeichnet. Weber spricht aber nicht von „Systemrationalität", um die „idée directrice" einer Institution oder eines Systems auf den Begriff zu bringen. Dagegen steht seine Perhorreszierung von Kollektivbegriffen ebenso wie auch der soziologisch spannende Versuch, beobachtbare Handlungsabläufe in letzter Instanz den Akteuren als Trägern des Handlungsgeschehens zuzurechnen. Nur vor dieser handlungstheoretischen Folie gelingt es, die Spannungen, Konflikte, ja Widersprüche in den diversen Rationalitäten des Sozialen auszumachen. Deshalb arbeitet Weber auf der Organisations- und Ordnungsebene mit der Unterscheidung von formaler und materialer Rationalität. Sie benutzt er vor allem in seiner Wirtschafts- und Rechtssoziologie. Wie führt er sie ein? Der Begriff der materialen Rationalität ist vieldeutig. „Er besagt lediglich dies Gemeinsame: dass eben die Betrachtung sich mit der rein formalen (relativ) eindeutig feststellbaren Tatsache: dass zweckrational, mit technisch tunlichst adäquaten Mitteln *gerechnet* wird, *nicht* begnügt, sondern ethische, politische, utilitarische, hedonische, ständische, egalitäre oder irgendwelche anderen *Forderungen* stellt und daran die Ergebnisse des – sei es auch formal noch so ‚rationalen‘, d.h. rechenhaften – Wirtschaftens *wertrational* oder *material* zweckrational bemisst" (Weber 1980: 45). Formale Rationalität in der Wirtschaft verweist auf Rechenhaftigkeit, wobei „die Geldform das Maximum dieser *formalen* Rechenhaftigkeit darstellt" (Weber 1980: 45).

Für das Verhältnis von formaler und materialer Rationalität gelten zwei historisch-evolutionär unwahrscheinliche, soziologisch aber folgenreiche Bestimmungsfaktoren: erstens ein wechselseitiges Bedingungsverhältnis; und zweitens ein „mutual trade-off" oder, in Webers Sprache, ein wechselseitiges Obstruktionsverhältnis. Zunächst sind diese beiden so unterschiedlichen Typen von Rationalität ohne einander nicht möglich – sie sind wie siamesische Zwillinge, die sich indes nicht gut vertragen. Ohne materiale Anforderungen – wie materielle Grundversorgung oder Rechtssicherheit – machen alle Versuche, Wirtschaft und Recht zu formalisieren keinen Sinn, um genau diese materialen Ziele auf Dauer zu stellen. Aber je weiter die Formalisierung vorangetrieben wird, desto mehr gehorcht sie der je eigenen Sinndeutung und Logik von Wirtschaft und Recht und desto mehr muss sie mit materialen Anforderungen in Konflikt geraten. Zwei Beispiele mögen diese mephistophelische Logik und Dynamik verdeutlichen. In der Wirtschaft: „Dass das Höchstmaß *formaler* Rationalität der *Kapitalrechnung* nur bei Unterwerfung der Arbeiter unter die Herrschaft von Unternehmern möglich ist, ist eine weitere spezifische *materiale* Irrationalität der Wirtschaftsordnung" (Weber 1980: 78). Im Recht: „Denn jene durch formale Justiz gewährte maximale Freiheit der Interessenten in der Vertretung ihrer formal legalen Interessen muss schon infolge der Ungleichheit der ökonomischen Machtverteilung, welche durch sie legalisiert wird, immer wieder den Erfolg haben, dass materiale Postulate der religiösen Ethik oder auch der politischen Räson verletzt erscheinen. [...] In allen diesen Fällen verletzt sie inhaltliche Gerechtigkeitsideale durch ihren unvermeidlich abstrakten Charakter" (Weber 1980: 470).

Was folgt aus dieser bemerkenswerten Konstellation? 1. *Bifurkation*: „Formale und materiale [...] Rationalität fallen unter allen Umständen *prinzipiell* auseinander, mögen sie auch in noch so zahlreichen [...] Einzelfällen empirisch zusammentreffen" (Weber 1980: 59). Je weiter die Formalisierung schreitet, desto größer scheint die Kluft zwischen formalen Anforderungen und materialen Erwartungen zu werden. In den Augen der Formalität geraten materiale Bedürfnisse zur spezifischen Irrationalität von Laien, die den Betrieb nicht kennen und daher verkennen. In den Augen der Materialität gerinnt die Formalität zur bedrohlichen Farce, ja zu einer Macht, einer Expertokratie, die einem anonym, bedrohlich und zweckwidrig gegenübersteht und offenkundig systematisch das Gegenteil von dem entscheidet, was nach dem Dafürhalten des sog. „common sense" vernünftig und notwendig wäre. Auf beiden Seiten herrscht also der spiegelbildliche Eindruck vor, dass die jeweils andere Seite spezifisch irrational sei und die perhorreszierte „Unvernunft" verkörpere. 2. *Antinomie*: die „Antinomie der formalen und materialen Rationalität" scheint „eine jener großen Irrationalitäten" zu umreißen, „deren die Soziologie so viele zu konstatieren hat" (Weber 1980: 129). Ein Beispiel aus der jüngeren Zeit: „Wir wollten Gerechtigkeit und haben den Rechtsstaat bekommen!", so bemerkte die Bürgerrechtlerin Bärbel Bohley nach dem Ende der DDR tief enttäuscht. Der Rechtsstaat spricht Recht, soweit ein Kläger dies anmahnt, aber er stiftet keine Gerechtigkeit.

2.3 Rationalisierung

Um diese mephistophelische Konstellation von formaler und materialer Rationalität – also wechselseitigem Bedingungsverhältnis und wechselseitiger Obstruktion mit der Folge von Bifurkation und Antinomie – besser zu verstehen, soll Logik und Dynamik der Rationalisierung allgemein gefasst werden. Der Begriff der Rationalisierung ist ein schillernder, vieldeutiger Begriff. Weber gebraucht ihn weder so wie die Psychoanalyse, die damit das Verdrängen eines Verhaltensgrundes versteht, noch wie die heutige Betriebswirtschaft, die darunter die Maximierung der Gewinne oder die Reduzierung der Kosten fasst. Vielmehr hat dieser Begriff die gleiche Dignität und Reichweite wie das Differenzierungskonzept in der zeitgenössischen Soziologie. So wie es funktional ausdifferenzierte Systeme gibt, so spricht Weber von der Rationalisierung von Wertsphären und Lebensordnungen, um damit ihre Ausdifferenzierung, Autonomisierung und Spezialisierung auf bestimmte Funktionen und Aufgaben in der Gesellschaft zu umreißen. Das, so mein Vorschlag, umreißt die „differentia specifica" des Begriffs. Ansonsten aber gibt es Rationalisierung nur im Plural. „Man kann […] jedes dieser Gebiete (der Gesellschaft, Anm. H.P.M) unter höchst verschiedenen letzten Gesichtspunkten und Zielrichtungen ,rationalisieren' und was von einem aus ,rational' ist, kann, vom anderen aus betrachtet, ,irrational' sein." (Weber 1988b: 11) Weil das so ist, muss man sich stets drei Fragen stellen: 1. Welche Lebensbereiche werden rationalisiert? 2. Welchen Grad erreicht und welche Richtung nimmt die Rationalisierung? 3. Wie sieht die schlussendliche Konstellation der rationalisierten Lebensbereiche aus und welche Wirkung hat sie auf die Kultur- und Sozialordnung?

Um den Grad der Rationalisierung des Handelns (vgl. Lepsius 1991; 2008: 251 ff.) näher zu charakterisieren, muss man vier Bestimmungsmomente analysieren: 1. Welche *Kriterien*, Regeln und Verfahren werden für ein bestimmtes Handeln entwickelt? Erst solche Kriterien erlauben es, die Systematisierbarkeit, Berechenbarkeit, Vorhersehbarkeit und intersubjektive Kalkulierbarkeit von Rationalitätsprinzipien in einem Geltungsbereich herzustellen, indem sie aus diffusen Handlungszusammenhängen isoliert und unabhängig von individuellen Motivationen gesellschaftlich etabliert werden. 2. Wie werden diese Kriterien institutionalisiert? Zum einen muss ein Handlungskontext ausgegrenzt werden, in dem das Rationalitätskriterium gelten soll, in dem es einen Kompetenzraum gewinnt und sich gegen andere Handlungsnormen und deren Sanktionen durchsetzt. Zum anderen sollte die Handlungsorientierung auf solche Elemente hin homogenisiert werden, die der Behandlung im Sinne der Rationalitätskriterien zugänglich sind. 3. Welche positiven Resultate zeitigt das Rationalitätskriterium? Ein dauerhaft erfolgloses Handeln wird sich kaum seiner „Rationalität" preisen und sich auf Dauer wohl nicht halten lassen können. 4. Wie und durch wen wird das etablierte Rationalitätskriterium legitimiert? Die Anerkennungswürdigkeit muss natürlich von den Trägern dieser Rationalisierung selbst gestützt werden, aber auch von den Betroffenen außerhalb des Kontextes, welche typischerweise die externalisierten Kosten zu tragen haben.

Die Erfindung von Rationalitätsprinzipien, also klar geschnittenen Kriterien, die die Systematisierbarkeit, Berechenbarkeit, Vorhersehbarkeit und intersubjektive Kontrolliertheit von Handeln eröffnen, ihre Institutionalisierung durch Ausgrenzung eines Handlungskontextes und interne Homogenisierung des Handelns, positive Ergebnisse der Rationalisierung und die Legitimation ihrer Institutionalisierung durch ihre Träger wie die Betroffenen selbst umschreiben nicht zufällig beides: die erfolgreiche *Rationalisierung* eines Handlungskontextes *und* ineins damit die *Institutionalisierung* einer Wert- und Lebenssphäre.

Nun aber erfolgt die „axiologische Kehre": Die etablierte Ordnung als „verkörperte Vernunft" oder als Institution gewordenes „Charisma der Vernunft" gibt Takt, Tempo und Spielregeln vor, denen sich die Individuen gleichsam nur noch „anpassen" können, sollen und irgendwann – je etablierter, desto mehr – auch müssen. Es gilt also die Trias von: Chance, Norm und Zwang. Das kehrt die Hierarchie der drei „R" in folgenreicher Weise um: Zunächst ist zweckrationales Handeln notwendig, um über Zeit, Routine und Habitus in Gestalt von sozialen Beziehungen, über Sitten, Gebräuche und Konventionen so etwas wie eine soziale Ordnung zu etablieren. Am Anfang gilt noch der unverbrüchlich ursprüngliche Hauptsatz sozialen Zusammenlebens: „Je zahlreicher und mannigfaltiger nach der Art der für sie konstitutiven Chancen nun die Umkreise sind, an denen der Einzelne sein Handeln *rational* orientiert, desto weiter ist ‚rationale gesellschaftliche *Differenzierung*' vorangeschritten, je mehr es den Charakter der *Vergesellschaftung* annimmt, desto weiter die ‚rationale gesellschaftliche *Organisation*'" (Weber 1988a: 461). „Je rationaler das Handeln der Akteure, desto rationaler die soziale Ordnung!" – das ist die Standardeinsicht und Grunderkenntnis des methodologischen Individualismus ebenso wie es das Mantra der ökonomischen und soziologischen Theorie von „Rational Choice", mittlerweile vielleicht sogar des Gros der Handlungstheorien verkörpert.

Aus Sicht jeglicher makrosoziologischen Theorie, gleichgültig ob systemtheoretischer, strukturationstheoretischer oder institutionalistischer Natur, ist die Vorstellung soziologisch naiv, weil es die axiologische Kehre außer Acht lässt. Weber markiert diese Kehre sehr anschaulich: „Die empirische ‚Geltung' *gerade* einer ‚rationalen' Ordnung ruht also dem Schwerpunkt nach ihrerseits wieder auf dem Einverständnis der Fügsamkeit in das Gewohnte, Eingelebte, Anerzogene, immer sich Wiederholende. [...] Der Fortschritt der gesellschaftlichen Differenzierung und Rationalisierung bedeutet also [...] ein im ganzen immer weiteres Distanzieren der durch die rationalen Techniken und Ordnungen praktisch Betroffenen von deren rationaler Basis, die ihnen, im ganzen, verborgener zu sein pflegt wie dem ‚Wilden' der Sinn der magischen Prozeduren seines Zauberers. Ganz und gar nicht eine Universalisierung des Wissens um die Bedingtheiten und Zusammenhänge des Gemeinschaftshandelns bewirkt also dessen Rationalisierung, sondern meist das gerade Gegenteil. Der ‚Wilde' weiß von den ökonomischen und sozialen Bedingungen seiner eigenen Existenz unendlich viel mehr als der im üblichen Sinn ‚Zivilisierte'. Und es trifft dabei auch nicht universell zu, dass das Handeln des ‚Zivilisierten' durchweg subjektiv zweckrationaler ablaufe" (Weber 1988a: 473). Im Gegenteil: Zweckrationales Handeln des Individuums wird im Alltag entbehrlich, da der Einzelne nicht nochmals die institutionellen Ordnungsleistungen eines etablierten Systems oder einer Ordnung nachrechnen muss. Nur im Krisenfalle mag sich das ändern. Wertrationalität indes gerät vollends zum Luxus. In der Regel hält es in den Augen der machenden „Manager" und „Experten" ohnehin den veloziferischen Betrieb einer Unternehmung nur unnötig auf, ohne am formalen Gang der Dinge viel ändern zu können. Ein Fall von bedauerlichen, weil überflüssigen „Transaktionskosten". Das Skandalon der lästigen „Betriebsstörung" und die etablierte Machtverteilung dürften die hauptsächlichen Gründe dafür sein, dass der scheinbar rein formalen Effizienz meist der Vorzug vor materialen Erwägungen von sozialer Gerechtigkeit gegeben wird.

Für Weber scheint dies das „eherne Gesetz der Rationalisierung" zu umschreiben. Jede etablierte soziale Ordnung, gleichgültig in welcher Sphäre, ob in Technik, Wirtschaft, Politik, Wissenschaft, Kunst, Musik oder Kultur allgemein angesiedelt, funktioniert nach diesem Muster der Folgen von Rationalisierung: Differenzierung, Spezialisierung, Sachlichkeit, Unpersönlichkeit, Systematisierung, Intellektualisierung, Kalkulierbarkeit (also Rechenhaftigkeit wie Berechenbarkeit) und Vorhersehbarkeit. Das Ergebnis ist – soziologisch wenig überraschend – stets das Gleiche: „Und zwar auch hier, wie bei der ökonomischen Sphäre, je rationaler die politische Ordnung wurde, desto mehr. Sachlich, ‚ohne Ansehen der Person', ‚sine ira et studio', ohne Haß und daher ohne Liebe, verrichtet der bureaukratische Staatsapparat und der ihm eingegliederte rationale homo politicus, ebenso wie der homo oeconomicus, seine Geschäfte einschließlich der Bestrafung des Unrechts gerade dann, wenn er sie im idealsten Sinne der rationalen Regeln staatlicher Gewaltordnung erledigt. Auch er ist daher kraft ihrer Verunpersönlichung einer materialen Ethisierung, so sehr der Anschein für das Gegenteil besteht, in wichtigen Punkten weniger zugänglich als die patriarchalen Ordnungen der Vergangenheit, welche auf persönlichen Pietätspflichten und konkreter Würdigung des Einzelfalles gerade ‚unter Ansehung der Person' beruhten" (Weber 1988b: 546 f.).

Aus dem „homo rationalis", also dem wann immer möglich zweckrational handelnden Menschen, ist der homo oeconomicus und homo politicus geworden – rollenfixierte und schematisierte Figuren, die sich als virtuose Anpassungskünstler im jeweiligen Aktionsfeld ihrer Wertsphäre und Lebensordnung erfolgreich bewähren. Sein Wissen und sein Verständnis von der Welt, in der er sich bewegt, fällt mit den arbeitsteilig spezialisierten Berufsaufgaben zusammen – nicht mehr, aber auch nicht weniger. Deshalb die Überlegenheit des Wilden gegenüber dem Zivilisierten, der um den Preis des Überlebens seine Umwelt sehr genau kennen muss. Weber (1988a) spricht daher von der Umstellung des Modus von „Verständnishandeln" auf „Einverständnishandeln". W. I. Thomas (1966) fasst das in der Unterscheidung von „knowledge about" und „knowledge of acquaintance", also dem buchstäblichen genauen Wissen über einen Sachverhalt *versus* dem Wissen im Modus der Bekanntheit (Erfahrungswissen, „man hat mal davon gehört – ohne genau zu verstehen!").

2.4 Rationalismus der Weltbeherrschung

Was Weber an diesem Befund zu den drei „R" nicht nur kulturpessimistisch verzweifeln lässt, ist das dritte R, der *Rationalismus*. Sicher: Der Rationalismus selbst verweist auf ein komplexes und kompliziertes Geschehen und eine Gemengelage, die einem unentwirrbaren Wollknäuel gleich so viele verschiedene Fäden in Verschlingung umfasst, dass sie soziologisch nur schwer zu entwirren sind. „Man kann eben – dieser einfache Satz, der oft vergessen wird, sollte an der Spitze jeder Studie stehen, die sich mit ‚Rationalismus' befasst – das Leben unter höchst verschiedenen letzten Gesichtspunkten und nach sehr verschiedenen Richtungen hin ‚rationalisieren'. Der ‚Rationalismus' ist ein historischer Begriff, der eine Welt von Gegensätzen in sich schließt." (Weber 1988b: 62)

Weber versteht darunter auch anderes als der klassische Rationalismus in der Philosophie, der glaubte, durch metaphysische Systeme imstande zu sein, die Kohärenz der Welt in seiner Totalität zu erfassen. In der neuzeitlichen Naturwissenschaft wuchs sich diese Vorstellung zu dem Versuch aus, mit einem logisch-mathematischen Ansatz die Welt im Ganzen erklären zu können – „deus sive natura", wie die Formel bei Spinoza (1999) so prägnant heißt. Dass am Ende auch die Gesellschaft von diesem benevolenten Perfektibilisierungs- und Ameliorisierungsdruck erfasst werden würde, kann kaum überraschen. Weber spricht von der „Einheit der naturrechtlichen und rationalistischen Weltanschauung [...] mit ihrem optimistischen Glauben an die theoretische und praktische Rationalisierbarkeit des Wirklichen" (Weber 1988a: 185). *De te fabula narratur*: Es ist dieser letzte Punkt, der rationalistischen Transformation von Welt, Gesellschaft und Leben zur „Moderne" hin, an den Weber anknüpft.

Wenn ich recht sehe, fasst Weber den Rationalismus der Weltbeherrschung in erster Linie über den *Intellektualismus*. Dahinter steht natürlich seine berühmte Entzauberungsthese. Intellektualisierung meint: „das Wissen davon oder den Glauben daran: dass man, wenn man *nur wollte*, es jederzeit erfahren *könnte*, dass es also prinzipiell keine geheimnisvollen unberechenbaren Mächte gebe, die da hineinspielen, dass man vielmehr alle Dinge – im Prinzip – durch *Berechnen beherrschen* könne. Das aber bedeutet: die Entzauberung der Welt. Nicht mehr, wie der Wilde, für den es solche Mächte gab, muss man zu magischen Mitteln greifen, um die Geister zu beherrschen oder zu erbitten. Sondern technische Mittel und Berechnung leisten das. Dies vor allem bedeutet die Intellektualisierung als solche" (Weber 1988a: 594).

Diese säkulare, entzauberte Kultur von Technik und Wissenschaft entwirft ein Weltbild der grenzenlosen Machbarkeit: Nichts ist unmöglich, alles ist verfügbar, denkbar, machbar und wünschbar. Verfügbarkeit, Denkbarkeit, Machbarkeit und Wünschbarkeit – dieses magische Viereck moderner Weltbeherrschung – haben stets und ständig nur eine Konsequenz gehabt: Die Realisierung aller dieser damit verbundenen Projekte. Der theoretische Rationalismus, wie er kognitiv im wissenschaftlichen Weltbild zum Ausdruck kommt, hat evaluativ einen ungeheuer fleißigen, unaufhörlich praktischen Rationalismus hervorgebracht, der die Welt nach wissenschaftlich-technisch-ökonomischen Standards stets und ständig umschafft mit dem ambivalenten Ziel des „Fortschritts".

Ohne auf die Sinn- und Bedeutungsfragen an dieser Stelle eingehen zu können, seien Webers drei Beobachtungen, die für unsere Fragestellung wichtig sind, kurz diskutiert, wie auch die gesellschaftliche Gesamtkonfiguration, die daraus resultiert. Welche drei zentrale Trends und Tendenzen erblickt Weber? Erstens scheint der wissenschaftlich-technische Fortschritt im Verein mit ökonomischer Rationalisierung als dynamischem Motor gesellschaftlicher Entwicklung unaufhaltsam zu sein. Er warnt zwar vor der Sinnzumutung an die Naturwissenschaften als Heilsbringer dieses Fortschritts. Denn: „Alle Naturwissenschaften geben uns Antwort auf die Frage: Was sollen wir tun, *wenn* wir das Leben *technisch* beherrschen wollen? *Ob* wir es aber technisch beherrschen sollen und wollen, und ob das letztlich eigentlich Sinn hat: – das lassen sie ganz dahingestellt oder setzen es für ihre Zwecke voraus" (Weber 1988a: 599 f.). Doch haben sich die Naturwissenschaften gern in den Dienst des wissenschaftlich-technischen Fortschritts im Gefolge der kapitalistischen Produktionsweise und ihrer globalen Ausdehnung nehmen lassen, sichert es doch Arbeit und Ressourcen, Prestige und Anerkennung in und durch die Gesellschaft. Vermutlich gibt es für diese unaufhaltsame und unaufhörliche Dynamik nur eine ökologische Grenze, „bis der letzte Zentner fossilen Brennstoffs verglüht ist" (Weber 1988b: 203). Zweitens beobachtet Weber den Übergriff des Rationalismus der Intellektualisierung von klassisch rationalen Gebieten wie Technik, Wirtschaft, Politik, Wissenschaft etc. auf die klassischen Sphären der „Irrationalität" wie Religion, Kunst und Kultur allgemein. Drittens notiert er die Ambivalenz dieses Rationalisierungsprozesses, denn der wissenschaftlich-technisch-ökonomische Fortschritt muss nicht überall auf ungeteilte Zustimmung und Akzeptanz treffen. Wer dagegen ist, muss nicht unbedingt „irrational" oder „verrückt" sein. „Denn – um nur eins zu erwähnen – hinter der ‚Handlung' steht: der Mensch. Für ihn kann die Steigerung der subjektiven Rationalität und *objektiv-technischen* ‚Richtigkeit' des Handelns *als solche* über eine gewisse Schwelle hinaus – ja, von gewissen Anschauungen aus: ganz generell – als eine Gefährdung wichtiger (z. B. ethisch oder religiös wichtiger) Güter gelten." Kurz: „Diejenigen, welche solchen Rationalisierungen opponieren, sind durchaus nicht notwendig Narren" (Weber 1988a: 530).

Weber, der nicht nur den Gesellschaftsbegriff ablehnt, sondern auch das Projekt einer Gesellschaftstheorie à la Marx nicht gerade goutiert, hat keinen Versuch unternommen, die Summe aus seinen weitverzweigten historisch-komparativen makrosoziologischen Analysen zu den Weltreligionen zu bilden. In seiner „Zwischenbetrachtung" indes hat er mit der Formel Ernst zu machen versucht, was es heißt, dass der Rationalismus eine Welt von Gegensätzen umfasst. Er kontrastiert hier die Religion, die einst alles war – Handlungsorientierung, Ordnung und Kultur – mit den übrigen Wertsphären und Lebensordnungen von Wirtschaft, Politik, Kunst, Erotik und Wissenschaft. Es würde eine eigene Studie (vgl. Schwinn 1998; Schluchter 2009: 308 ff.) erfordern, um herauszuarbeiten, „welche Kriterien eigentlich erfüllt sein müssen, damit ein Ausschnitt des Handelns als Ausdruck einer Wertsphäre mit Eigenrecht und Eigengesetzlichkeit bezeichnet werden kann" (Schluchter 1988a: 289).

Die Rede von Wertsphären (der Deutungs- und Sinnkomponente) und Lebensordnungen (der Komponente der institutionellen Gestaltung) bringt am konsequentesten die Vorstellung von der Eigenlogik und der Autonomie von gesellschaftlich ausdifferenzierten Bereichen zum Ausdruck, die für Weber letztlich den unentrinnbaren Antagonismus verschiedener Werte und letzter Stellungnahmen zu Fragen der Welt, der Gesellschaft und des einzelnen Lebens markiert. Wer sich der ökonomischen Sphäre („der Kapitalist"), der politischen Sphäre („der charismatische Führer"), der religiösen Sphäre („der Priester, Prophet, Zauberer"), der intellektuellen Sphäre („der Wissenschaftler") oder der ästhetischen Sphäre („der Künstler") voll und ganz verschrieben hat, der bekommt die Eigengesetzlichkeit des Dämons, der die Fäden seines Lebens in den Händen hält, mit aller Macht zu spüren und wird jedenfalls bei konsequent methodischer Lebensführung fast zwangsläufig mit den Anforderungen der anderen Lebensordnungen in Konflikt geraten.

Das schließt freilich im Normalfall nicht aus, dass Individuen und Gesellschaften historisch gesehen immer wieder durchaus tragfähige Kompromisse und die wechselseitige Anpassung unterschiedlicher Wertsphären gelungen wären. Es heißt jedoch, dass konsequente Rationalisierung in einer bestimmten Richtung die Kluft zwischen verschiedenen Wertsphären überhaupt erst geöffnet und damit dauerhaft Spannungen im Gesellschaftsgefüge errichtet hat. Diese Gegensätze und latenten Spannungen zwischen der „Eigengesetzlichkeit" unterschiedlicher Lebensordnungen haben zur Folge, dass sich Werte und Regeln einer Sphäre nicht mehr in eine andere ohne Verletzung deren spezifischen Charakters übersetzen lassen. Wo der Maßstab der reinen Liebe angelegt wird, ist die rationale Kalkulation von Gewinnerwartung und Rentabilität einfach fehl am Platze. Wer das doch tut, verwechselt Liebe mit Prostitution. Der unüberbrückbare Werteantagonismus scheint gerade das spezifische Kennzeichen der Moderne zu sein, sodass es keinen übergreifenden Maßstab für die gegensätzlichen ethischen Werte und Rationalitätsprinzipien geben kann. Es existiert also nicht so etwas wie eine Art gemeinsamer „Überwährung", die es erlaubt, die Werte der einen Sphäre in die der anderen zu konvertieren.

2.5 Fazit

Aus Webers Analyse lassen sich einige weitreichende Schlussfolgerungen ziehen. Was zunächst seine allgemeine Einschätzung der okzidentalen Moderne betrifft, so gibt er eine denkbar pessimistische Gesellschafts-, Kultur- und Zeitdiagnose. Die kapitalistische Wirtschaft und der bürokratische Anstaltsstaat weben an einer gigantischen Verwaltungsmaschinerie, die ein neues „stahlhartes Gehäuse der Hörigkeit" errichtet, welches die individuelle Freiheit ernsthaft bedroht. Der Säkularisierungs- und Entzauberungsprozess entwertet das kollektiv verbindliche religiöse Weltbild des Christentums als Prägeinstanz individueller Lebensführung und setzt an seine Stelle eine fragmentierte Kultur, die Ausdruck der modernen Erfahrung sozialer Zerrissenheit ist. Die Fortschritte in Wissenschaft und Kunst vermehren zwar unser Wissen von Natur, Gesellschaft und Mensch, ohne jedoch das „mystische Haben" des metaphysischen Erklärungsversprechens zu teilen, das allen Weltreligionen und noch allen großen philosophischen Lehren eignete: dass die Welt ein sinnhaft geordneter Kosmos sei, gleichviel wie und wodurch; und dass die Spannungen und Konflikte in der Welt, sei es im Diesseits, sei es im Jenseits, unter bestimmten Voraussetzungen einer „Versöhnung" zugeführt werden können. Dieses metaphysische Heils- und Versöhnungsversprechen führt die moderne Wissenschaft ein für allemal ad absurdum; und nicht nur das: Sie erweist im Gegenteil mit unüberbietbarer Klarheit und Nüchternheit die endemische Sinnlosigkeit der Welt. Die „Durchrationalisierung des Weltbildes und der Lebensführung" (Weber 1988b: 253) heißt eben, dass die Gesellschaft als Ganzes, aber auch die ausdifferenzierten Wertsphären und Lebensordnungen den Charakter eines Betriebs annehmen und von den Menschen nicht Rationalität, sondern vor allem Betriebsamkeit gefordert wird.

3. Struktur, Habitus und Praxis bei Bourdieu

3.1 Die drei „R" bei Bourdieu?

Von Weber zu Bourdieu übergehen heißt, von der Welt der klassischen Handlungstheorien (vgl. Gabriel 2004) Abschied nehmen und in die neue Welt kultureller Praxistheorien (vgl. Reckwitz 2004) eintauchen. Pierre Bourdieu ist kein typischer Handlungstheoretiker, der vom Akteur und seinem Handlungsentwurf ausgeht. Konsequenterweise spielen auch die drei „R" nicht die zentrale Rolle wie bei Weber. Sicher: von Zeit zu Zeit rekurriert Bourdieu auf den Begriff der „Rationalität", dann aber meist in kritischer Abgrenzungsabsicht zu Rational-Choice-Theorien. „Rationalisierung" verwendet er im Freud'schen wie Weber'schen Sinne, aber auch hier stets in kritischer Absicht. Vom „Rationalismus" oder dem „Rationalismus der Weltbeherrschung" handelt Bourdieus Werk nicht. Und wenn er auf die Sache stößt, reagiert er vehement kritisch. So etwa, wenn er in den „Méditations pascaliennes" den *Obskurantismus der Aufklärung*" (Bourdieu 2001: 100) geißelt und die Rationalisierung wie Universalisierung als oberste Soziodizee kritisiert. „Der Grund liegt gewiß darin, dass die *ratio*, oder wenigstens die Rationalisierung, eine immer entscheidendere historische Kraft zu werden beginnt: Die Form symbolischer Gewalt schlechthin ist die *Macht*, die – jenseits des rituellen Gegensatzes zwischen Habermas und Foucault – *in den Bahnen rationaler Kommunikation* ausgeübt wird, das heißt mit der (erpreßten) Zustimmung derer, die als dominierte Produkte einer von vernunftgepanzerten Kräften (wie denen, die als Verdikte der Bildungseinrichtungen oder der Diktate von Wirtschaftsexperten auftreten) dominierten Ordnung die Willkür rationalisierter Macht nur billigend hinnehmen können" (Bourdieu 2001: 106 f.).

Dennoch sind die Gemeinsamkeiten zwischen Weber und Bourdieu überraschend groß, größer, als es die Unterscheidung von klassischer Handlungstheorie und zeitgenössischer kulturalistischer Praxistheorie nahe legen würde. Das gilt schon werkbiographisch, denn der junge Bourdieu bei der Feldforschung in Algerien ist überzeugter „Weberianer". Entgegen dem Anschein der ersten Rezensionen in Frankreich, hier arbeite ein junger Historischer Materialist, meint Bourdieu im Interview mit Franz Schultheiß: „Nun ja, so kann man das lesen, ich selbst war damals aber ganz im Gegenteil sehr weberianisch orientiert und meine zentrale Frage: Was sind die ökonomischen Möglichkeitsbedingungen von Rationalität, sie war durch und durch an Weber angelehnt, wenngleich ich sie aber in vielleicht marxistisch gewendeter, jedenfalls zugespitzter Form stellte. Überhaupt habe ich in diesen Jahren in Algerien intensiv Weber studiert, ließ mir seine Protestantische Ethik im Original schicken und habe mich durchgekämpft" (Schultheiß 2007: 137 f.). Dieses Studium sollte ein Leben lang dauern, denn noch in seinen Vorlesungen am Collège de France gehörte Max Weber zu den wenigen Soziologen, die er immer wieder zitiert hat. Viele Konzepte und Theoreme Bourdieus weisen weberianische Spuren auf: Habitus, Feld, Intellektuelle, das religiöse Feld etc. (vgl. Colliot-Thélène 2005).

Aber ungeachtet der genealogischen Fragen – Bourdieu ist ziemlich pragmatisch und instrumentell mit großen Philosophen und Soziologen umgegangen – teilen sie fünf Konzepte, die zentral für beide Denker und ihre Ansätze sind:

1. *Die wichtige Rolle des Akteurs*: Weber wie Bourdieu lehnen die hegemoniale Dominanz des „homo oeconomicus" (die Tradition der ökonomischen Theorie einschließlich Rational Choice heute) wie die vorherrschende Perspektive des „homo sociologicus" (Durkheim) ab, vollends alle Versionen der Systemtheorie. Menschen verfolgen in ihrem Handeln Interessen; sie tun das durchaus „vernünftig", was so viel heißen will wie: Sie wissen, was und warum sie etwas tun, und sie wollen ihre Ziele im Rahmen ihrer Möglichkeiten realisieren. Anthony Giddens hat das mit den Konzepten von „knowledgeability" und „capability" zu fassen versucht (Giddens 1984). In der Regel verläuft das Handeln habituell im Rahmen eines „praktischen Bewußtseins", aber die Akteure unterwerfen ihr Handeln der Kontrolle durch „monitoring" und können bei Bedarf – Probleme oder Konflikte – auf Reflexion der Handlungssituation umschalten. Weber versucht diese Zusammenhänge über den Rationalitätskomplex aufzuklären, Bourdieu tut dies über seine „Ökonomie der Praxis".

2. *Kampf – eine Konflikttheorie des Sozialen*: Da Handeln interessegeleitet ist, die Interessen sich indes unterscheiden oder Akteure um ein und dasselbe Gut ringen, bleiben Konflikte nicht aus. „Das soziale Leben ist Kampf" – diese Formel unterschreiben We-

ber wie Bourdieu. Man könnte unter diesem Gesichtspunkt ihre Ansätze zu einer Konflikttheorie des Sozialen subsumieren.

3. *Die zentrale Rolle von Macht und Herrschaft*: Angesichts dieser ständigen – latenten oder manifesten – Konflikte müssen sich die Akteure munitionieren. Weber schreibt vom Kampf um Tauschchancen und Bourdieu entwickelt eine Kapitaltheorie, die deren Erwerb und Nutzungschancen beschreibt.

4. *Die große Bedeutung sozialer Differenzierung*: Weber wie Bourdieu sind keine genuinen Differenzierungstheoretiker. Dennoch gehen Webers Vorstellung von Wertsphären und Lebensordnungen wie Bourdieus Theorie der Felder von einer komplexen, arbeitsteiligen Gesellschaft aus.

5. *Die zentrale Rolle sozialer Ungleichheit*: Dieses Systembild muss stets um ein Lagerungsbild ergänzt werden, soziale Differenzierung ohne soziale Ungleichheit und ihre Relationierung spiegelt nur die eine halbierte Vision der modernen Gesellschaft wider. Weber demonstriert, dass gerade die Rationalisierung der „formalen Rationalität" zur Verwirklichung verhilft, in deren Gefolge kapitalkräftige Interessen freie Bahn haben. Periodisch angemahnte „materiale Rationalität" (soziale Gerechtigkeit) wirkt im rationalen Betrieb wie eine überflüssige „Betriebsstörung" und wird als „pathetisches und utopisches Postulat" meist abgewimmelt. Bourdieus Vorstellung vom sozialen Raum lädt dazu ein, alle Akteure in ihren Stellungen und Stellungnahmen auf ihren „Platz" in der Gesellschaft zu befragen. Je nach Höhe und Bedeutung der Stellung fällt das Gewicht der Stellungnahme aus.

3.2 Struktur, Habitus und Praxis: Bourdieus Ansatz

Bourdieus oberstes Bestreben ist es, die Produktion und Reproduktion des sozialen Lebens in ihren Gesetzmäßigkeiten aufzudecken. Um die gesellschaftliche Praxis und die Praktiken der Gesellschaft zu verstehen, knüpft Bourdieu an der Praxisphilosophie des jungen Marx an: So wie Marx die Gesetze der kapitalistischen Produktionsweise eruieren wollte, so versucht sich Bourdieu an den Gesetzmäßigkeiten der gesellschaftlichen Produktions- und Lebensweise. Er greift enthusiastisch Webers Grundidee auf, die methodologische Perspektive des Materialismus nicht nur auf die Basis, die Ökonomie, sondern auch auf den Überbau von Politik und Kultur zu richten. So wie Weber Wirtschaft *und* Gesellschaft untersucht, so studiert Bourdieu das soziale Leben in allen Bereichen der Gesellschaft, vor allem der Kultur, mit einer solchen materialistischen Perspektive. Das ist die Geburtsstunde der Feldanalyse. Denn die moderne Gesellschaft, arbeitsteilig differenziert und spezialisiert, besteht aus einer Reihe von teilautonomen Feldern, die aber allesamt um das Kraftfeld der Macht zentriert und situiert sind.

Es genügt also nicht, die *Ökonomie der Ökonomie* zu analysieren, wie das die ökonomische Theorie tut, um dann zu unterstellen, dass in letzter Instanz alle gesellschaftlichen Felder dieser ökonomischen Logik gehorchen (sollten), wenn sie denn „effizient" organisiert wären. Hier wird dann schnell das Modell der kapitalistischen Wirtschaft als Vorbild für moderne Gesellschaft schlechthin „idealisiert". Ein Fehler, den schon Weber notierte, als er den Übergang vom Idealtyp zum Ideal als normativen „Sündenfall" der ökonomischen Theorie bezeichnete. Es ist aber auch nicht genug, die *Ökonomie der Gesellschaft* zu studieren, um dann anhand des Basis-Überbau-Modells zu unterstellen, dass in letzter Instanz die gesamte Gesellschaft am Faden der kapitalistischen Funktions- und Wirkungsweise hängt. Vielmehr, und so lautet Bourdieus Marx-Weber-Synthese, gilt es, die *Ökonomie der Praxis* zu studieren, um die Logiken und Dynamiken auf den verschiedenen Feldern der Gesellschaft je für sich und im Zusammenhang zu verstehen.

Genau besehen, folgt Bourdieu einer Weber'schen Problemstellung, dem Studium des Materialismus (in) der Kultur, und versucht, sie mit einem modifizierten Marx'schen Ansatz, der vor allem am frühen Marx ansetzt, zu bearbeiten. Aus dieser ebenso eigenartigen wie einzigartigen Melange resultiert Bourdieus Formel von der „Ökonomie der Praxis". Das soziale Leben in seinen verschiedenen Verästelungen folgt einer „Ökonomie" und damit einer Logik, die es aufzufinden gilt. Der Begriff der „Ökonomie" in einem sehr weit gefassten Sinne tritt an die Stelle dessen, was Weber „Rationalität" genannt hat. Das wird deutlich, wenn man sich die handlungstheoretischen Grundlagen dieses praxistheoretischen Ansatzes nochmals verdeutlicht. Alles Handeln ist interessengeleitet, machtdurchwirkt, kämpferisch („nichts geht wie von selbst!") und in seinen Konsequenzen inegalitär, weil die Durchsetzungschancen gesellschaftlich höchst ungleich verteilt sind. Diese praktische Form des Handelns ist weit davon entfernt, auf kommunikative Verständigung oder Rationalität aus zu sein oder am Ende auf eine Theorie des voluntaristischen Handelns hinauszulaufen, sondern auf Kampf, Durchsetzung und Superiorität. Bourdieu steht mit seiner Betonung von Interesse, Macht, Konflikt und Ungleichheit Weber ungleich näher als Habermas oder Parsons, die beide in seinen Augen zwei markante Beispiele für die Deformationen der „scholastischen Vernunft" sind.

Die gesellschaftliche Praxis oder die gesellschaftlichen Praktiken versteht man folglich nur, wenn man die soziale Einbettung des Handelns in Raum und Zeit näher studiert (vgl. Müller 2004). Bourdieu entwickelt dafür zwei Begriffe: Struktur und Habitus. Man darf sich die Gesellschaft als dreidimensionalen sozialen Raum vorstellen, der in der vertikalen Dimension („oben-unten") und der horizontalen Dimension („links-rechts") sowie über die Zeitdimension („Laufbahn") näher spezifiziert werden kann. So operiert Bourdieu mit der Vorstellung von sozialen Klassen – Ober-, Mittel- und Unterklasse – je nach dem Volumen, der Struktur der Kapitalsorten (ökonomisch, sozial, kulturell – und als *summa* symbolisch) und der Laufbahn von Personenkategorien oder Gruppen. In der horizontalen Dimension des Raumes unterscheidet Bourdieu in der Oberklasse zwischen den herrschenden Klassenfraktionen (wirtschaftlich – rechts) und den beherrschten Klassenfraktionen (kulturell – links), was Webers Unterscheidung von Besitz- und Bildungsbürgertum reflektiert.

Um indes das Gelenkstück zwischen den Positionen der Akteure und ihren Dispositionen, also den Stellungen im sozialen Raum und den Stellungnahmen im politischen Feld, zu verstehen, muss man den *Habitus* der Akteure analysieren. Der Habitus vermittelt zwischen Produktions- und Lebensweise in Marx'scher Terminologie, zwischen Lebenschancen und Lebensstilen in Weber'scher Diktion. So wenig die Begriffsadaption originell ist – Bourdieu selbst notiert, dass Kant, Hegel, Weber, Lewin und Elias u.a. schon vom Habitus gesprochen haben – so kreativ ist sein Operationsgebiet zwischen Struktur und Praxis. Definiert als System von Dispositionen, welche im Alltagsleben als Denk-, Wahrnehmungs- und Beurteilungsschemata fungieren, werden sie doch klassenspezifisch gebrochen. Habitus meint stets Klassenhabitus, denn die sozialen Klassifikationsweisen, die von Durkheim und Mauss schon untersucht worden waren, gelten zwar für alle, aber in unterschiedlicher Ausprägung mit der Folge der Produktion eines Klassenethos. Bourdieus Konzept des Habitus beruht auf vier Momenten (vgl. Müller 2004): Erstens repräsentiert er einverleibte Gesellschaft, denn die Strukturen werden über Bildung und Erziehung, also Sozialisation, erworben (*Inkorporationsannahme*); zweitens leitet ein solches System von Dispositionen unbewusst die praktischen Strategien an (*Unbewusstheitsannahme*); drittens, obgleich unbewusst, haben die Individuen den Eindruck, nur ihren eigenen Interessen zu folgen (*Strategieannahme*); viertens bleiben diese in frühkindlicher Sozialisation angeeigneten Dispositionen über die Zeit hinweg stabil, leiten also selbst dann noch die individuellen Handlungsstrategien an, wenn sich der gesellschaftliche Kontext längst geändert hat (*Stabilitätsannahme*). Dieses folgenreiche Auseinanderfallen zwischen Struktur und Habitus bezeichnet Bourdieu als Hysteresis-Effekt.

3.3 Die Logik und Dynamik der Felder

Da moderne Gesellschaften stark arbeitsteilig funktional differenziert sind, weisen sie eine ganze Reihe von Feldern auf, die einer Eigenlogik und Dynamik folgen. Obgleich sie beide einer Konflikttheorie des Sozialen anhängen, geht Bourdieu indes nicht so weit wie Weber, dass er einen unversöhnlichen Kampf der Wertsphären und Lebensordnungen annimmt. Das liegt gleichsam an der Doppelnatur eines spezifischen Feldes: Auf der einen Seite versammelt es alle *invarianten Eigenschaften* eines Feldes auf sich – was macht ein Feld zum Feld? Das legt eine ähnliche interne Funktionsweise von Feldern nahe, trotz aller Konkurrenz und Konflikte zwischen ihnen. Auf der anderen Seite sind es die *Spezifika*, welche ein bestimmtes Feld ausmachen – also was genau definiert das ökonomische, politische, künstlerische und jedes weitere Feld im besonderen, wodurch es sich jeweils von allen anderen Feldern unterscheidet?

„Soziale Felder sind als Kampffelder, Kräftefelder und Spielfelder charakterisiert." (Bohn und Hahn 1999: 262) Mit Hilfe dieser Metaphern, also der Analogien zu Kampf, Natur und Spiel, sucht Bourdieu die invarianten Eigenschaften eines Feldes zu bestimmen. Obwohl er seine abschließende Studie zum Feld niemals geschrieben hat, kann man doch fünf Momente ausmachen: 1. Ein Feld ist immer dichotom oder „chiastisch" angelegt. Die beiden Pole im intellektuellen Feld etwa markieren Gelehrte und Künstler, die sich in ihren Strategien diametral unterscheiden. Gelehrte sind konservativ-orthodox auf die Konservierung der etablierten Ordnung hin orientiert. Künstler sind revolutionär, heterodox und an der Revolutionierung einer erstarrten Ordnung interessiert. 2. Wie die Spielmetapher nahe legt, geht es in einem Feld stets um einen begehrten und daher hart umkämpften „Einsatz" (*enjeu*). 3. Die Akteure müssen folglich „Investitionen" tätigen und die Höhe der Investitionen ist ein Maß für die Leidenschaft, mit der das Spiel gespielt wird. 4. Das Spiel folgt gewissen Regeln, die von allen einzuhalten sind, ansonsten begibt man sich an den Rand des Feldes. Es ist der Glaube (*croyance*) und die Illusion (*illusio*), welche die Spieler bei der Stange halten und zur Regeltreue erziehen. 5. Stets gibt es eine typische Verteilung von Positionen in einem Feld, wie die Doxa als eingelebte Sichtweisen, die Orthodoxie als herrschende Lehre und die Heterodoxie als ketzerische Häresie – einer Unterscheidungsreihe, die Bourdieu (2000) aus Webers Religionssoziologie gewonnen hat.

Die spezifischen Eigenschaften eines Feldes kann man letztlich nur durch empirisches Studium en détail erfassen. Die Folge davon ist ein fast inflatorischer Gebrauch der Feldbegrifflichkeit, der seinerseits wieder den Ruf nach der Festlegung der Grenzen eines Feldes provoziert. Aber auch hier scheint Bourdieu ein weiteres Mal Max Weber zu folgen, und auch hier ist es ihre gemeinsame Ablehnung der Ubiquität der ökonomischen Logik, welche die soziale Welt angeblich durchzieht, was die ähnliche Position bedingt. Bourdieu studiert vornehmlich solche (kulturellen) Felder, die als Beispiel für eine „verkehrte Welt" („le monde renversé") gelten dürfen: das Interesse an der Desinteressiertheit, der Egoismus des Altruismus, die perfekte Verschleierung der eigenen Interessen hinter Gemeinwohlfiktionen. Die Welt der Kunst, Laufbahnen in der Kirche, Karriere in karitativen Einrichtungen, überhaupt alle Institutionen, welche moralische Ansprüche stellen oder ideelle Werte zu verkörpern prätendieren, wecken augenblicklich seinen stets wachen Sinn für das, was Paul Ricoeur die „Kultur des Verdachts" genannt hat. Bourdieu hat sich so sehr darauf versteift, dass alles Handeln interessiert ist, dass er Ideen und Ideale, Werte und Normen nur als perfide verkappte, also umso raffinierter verschleierte Interessen und Absichten von Akteuren dechiffrieren kann, die offensichtlich das Licht der Öffentlichkeit scheuen müssen und deshalb diese pathetische Form angenommen haben.

Fassen wir zusammen: Bourdieu konzediert trotz seiner strukturalistisch angehauchten Praxeologie dem Akteur Handlungsfähigkeit: (Eigen-)Interessiertheit, Mächtigkeit, Kampfes- und Konfliktfähigkeit. Was Weber unter dem Komplex der „Rationalität" abhandelt, versucht Bourdieu mit seiner Formel von der „Ökonomie der Praxis" einzufangen. Diese „Ökonomie" ist äußerlich eingebettet in den sozialen Raum einer hierarchischen Sozialstruktur; innerlich wird sie garantiert durch die Einverleibung der Sozialstruktur in Gestalt des Habitus. Struktur und Habitus, äußere und innere Barriere, sorgen dafür, dass die Praxis und mithin das Handeln in aller Regel so ausfallen, dass die gesellschaftlichen Verhältnisse reproduziert und stabilisiert werden. „Tout se passe comme si" – ist eine Lieblingsformulierung von Pierre Bourdieu, die andeuten soll, dass im Regelfall die soziale Ordnung in der Zeiten- und Generationenfolge reproduziert wird und der Einzelne immer wieder seinen angestammten „Platz" in der Gesellschaft einnimmt. Dieser Fokus auf Reproduktion (und nicht Wandel) und die Rahmung des Individuums durch den ewigen Kreislauf von Struktur, Habitus und Praxis hat zu Vorwürfen wie Strukturfatalismus und handlungstheoretisch zur Kritik an einem „overstructuralized concept of man" (Müller 1997) geführt.

4. Schlussbemerkung

Der Versuch, Weber und Bourdieu unter der Formel der drei „R" strikt vergleichen zu wollen, wie er hier im Ansatz unternommen wurde, muss zwangsläufig ambivalent ausfallen. Während Webers Überlegungen zur Rationalität des Sozialen in der Tat um diese Begriffe kreisen, figurieren die drei „R" nicht prominent in Bourdieus Denken. An die Stelle von Rationalität rückt die Ökonomie ganz in Marx'scher Diktion, aber im Weber'schen Sinne. Die ganze Gesellschaft, nicht nur die Ökonomie, unterliegt einer „Ökonomie" als exakter Kalkulation von Aufwand und Ertrag. Die ökonomische Logik im engeren Sinne nützt aber nicht viel, wenn man die Gesellschaft auf ihren unterschiedlichen Feldern untersuchen will. Zwar gibt es Felder, die tatsächlich der ökonomischen Logik nahe kommen wie die Wirtschaft, die Politik und die Wissenschaft. Aber das weite Feld der Kultur folgt der Logik einer „verkehrten Welt", in der das „animal symbolicum" (Cassirer 1923-1929) durchaus seine eigenen Interessen verfolgt, aber gerade nicht ökonomistisch. Im Gegenteil: Es gehört zu den Erfolgsbedingungen des „animal symbolicum", dass es sich gerade nicht wie der „homo oeconomicus" verhält. Sich wie ein versierter „homo oeconomicus" in den Welten der Kultur aufzuführen, hat den mephistophelischen Effekt der „unintended consequences", der Weber'schen „Paradoxie der Wirkung gegenüber dem Wollen" (Weber 1988b: 524), kurzum: Erfolglosigkeit.

Bei Bourdieu gilt die fatale Reproduktionslogik und die „ewige Wiederkehr des Gleichen": Die Sozialstruktur wird reproduziert, die Mächtigen bleiben die Mächtigen, die Schwachen bleiben die Schwachen. Genau das meint bei Bourdieu „Das Elend der Welt". Sucht man nach Gründen für diesen fatalistischen Pessimismus, so könnte man einen historisch-empirischen und einen theoretischen Grund ausmachen. Sicherlich ist die Evolution der Rationalisierung und die Befestigung der undurchdringlichen Macht des Rationalismus seit Webers Zeiten unvermindert weitergegangen. Wie sehr, das zeigt die Verzweiflung, mit der Bourdieu die Wirkungen der Rationalisierung beschwört: „Mit der Rationalisierung (im doppelten Sinn, dem Freuds und dem Webers) oder besser noch der Universalisierung, dieser obersten Soziodizee, bietet sie sogar die Legitimationsform schlechthin: Die juristische oder mathematische Formalisierung, die die scholastische Zäsur durch die Schranke eines so undurchschaubaren wie zwingenden Einsatzes von Symbolen materialisiert und für jedes beliebige, irgendwo vorkommende *x* gültige Aussagen aufzustellen erlaubt, kann noch den willkürlichsten Inhalten den äußeren Anschein völlig unwiderstehlicher Universalität verleihen" (Bourdieu 2001: 101). Es scheint, als habe der *homo scholasticus* – oder schlichter der Expertokrat – endgültig die Herrschaft in und über eine rationalisierte Welt angetreten.

Man könnte indes noch einen zweiten, theoretischen Grund vermuten. Sicher: Weber und Bourdieu teilen die Sichtweise, dass es der Handlungs- und Herrschaftsimpetus des Interessen-, Macht-, Konflikt- und Ungleichheitskomplexes ist, der nicht nur die Rationalisierung der Welt unaufhaltsam vorantreibt, sondern auch den Trägern dieser Dynamik zu einer unverbrüchlichen, ja unheimlichen hegemonialen Dominanz verhilft. Die Folge: Widerstand zwecklos. Selbst Weber konstatiert unumwunden: „So geht mit der Rationalisierung der politischen und ökonomischen Bedarfsdeckung das Umsichgreifen der Disziplinierung als eine universelle Erscheinung unaufhaltsam vor sich und schränkt die Bedeutung des Charisma und des individuell differenzierten Handelns zunehmend ein" (Weber 1980: 687). Und dennoch hält Weber auch in einer voll durchrationalisierten Welt den ewigen „Kampf der Götter" für durchaus offen. Es kommt ihm an dieser Stelle zupass, dass er neben Interessen und Institutionen stets auch noch Ideen und Weltbilder unterscheidet. Zumindest in der charismatischen Ursprungsphase können Ideen und Ideale einen derartigen pneumatischen Impetus entfalten, dass sie die Menschen von innen revolutionär ergreifen und umprägen. Die Gewalt des Charismas vermag zumindest anfänglich etablierte rationalisierte Ordnungen aufzubrechen und den Weg zu neuen Ufern aufzuzeigen. In solchen Krisen- und Umbruchzeiten scheint – zumindest vorübergehend – alles möglich zu sein.

Das Charisma als Gegenmacht zu den drei „R" zu denken, vermag Bourdieu in seinem Ansatz nicht. Die Dimension der Ideen und Ideale geht ihm ab, ja sie fehlt ihm, weil er sie sofort umstandslos den Interessen subsumiert. Da die Kultur auch nur ein Betrieb ist und keineswegs der Ort für Ideen und Weltbilder, können die Interessen der Ideenproduzenten zwar kurzfristige Moden und Avantgarden kreieren, aber keine neuen Ideale. Die „Ökonomie der Praxis" teilt mit der ökonomischen Theorie und der Marx'schen Theorie den Glauben an die alltagsgrauen und -tauglichen Interessen als Motor der Geschichte, während außeralltägliche Ideen als Ideologien und Weltbilder als Überbau-Metaphysik abgetan werden. Das ist im Falle von Marx mächtigen Ideen über den Sozialismus und Kommunismus regelrecht tragisch zu nennen. Im Falle von Bourdieu fällt der Verzicht auf jegliche Vision in seinem Kampf als Intellektueller auf: Das vehemente „Dagegen-Sein" vermochte aus sich heraus kein positives „Dafür-Sein" am Horizont auch nur anzudeuten. In der Melancholie eines don-quichottesken Intellektuellenkampfes der resignativen Vergeblichkeit spiegelt sich der Respekt vor der vollends rationalisierten Welt wider, gegen den niemand, auch kein Soziologe wie Bourdieu, der die diversen Felder so virtuos untersucht hatte, etwas auszurichten vermag.

Literatur

Baert, Patrick, 1991: Unintended Consequences. A Typology of Examples. In: International Sociology 6/2: 1-10.

Baurmann, Michael, 2008: Homo Ökonomikus als Idealtypus. Oder: Das Dilemma des Don Juan. In: Analyse & Kritik 30: 555-573.

Bogner, Artur, 1989: Zivilisation und Rationalisierung. Die Zivilisationstheorien Max Webers, Norbert Elias' und die Frankfurter Schule im Vergleich. Opladen: Westdeutscher Verlag.

Bohn, Cornelia und Alois Hahn, 1999: Pierre Bourdieu. In: Dirk Kaesler (Hg.), Klassiker der Soziologie. München: 289-310.

Bourdieu, Pierre, 1972: Entwurf einer Theorie der Praxis, Frankfurt/M.: Suhrkamp.

Bourdieu, Pierre, 1979: Die feinen Unterschiede. Frankfurt/M.: Suhrkamp.

Bourdieu, Pierre, 1980: Sozialer Sinn. Kritik der theoretischen Vernunft. Frankfurt/Main: Suhrkamp.

Bourdieu, Pierre, 2000: Das religiöse Feld. Texte zur Ökonomie des Heilsgeschehens. Konstanz: UVK.

Bourdieu, Pierre, 2001: Meditationen. Zur Kritik der scholastischen Vernunft. Frankfurt/Main: Suhrkamp.

Bröckling, Ulrich, 2007: Das unternehmerische Selbst: Soziologie einer Subjektivierungsform. Frankfurt/M.: Suhrkamp.

Brubaker, Rogers, 1984: The Limits of Rationality. An Essay on the Social and Moral Thought of Max Weber. London: Allen & Unwin.

Cassirer, Ernst, 1923-1929: Philosophie der symbolischen Formen, 3 Bde. Berlin: Duncker & Humblot.

Colliot-Thélène, Catherine, 2005: Die deutschen Wurzeln der Theorie Bourdieus. In: Catherine Colliot-Thélène, Gunter Gebauer und Etienne François (Hg.), Pierre Bourdieu: Deutsch-Französische Perspektiven. Frankfurt/Main: Suhrkamp: 106-136.

Cook, Karen S. und Margaret Levy (Hg.), 1990: The Limits of Rationality. Chicago: The University of Chicago Press.

Duesenberry, James, 1960: Comment on "An economic analysis of fertility". In: University-National Bureau for Economic Research (Hg.), Demographic and Economic Change in Developing Countries. Princeton: Princeton University Press: 231-240.

Durkheim, Emile, 1978: De la dividion du travail social. 10. Auflage, Paris: PUF.

Eisenstadt, Shmuel N. (Hg.), 2002: Multiple Modernities. New Brunswick, London: Transaction Publishers.

Elster, Jon, 1987: Subversion der Rationalität. Frankfurt/M., New York: Campus.

Esser, Hartmut, 1993: Soziologie. Allgemeine Grundlagen. Frankfurt/M., New York: Campus.

Esser, Hartmut, 2004: Sinn, Kultur, Werte und soziale Konstitution. Oder: Was ist „soziologisch" am Modell der soziologischen Erklärung. In: Manfred Gabriel (Hg.), Paradigmen der akteurszentrierten Soziologie. Wiesbaden: VS Verlag: 103-120.

Etzioni, Amitai, 1988: The Moral Dimension. Toward a New Economics. New York: The Free Press.

Gabriel, Manfred (Hg.), 2004: Paradigmen der akteurszentrierten Soziologie. Wiesbaden: VS Verlag.

Giddens, Anthony, 1984: The Constitution of Society. Cambridge: Polity Press.

Greshoff, Rainer, Georg Kneer und Uwe Schimank (Hg.), 2003: Die Transintentionalität des Sozialen. Eine vergleichende Betrachtung klassischer und moderner Sozialtheorien. Wiesbaden: Westdeutscher Verlag.

Greshoff, Rainer, Georg Kneer und Wolfgang Ludwig Schneider (Hg.), 2008: Verstehen und Erklären. Sozial- und kulturwissenschaftliche Perspektiven. München: Fink.

Gröbl-Steinbach, Evelyn, 2004: Handlungsrationalität und Rationalisierung des Handelns bei Weber und Habermas. In: Manfred Gabriel (Hg.), Paradigmen der akteurszentrierten Soziologie. Wiesbaden: VS Verlag: 91-102.

Habermas, Jürgen, 1973: Zur Logik der Sozialwissenschaften. 3. Auflage. Frankfurt/M.: Suhrkamp.

Habermas, Jürgen, 1981: Theorie des kommunikativen Handelns. Frankfurt/M.: Suhrkamp.

Haferkamp, Hans, 1989: "Individualismus" und "Uniformierung" – Über eine Paradoxie in Max Webers Theorie der gesellschaftlichen Entwicklung. In: Johannes Weiß (Hg.), Max Weber heute. Erträge und Probleme der Forschung. Frankfurt/M.: Suhrkamp: 461-496.

Hennen, Manfred, 1990: Soziale Motivation und Handlungsfolgen. Opladen: Westdeutscher Verlag.

Horkheimer, Max und Theodor W. Adorno, 1985: Dialektik der Aufklärung. Frankfurt/Main: Fischer.

Jokisch, Rodrigo, 1981: Die nichtintentionalen Effekte menschlicher Handlungen. Ein klassisches soziologisches Problem. In: Kölner Zeitschrift für Soziologie und Sozialpsychologie 33/3: 547-575.

Kahneman, Daniel, Paul Slovic und Amos Tversky, 1982: Judgment under Uncertainty. Heuristics and Biases. Cambridge: Cambridge University Press.

Kirchgässner, Gebhart, 1991: Homo oeconomicus. Tübingen: Mohr.

König, Markus, 2003: Habitus und Rational Choice. Wiesbaden: DUV.

Lepsius, M. Rainer, 1991: Interessen, Ideen und Institutionen. Opladen: Westdeutscher Verlag.

Lepsius, M. Rainer, 2008: Die Soziologie und die Kriterien sozialer Rationalität. In: Adalbert Hepp und Martina Löw (Hg.), M. Rainer Lepsius. Soziologie als Profession. Frankfurt/M.: Campus: 151-160.

Lukács, Georg, 1988: Die Zerstörung der Vernunft. 4. Auflage. Berlin, Weimar: Aufbau.

Luhmann, Niklas, 1973: Zweckbegriff und Systemrationalität. Frankfurt/M.: Suhrkamp.

Marcuse, Herbert, 1967: Der eindimensionale Mensch. Neuwied, Berlin: Luchterhand.

Mommsen, Wolfgang, 1974a: Max Weber. Gesellschaft, Politik und Geschichte. Frankfurt/Main: Suhrkamp.

Mommsen, Wolfgang, 1974b: Universalgeschichtliches und politisches Denken. In: ders. 1974a: 144-181.

Müller, Hans-Peter, 1997: Sozialstruktur und Lebensstile. 2. Aufl. Frankfurt/Main: Suhrkamp.

Müller, Hans-Peter, 2004: Die Einbettung des Handelns. Pierre Bourdieus Praxeologie. In: Manfred Gabriel (Hg.), Paradigmen der akteurszentrierten Soziologie. Wiesbaden: VS Verlag: 169-186.

Müller, Hans-Peter, 2007: Max Weber. Eine Einführung. Köln et al.: UTB.

Müller, Hans-Peter, 2010: Die europäische Gesellschaft als Ausdruck einer Fortentwicklung der Moderne? In: Monika Eigmüller und Steffen Mau (Hg.), Gesellschaftstheorie und Europapolitik. Wiesbaden: VS-Verlag: 109-129.

Nassehi, Armin, 1999: Differenzierungsfolgen. Beiträge zur Soziologie der Moderne. Opladen: Westdeutscher Verlag.

Plé, Bernhard, 1997: Das Problem der unbeabsichtigten Folgen menschlichen Handelns: Zur Fokussierung eines bleibenden Problems. In: Geschichte und Gegenwart 3: 179-191.

Peters, Tom, 2001: TOP 50 Selbstmanagement. Machen Sie aus sich die Ich AG. München: Econ.

Reckwitz, Andreas, 2000: Die Transformation der Kulturtheorien. Zur Entwicklung eines Theorieprogramms. Weilerswist: Velbrück Wissenschaft.

Reckwitz, Andreas, 2004: Die Entwicklung des Vokabulars der Handlungstheorien: Von den zweck- und normorientierten Modellen zu den Kultur- und Praxistheorien. In: Manfred Gabriel (Hg.), Paradigmen der akteurszentrierten Soziologie. Wiesbaden: VS Verlag: 169-186.

Schimank, Uwe, 2000: Handeln und Strukturen. Einführung in die akteurtheoretische Soziologie. Weinheim, München: Juventa.

Schluchter, Wolfgang, 1980: Rationalismus der Weltbeherrschung. Studien zu Max Weber. Frankfurt/M.: Suhrkamp.

Schluchter, Wolfgang, 1988a: Religion und Lebensführung. Studien zu Max Webers Kultur- und Werttheorie. Frankfurt/M.: Suhrkamp.

Schluchter, Wolfgang, 1988b: Religion und Lebensführung. Studien zu Max Webers Religions- und Herrschaftssoziologie. Frankfurt/M.: Suhrkamp.

Schluchter, Wolfgang, 2005: Rationalität – das Spezifikum Europas? In: Hans Joas und Klaus Wiegandt (Hg.), Die kulturellen Werte Europas. Frankfurt/M.: Fischer: 237-264.

Schluchter, Wolfgang, 2009: Grundlegungen der Soziologie. Eine Theoriegeschichte in systematischer Absicht. Tübingen: Mohr.

Schmid, Michael, 1979: Handlungsrationalität. Kritik einer dogmatischen Handlungswissenschaft. München: Fink.

Schmid, Michael, 2004: Rationales Handeln und soziale Prozesse. Beiträge zur soziologischen Theoriebildung. Wiesbaden: VS Verlag.

Schultheiß, Franz, 2007: Bourdieus Wege in die Soziologie. Konstanz: UVK.

Schwinn, Thomas, 1998: Wertsphären, Lebensordnungen und Lebensführungen. In: Agathe Bienfait, Gerhard Wagner (Hg.): Verantwortliches Handeln in gesellschaftlichen Ordnungen. Frankfurt/M.: Suhrkamp: 270-319.

Spinner, Helmut F., 1989: Weber gegen Weber: Der ganze Rationalismus einer „Welt von Gegensätzen". Zur Neuinterpretation des Charismas der Gelegenheitsvernunft. In: Johannes Weiß (Hg.), Max Weber heute. Erträge und Probleme der Forschung. Frankfurt/M.: Suhrkamp: 210-249.

Spinoza, Baruch de, 1999/1677: Ethik. Hamburg: Meiner.

Sprondel, Walter M. und Constans Seyfarth (Hg.), 1981: Max Weber und die Rationalisierung des sozialen Handelns. Stuttgart: Enke.

Stinchcombe, Arthur, 1986: Reason and Rationality. In: Sociological Theory 4/2: 151-166.

Swidler, Ann, 1973: The Concept of Rationality in the Work of Max Weber. In: Sociological Inquiry 43: 35-42.

Thomas, William I., 1966: W.I. Thomas on social organization and social personality. Selected papers, Chicago: University of Chicago Press.

Vernon, Richard, 1979: Unintended Consequences. In: Political Theory 7: 57-73.

Wagner, Gerhard und Heinz Zipprian (Hg.), 1994: Max Webers Wissenschaftslehre. Interpretation und Kritik. Frankfurt/M.: Suhrkamp.

Weber, Max, 1980/1922: Wirtschaft und Gesellschaft. Grundriß einer verstehenden Soziologie. Tübingen: Mohr (Siebeck).

Weber, Max, 1988a/1920: Gesammelte Aufsätze zur Religionssoziologie. Band I. Tübingen: Mohr (Siebeck).

Weber, Max, 1988b/1922: Gesammelte Aufsätze zur Wissenschaftslehre. Tübingen: Mohr (Siebeck).

Weiß, Johannes (Hg.), 1989: Max Weber heute. Erträge und Probleme der Forschung. Frankfurt/M.: Suhrkamp.

Wippler, Reinhard, 1978: Nicht-intendierte Folgen individueller Handlungen. In: Soziale Welt 29: 155-179.

„Rationalität" in Luhmanns Systemtheorie [1]

Wolfgang Ludwig Schneider

1. „Rationalität" in der soziologischen Theoriediskussion

Rationalität ist innerhalb der soziologischen Theoriediskussion ein ebenso zentraler wie vieldeutiger Begriff. Prominente theoretische Ansätze verwenden ihn als Leitkonzept, explizieren ihn aber in unterschiedlicher Weise: So die utilitaristische Theorietradition bis hin zu den modernen Rational Choice-Ansätzen, Webers Handlungstheorie und seine Theorie gesellschaftlicher Rationalisierung oder die Habermassche Theorie des kommunikativen Handelns. Konkurrierende Angebote, wie die von Parsons oder Luhmann, die dem Rationalitätsbegriff eine nachrangige Position zuweisen, sehen sich dazu genötigt, ihre jeweiligen Leitbegriffe in expliziter Distanzierung gegenüber diesen Rationalitätskonzepten einzuführen, um dann zu zeigen, in welcher Weise Rationalität im Binnenkontext der eigenen Theorie rekonstruiert und unter die theorieeigenen Leitbegriffe subsumiert werden kann.

Die Austragung der Konkurrenz zwischen den erwähnten Positionen innerhalb der soziologischen Theoriediskussion nimmt deshalb auch die Form einer Debatte um den adäquaten Zuschnitt des Rationalitätsbegriffs an. Diese Kontroverse sei hier nur exemplarisch und mit wenigen Schlagworten angedeutet. Parsons etwa (sich darin sowohl gegenüber dem utilitaristischen Konzept der Nutzenrationalität als auch gegenüber dem Weberschen Dualismus von Zweck- und Wertrationalität abgrenzend) behandelt Rationalität als Unterfall der Orientierung an kulturellen Werte und begreift die Domestizierung der so gedeuteten Rationalität durch andere Werte als Bedingung der Möglichkeit für die Lösung des Problems sozialer Ordnung. Rational Choice-Ansätze reagieren darauf, indem sie die Lösbarkeit des Ordnungsproblems unter Bedingungen nutzenrationalen Handelns nachzuweisen suchen. Essers Theorie der Frame-Selektion versucht, auch nicht rational kalkulierende Selektionsmodi in Übereinstimmung mit dem Prinzip rationaler Nutzenmaximierung zu rekonstruieren. Habermas entwickelt ein Konzept kommunikativer Rationalität, das auch Werte und Normen als rational begründbar ausweist und das den utilitaristischen Rationalitätsbegriff (geführt unter dem Titel des „strategischen Handelns") als Gegenbegriff behandelt, der als defizitärer Modus kommunikativen Handelns zu rekonstruieren ist.[2] In gesellschaftstheoretischer Perspektive soll diese Rationalitätskonzeption die Differenz zwischen der (selbst noch nach unterschiedlichen Geltungsansprüchen intern differenzierten) kommunikativen Rationalität der Lebenswelt, der

---

1   Für nachhaltige Kritik an der ersten Fassung dieses Textes danke ich Isabel Kusche.

2   Wie für universalistische Theorien typisch, wird hier ein Gegenbegriff zum Leitkonzept der Theorie durch Wiedereintritt (re-entry) der Unterscheidung von Leitkonzept und Gegenbegriff in das Leitkonzept theoretisch internalisiert; vgl. dazu Schneider 2008: 131ff. sowie den Beitrag von Greve in diesem Band.

Expertenrationalität der ausdifferenzierten Wertsphären sowie den funktionssystemspezifi-schen Rationalitäten der Ökonomie und des politisch-administrativen Systems integrieren.[3]

Auch Luhmanns Systemtheorie schreibt dem Konzept der Rationalität insbesondere in ihrer frühen Entwicklungsphase einen hohen Stellenwert zu und assimiliert es an die eige-nen Grundbegriffe.[4] Im Gegensatz zu Habermas, Esser oder den Rational Choice-Theorien weist sie diesem Konzept freilich eine sekundäre Position an. Sie wählt die Unterscheidung von System und Umwelt als Leitdifferenz, begreift Systeme als Bezirke reduzierter Komple-xität und deutet Rationalität als anspruchsvollen Modus des innersystemischen Umgangs mit Umweltkomplexität.

Im Folgenden werde ich genauer nachzeichnen, wie Luhmann diese Generalthese entfal-tet. Zunächst will ich untersuchen, wie das Konzept der Rationalität aus systemtheoreinter-ner Perspektive mit den Begriffen der Erwartung, der Entscheidung, der Zweckorientierung des Handelns und der Komplexität verknüpft wird (2 und 3). Danach soll das Konzept der Systemrationalität expliziert und die Frage der systemrationalen Disposition über Kausalzu-rechnungen diskutiert werden (4). Es folgt ein knappes Resümee (5).

2. Handeln, Entscheiden, Rationalität

Üblicherweise wird Rationalität auf Handeln bezogen. Die Systemtheorie verfährt hier nicht völlig anders. Sie insistiert nur darauf, dass Handeln immer als Element eines sozialen Sys-tems zu analysieren ist und durch die kommunikative Zurechnung von Verhaltensselektionen auf Adressen (individualisierte Personen, Rollenträger oder Organisationen) erzeugt wird. Handlungen als Einheiten sozialer Systeme – und damit auch Urteile über deren Rationalität – werden demnach in der Kommunikation erzeugt, sind also immer eingebettet in Situatio-nen doppelter Kontingenz. Die Möglichkeit, beobachtetes (kommunikatives oder nicht-kom-munikatives) Verhalten in Handlungseinheiten zu segmentieren, setzt dabei Strukturen, oder genauer, Erwartungen, voraus, zu denen ein Verhalten relationiert und so als Ausführung ei-ner bestimmten Handlung sozial registriert werden kann.

---

3   Auch bei Habermas wird damit das bereits bei Weber klar erkennbare Problem deutlich, inwiefern ein einheit-
    licher Begriff von Rationalität überhaupt möglich ist. Schon Weber pluralisierte das Konzept der Rationalität
    bekanntlich weit über die handlungstypologische Unterscheidung von Wert- und Zweckrationalität hinaus.
    Im Rahmen seiner Theorie gesellschaftlicher Rationalisierung verwendet er den Rationalitätsbegriff geradezu
    inflationär, wenn er u. a. von der Rationalisierung von Sinnzusammenhängen (insbesondere metaphysischer
    Ausprägung im Kontext der Religion), von der wertfreien Rationalität der Wissenschaft, von Formen der
    ethisch-praktischen Rationalisierung (für die exemplarisch die „protestantische Ethik" steht), von materialer
    im Unterschied zu formaler Rationalität (so im Recht, aber auch im Blick auf die kalkulatorische Rationalität
    in der ökonomischen Sphäre) spricht, ohne das Verhältnis zwischen diesen verschiedenen Verwendungen des
    Rationalitätsbegriffs hinreichend zu klären. Siehe hierzu auch den Beitrag von Müller in diesem Band.

4   Vgl. dazu die folgende programmatische Formulierung: „Systemtheorie und funktionale Methode haben einen
    Hintergedanken, der erst eigentlich erklärt, weshalb sie zusammengehören. Sie sind durchstimmt und zusam-
    mengehalten durch eine gemeinsame Annahme: dass das menschliche Verhalten von seinen Möglichkeiten
    zur Rationalität her expliziert und verstanden werden muss, und zwar auch und gerade dann, wenn es diese
    Möglichkeiten nicht bewusst zur eigenen Orientierung ergreift" (Luhmann 1970: 45; erstveröffentlicht 1964).

Um einer Handlung „Rationalität" zuschreiben zu können, muss eine Situation der Wahl zwischen Alternativen unterstellt werden, in der zumindest eine andere Möglichkeit gegeben war, für die sich die Adresse, der eine Selektion zugeschrieben wird, ebenso hätte entscheiden können. „Es war vernünftig von Dir, den Nachbarn heute morgen zu grüßen" erscheint als ungewöhnliche Äußerung, weil es dazu auf der Ebene sozial geltender Erwartungen keine Alternative gibt, – es sei denn, man hatte z.B. einen Streit mit dem Nachbarn, der es nahe gelegt hätte, nicht zu grüßen, sodass der Gruß als Entscheidung zwischen Alternativen beobachtet werden kann, die signalisiert, dass der Grüßende nicht an der Fortsetzung des Konflikts interessiert zu sein scheint. Wenn Handlungen nicht nur alternativlos durch selbstverständlich unterstellte Erwartungen orientiert und insofern als routinegeleitet erscheinen, sondern explizit auf Erwartungen bezogen werden, sodass die Alternative von Konformität oder Abweichung erkennbar aufgeworfen ist, nehmen sie die Form von *Entscheidungen* an. Erst dann werden Kriterien für die zu treffende Auswahl benötigt, die mit Hilfe der Unterscheidung rational/irrational beobachtet werden können (vgl. Luhmann 1984: 400; 2000: 446).

Wenn Rationalitätschancen an Situationen der Entscheidung gebunden sind, dann ist zunächst zu prüfen, unter welchen gesellschaftlichen Voraussetzungen damit gerechnet werden kann, dass Handeln als Entscheiden beobachtet wird und dies auch von den Handelnden selbst erwartet werden kann, ehe sie zu handeln beginnen (vgl. dazu Luhmann 1988: 294ff.). In evolutionärer Perspektive besonders folgenreich ist hier (neben der Entstehung von Professionen) die Einrichtung *formaler Organisationen* (vgl. Luhmann 1997: 188f.). Sie beobachten das Verhalten ihrer Mitglieder als Treffen von Entscheidungen, bei denen die in der Organisation geltenden (veränderlichen und interpretationsbedürftigen) Entscheidungsprämissen zu beachten sind; dabei kann jede Entscheidung Präzedenzwirkungen entfalten, d.h. zukünftig in analogen Fällen als zu beachtende Entscheidungsprämisse angesteuert werden.

Weil sie auf sozial geltende Erwartungen in Situationen doppelter Kontingenz bezogen werden, implizieren Entscheidungen immer das Risiko, Erwartungen anderer zu enttäuschen und dadurch Konflikte zu provozieren, deren Verlauf und Folgen oft schwer zu kalkulieren sind. Als rational kann unter solchen Bedingungen der sozial induzierten Unsicherheit häufig ein Verhalten gelten, das versucht, Konfliktrisiken zu vermeiden und deshalb auf Konformität bedacht ist. „Auch eingesehener Unsinn wird mitgemacht, da man anderenfalls als Entscheider auffallen würde" (Luhmann 1988: 298f.), d.h. Begründungslasten zu tragen hätte und die Konsequenzen nicht zuverlässig antizipieren könnte.

Die Zentralität des Erwartungsbegriffs lässt andere Begriffe wie „Präferenz" oder „Zweck" in die zweite Reihe zurücktreten: Präferenzen werden als Unterfall von Erwartungen gedeutet.[5] Zwecke „braucht man nur, wenn und soweit nicht erwartet wird, wie man entscheiden soll. Dann rekonstruiert eine Zweckvorstellung die fehlende Erwartung, und man prüft am Zweck, ob man die Entscheidung so treffen kann, als ob sie auf eine Erwartung reagierte"

---

5   „Diese Theorierevision erfolgt ohne Kosten, da man Präferenzen immer auch als Erwartungen, sich für das Bessere zu entscheiden, auffassen kann. Die Präferenztheorie behandelt aber nur eine Teilmenge aus dem Bereich des Entscheidens, denn es gibt viele Fälle, in denen man ohne besondere Präferenz oder gar gegen die eigenen Präferenzen auf Erwartungen durch Entscheidungen reagiert. Präferenzen werden nur eingeführt, wenn es – etwa angesichts von Erwartungskonflikten – um Rationalisierungen geht. In jedem Falle aber ist nicht die Präferenz das, was eine Entscheidung mit jener Meta-Kontingenz versieht, sondern die Erwartung" (Luhmann 1988: 281).

(Luhmann 1988: 286). Die Theorie rationalen Entscheidens wird dementsprechend als Ausdruck sozial etablierter Erwartungen gedeutet, die dann aktiviert werden, wenn eine Situation sozial unterbestimmt erscheint. Sie folge einer „kulturell etablierten Situationsdefinition. (…) … Und ihr Begriff von Rationalität kompensiert dann gleichsam das, was an Erwartungsdirektiven fehlt" (Luhmann 1988: 285).

Aus systemtheoretischer Perspektive ist Entscheiden dabei als Prozess der Unsicherheitsabsorption zu rekonstruieren, dessen Risiken wesentlich in den dadurch berührten Erwartungen anderer und damit in Sozialdimension liegen. Die Tendenz zur Erwartungskonformität erscheint deshalb, anders als bei Parsons, nicht als Folge sozialisatorischer Internalisierung und Identifizierung mit diesen Erwartungen, d.h. nicht als Ergebnis der Produktion geradezu automatisiert handelnder „cultural (bzw. judgemental) dopes" (Garfinkel). Sie wird vielmehr als Resultat einer Neigung zur Risikominimierung unter Bedingungen von Zeitdruck und hoher sozialer Komplexität gedeutet, die für anspruchsvollere Nutzenkalküle keinen Anhalt bieten. Unter solchen Bedingungen kann die Wahl risikovermeidender Verhaltensalternativen aus der Perspektive eines Beobachters als rational gelten. Informationsbeschaffung in Organisationen beschränkt sich dann vor allem unter Zeitdruck typisch „auf diesen Aspekt des Abtastens von Erwartungskonflikten" (Luhmann 1988: 287).[6]

Rationalität im anspruchsvolleren Sinne der Maximierung subjektiv erwarteten Nutzens ist damit nicht definitiv ausgeschlossen, sondern nur als Sonderfall von Rationalität definiert, der an Bedingungen der Möglichkeit gebunden ist, die in sozialen Situationen eher selten erfüllt sind. Zur Umschiffung von Risiken kann es dabei in organisationellen Kontexten, in denen sich Entscheidungen mit entsprechenden *Erwartungen* rationaler Begründbarkeit konfrontiert sehen, auch erforderlich sein, sich erkennbar an derartigen Maximierungskalkülen zu orientieren und entsprechende Entscheidungsbegründungen zu entwerfen. Primär für die (sei es prospektive oder retrospektive) *Darstellung* von Entscheidungen mit dem Ziel, Zustimmung wahrscheinlicher zu machen, werden solche Rationalkalküle dann relevant.

3. Zweckbezug des Handelns, Rationalität und Komplexität

Die systemtheoretische Analyse der Rationalität von Entscheidungen beschränkt sich nicht darauf, das Prinzip der Nutzenmaximierung durch Dramatisierung von Situationen der Entscheidung unter *Unsicherheit* in eine Randposition zu manövrieren. Schon früh hat Luhmann die Rationalstruktur zweckorientierten und dabei die Mittelwahl optimierenden Entscheidungshandelns untersucht, um zu zeigen, in welcher Weise die Vorrangigkeit von Problemen der Komplexitätsreduktion gegenüber Gesichtspunkten der Rationalität in den Binnenkontext dieser Rationalstruktur durchschlägt. Der einschlägige Text dafür ist „Zweckbegriff und Systemrationalität" (1968).

Dort untersucht Luhmann die Auslegung des Handelns auf Zwecke hin unter dem Gesichtspunkt der darin implizierten Leistung der Komplexitätsreduktion (vgl. Luhmann 1968:

---

6   Vgl. dazu auch die folgende Feststellung (Luhmann 1988: 296f.): „Viele typische, formale und informale Eigenheiten des Verhaltens in Bürokratien dürften zu erklären sein als Anpassung des Verhaltens an Entscheidungsdruck und als Suche nach gefahrlosen, sicheren, wenig anforderungsreichen Verhaltensweisen, die notfalls als begründbare Entscheidung dargestellt werden können."

44ff.). Insofern ein angestrebter Zweck eine Auswahl aus alternativen Möglichkeiten trifft, wird er als Entscheidung zugerechnet. Der Zweck einer Handlung dient dabei in sozialer Hinsicht ihrer legitimierenden Begründung. Er definiert zugleich eine Erwartung, die eine Handlung an sich selbst richtet, auf die hin sie sich entwirft und an deren Erfüllung oder Nicht-Erfüllung der Erfolg oder Misserfolg des Handelns abgelesen werden kann. Zwecksetzung selegiert bestimmte Wirkungen einer Handlung und zeichnet sie gegenüber anderen Wirkungen als bevorzugt aus. Durch die Setzung des Zwecks wird demnach „eine Wertrelation unter den Wirkungen des Handelns" konstruiert (Luhmann 1968: 44). Diese Wertrelation ist nur je aktuell fixiert. Sie variiert im Zeitablauf in Abhängigkeit von dem jeweiligen Befriedigungsstand unterschiedlicher Werte.

In sachlicher und zeitlicher Hinsicht etabliert die Setzung eines Handlungszwecks einen aktuell relevanten Fixpunkt, der es ermöglicht, aus der Vielzahl der in einer Situation möglichen Handlungen nur diejenigen in Betracht zu ziehen, die als Mittel zur Verwirklichung dieses Zwecks geeignet sind. Andere hier und jetzt oder zu anderen Zeiten mögliche Zwecke scheiden damit zunächst aus der Betrachtung aus, können dann aber an sekundärer Stelle wieder in die Betrachtung einbezogen werden. Die Wahl eines Zwecks fungiert dabei zunächst als *Prinzip der Neutralisierung*, das die zweckirrelevanten kausalen Folgen des Mittelgebrauchs zwar nicht völlig ausblendet, aber doch zu nachrangigen Gesichtspunkten herabstuft, die insbesondere dann relevant werden, wenn es darum geht, zwischen verschiedenen zwecktauglichen Mitteln zu wählen. Die Bewertung der Nebenfolgen kann dazu eingesetzt werden, die möglichen Mittel der Zweckverwirklichung in eine Rangordnung der Vorzugswürdigkeit zu bringen. Dazu muss die Neutralisierungsleistung des Zwecks partiell aufgehoben werden, indem die erwartbaren Folgen des Einsatzes bestimmter Mittel für andere (aktuell nicht verfolgte, aber grundsätzlich ebenfalls mögliche und in anderen Situationen zu anderen Zeiten relevante) Zwecke als Kriterien zur vergleichenden Beurteilung der Mittel herangezogen werden. Durch die Verflechtung mit anderen Zwecken und Handlungsmöglichkeiten über die Nebenfolgen weist die Zweckorientierung der Einzelhandlung über sich selbst hinaus und ordnet sich einem Systemzusammenhang zu, den sie in sich reflektiert. Die Unterscheidung von Zweck, Mittel und Nebenfolgen dient der Rationalisierung des Handelns im Kontext des Systems, das diese Unterscheidungen zur (sei es psychischen oder kommunikativen) Beobachtung seines Handelns einsetzt. Sie ermöglicht die *Temporalisierung* der Komplexität der Werteordnung eines Systems durch „opportunistische Werteverwirklichung im Nach-einander der Zeit" (Luhmann 1968: 50).[7]

Möglich ist Rationalität dabei immer nur in eingeschränktem Maße. Welche Ziele *zukünftig* angestrebt werden, welche Mittel dafür erforderlich sind und in welchem Umfang sie benötigt werden, variiert wesentlich in Abhängigkeit von veränderlichen Umweltbedingungen und entzieht sich deshalb der genauen Kenntnis des handelnden Systems. Darüber hinaus steht nicht beliebig viel Zeit für Ermittlung und Vergleich dieser Faktoren zur Verfügung. Liegen die Nebenfolgen verschiedener Mittel in unterschiedlichen Dimensionen, entstehen

---

7 Dabei gilt: „ Je mehr Werte vorstellbar und aktualisierbar, je mehr Werte für ein System relevant werden, desto weniger wird es möglich, sie in eine dauerhafte und transitive Ordnung zu bringen, die allgemein gültige und durchgehende Vorrangrelationen festlegt; desto notwendiger wird es, sich an laufend wechselnden Präferenzen zu orientieren, und sich das legitimieren zu lassen" (Luhmann 1971: 166).

daraus u. U. Probleme der Vergleichbarkeit. Die hier erreichbare Rationalität ist durch die Reichweite der Informationen und die beschränkte Kapazität zu ihrer Verarbeitung begrenzt. *Steigerung von Rationalität* verlangt deshalb vor allem, dass diese Grenzen weiter hinausgeschoben werden. Erforderlich ist also die *Erhöhung der Kapazität zur Berücksichtigung von Komplexität im System.*

Soziale Einrichtungen wie die *symbolisch generalisierten Kommunikationmedien* fungieren dabei als gesellschaftliche Bedingungen der Möglichkeit für die Erreichbarkeit höherer Niveaus der Rationalität durch Erweiterung von Vergleichsmöglichkeiten und damit für die informationelle Verarbeitung größerer Komplexität (vgl. Luhmann 2009: 15). So erlaubt erst das Medium Geld, unterschiedlichste Mittel auf der Grundlage eines einheitlichen Maßstabes zu bewerten und zu vergleichen. Um zwischen zwecktauglichen Mitteln Differenzen der Vorzugswürdigkeit zu erzeugen, genügt es, dass unterschiedliche Mittel ein verschiedenes Maß der generalisierten Ressource Geld verbrauchen, das dann für beliebige andere Zwecke nicht zur Verfügung steht, sodass die Kapazität der handelnden Instanz (einer Person oder Organisation), weitere Zwecke zu realisieren, durch verschiedene Mittel in unterschiedlich hohem Maße beansprucht und beeinträchtigt wird.[8] Auch eine derartige Ausdehnung des Bereichs berücksichtigungsfähiger Nebenfolgen findet selbstverständlich ihre Grenzen. So z.B., wenn es um monetär nicht ohne weiteres kalkulierbare Effekte und Ressourcen geht (wie etwa bei Auswirkungen auf die Arbeitszufriedenheit und Arbeitsmotivation der Beschäftigten in Betrieben).

Zwecke können in der Zeit unvorhersehbar variieren. Die Erwirtschaftung generalisierter, zu unterschiedlichsten Zwecken einsetzbarer Mittel wie Geld oder Macht kann deshalb aktuell an die Stelle zukünftig möglicher und in der Gegenwart noch unbekannter Zwecke treten. Die Unterscheidung von Zwecken und Mitteln bezeichnet insofern nur noch eine je situationsabhängig veränderliche Rollenverteilung innerhalb der Gesamtmenge der Beschränkungen, denen eine Entscheidung unterliegt (vgl. Luhmann 2009: 13). Je größer die Anzahl der Alternativen ist, die für eine Entscheidung in Betracht gezogen und mit Hilfe von Kriterien der Vorzugswürdigkeit miteinander verglichen werden können, umso höher die darin prozessierte Komplexität. Erforderlich ist dazu eine höhere Anzahl abstrakter gefasster Vergleichskriterien, die geeignet sind, ein größeres und heterogeneres Feld von Alternativen zu bearbeiten (vgl. Luhmann 2009: 13f.). Als Derivat des so gefassten Begriffs der Komplexität einer Entscheidung bestimmt Luhmann Rationalität auch wie folgt: „Die Rationalität eines Entscheidungsprozesses nimmt zu in dem Maße, als höhere Komplexität es erlaubt, mehr Beschränkungen als Entscheidungsprämissen in Betracht zu ziehen" (Luhmann 2009: 13).[9]

---

8   Ökonomen sprechen hier bekanntlich von *Opportunitätskosten.*

9   Luhmann veranschaulicht diese Bestimmung im unmittelbaren Anschluss an den oben zitierten Satz mit einem bereits vorher eingeführten Beispiel (2009: 13): „In unserem Beispiel der Berufswahl würde die Rationalität des Prozesses der Berufsentscheidung größer sein, wenn mehr und verschiedenartigere Berufsmöglichkeiten erwogen werden und dadurch eine größere Zahl von Kriterien und Interessengesichtspunkten zum Zuge kommen können." Auch zwanzig Jahre später hält Luhmann noch an dieser Bestimmung von Rationalität fest. So in der Formulierung: „Rationalität ließe sich dann begreifen als Vermehrung der einschränkbaren Möglichkeiten, als Vergrößerung des Entscheidungsspielraums mit Vermehrung der zeitabhängigen Entscheidungsbeschränkungen" (Luhmann 1993: 564). – Offensichtlich ungelöst bleibt bei dieser Definition von Rationalität durch die im Entscheidungsprozess verarbeitete Komplexität das Problem, wie die unterschiedlichen Komplexitätsdimensionen (hier die Dimensionen *Anzahl* und *Unterschiedlichkeit* der Berufsmöglichkeiten) zu einer einheitlichen Maßzahl

Größere Rationalität bedeutet dabei nicht zwangsläufig auch Richtigkeit der Entscheidung, ist jedoch mit der Annahme verknüpft, „... dass höhere Rationalität des Entscheidens zugleich die Chance vermehrt, unter anspruchsvolleren Kriterien richtige Entscheidungen zu treffen" (Luhmann 2009: 12, Fußn. 18).

Wechseln wir von der Ebene der Einzelentscheidung und ihrer Rationalität zur Ebene der Organisation als soziales System, in der eine solche Entscheidung getroffen wird Das Konzept der Zweckrationalität wird nun auf seine *Funktion für das System* befragt und dadurch endgültig von seinen handlungstheoretischen Konnotationen befreit. Die These ist hier, dass Zwecke ein drastisch simplifiziertes Substitut für das *Bestandsproblem* sind, das durch Zweckformeln zugleich verdeckt und in ein handhabbares Format gebracht wird. Unter Bedingungen einer kaum zuverlässig berechenbaren Umwelt ist die Selbstfestlegung auf Zwecke riskant. Die Möglichkeit, Zwecke in der Zeitdimension *opportunistisch zu variieren*, in der Sachdimension *widersprüchliche* Zwecke zu institutionalisieren und diese in der Sozialdimension durch *Differenzierung* (z.B. zwischen verschiedenen Abteilungen einer Organisation) nebeneinander zu prozessieren, sorgt hier für die Flexibilität, die benötigt wird, um dieses Risiko hinreichend zu reduzieren. Darüber hinaus ermöglichen die symbolisch generalisierten Kommunikationsmedien alternative Formen der Unsicherheitsabsorption, die flankierend eingesetzt werden können. So etwa, indem nicht alle Finanzmittel eines Privatunternehmens investiert werden, sondern Liquidität für unspezifizierte Verwendungsmöglichkeiten bereitgehalten wird (Luhmann 1971: 167). Andere Beispiele für eine solche Form der Vorsorge sind „die Erhaltung eines programmatisch nicht festgelegten Potentials politischer Macht" oder „Bemühungen um Vertrauen und gute Beziehungen, gesellschaftliches Prestige, hohen Status, eine ‚gute Presse' usw. ... . In all diesen Fällen steckt der Opportunismus in den Aufwendungen für ein ‚Kapital', das es ermöglicht, Entscheidungen hinauszuschieben und doch jetzt schon sicherzustellen" (Luhmann 1971: 168). Rationalität besteht hier darin, neben der Verfolgung bestimmter Zwecke Dispositionsspielräume für noch nicht absehbare Umstände bereitzuhalten und so einen „Ausgleich zwischen Programmbindung und Opportunität" herzustellen, indem „neben der Zweckverwirklichung auch noch für Liquidität, Public Relations, Macht usw. gesorgt" wird (Luhmann 1971: 168). Diese Doppelstrategie kann durch Differenzierung des Systems sozialstrukturell verankert werden, so etwa im politischen System durch Differenzierung zwischen einer primär opportunistisch verfahrenden Politik und einer auf Programmdurchführung konzentrierten Verwaltung (Luhmann 1971: 168). Die Zuschreibung von Rationalität bezieht sich hier auf einen flexiblen und zur raschen Anpassung an veränderte Umstände befähigenden *Umgang mit Unsicherheit*, die durch eine unberechenbare Umwelt erzeugt wird, sowie die sozialstrukturellen Korrelate, die ihn ermöglichen. Es geht also um die Leistungsfähigkeit des Komplexitätsmanagements in sozialen Systemen aus der Perspektive des wissenschaftlichen Beobachters – und zwar unabhängig von der Frage, inwiefern Handelnde selbst entsprechende Rationalitätskalküle anstellen und ihre Entscheidungen daran orientieren.

Die in diesem Abschnitt skizzierte Darstellung des Rationalitätsbegriffs konzentrierte sich im Wesentlichen auf die frühe Entwicklungsphase der Luhmannschen Systemtheorie. Zu

---

aggregiert werden können. Solche Probleme der quantitativen Bestimmung von Komplexität hat Luhmann verschiedentlich erwähnt, aber dann auf sich beruhen lassen.

fragen ist, ob Luhmann an dieser Rationalitätskonzeption mit dem Übergang zum Konzept des autopoietischen Systems und dessen beobachtungstheoretischer Reformulierung wesentliche Revisionen vorgenommen hat. Meine These hierzu lautet: Die skizzierte Deutung des Rationalitätsbegriffs wurde von Luhmann nicht revidiert, sondern nur ergänzt und in ihrer beobachtungstheoretischen Fassung vor allem stärker abstrahiert. Gewonnen werden sollte auf diese Weise eine Explikation des Rationalitätsbegriffs, die in der Lage ist, die je unterschiedlichen, weil systemabhängig variierenden Rationalitäten als kontextabhängige Spezifikationen eines einheitlichen Rationalitätsverständnisses erkennbar zu machen.

4. Systemrationalität und die systemrationale Disposition über Kausalzurechnungen

Die übliche Rede von „Rationalität" im Singular ist offensichtlich inkompatibel mit der These, dass die moderne Gesellschaft in verschiedene Funktionssysteme differenziert ist. Funktionale Differenzierung bedeutet Ausdifferenzierung *unterschiedlicher* systemspezifischer Rationalitätsformen, die zu keiner gesamtgesellschaftlichen Einheit mehr verbunden werden können. Die politische Rationalität des Erwerbs und der Sicherung von Macht ist eine andere als die der ökonomischen Erwirtschaft von Gewinn oder die der methodisch kontrollierten Produktion neuen Wissens in der Wissenschaft. Ein einheitliches systemtheoretisches Konzept von Rationalität, das mit diesen Unterschieden kompatibel ist, muss deshalb in der Lage sein, die unterschiedlichen systemspezifischen Formen des rationalen Umgangs mit Unsicherheit auf *einen* Begriff zu bringen, der expliziert, was Rationalität für die moderne Gesellschaft heißen kann. Möglich ist dies nur durch radikale Abstraktion – und das heißt insbesondere durch Verzicht auf die Angabe von Rationalitäts*kriterien*, weil diese in Abhängigkeit vom jeweiligen Systemkontext divergieren.

Der dazu formulierte Begriff der *Systemrationalität*, der in dieser allgemeinen Form auf selbstreferentielle Systeme jeglichen Typs anwendbar sein soll, verlangt die Erfüllung der folgenden Voraussetzungen: Solche Systeme müssen in der Lage sein, „… die System/Umwelt-Differenz in das System wiedereinzuführen und mit ihrer Hilfe Prozesse der Selbstbeobachtung, der Selbstbeschreibung, der Reflexion informativ durchzuführen" (Luhmann 1984: 640). Dabei müssen diese Systeme „… sich selbst durch ihre Differenz zur Umwelt bestimmen und dieser Differenz in sich selbst operative Bedeutung, Informationswert, Anschlusswert verleihen …" (Luhmann 1984: 641). Beobachtungstheoretisch formuliert ist (System) Rationalität also durch ein re-entry der Unterscheidung von System und Umwelt in eine ihrer beiden Seiten, nämlich die Seite des Systems, definiert. Für das System stellt sich damit, wie Luhmann (2000a: 297) vermerkt, das bereits aus der älteren Kybernetik bekannte Problem der „requisite variety" (vgl. Ashby 1974: 293ff.), d.h. der erforderlichen Vielfalt seiner internen Reaktionsmöglichkeiten gegenüber einer Umwelt, die komplexer ist als das System. In komplexitätstheoretischer Deutung des re-entry der System/Umwelt-Unterscheidung lässt sich Rationalität daher auch wie folgt bestimmen: „… we define rationality as the re-entry of the distinction between high complexity and low complexity into low complexity" (Luhmann 2000a: 297). Einschluss der durch Systembildung ausgeschlossenen Umwelt im System, höhere Komplexität als internalisiertes Moment geringerer Komplexität – Rationalität erscheint so durch eine Paradoxie bestimmt, die im Prozess sozialer Evolution durch die Steigerung systeminterner Komplexität entfaltet wird. In einer sozialen Umwelt, deren Komplexität durch Systemdifferenzierung jedoch schneller steigt, als die interne Komplexität jedes einzelnen sozialen Systems erhöht werden kann, „... rationality then becomes a desperate concern of the societal system to survive its own evolution" (Luhmann 2000a: 298).

Unter den Bedingungen funktionaler Differenzierung würde der komplette Eintritt der gesellschaftlichen Umwelt eines Funktionssystems in dessen Binnenraum verlangen, dass dieses Funktionssystem in seinem Operieren zugleich die Operationsbeschränkungen aller anderen gesellschaftlichen Funktionssysteme mitberücksichtigt (Luhmann 1997: 186). Gesellschaftliche Rationalität unter den Bedingungen funktionaler Differenzierung würde darüber hinaus die Realisierung dieses re-entry durch jedes einzelne Funktionssystem erfordern. Weil dies offensichtlich unmöglich ist, wird Rationalität „... unter modernen Bedingungen im wortgenauen Sinne eine Utopie. Für sie gibt es keinen Standort in der Gesellschaft mehr" (Luhmann 1997: 186).

Gleichwohl schreibt Luhmann dieser „Utopie der Rationalität" einen bestimmten Orientierungswert zu, wenn es darum geht „... zu sehen, ob und wie man von einzelnen Systemen aus rationalere, weitere Umwelten einbeziehende Problemlösungen gewinnen kann" (Luhmann 1986: 258). In historisch vergleichender Perspektive lassen sich dann auch Steigerungen der Rationalität sozialer Systeme beobachten. So führt etwa die Internalisierung der System/Umwelt-Differenz in einigen Funktionssystemen zur Installierung *systeminterner Umwelten*, die – freilich wiederum mit je eigener Selektivität – Änderungen in der Systemumwelt kontinuierlich registrieren und es dadurch ermöglichen, rasch darauf zu reagieren; exemplarisch dafür stehen Märkte im Wirtschaftssystem oder die öffentliche Meinung in der Politik (vgl. Luhmann 1986: 257).[10]

Interventionen eines Systems in seine Umwelt unterstellen Kausalzusammenhänge. Auch im Hinblick auf diese Kausalannahmen kann gefragt werden, inwiefern sie rational selegiert worden sind. Die Beobachtung von Kausalzusammenhängen benutzt die Unterscheidung von Ursache und Wirkung, und sie wählt bestimmte Ursachen und bestimmte Wirkungen aus, um sie miteinander zu einer Kausalbehauptung zu verbinden. Jede Ursache hat eine unbestimmbar große Anzahl von Wirkungen. Jede Wirkung kann auf eine unbestimmt große Anzahl vorausgegangener Ursachen zurückgeführt werden. Ursachen und Wirkungen sind deshalb zunächst Bezeichnungen für unbegrenzte Verweisungszusammenhänge, aus denen bestimmte Elemente als relevant ausgewählt und miteinander verknüpft werden müssen, um zu einer Kausalbehauptung zu kommen. Die beobachteten Kausalzusammenhänge implizieren insofern eine drastische Reduktion kausaler Komplexität und sind, aufgrund ihrer Selektivität, kontingent, weil eine andere Auswahl ebenfalls möglich gewesen wäre. „Kontingent" meint dabei nicht „völlig beliebig", sondern nur, dass Kausalbehauptungen nicht als unmittelbares Korrelat von „Wirklichkeit" vorgestellt werden können, weil sie *immer auch* eine Selektionsleistung des Beobachters verlangen, die nicht durch den Gegenstand der Beobachtung

---

10 Als Beispiel für einen Vergleich der politischen Rationalität (bestimmt als geringer oder stärker ausgeprägte Irritabilität) im Verhältnis zur wirtschaftlichen Umwelt unter Bedingungen fehlender Differenzierung zwischen Regierung und Opposition in Planökonomien einerseits sowie unter Bedingungen vorhandener Opposition und wirtschaftlicher Märkte andererseits vgl. Luhmann 2004: 190f.

determiniert ist.[11] Kausalzurechnungen lassen sich deshalb auf Zurechnungspräferenzen hin beobachten, die darin zum Ausdruck kommen. Gefragt werden kann, welche Wirkungen diese Zurechnungspräferenzen ihrerseits erzeugen und inwiefern sie – im Vergleich zu alternativen Möglichkeiten – als „rational" verstanden werden können. Weil es hier nicht um die Frage der Wahrheit oder Unwahrheit von kausalen Zurechnungen, sondern um die Kriterien der Auswahl aus verschiedenen Zurechnungsmöglichkeiten geht, die mit gleichem Recht Wahrheit (oder schwächer formuliert: zumindest gleiche Plausibilität) für sich beanspruchen können, fällt die Frage der Erklärung von Zurechnungspräferenzen und die davon zu unterscheidende Frage nach ihrer Rationalität in den Bereich der Wissenssoziologie.

Formuliert vor dem Hintergrund einer Theorie der funktionalen Differenzierung, die den sozialstrukturellen Bezugskontext für die – mit Mannheim gesprochen – „Seinsgebundenheit" kausaler Zurechnungen abgibt, ist also zunächst danach zu fragen, welche Kausalzurechnungen von Organisationen und Rollenträgern in bestimmten Funktionssystemen vermutlich bevorzugt werden. Aussagen dazu sind u. a. aus der Forschung über die politische Verwendung wissenschaftlichen Wissens bekannt. Für politische Administrationen ist etwa zu erwarten, dass sie vor allem solche Kausalitäten in den Blick nehmen, die durch politische Intervention beeinflussbar erscheinen.[12] Geht es also z.B. um Leistungsdefizite im Bereich des Erziehungssystems, liegt es deshalb nahe, vor allem solche Kausalitäten ins Zentrum der Diskussion zu rücken, die auf der Ebene der durch staatliche Vorgaben veränderbaren Organisationen lokalisiert werden können. Aus diesem Grund nehmen politische Bildungsreformdiskussionen typisch die Form von Debatten über die Änderung von Organisationsstrukturen des Erziehungssystems an. Kausalfaktoren, die auf der Ebene der pädagogischen Interaktion im Klassenzimmer liegen, werden demgegenüber weitestgehend ausgeblendet. Dass bestimmte Kausalitäten durch präferierte Zurechnungsmuster verdeckt werden, kann dann freilich selbst zum Gegenstand von Anschlussbeobachtungen werden, ohne deshalb aber jemals vollständig einschränkungsfreie Transparenz aller Kausalbeziehungen erreichen zu können (vgl. Japp 1994: 140f.).

Genügt eine solche Abstimmung kausaler Zurechnungspräferenzen auf funktionssystemische Kontexte auch schon dem Prädikat „rational"? Die Beantwortung dieser Frage führt zurück zum allgemeinen Begriff der Systemrationalität. Die These, nach der Systemrationalität bedeutet, „… dass das zu planende System sein Umweltverhältnis re-internalisieren muss", besagt in kausaltheoretischer Reformulierung, „… dass das System seine Einwirkungen auf die Umwelt an den Rückwirkungen auf es selbst kontrollieren muss, wenn es sich rational verhalten will" (Luhmann 1984: 642). Im Blick auf die Handhabung von Kausalität als Zurechnung durch das System ist diese Feststellung wie folgt zu deuten: Das System beobachtet seine Kausalzurechnungspräferenzen als Mitursache für die systeminterne Registrierung bestimmter Kausalitäten, unterscheidet dabei die ursprüngliche Kausalzurechnung als Selektion von anderen nicht gewählten Möglichkeiten und versucht, die Rückwirkung dieser

---

11   Der hier festzustellende Spielraum für die Formulierung von Kausalbehauptungen kann zusätzlich erweitert werden, wenn deren Überprüfung aus sachlichen Gründen schwierig ist.

12   Anders freilich in Situationen, in denen Versuche des steuernden Eingreifens als inopportun gelten oder nach Entlastungsmöglichkeiten für Fehlschläge vorausgegangener Interventionen gesucht wird: In diesen Fällen liegt die Präferenz bei politisch *nicht* beeinflussbaren Kausalitäten.

Differenz auf das System selbst (etwa für die Erreichung oder Verfehlung von Zielprojektionen und die sich daraus ergebenden Folgen) abzuschätzen, um gegebenenfalls auf alternative Kausalzurechnungen umzuschalten, von deren Verwendung als Prämisse weiteren Handelns man sich günstigere Rückwirkungen im System verspricht.

Erneut am Beispiel der Politik verdeutlicht: Die Spaltung der Spitze des politischen Systems durch den Code von Regierung und Opposition, die in einer Dauerkonkurrenz um die Besetzung politischer Ämter stehen, sorgt dafür, dass die Selektivität der Beobachtung von Kausalzusammenhängen durch andere Beobachter (wie rivalisierende Parteien, Interessenverbände, Kommentatoren der Massenmedien) in der Politik rasch registriert und thematisiert werden kann. Kausalannahmen werden durch die Diskrepanz der Zuschreibungen unterschiedlicher Beobachter als kontingent erkennbar. Und sie werden disponibel unter dem Gesichtspunkt des Gewinns von Machtchancen. Verarbeitet im *Beobachtungsmodus zweiter Ordnung* (d.h., wie für Funktionssysteme generell typisch, durch die Beobachtung anderer Beobachter) und im Blick auf ihre politischen Rückschlageffekte, gewinnen Kausalzuschreibungen so an Variabilität und können – etwa als Folge der Beobachtung eines Meinungsumschwungs – rasch substituiert werden. Die öffentliche Meinung fungiert dabei gleichsam als Spiegel, in dem die politischen Parteien beobachten können, wie ihre Positionen in der Umwelt des politischen Systems beobachtet werden, wie diese Außenbeobachtungen der Politik die Chancen des Machtgewinns bzw. Machterhalts beeinflussen und so auf den Binnenkontext des politischen Systems zurückwirken. Wissenschaftliche, lobbyistische und auf die Beobachtung massenmedialer Resonanz spezialisierte Politikberatung kann von den Parteien konsultiert werden, um sich über mögliche Kausalitäten, dadurch berührte Interessen und die zu erwartenden Wirkungen bestimmter politischer Festlegungen in der Öffentlichkeit der Massenmedien informieren zu lassen (vgl. Kusche 2008: 217-253). Die Irritierbarkeit des politischen Systems durch seine soziale Umwelt, d.h. die politikintern konstruierte und prozessierte Umweltkomplexität und damit die *Rationalität* des politischen Systems, erscheinen hier erheblich erhöht im Vergleich zu politischen Verhältnissen ohne Opposition, ohne unzensierte Massenmedien, ohne unabhängige Wissenschaft, ohne die Möglichkeit der organisierten Vertretung von Interessen, ohne Politikberatung.

Richtigkeitsgarantien für veränderte Zurechnungen lassen sich so freilich nicht gewinnen. Das Problem undurchschaubarer Komplexität behält seine Vorrangstellung und blockiert die Möglichkeit, einzig richtige Selektionen zu erreichen. Die Temporalisierung der Bearbeitung von Komplexität eröffnet stattdessen die Möglichkeit zu beobachten, wie Folgen der Intervention eines Systems in dessen Umwelt beobachtet und zugerechnet werden. Und sie erlaubt es, weitere Interventionen an den so vermittelten Rückwirkungen vorausgegangener Interventionen des Systems auf es selbst zu kontrollieren, mit dem Ziel, die Differenz zwischen antizipierten und faktisch generierten Interventionsfolgen zu minimieren.[13] Die Richtigkeit von Selektionen kann so immer nur ex post und auch dann nur unter dem Vorbehalt zukünftig weiterhin möglich bleibender Revision attestiert werden.

Rationalität präsentiert sich dabei als Systemrationalität, sofern systeminterne Repräsentationen der Umwelt des Systems im System kontinuierlich angereichert werden durch die Beobachtung von Umweltreaktionen auf Interventionen und deren Rückwirkungen im in-

---

13 Zur Deutung von Planung und Steuerung als Differenzminimierung vgl. Luhmann 1988: 324ff.

tervenierenden System, so dass anschließende Steuerungsversuche jeweils aus einem erfahrungsabhängig rekalibrierten Spektrum möglicher Eingriffe und Eingriffsfolgen auswählen können. Rationalität erscheint hier als Variable, deren Steigerung gebunden ist an die Erhöhung der im System behandelbaren Umweltkomplexität und die jeweils nur im Komparativ zur vorausgegangenen oder als möglich vorstellbaren Komplexitätsverarbeitungskapazität eines Systems beurteilt werden kann.

Offen bleibt, wie Komplexität gemessen und wie zwischen adäquateren und weniger adäquaten Formen des Komplexitätsmanagements unterschieden werden kann. Die Theorie sagt darüber nur, dass die Kriterien des Vergleichs und der Bewertung von Alternativen mit der Zahl und Verschiedenheit dieser Alternativen abstrakter konzipiert, aber zugleich hinreichend diskriminierungsfähig sein müssen, um unter solchen Voraussetzungen begründete Selektionen zu ermöglichen. Insofern bleibt der Einheitsbegriff der Systemrationalität auf der Ebene von Rationalitäts*kriterien* unbestimmt. Aus der Perspektive der Theorie ist dies kein korrigierbarer Defekt, sondern die notwendige Folge gesellschaftlicher Differenzierung, durch die jede Spezifikation von Kriterien der Rationalität abhängig ist vom Systemkontext und mit diesem variiert.

5. Resümee

Das Ergebnis des vorangegangenen Überblicks über das systemtheoretische Konzept der Rationalität lässt sich in wenigen Punkten zusammenfassen. Rationalität wird gedeutet als Modus der Disposition über Komplexität. Komplexität bedeutet Zwang zu kontingenter Selektion unter Bedingungen der Unsicherheit. Rationalität ist deshalb nicht nach dem Modell von Optimalitätskalkülen vorzustellen, sondern als Gebrauch geeigneter Strategien der *Unsicherheitsabsorption*. Unsicherheitsabsorption ist dabei gebunden an Kontexte der Kommunikation unter Bedingungen doppelter Kontingenz. Es geht daher um die *Bildung von Erwartungserwartungen* als Orientierungsgrundlage systemeigener Verhaltensselektionen. Zweckrationalität erscheint hier als Substitut für Erwartungserwartungen, das so gebaut ist, dass – die soziale Legitimität des Zwecks unterstellt – Mittel nach ihrer sachlichen Eignung ausgewählt werden können, so *als ob* deren Gebrauch sozial erwartet worden wäre.

Die Zwecke eines Systems variieren in der Zeit und stehen über die Nebenfolgen von Handlungen in einer Beziehung der Interdependenz. Die aktuelle Auswahl eines bestimmten Zwecks neutralisiert zugleich (in partieller und reversibler Weise) die Folgen der gewählten Mittel für die momentan inaktuellen Zwecke eines Systems, die in anderen Situationen aufgerufen und orientierungswirksam werden können. Die scharfe Reduktion von Komplexität durch das Zweck/Mittel-Schema wird sachlich durch die selektive Berücksichtigung von Nebenfolgen und in der Zeit durch opportunistische Variation der Zwecke kompensiert und die Bearbeitung von Komplexität dadurch temporalisiert.

Primärer Träger von Prozessen der Rationalisierung durch systeminterne Komplexitätssteigerung sind Organisationen. Analysiert im Hinblick auf ihre *Funktion* für organisierte Sozialsysteme werden Zwecke als variable und je unvollständige *Operationalisierungen des Bestandsproblems* gedeutet, die durch andere Strategien der Unsicherheitsabsorption ergänzt werden müssen. Eine zentrale gesellschaftliche Bedingung der Möglichkeit für die interne

Rationalisierung von Organisationen ist die Evolution symbolisch generalisierter Kommunikationsmedien wie Geld, Macht und Recht und die auf dieser Grundlage sich vollziehende Ausdifferenzierung gesellschaftlicher Funktionssysteme.

Die beobachtungstheoretische Reformulierung des Konzepts der *Systemrationalität* bestimmt Rationalität durch das re-entry der System/Umwelt-Unterscheidung in den Unterscheidungspool des Systems bzw. der Differenz zwischen geringerer Komplexität (=System) und höherer Komplexität (=Umwelt) in den Bereich geringerer Komplexität (=System). Diese Fassung des Begriffs läuft auf eine Paradoxie hinaus, die durch die Herausbildung von gesellschaftlichen Strukturen mit gesteigerten Kapazitäten für die Verarbeitung von Umweltkomplexität evolutionär entfaltet wird. Von ausschlaggebender Bedeutung für die Steigerung der im Binnenkontext von Funktionssystemen handhabbaren Komplexität ist der Umstand, dass die Reproduktion von Funktionssystemen im Beobachtungsmodus zweiter Ordnung, d.h. vermittelt über die Beobachtung anderer Beobachter erfolgt und einige Funktionssysteme innere Umwelten wie die öffentliche Meinung in der Politik oder Märkte im ökonomischen System ausbilden.

Die Platzierung des Rationalitätsbegriffs in einer derartigen Abstraktionslage, in der er sich jeder kriterialen Bestimmung entzieht, ergibt sich als Folge des Versuchs, die Einheit der unterschiedlichen, weil je systemspezifischen Rationalitäten theoretisch zu erfassen. Frühere und konkretere Bestimmungen von Rationalität innerhalb der Luhmannschen Systemtheorie werden dadurch nicht revidiert, sondern als vom jeweiligen Systemkontext abhängige Spezifikation dieses allgemeinen Rationalitätskonzeptes weiterhin mitgeführt.

Literatur

Ashby, W. Ross, 1974: Einführung in die Kybernetik. Frankfurt am Main: Suhrkamp.

Japp, Klaus P., 1994: Verwaltung und Rationalität. In: Klaus Dammann, Dieter Grunow und Klaus P. Japp (Hrsg.), Die Verwaltung des politischen Systems. Neuere systemtheoretische Zugriffe auf ein altes Thema. Opladen: Westdeutscher Verlag, S.126-141.

Kusche, Isabel, 2008: Politikberatung und die Herstellung von Entscheidungssicherheit im politischen System. Wiesbaden: VS Verlag.

Luhmann, Niklas, 1968: Zweckbegriff und Systemrationalität. Über die Funktion von Zwecken in sozialen Systemen, 2. Aufl. 1977. Frankfurt am Main: Suhrkamp.

Luhmann, Niklas, 1970: Funktionale Methode und Systemtheorie. In: Ders., Soziologische Aufklärung, Bd. 1. Opladen: Westdeutscher Verlag (Erstveröffentlichung 1964).

Luhmann, Niklas, 1971: Opportunismus und Programmatik in der öffentlichen Verwaltung. In: Ders., Politische Planung. Aufsätze zur Soziologie von Politik und Verwaltung, 4. Aufl. Opladen: Westdeutscher Verlag, S.165-180.

Luhmann, Niklas, 1984: Soziale Systeme. Grundriss einer allgemeinen Theorie. Frankfurt am Main: Suhrkamp.

Luhmann, Niklas, 1986: Ökologische Kommunikation. Opladen: Westdeutscher Verlag.

Luhmann, Niklas, 1988: Die Wirtschaft der Gesellschaft. Frankfurt am Main: Suhrkamp.

Luhmann, Niklas, 1990: Die Wissenschaft der Gesellschaft. Frankfurt am Main: Suhrkamp.

Luhmann, Niklas, 1993: Das Recht der Gesellschaft. Frankfurt am Main: Suhrkamp.

Luhmann, Niklas, 1997: Die Gesellschaft der Gesellschaft. Frankfurt am Main: Suhrkamp.

Luhmann, Niklas, 2000: Organisation und Entscheidung. Opladen/Wiesbaden: Westdeutscher Verlag.

Luhmann, Niklas, 2000a: Observing Re-entries. In: Gerhard Preyer, Peter Georg und Alexander Ulfig(Hrsg.), Protosoziologie im Kontext. „Lebenswelt" und „System" in Philosophie und Soziologie. Frankfurt am Main: Humanities Online, S.290-301 (englische Erstveröffentlichung 1993).

Luhmann, Niklas, 2004: Einführung in die Systemtheorie, 2. Aufl. Transkription einer Vorlesungsaufzeichnung aus dem Wintersemester 1991/92. Heidelberg: Carl-Auer-Systeme Verlag.

Luhmann, Niklas, 2009: Zur Komplexität von Entscheidungssituationen. In: Soziale Systeme. Zeitschrift für soziologische Theorie, 15. Jg., Heft 1, S.3-35 (Erstveröffentlichung eines Manuskripts von 1973).

Schneider, Wolfgang Ludwig, 2008: Zur Struktur universalistischer Theorien. In: Andreas Balog und Johann August Schülein (Hrsg.), Soziologie, eine multiparadigmatische Wissenschaft. Erkenntnisnotwendigkeit oder Übergangsstadium? Wiesbaden: VS Verlag, S.105-148.

Rationalität und Vernunft bei Habermas

Jens Greve

Einleitung

Der Rationalitätsbegriff ist notorisch vieldeutig. Darauf reagieren nicht nur mannigfache Klärungsversuche, sondern auch gelegentliche Kapitulationen – entweder in einer Bereitschaft, diese Mannigfaltigkeit als gegebene einfach hinzunehmen oder in der Bestreitung der Notwendigkeit, den Rationalitätsbegriff überhaupt grundlegend verwenden zu müssen.[1] Für Habermas freilich steht der Rationalitätsbegriff im Zentrum (Habermas 1987a: 15ff.). Im Folgenden werde ich darstellen, dass er aber auch bei Habermas nicht einheitlich ausfällt. Schon die Unterscheidung strategischer und kommunikativer Rationalität wirft die Frage auf, worin die Gemeinsamkeit beider Verwendungen besteht.[2] Darüber hinaus wird der Rationalitätsbegriff komplexer, wenn er auf gesellschaftliche Ordnungen und Entwicklungen bezogen wird. Während die lebensweltliche Rationalisierung gegebenenfalls noch als Ausbreitung kommunikativer Rationalität in der Lebenswelt verstanden werden kann, lässt sich systemische Rationalität auf die strategische Rationalität nicht abbilden. Schließlich ist ein Begriff gesellschaftlicher Rationalisierung und Rationalität im Spiel, bei dem zu fragen ist, in welchem Maße er allein auf kommunikative Rationalisierung zurückgeführt werden kann, wenn er die systemische Rationalität mit umfassen soll. Ich werde dafür plädieren, dieser Doppelkonstruktion der gesellschaftlichen Rationalität gegenüber skeptisch zu sein, weil der Begriff der systemischen Rationalität einerseits unbestimmt ist und andererseits moderne Sozialordnungen keineswegs auf von Motiven und Intentionen abgekoppelten Ordnungen beruhen.

Darüber hinaus ist zwar nicht grundsätzlich zu bezweifeln, dass die gesellschaftliche Entwicklung auch als Steigerung kommunikativer (d.h. auch moralisch-praktischer) Rationalität zu verstehen ist, gleichzeitig stößt aber ein starker Begriff von kommunikativer Rationalität als Maßstab der Kritik der modernen Gesellschaft ebenso an seine Grenzen. Dies ergibt sich einerseits aus der Fallibilität von Vernunftansprüchen, andererseits daraus, dass Kritik immer auch auf einem volitiven, nicht letztbegründbaren Selbstverständnis von Personen und sozialen Gruppen beruht – ein Gedanke, den die nachhabermas'sche kritische Theorie (wie bei Wellmer, Benhabib und Honneth) zu Recht betont und der in Habermas' Differenzierung eines pragmatischen, ethischen und moralischen Vernunftgebrauchs ebenfalls schon angelegt ist.

1　So beispielsweise Diekmann und Voss (2004: 13f.): „,Rationalität' kann man definieren als ,Handeln in Übereinstimmung mit den Annahmen (Axiomen) einer Entscheidungstheorie'. Da es mehrere Entscheidungstheorien gibt, gibt es entsprechend auch mehrere Rationalitätsbestimmungen. Die Theorie verliert nichts, wenn man auf den Begriff der Rationalität verzichtet."

2　Für die Handlungsrationalität sieht Habermas diese Einheit im Bezug auf Gründe. Rationalität versteht er entsprechend als „Disposition sprach- und handlungsfähiger Subjekte", die „sich in Verhaltensweisen" äußere, „für die jeweils gute Gründe bestehen." (Habermas 1987a: 44)

1. Handlungsrationalität

Bekanntlich ist für Habermas die Unterscheidung zweier Formen der Rationalität fundamental, diejenige zwischen einer instrumentellen und einer kommunikativen Vernunft. Diese Unterscheidung klärt Habermas mittels einer Reihe von angelagerten Unterscheidungen (Habermas 1989b: 571ff.; 1987a: 126ff., 369ff.; 1988: 144ff.). Instrumentelle Vernunft ist monologisch, kommunikative Vernunft dialogisch, instrumentelle Vernunft hat es mit Fragen der Zweck-Mittel-Rationalität (Effektivität und Effizienz) zu tun, kommunikative Vernunft bezieht darüber hinaus moralisch-praktische Fragen und solche des Selbstverständnisses von Personen mit ein. Entsprechend verbinden sich mit der instrumentellen Vernunft allein ein Bezug auf die objektive Welt und der damit verknüpfte Geltungsanspruch auf Wahrheit, die kommunikative Vernunft beziehe darüber hinaus auch den Bezug auf die soziale Welt und die subjektive Welt mit ein, mit den damit verbundenen Geltungsansprüchen auf Richtigkeit und Wahrhaftigkeit sowie einer reflexiven Einstellung, nach der Handelnde alle drei Geltungsansprüche aufeinander beziehen und gegebenenfalls in einem Diskurs überprüfen.[3] Entsprechend sind instrumentelles und kommunikatives Handeln mit unterschiedlichen Handlungsorientierungen verbunden: ersteres mit einer erfolgs- und letzteres mit einer verständigungsorientierten Einstellung (Habermas 1987a: 385f.). Verständigungsorientierung meint, dass die Sprecher ihre Ziele unter dem Vorbehalt einer konsensuellen Übereinstimmung verfolgen. Im Falle des Dissenses sind kommunikativ orientierte Handelnde zweitens bereit, die bestrittenen Geltungsansprüche in einem Diskurs zu klären. Bei einem Diskurs handelt es sich um eine argumentative Klärung von Geltungsansprüchen (Habermas 1987a: 44ff.; 1988: 53ff.). Die zentralen Diskursformen ergeben sich dabei aus den Geltungsansprüchen: Im theoretischen Diskurs werden Wahrheitsfragen thematisiert, im praktischen Diskurs Fragen normativer Geltung und in der therapeutischen Kritik Wahrhaftigkeitsansprüche.[4] Entscheidend ist aus der Sicht von Habermas, dass Diskurse real geführt werden müssen, also nicht stellvertretend monologisch durchgeführt werden können (Habermas 1988: 77ff.; 1991a: 21), und dass der Diskurs nicht (nur) den Charakter einer Klärung von Geltungsansprüchen besitzt, sondern zugleich einen geltungsbegründenden Charakter.[5]

---

3   Schließlich verbinden sich damit bestimmte Klassen von Sprechhandlungen: konstative, welche den Wahrheitsanspruch thematisieren, regulative, welche den Richtigkeitsanspruch betreffen, sowie expressive, die sich auf den Wahrhaftigkeitsanspruch richten (Habermas 1987a: 435f.). Habermas' Zuordnungen sind vielfach diskutiert worden und werfen eine Reihe von Fragen auf, die hier nicht diskutiert werden können – z.B.: Warum ist im Falle des instrumentellen Handelns der Wahrheitsanspruch nicht mit der Bereitschaft diskursiver Klärung verbunden (Zimmermann 1985: 379ff.)? Warum existieren nicht auch normatives und dramaturgisches Handeln als Handlungstypen (Joas 1986: 148f.)? Können Geltungsansprüche nicht auch mittels anderer Sprechhandlungsklassen erhoben werden (Wellmer 1989: 355)?

4   Da Rechtfertigungen von mit Wahrhaftigkeitsansprüchen verbundenen Bedürfnissen und Evaluationen keinen Allgemeinheitsanspruch beinhalten (Habermas 1987a: 36f., 41) und Rechtfertigungen expressiver Äußerungen in der therapeutischen Situation keine symmetrische Rollenverteilung umfassen (Habermas 1987a: 42f.), handelt es sich bei ihnen für Habermas nicht um Diskurse, sondern um (ästhetische und therapeutische) Kritik.

5   „Ein Geltungsanspruch besagt, daß die jeweiligen Bedingungen der Gültigkeit einer Äußerung – einer Behauptung oder eines moralischen Gebots – erfüllt sind. Daß sie erfüllt sind, läßt sich freilich nicht in direktem Zugriff auf schlagende Evidenzen, sondern nur auf dem Wege einer diskursiven Einlösung des Anspruchs – auf propositionale Wahrheit oder normative Richtigkeit – zeigen." (Habermas 1991a: 130)

Desweiteren sind instrumentelles und kommunikatives Handeln in unterschiedlicher Weise auf sprachliche Verständigung bezogen. Das instrumentelle Handeln zielt auf perlokutionäre Effekte, d.h. ist an den Effekten der Sprechhandlung interessiert, im kommunikativen Handeln werden diese Effekte von den illokutionären Bindekräften der Sprache abhängig gemacht.[6]

1.1 Sprache und Rationalitätsverpflichtungen

Viele starke Ansprüche, die Habermas mit dem Verhältnis von Sprache und kommunikativer Rationalität verbunden hatte, sind fragwürdig geworden und zu nicht unerheblichen Teilen von Habermas revidiert worden. Ich werde dies mit Blick auf das Rationalitätsthema im Folgenden kurz ausführen.

Hierher gehört die grundlegende These, dass sprachliche Verständigung notwendig auf die Rationalitätsunterstellungen des kommunikativen Handelns verweist. Für Habermas war diese Annahme konstitutiv, weil sie den Maßstab einer kritischen Theorie der Gesellschaft begründen sollte (Habermas 1969: 163; 1991b: 34; 1987a: 387). Sie scheitert aber daran, dass es Formen sprachlicher Verständigung gibt (wie in einfachen Aufforderungen), in denen Sprecher gar nicht den Anspruch auf normative Richtigkeit des Geäußerten erheben, obgleich diese zugleich einen illokutionären Charakter haben, d.h. der Sprecher in ihnen offen zu erkennen gibt, worin seine Handlungsabsicht besteht (Zimmermann 1985: 375f.; Skjei 1985: 95f.).

---

6   Die Unterscheidung des Illokutionären und des Perlokutionären geht auf Austin zurück. Dieser hatte drei sprachliche Akte unterschieden: die lokutionären, die illokutionären und die perlokutionären Akte. Er bezeichnet den lokutionären Akt als Vollzug der Handlung, „daß man etwas sagt" (Austin 1979: 117). Dieser Vollzug besteht darin, einen Satz mit einer bestimmten Bedeutung zu äußern (Austin 1979: 115f.), wohingegen illokutionäre Akte, die man vollzieht, „indem man etwas sagt", darin bestehen, eine Äußerung mit einer bestimmten Rolle („force") zu versehen; also z.B. mit der Rolle einer Warnung, Aufforderung, Behauptung, eines Versprechens etc. (Austin 1979: 117). Neben den Klassen der lokutionären und der illokutionären Akte führt Austin die Klasse der perlokutionären Akte ein: „Wer einen lokutionären und damit einen illokutionären Akt vollzieht, kann in einem dritten Sinne ... auch noch eine weitere Handlung vollziehen. Wenn etwas gesagt wird, dann wird das oft, ja gewöhnlich, gewisse Wirkungen auf die Gefühle, Gedanken oder Handlungen des oder der Hörer, des Sprechers oder anderer Personen haben; und die Äußerung kann mit dem Plan, in der Absicht, zu dem Zweck getan worden sein, die Wirkungen hervorzurufen. (...) Das Vollziehen einer solchen Handlung wollen wir das Vollziehen eines *perlokutionären* Aktes nennen" (Austin 1979: 118f.). Habermas reformuliert diese Unterscheidung. Illokutionäre Akte schließen für ihn ein, dass der Sprecher Rechtfertigungsverpflichtungen eingeht und dass der Sprecher nur dann einen illlokutionären Akt vollzieht, wenn das von ihm verfolgte Ziel in der Bedeutung des Sprechaktes schon enthalten ist (semantische Selbstidentifikation) (Habermas 1987a: 390, 406; 1989b: 430f.). Im Gegensatz zu Austin, der unter perlokutionären Akten den Aspekt der Handlungsfolgen bezeichnet hatte – unabhängig davon, worauf sie beruhen, sind für Habermas perlokutionäre Akte solche, in denen der Sprecher keine verständigungsorientierte Haltung einnimmt und das Ziel nicht aus der Bedeutung des Gesagten resultiert. Sofern Ziele mittels der Sprache verfolgt werden, muss auch der strategisch orientierte Handelnde etwas sagen und daher scheinbar einen illokutionären Akt vollziehen. Perlokutionäre Effekte beruhten daher für Habermas auf Täuschungen (Habermas 1987a: 338). Wenn das Strategische und das Perlokutionäre tatsächlich zusammenfallen würden, dann hätte Habermas gezeigt, dass das Sprechen an sich auf kommunikatives Handeln verpflichtet. Dies ließ sich jedoch nicht durchhalten. So können Illokutionen auch strategisch verwendet werden und auch der Begriff des Perlokutionären ist nicht notwendig auf Täuschungen begrenzt (Skjei 1985; Tugendhat 1992a; Zimmermann 1985; Greve 1999). Vgl. Habermas' entsprechende Revisionen in Habermas (1989a: 63ff.) sowie Habermas (1996b), auch in Habermas (1999).

Habermas hat entsprechend eine Differenzierung von Handlungstypen vorgenommen, die diesen Fällen Rechnung trägt. Das kommunikative Handeln zerfällt dieser Differenzierung nach nun in zwei Formen, eine starke und eine schwache Form. Neben die starke Form, welche der ursprünglichen Konzeption des kommunikativen Handelns entspricht (Habermas spricht von „Einverständnisorientierung"), tritt nun eine schwache Form, in welcher der Sprecher Richtigkeitsansprüche für seine Äußerung nicht erhebt (dem entspricht nach Habermas eine „Verständigungsorientierung"). Die starke Annahme, sprachliche Verständigung impliziere stets auch die Unterstellung eines moralisch-praktischen Anspruchs, wird damit aufgegeben (Habermas 1999: 102ff., insbesondere 129f.).

Damit hängt ebenfalls das Problem eines Übergangs zur diskursiven Prüfung strittiger Geltungsansprüche zusammen. Selbst dann, wenn normative Ansprüche berührt werden, ist nicht notwendig gesagt, dass die Bereitschaft zur diskursiven Prüfung des erhobenen Anspruchs vorliegt. Hier besteht ein zusätzliches motivationales Moment, das sich aus der sprachlichen Verständigung allein nicht herleiten lässt (Habermas 1988: 109). Dieses Problem verschärfte sich noch vor dem Hintergrund des Eingeständnisses, dass der ideale Diskurs erstens faktisch nicht durchführbar ist und zweitens an die Grenzen einer institutionellen Struktur geraten muss, die den Handlungserfordernissen einer komplexen Gesellschaft Rechnung tragen muss (wie in Geschäftsordnungen etc. kodifiziert). Während mangelndes Engagement des Sprechers und die Begrenzungen durch institutionelle Ordnungen (zunächst) noch unter dem Begriff des Strategischen subsumiert werden konnten[7], kam in *Faktizität und Geltung* ein weiteres Motiv hinzu: die Verweigerung des Diskurses kann sich nicht nur strategischen Erwägungen verdanken, sondern sie kann zudem Ausübung eines *moralisch* legitimen Freiheitsrechts sein (Habermas 1994: 152) – sofern freilich, wie Habermas hinzufügt, die Rechtsordnung dafür sorgt, dass diese Ausübung privater Autonomie sozial erträglich bleibt.[8] Die Einsicht, dass es legitim sein kann, den Diskurs zu verweigern, führt aber auf eine Paradoxie, denn diese Berechtigung wäre erst in einem Diskurs zu prüfen, der gerade nicht stattfindet. Der prozedurale Begriff von praktischer Rationalität gerät hier an eine Grenze.

Ich hatte bereits darauf hingewiesen, dass der Diskurs für Habermas eine nicht nur geltungsklärende, sondern auch geltungsbegründende Funktion besitzt. Damit der Diskurs diese Funktion übernehmen kann, muss er den Bedingungen einer idealen Sprechsituation gemäß sein.[9] Es kann hier die umfangreiche Diskussion um die ideale Sprechsituation nicht aufge-

---

7   So insbesondere im Anschluss an Freud in *Erkenntnis und Interesse* (vgl. Habermas 1973a: 332f.).

8   Es fragt sich nur: gemessen woran?

9   Zu den Bedingungen der idealen Sprechsituation gehören wesentlich: „1. Alle potentiellen Teilnehmer eines Diskurses müssen die gleiche Chance haben, kommunikative Sprechakte zu verwenden, so daß sie jederzeit Diskurse eröffnen sowie durch Rede und Gegenrede, Frage und Antwort perpetuieren können. 2. Alle Diskursteilnehmer müssen die gleich Chance haben, Deutungen, Behauptungen, Empfehlungen, Erklärungen und Rechtfertigungen aufzustellen und deren Geltungsanspruch zu problematisieren, zu begründen oder zu widerlegen, so daß keine Vormeinung auf Dauer der Thematisierung und der Kritik entzogen bleibt. [...] 3. Zum Diskurs sind nur Sprecher zugelassen, die als Handelnde gleiche Chancen haben, repräsentative Sprechakte zu verwenden, d. h. ihre Einstellungen, Gefühle und Wünsche zum Ausdruck zu bringen. [...] 4. Zum Diskurs sind nur Sprecher zugelassen, die als Handelnde die gleiche Chance haben, regulative Sprechakte zu verwenden, d. h. zu befehlen und sich zu widersetzen, zu erlauben und zu verbieten, Versprechen zu geben und abzunehmen, Rechenschaft abzulegen und zu verlangen usf." (Habermas 1989b: 177f.)

nommen werden. Auf eine wesentliche Qualifikation, die Habermas gegenüber der ursprünglichen Fassung vorgenommen hat, möchte ich aber hinweisen. Habermas hat nämlich relativ rasch eingeräumt, dass die Bedingungen der idealen Sprechsituation faktisch nicht realisiert werden können (Habermas 1989b: 126; 1981: 529). Nimmt man diesen Gedanken ernst, so ergibt sich – sofern Rationalitätsansprüche einer diskursiven Klärung bedürfen – notwendig ein stets fallibler Charakter der jeweils festgeschriebenen Geltungsbehauptungen.[10] Rationalitätsansprüche können daher nie sub specie aeternitatis festgeschrieben werden.

1.2 Dimensionen praktischer Vernunft

Eine weitere Korrektur am Rationalitätskonzept vollzieht Habermas durch die Unterscheidung einer pragmatischen, ethischen und moralischen Dimension der praktischen Vernunft. Fragen der praktischen Vernunft, auf die Richtigkeitsansprüche sich beziehen, hatte Habermas zunächst als strikt moralische Fragen verstanden, d.h. als solche, die sich auf verallgemeinerungsfähige Normen beziehen. Habermas kannte zwar früh schon den Fall der Kompromisse, d.h. jener Einigungen, die vernünftig sein können, ohne dass ein verallgemeinerungsfähiges Interesse vorliegt[11], seit den *Erläuterungen zur Diskursethik* unterscheidet Habermas aber noch einen dritten Fall eines praktischen Vernunftgebrauchs, der keinen moralischen Charakter besitzt, nämlich einen solchen, der Fragen ethischen Charakters betrifft.

Praktische Fragen umfassen ihm gemäß jetzt drei Dimensionen: eine pragmatische, eine ethische und eine moralische Dimension. In pragmatischen Diskursen wird der Aspekt der Zweckmäßigkeit thematisiert (Habermas 1991a: 101f.; 1994: 197). Hier bezieht sich die Frage, was man tun soll, auf „eine rationale Wahl der Mittel bei gegebenen Zwecken oder ... die rationale Abwägung der Ziele bei bestehenden Präferenzen" (Habermas 1991a: 102, 105). Pragmatische Fragen beziehen sich solchermaßen auf die „Perspektive eines Handelnden, der von seinen Zielen und Präferenzen ausgeht" (Habermas 1991a: 105). Die Antworten auf diese Problemstellungen bestehen in „Techniken, Strategien oder Programme[n]" (Habermas 1991a: 102). Pragmatische Fragen schließen damit an die instrumentelle Vernunft an. Ethi-

---

10 Dies gilt auch noch, nachdem Habermas die epistemische Fassung des Wahrheitsbegriffs aufgegeben hat. Vgl. Habermas (1999), dazu auch Greve (2001).

11 Für eine frühe Formulierung vgl. Habermas (1973b: 153ff.). In diesem Sinne auch Habermas (1994: 204f.): „In komplexen Gesellschaften wird aber selbst unter idealen Bedingungen oft weder die eine noch die andere Alternative [moralischer oder ethischer Diskurs, J.G.] offenstehen, nämlich immer dann, wenn sich herausstellt, daß alle vorgeschlagenen Regelungen vielfältige Interessen auf je verschiedene Weise berühren, ohne daß sich ein verallgemeinerbares Interesse oder der eindeutige Vorrang eines bestimmten Wertes begründen ließen. In diesen Fällen bleibt die Alternative von Verhandlungen, die freilich die Kooperationsbereitschaft erfolgsorientiert handelnder Parteien erfordern. Naturwüchsige oder nicht-regulierte *Verhandlungen* zielen auf Kompromisse, die für die Beteiligten unter drei Bedingungen akzeptabel sind. Solche Kompromisse sehen ein Arrangement vor, das (a) für alle vorteilhafter ist als gar kein Arrangement, das (b) Trittbrettfahrer, die sich der Kooperation entziehen, und (c) Ausgebeutete, die in die Kooperation mehr hineinstecken als sie aus ihr gewinnen, ausschließt. Verhandlungsprozesse sind auf Situationen zugeschnitten, in denen soziale Machtverhältnisse nicht, wie es in rationalen Diskursen vorausgesetzt wird, neutralisiert werden können. Die in solchen Verhandlungen erzielten Kompromisse enthalten eine Vereinbarung, die entgegengesetzte Interessen zum Ausgleich bringt. Während sich ein rational motiviertes Einverständnis auf Gründe stützt, die alle Parteien *in derselben Weise* überzeugen, kann ein Kompromiß von verschiedenen Parteien aus jeweils *verschiedenen* Gründen akzeptiert werden."

sche Fragen richten sich hingegen auf den Aspekt des Guten. In ethischen Diskursen geht es um Fragen des Selbstverständnisses bzw. um die Frage nach dem geglückten Leben (vgl. Habermas 1991a: 108f.). Gegenstand sind hier die Präferenzen selbst, die in pragmatischen Diskursen vorausgesetzt werden (vgl. Habermas 1991a: 103). Diese Frage kann sich auf die individuelle Lebensführung beziehen, dann bezeichnet sie Habermas als „ethisch-existenziell", oder auf die kollektiven Vorstellungen einer Gemeinschaft, dann handelt es sich um „ethisch-politische" Fragen (Habermas 1994: 192). Da es spezifisch für ethische Fragen ist, dass sie nicht notwendig auf eine verallgemeinerungsfähige Antwort zielen, ähneln sie dem Fall der therapeutischen Kritik. Moralische Diskurse betreffen hingegen Fragen der Gerechtigkeit. Sie zielen auf die „Klärung legitimer Verhaltenserwartungen angesichts interpersoneller Konflikte" (Habermas 1991a: 109). Antworten sind hier moralische Urteile, beziehungsweise die „Begründung und Anwendung von Normen, die gegenseitige Pflichten und Rechte festlegen" (Habermas 1991a: 109).

Geht man nun davon aus, dass die ethische Dimension der moralischen zumindest in dem Sinne vorgeordnet ist, dass Präferenzen geklärt werden müssen, bevor es zum Test der Verallgemeinerungsfähigkeit kommen kann, so wird deutlich, dass praktische Rationalität auch mit Fragen des individuellen und kollektiven Selbstverständnisses zu tun hat, welche gleichsam im Vorfeld von moralisch-praktischen Fragen auf Identitätskonzepte verweisen, die grundlegend differenzierte Weisen der Weltwahrnehmung zulassen und sich einer abschließenden konsensuellen Klärung mittels eines Diskurses gegebenenfalls entziehen – das Sich-selbst-in-einer-bestimmten-Weise-verstehen-wollen ist in diesem Sinne dem moralischen Diskurs vorgängig, weil es darüber bestimmt, welche Präferenzen jeweils im Spiel sind. Ganz sicher ist hier der Ort für die Formen rationaler Dissense (Miller 1992), die nicht auf Wissensdefiziten oder bloßem Egoismus beruhen, sondern auf der Anerkenntnis, dass Konflikte, die sich aus einem bestimmten Selbstverständnis ergeben können, nicht notwendig mittels moralischer Argumente entschieden werden können.[12]

Tabelle 1: Dimensionen praktischer Vernunft (nach Habermas 1991a; aus Greve 2009: 145)

Diskurs: Fragen	Pragmatisch	Ethisch	Moralisch
	nach Zweckmäßigkeit: Abwägung von Mitteln und Zwecken bei gegebenen Präferenzen	nach dem Guten: Frage nach dem geglückten Leben	nach dem Gerechten: legitime Verhaltenser- wartungen im Fall von Interessenkonflikten
Antworten Konzept des Sollens	Strategien relativ im Hinblick auf individuelle Präferenzen	klinische Ratschläge relativ im Hinblick auf gutes Leben	moralische Urteile unbedingt
Konzept des Willens kollektive Ziele	Willkür Verweis auf Kompromisse	Entschlusskraft kollektive Identität	freier Wille (Autonomie) Übergang von Moral zu Recht

---

12   So z.B. im Kontext religiöser und nichtreligiöser Selbstverständnisse:„Nach Maßstäben einer Aufklärung, die sich kritisch ihrer eigenen Grenzen vergewissert, verstehen die säkularen Bürger ihre Nichtübereinstimmung mit religiösen Auffassungen als einen *vernünftigerweise zu erwartenden* Dissens." (Habermas 2005: 146)

2. Handlungsrationalität und gesellschaftliche Ordnung(en)

2.1 Kommunikatives Handeln und Lebenswelt

Ich schließe den Abschnitt zu den handlungstheoretischen Grundlagen hier ab und wende mich der Frage nach den gesellschaftstheoretischen Implikationen dieser Grundlagen zu. Bereits der letzte Punkt berührte diesen Übergang, denn es ist auch das Hegel'sche Motiv einer sittlichen Einheit von Lebensformen, das zum Konzept der Lebenswelt führt.[13]

Lebenswelt bezeichnet für Habermas einen Korrelat- bzw. Komplementärbegriff zum kommunikativen Handeln (Habermas 1987a: 107, 452; 1987b: 198, 304). Komplementarität meint nicht Identität. Sucht man nach der Nichtidentität von kommunikativem Handeln und Lebenswelt, so findet sich diese im Hintergrundcharakter der Lebenswelt, die im Ganzen nicht kommunikativ rationalisierbar ist. Es ist wiederholt betont worden, dass Habermas hier Traditionslinien zusammenfügt, die genau an dieser Stelle einen Bruch sehen (Berger 1986; Matthiesen o.J.). Die interpretative Soziologie ist in Teilen vielmehr gerade skeptisch gegenüber der Annahme einer expliziten kommunikativen Darstellbarkeit des lebensweltlichen Hintergrundes.[14] Habermas unterschätzt (auch wenn er ihn sieht) damit auch den Konflikt, der sich zwischen der Lebenswelt und dem kommunikativen Handeln ergibt. Dieser Konflikt lässt sich als Spannung zwischen dem Explizierten und dem Nichtexplizierbaren verstehen, das einer Rationalisierung grundsätzlich zu widerstehen vermag: jenes Nichtidentische, das sich in religiöser, ästhetischer und erotischer Erfahrung als widerständig erweist. Habermas unterschätzt zudem zunächst auch den Konflikt, der sich zwischen „Kulturen" ergeben kann (seine Überlegungen zum ethischen Selbstverständnis sind hier zu verorten und zeigen ex post auf eine Schwachstelle der Theorie des kommunikativen Handelns). Diese Kulturen müssen nicht „primordialen" Charakters sein, sie können sich auch als Konflikte zwischen „rationalisierten" Milieus der Lebenswelt denken lassen (wie im Falle von Expertenkulturen, epistemischen Gemeinschaften, Weltanschauungsgruppen etc.).

2.2 Lebensweltliche und systemische Rationalität

Wie wir eben gesehen haben, wird die Frage nach der Einheit der kommunikativen und lebensweltlichen Rationalität in der Formel des Komplementaritätsverhältnisses von kommunikativem Handeln und Lebenswelt nicht geklärt. Ebenfalls umstritten ist die Differenz zwischen kommunikativer/lebensweltlicher und systemischer Rationalität. Habermas' Bemühen, Gesellschaftstheorie mit der Integration zweier grundlegender Paradigmen, der Handlungs- und der Systemtheorie, zu verbinden, erscheint vielen als „unglückliche Ehe" (Joas 1986) – eigentlich noch eine Untertreibung der entsprechenden Kritik, denn auch eine unglückliche Ehe ist eine

---

13   Vgl. insbesondere „Treffen Hegels Einwände gegen Kant auch auf die Diskursethik zu?" (Habermas 1991a: 9-30)

14   In jüngerer Zeit hat Joachim Renn noch einmal daran erinnert, dass auch die sprachanalytische Tradition nicht bruchlos in die Rekonstruktion von Habermas einzupassen ist (Renn 2006: 239ff.). Wittgensteins Insistieren auf dem fundierenden Charakter einer Lebensform meint gerade nicht jenes Explizierbare, das sich in klar formulierbaren Geltungsansprüchen darstellen lässt. Habermas muss daher Wittgensteins Sprachspielpluralismus genau mit jenem Argument konfrontieren, dass Wittgensteins Analyse keine geordnete Liste/Reihe/ Kategorisierung von Sprechakttypen hervorgebracht hat (Habermas 1975).

Ehe und kann bekanntlich zudem noch lange halten. Nun ist hier nicht der Ort, um diese Diskussion in Gänze aufzunehmen. Ich will mich mit zwei Bemerkungen begnügen (das Thema kehrt später zudem unter dem Stichwort gesellschaftlicher Rationalität noch einmal zurück).

Die erste Bemerkung betrifft die Frage nach den Rationalitätsimplikationen der Unterscheidung und die zweite die Frage nach den Mechanismen der Handlungskoordination, die durch die Unterscheidung aufgeworfen wird. Wie im Falle des Verhältnisses von kommunikativem Handeln und Lebenswelt stellt sich auch für das Verhältnis des strategischen Handelns und der systemischen Integration die Frage nach der Komplementarität – eine solche, die durch die Redeweise von Subsystemen zweckrationalen Handelns (Habermas 1987b: 450) nahe gelegt wird. Diese Komplementarität liegt darin, dass Habermas durchaus der Ansicht ist, dass Systemrationalität zweckrational in dem Sinne ist, dass die Verselbständigung systemischer Handlungsbereiche eine effektive Weise der gesellschaftlichen Reproduktion darstellt. Hierin liegt das funktionalistische Erbe, das Habermas aus der Systemtheorie übernimmt, auch wenn er sich gleichzeitig die Frage einhandelt, ob der Funktionalismus überhaupt eine rechtfertigbare Position darstellt – und wenn ja, in welcher Form.[15] Nun ist der Funktionalismus nicht zu Unrecht unter massive Kritik geraten (Nagel 1956; Giddens 1976; Dahrendorf 1974). Versteht man ihn nicht in seiner kleinteiligen Fassung, die ihn auf die Frage reduziert, ob sich angesichts einer bestehenden Struktur vermuten lässt, dass bestimmte Elemente gemessen an konkreten Strukturen und Bedürfnissen entfallen können oder nicht (man denke an „die systemische" Relevanz von bestimmten Banken), verweist der Funktionalismus auf einen problematischen Bezugspunkt eines Ganzen (in der Regel: der Gesellschaft), dessen Explikation aber erhebliche Schwierigkeiten mit sich bringt (siehe auch unten). Hieran hängt aber die Frage nach dem Rationalen des systemischen Geschehens. Ich sehe hier nur zwei Lösungen. Die erste liegt in einer Referenz auf das Wollen der Gesellschaftsmitglieder (z.B.: Gesellschaften benötigen Banken oder funktionale Äquivalente, sofern die Menschen an einer kontinuierlichen Versorgung mit Krediten und Zahlungsmöglichkeiten interessiert sind). Auf der Durkheim-Parsons-Habermas-Linie ist es diese Konsensunterstellung, welche den Bezugspunkt bezeichnet. Die zweite Antwort liegt im Verweis auf Strukturerhaltung überhaupt. Dies ist die Antwort von Luhmann: „Die Soziologie wird Handlungsrationalität in Systemrationalität umdenken und auf ihren Systembegriff beziehen müssen. Als rational würde danach jedes sinnkonstituierende Erleben und jedes Handeln zu gelten haben, sofern es zur Lösung von Systemproblemen und damit zur Erhaltung reduktiver Strukturen in einer äußerst komplexen Welt beiträgt." (Luhmann 2005b: 100, vgl. auch 101; sowie Luhmann 2005a: 136). Diese zweite Antwort leidet freilich darunter, dass sie in dieser Allgemeinheit keine Richtlinien für die Spezifikation dessen liefert, was gesellschaftlich notwendig wäre. Habermas zielt auf die erste Antwortoption – handelt sich dann aber einen Widerspruch mit der These ein, dass die systemischen Mechanismen hinter dem Rücken der Akteure operieren.

Dies führt mich zum Aspekt der Unterscheidung der Mechanismen der Handlungskoordination im Falle der System- und der Sozialintegration. Habermas beschreibt diese Differenz zwischen Sozial- und Systemintegration folgendermaßen:

---

15   Habermas' Übernahme funktionalistischer Argumentationen überrascht nicht zuletzt vor dem Hintergrund seiner
      harschen Kritik an Luhmann. Vgl. insbesondere seine Überlegungen zum Bezugsproblem und seine Kritik der
      System-Umwelt-Unterscheidung (Habermas 1985: 194ff., 369ff.; 1986a: 426ff.; 1995: 40, 115, 141, 228ff.).

„Die Integration eines Handlungssystems wird im einen Fall durch einen normativ gesicherten oder kommunikativ erzielten Konsens, im anderen Fall durch eine über das Bewußtsein der Aktoren hinausreichende nicht-normative Regelung von Einzelentscheidungen hergestellt. Die Unterscheidung zwischen einer *sozialen*, an den Handlungsorientierungen ansetzenden, und *systemischen*, durch die Handlungsorientierungen hindurchgreifenden Integration der Gesellschaft nötigt zu einer entsprechenden Differenzierung der Gesellschaft selber." (Habermas 1987b: 179, vgl. auch 226, 348)

Habermas' Kritiker haben darauf hingewiesen, dass die Beschreibung transintentionaler Formen der Vergesellschaftung nicht darauf angewiesen ist, zu einer systemtheoretischen Beschreibung überzugehen. Vielmehr gibt es, wie beispielsweise Joas betont (Joas 1986: 155f.), eine Reihe von Ansätzen in der Soziologie, welche dies mittels nicht-intendierter Folgen beschreiben, also ohne dabei den handlungstheoretischen Rahmen zu verlassen (vgl. auch McCarthy 1989: 599). Offensichtlich aber will Habermas die Differenz beider Integrationsformen nicht mittels der Unterscheidung von intendierten und nicht-intendierten Handlungsfolgen verstanden wissen. In diese Richtung deutete zwar die Formulierung in der *Theorie des kommunikativen Handelns*[16], in einer Entgegnung stellt Habermas aber klar, dass die Unterscheidung dadurch nicht fundiert ist: „Während die Mechanismen der sozialen Integration an Handlungsorientierungen ansetzen, greifen die systemintegrativen Mechanismen durch die Handlungsorientierungen hindurch und integrieren Handlungsfolgen (ob diese nun als Ergebnisse intendiert waren oder sich als unbeabsichtigte Konsequenzen einstellen)." (Habermas 1986b: 379f.)

Angesichts dieser Formulierung stellen sich mindestens zwei grundlegende Fragen. Erstens wäre zu bestimmen, in welchem Maße überhaupt klar ist, wie eine solche Abstimmung von Handlungssequenzen jenseits bewusster Orientierungen und Nebenfolgen aussehen soll. So gilt schon für die handlungstheoretische Fassung, dass für Institutionen nicht begreiflich zu machen ist, wie ihre Entstehung allein auf der Basis von nicht-intendierten Handlungsfolgen beruhen kann. In der handlungstheoretischen Argumentation sind es die nicht-intendierten Effekte, welche eine solche Begründung tragen sollen. Gegenüber einer solchen Argumentation bin ich skeptisch, denn unzweifelhaft treten im Handeln nicht-intendierte Folgen auf, wie diese aber ordnungsfähig sein sollen, ohne dass es zu einer Wahrnehmung dieser Handlungsfolgen kommt, erschließt sich streng genommen nicht (Greve 2008). So wirkt auch die unsichtbare Hand des Marktes erst unter Rahmenbedingungen, die es erfordern, dass die sich auf dem Markt ergebenden Gleichgewichte beobachtet und gegebenenfalls reguliert werden müssen – ein Punkt, auf den selbst Hayek zu Recht hingewiesen hat (Hayek 1980: 68). Es ist also höchst unklar, in welchem Sinne hier von einer Eigenrationalität überhaupt gesprochen werden kann. Unter systemtheoretischen Prämissen wird die Antwort auf die Frage nach der Eigenrationalität des Operierens der Funktionssysteme zwar bestimmbarer: Sie meint für Luhmann Anschlussfähigkeit entlang der Codierungen der Kommunikation. Ihre Verselbständigung gegenüber den Intentionen beziehen sie aber aus der Unabhängigkeit der Kommunikation überhaupt (nicht nur der funktionssystemspezifischen) gegenüber Intentionen. Erst mit der Eheanbahnung zwischen Handlungs- und Systemtheorie lädt sich Habermas entsprechend

---

16 „... wenn wir die Mechanismen der Handlungskoordinierung, die die *Handlungsorientierungen* der Beteiligten aufeinander abstimmen, von Mechanismen unterscheiden, die nicht-intendierte Handlungszusammenhänge über die funktionale Vernetzung von *Handlungsfolgen* stabilisieren." (Habermas 1987b: 179)

die Last auf, zeigen zu müssen, an welchem Punkt genau sich diese Verselbständigung gegenüber den Intentionen ergibt.[17]

Zweitens stellt sich ein Integrationsproblem zweiter Ordnung, wenn nämlich diese Mechanismen nicht einfach nebeneinander operieren sollen. Genau an dieser Stelle gerät Habermas in ein Konstruktionsproblem, welches sich aus seiner These ergibt, dass die verselbständigten Ordnungen an die Lebenswelt zurückgekoppelt werden müssen, soll systemische Integration keinen gefährdenden Charakter gewinnen.[18] Es müsste sich dann begreiflich machen lassen, wie die verselbständigten Ordnungen intentional einholbar sind – sofern sie es

---

17   Dies gilt auch für Joachim Renns Vorschlag, an die Stelle eines dualistischen Konzeptes mannigfaltige Übersetzungsbeziehungen zwischen lebensweltlichen und systemischen Bereichen zu setzen (Renn 2006). Fraglich wird dann, wie trennscharf die Unterscheidung zwischen Handlungs- und Differenzierungstheorie (Renn 2006 insbesondere: 345ff.) überhaupt noch gezogen werden kann. So wie Renn Verselbständigung einführt, nämlich als zunehmende Abstraktion („Mit dem wachsenden Abstraktionsgrad der Bestimmung einer Handlung (im Sinne ihrer Verknüpfung mit anderen Handlungen) sinkt die Bedeutung der konkreten Situation und verengt sich der Spielraum von handelnden und sprechenden Personen. Die Autonomisierung von Funktionssystemen besteht ja gerade darin, dass sich hier ein ausgedehnter Handlungszusammenhang stabilisiert und eigenständig reproduziert, und zwar dadurch, dass die Generalisierung von Handlungen zu Standardhandlungen und abstrakten Handlungstypen ihre Verknüpfung von konkreten Umständen besonderer Situationen, von den spezifischen Intentionen und den interaktiven Aushandlungspraktiken und Interpretationen von interagierenden Personen abkoppelt." (Renn 2006: 113, vgl. auch 397)), ergibt sich gar kein Dualismus mehr zwischen beiden, sondern Differenzierung wäre ein handlungstheoretisch erklärbares Konzept. Wenn man diese Konsequenz zöge, dann würde die Frage nach einer Integration zweiter Stufe, also der von Handlungs- und Differenzierungstheorie sinnlos. Dass Renn diese Konsequenz nicht zieht, liegt daran, dass er wie Habermas die grundbegriffliche Unterscheidung von Handlungs- und Differenzierungstheorie (oder Systemtheorie) mit der Unterscheidung von Sozialintegration (kultureller Differenzierung) und Systemintegration (funktionaler Differenzierung) gleichsetzt (Renn 2006: 347). Somit scheinen die von Renn vielfältiger unterschiedenen „Integrationseinheiten" einem Dual zugeordnet werden zu müssen, obwohl dies gar nicht zwingend begründet werden kann: Warum integrieren sich Personen, Milieus, Netzwerke sozial und Organisationen und Funktionssysteme systemisch? Renn hebt hier ab auf mediale Sonderkommunikationen (Renn 2006: 87), warum aber gerade eine kommunikative Besonderung auch eine Besonderung von kultureller Integration meinen soll (Renn 2006: 87), leuchtet mir nicht recht ein: Ist Kommunikation kein kulturelles Phänomen? Aus Renns Analyse ließen sich also auch andere Konsequenzen ziehen: erstens die Aufgabe der Unterscheidung von Sozial- und Systemintegration als prinzipiell typenverschiedener Formen (stattdessen: Vielzahl von sozialen Gebilden), zweitens die Aufgabe der These, dass es zwischen Handlungs- und Differenzierungstheorie einen Gegensatz gibt. Hier scheint es mir plausibler, Thomas Schwinn zu folgen und davon auszugehen, dass die Differenzierungstheorie mit den Mitteln der Handlungstheorie entfaltet werden kann, nicht mit ihr erst verbunden werden muss (Schwinn 2001). Drittens scheint es mir unangemessen, davon auszugehen, dass Integrationsformen stets die Intentionen transzendieren (Renn 2006: 490) – sei es „hinter dem Rücken" der Subjekte oder „über ihren Köpfen" (Renn 2006: 23; für die Diskussion der entsprechenden handlungstheoretischen Annahmen vgl. auch Greshoff 2010). Dies ergibt sich einerseits aus meiner Kritik an der Vorstellung von sich-selbst stabilisierenden (eigenlogisch operierenden) sozialen Prozessen (Greve 2008), andererseits aus meiner Kritik an der Begründung der Eigenständigkeit sozialer Phänomene (Greve 2011). Soziale Phänomene sind zwar nicht auf das Handeln eines Einzelnen zu reduzieren, wohl aber auf das Handeln Einzelner.

18   Erst die Annahme einer normativen Rückbindung der Systeme an die Lebenswelt macht zudem verständlich, warum die ökonomische und die politische Ordnung die Form angenommen haben, die sie besitzen. Beispielsweise bringt erst eine bürgerliche Leistungsideologie den moderne Kapitalismus hervor: Dieser erzeugt sich nicht auch sich heraus (vgl. auch Honneth 1989: 265ff.).

sind, würden sie aber die Seite wechseln und nun den lebensweltlichen Bereichen zuzuordnen sein, was aber den Charakter ihrer Verselbständigung wiederum unbegreiflich werden ließe.[19]

3. Gesellschaftliche Rationalität

Betrachtet man Gesellschaft, wie Habermas dies tut, als ein zweistufiges Konzept, das System- und Sozialintegration umfasst, so muss gesellschaftliche Rationalität als Resultat des Zusammenspiels beider Formen des Rationalen gedacht werden. Ich habe bereits angedeutet, dass dies auf das problematische Verhältnis beider Formen der gesellschaftlichen Integration verweist und dass Habermas sich die Frage auflädt, wie eine solche Integration aussehen kann. Dies bereitet Probleme grundbegrifflicher Natur, verweist darüber hinaus aber auch mindestens zwei weitere Fragestellungen. Erstens ist nach dem Begriff der Gesellschaft zu fragen, auf den die Rationalitätsunterstellung sich beziehen kann. Es ist nicht zufällig, dass Habermas hier zu keinem eindeutigen Begriff gelangt. Vielmehr verdoppelt sich der Gesellschaftsbegriff, weil Gesellschaft für Habermas einerseits – handlungstheoretisch eingeführt – die Lebenswelt bezeichnet, andererseits die Gesamtheit von Lebenswelt und System (Habermas 1987b: 188, 209, 224), so „daß Gesellschaften *systemisch stabilisierte* Handlungszusammenhänge *sozial integrierter* Gruppen darstellen." (Habermas 1987b: 228)[20] Zweitens ist zu fragen, wie eine Integration der Gesellschaft aussehen kann. Grundsätzlich lassen sich hier zwei mögliche Modi unterscheiden. Entweder wird Integration der Gesellschaft als Zusammenspiel differenzierter Bereiche verstanden oder Integration meint die Abstimmung dieser Zusammenspiele durch eine umfassende Form der gesellschaftsweiten Regulierung. Habermas erbt hier das Problem der Durkheim-Parsons'schen Traditionslinie, die im Kern Integra-

---

19   Dieses Problem arbeitet Habermas bekanntlich unter dem Gesichtspunkt des Rechts ab (Habermas 1987b: 458ff., 536ff.). Unter ordnungstheoretischen Gesichtspunkten möchte ich noch auf eine weitere Implikation der Habermas'schen Unterscheidung zwischen System und Lebenswelt hinweisen. Habermas führt die beiden Integrationsformen mittels der beiden Paare normativ vs. nicht-normativ und an Handlungsorientierungen ansetzend vs. durch diese hindurchgreifend ein. Es ist nun leicht zu sehen, dass sich daraus streng genommen vier mögliche Formen der Sozialintegration ergeben 1. normativ, an den Handlungsorientierungen ansetzend, 2. normativ, durch die Handlungsorientierungen hindurchgreifend, 3. nicht-normativ, an den Handlungsorientierungen ansetzend und 4. nicht-normativ, durch die Handlungsorientierungen hindurchgreifend. Öffnet man die Unterscheidung entlang ihrer vier Dimensionen, so ergibt sich ein vollständigeres Bild der Konfliktlagen der modernen Gesellschaft. Insbesondere wird dann aber etwas sichtbar, was mit der Zuschreibung zu systemischer Integration bei Habermas grundbegrifflich aus dem Blick gerät, nämlich die Formen von strategischer Einflussnahme und Herrschaft, die sich in personalen Beziehungen ergeben und in ihnen bestehen (in diesem Sinne auch Honneth 1989: 317). In der Annahme, dass es letztlich verselbständigte Ordnungen sind, welche Herrschaft ausüben, liegt entsprechend auch ein Verkennungseffekt der Mechanismen, über die sich Herrschaft vollzieht. Damit hängt die Kritik an den „zwei komplementären Fiktionen" zusammen, welche die Lebenswelt/ System-Unterscheidung bei Habermas mit sich bringt: „wir unterstellen dann die Existenz von (1) normfreien Handlungsorganisationen und von (2) machtfreien Kommunikationssphären." (Honneth 1989: 328) Vgl. auch die entsprechenden Formulierungen bei Habermas (1986a: 404; Habermas 1987b: 455).

20   Faktisch verdreifacht sich der Gesellschaftsbegriff sogar, weil Gesellschaft drittens noch eine Komponente der Lebenswelt meint. „Gesellschaft" bedeutet dort "die legitimen Ordnungen, über die die Kommunikationsteilnehmer ihre Zugehörigkeit zu sozialen Gruppen regeln und damit Solidarität sichern." (Habermas 1987b: 209; vgl. auch Habermas 1994: 128)

tion der Gesamtgesellschaft als umgreifende Integration versteht.[21] Diese Annahme ist freilich hochgradig problematisch geworden. Sie läuft nämlich erstens auf eine Vorstellung von
Gesellschaft hinaus, die diese mit Nationalstaaten identifiziert. Auch wenn schon für diese
unklar ist, worin eine solche Gesamtintegration bestehen kann, verschärft sich die Problematik noch, sobald Gesellschaft als globale Gesellschaft verstanden wird. Interessanterweise
hat Habermas selbst in seiner Rede anlässlich der Verleihung des Hegelpreises 1974 diesen
Punkt mit Luhmann gegen Hegel in Anschlag gebracht, ohne daraus in der weiteren eigenen
Theorieentwicklung Konsequenzen zu ziehen: „So kann man heute mit gutem Grund die Behauptung aufstellen, daß sich eine Weltgesellschaft bereits konstituiert habe, ‚ohne sich auf
politische und normative Integration zu stützen'" (Habermas 1995: 110, das eingeschlossene
Zitat stammt aus Luhmanns Aufsatz „Die Weltgesellschaft"). Zweitens, und damit durchaus
zusammenhängend, privilegiert eine solche Perspektive bestimmte Teilbereiche der Gesellschaft in ihrer integrativen Funktion, in der Regel und so auch bei Habermas, das Recht und
die Politik, die den Anspruch erheben, für das Ganze repräsentativ zu sein.[22] Diese Vorstellungen hat Luhmann meines Erachtens zu Recht in Frage gestellt. Nimmt man diese Kritik
ernst, so wird Integration eher entlang des ersten Modells gedacht werden müssen, nämlich
als Zusammenspiel unterschiedlicher Bereiche – dieses Zusammenspiel unterliegt dann keiner zentralen Steuerung mehr und dürfte sich auch kaum entlang einheitlicher Logiken vollziehen, sondern eher entlang von je spezifischen Koordinationsbeziehungen.[23]

3.1 Moralische Grundlagen gesellschaftlicher Integration

Habermas' Modell läuft zudem auf Probleme zu, die sich aus seinem Modell vernünftiger Deliberation ergeben. Deliberation ist ja, wie oben bereits gesagt, für Habermas nicht nur eine
Weise, rationale Ansprüche zu testen, sondern sie ist für ihn auch erst geltungsbegründend.
Genau diese starke These führt in ihrer Applikation auf soziale Ordnungen in zwei gravieren-
de Schwierigkeiten. Erstens führt die Einsicht, dass reale Diskurse, die den anspruchsvollen
Bedingungen der idealen Sprechsituation entsprechen, faktisch gar nicht durchführbar sind,
dazu, dass Rationalitätsansprüche immer nur Vermutungen bleiben müssen – so betrachtet ist
jede Rationalitätsbehauptung fallibel. Dies Problem verschärft sich zweitens noch, sobald De-
liberationen nicht nur raum-zeitlichen, sondern auch institutionellen Begrenzungen unterliegen, die nun ihrerseits ihre Legitimität erst verbürgen könnten, wenn sie mit einem Konsens

---

21 Sowohl bei Durkheim als auch bei Parsons finden sich zugleich Elemente des ersten Modells (Abstimmung
    zwischen autonomen Teilbereichen): bei Durkheim in der organischen Solidarität, bei Parsons in den Austausch-
    beziehungen zwischen den Teilsystemen (Wenzel 2001). Bei Parsons ist es die Annahme der Medienhierarchie,
    welche die beiden Modelle miteinander in Einklang zu bringen sucht, bei Habermas die Auszeichnung von
    Recht und Politik als zentralen Integrationseinheiten.

22 „auf unmißverständliche Weise kann sich die Einheit der praktischen Vernunft nur im Netzwerk jener staatsbür-
    gerlichen Kommunikationsformen und Praktiken zur Geltung bringen, in denen die Bedingungen vernünftiger
    kollektiver Willensbildung institutionelle Festigkeit gewonnen haben." (Habermas 1991a: 118)

23 Diese These vertritt auch Renn – grenzt sich aber vom Luhmann'schen Verständnis dadurch ab, dass diese
    Koordinationsbeziehungen – welche Renn als Übersetzungsbeziehungen versteht – nicht unter der Prämisse
    operativer Schließung der miteinander verflochtenen Bereiche (Personen, Milieus, Netzwerke, Organisationen
    und Funktionssysteme) verstanden werden müssen, sondern Multireferentialität und Interpenetration einschließen
    (Renn 2006: 353ff.).

der ihnen Unterworfenen rechnen können, über dessen Gültigkeit aber streng genommen unter den gegebenen restringierten Bedingungen nicht entschieden werden kann (siehe oben).

Angesichts dieser Schwierigkeit bieten sich zwei Lösungen an. Die erste Lösung bestünde darin, die moralischen Grundlagen nicht in Diskursen zu suchen, sondern in diskursunabhängigen moralischen oder politischen Grundsätzen (Tugendhat 1992b: 275ff.; 1994). Die zweite Lösung wäre, den Maßstab für Legitimität gar nicht in der Vernunft zu suchen, sondern anderswo (beispielsweise im bloßen Legitimitäts*glauben*). Mir scheint die angemessenste – gewissermaßen dritte Lösung – darin zu liegen, von einer Gemengelage materialer und prozeduraler Kriterien, auszugehen, in der immer ein volitiver Rest (der Unbegründbarkeit grundlegender Interessen) bleibt und eine fallible Basis von Rationalitätsunterstellungen hinsichtlich der mit diesen Interessen verbundenen moralischen Ansprüchen.

Zwar finden sich bei Habermas die entsprechenden Einsichten in den so verfassten politischen Prozess. So sieht Habermas, dass politische Ordnungen von Kompromissen durchzogen sind und er erkennt an, dass sie ebenfalls durch ein ethisches Wollen charakterisiert werden, von dem dann gilt, dass es einem strikten Verallgemeinerungstest nicht mehr standhält (siehe oben). Dieser Anerkennung des Nebeneinanders pragmatischer, ethischer und moralischer Rationalität kontrastiert dann eigentümlich der Versuch, das Ganze hinsichtlich seiner Vernünftigkeit noch zu beurteilen (Habermas 1991a: 31ff.; 1995: 92ff.; warnend hingegen auch Habermas selbst, Habermas 1988: 112f.). Hier wirkt das Erbe der kritischen Theorie durchaus auf problematische Weise nach. Die Anerkennung einer Pluralität von rationalen Ansprüchen[24] und des Umstandes, dass es keine integrierende Metarationalität gibt, welche die verschiedenen Ansprüche zu integrieren vermag, muss nicht zum Verzicht auf die Rationalitätsunterstellungen führen. Eine Theorie, die auf das Ganze zielt, wird diesem aber vielmehr gerecht, wenn sie die Pluralität der entsprechenden Ansprüche anerkennt, welche sich in diesem Ganzen finden lassen.

Eine weitere Relativierung ist hier noch angezeigt: Es stellt sich nämlich die Frage, in welchem Sinne Rationalitätsunterstellungen für eine kritische Theorie der Gesellschaft hinreichend sind. Eine Kritik der Gesellschaft scheint auf mehr angewiesen zu sein als auf eine Kritik, die sich an einem formal-prozeduralen Kriterium bemisst. Im Sinne einer Kritik von Wellmer an der Diskursethik[25] haben Benhabib (Benhabib 1992) und Honneth (Honneth 1994) auf die Notwendigkeit hingewiesen, einen auch material-sittlichen Maßstab der Kritik zu formulieren. Honneth versteht sein Konzept der Anerkennung entsprechend in zwei zentralen Hinsichten als Alternative zu Habermas' Projekt. Erstens geht er nicht davon aus, dass der Maßstab der Kritik in der Sprache liegt: Anerkennungsbedürftigkeit und Anerkennungsfähigkeit bestehen ontogenetisch schon vor der Sprachfähigkeit (Honneth 2005). Zweitens geht Honneth davon aus, dass Anerkennung, obgleich nicht unverbunden mit Rationalitätsansprüchen (dem „Reich der Gründe") (Honneth 1994: 322), ein nicht allein formales Kriterium der

---

24   Zu den ordnungstheoretischen Implikationen vgl. auch Bienfait (1999).

25   Wellmer hatte kritisiert, dass der Ausgangspunkt der Moral bei Habermas an der falschen Stelle verortet wird: „Es ist eine Forderung der Rationalität, auch die Argumente meines Feindes anzuerkennen, wenn sie gut sind; es ist eine Forderung der Moral, auch diejenigen zu Wort kommen zu lassen, die noch nicht gut argumentieren können. Überspitzt gesagt: Rationalitäts-Verpflichtungen beziehen sich auf Argumente ohne Ansehen der Person; moralische Verpflichtungen beziehen sich auf Personen ohne Ansehen ihrer Argumente." (Wellmer 1986: 108)

Kritik zu entfalten erlaubt (für einen instruktiven Vergleich von Habermas und Honneth siehe Iser 2008). Hier kann man nun aber zugleich nicht übersehen, dass er sich damit eine Anfrage einhandelt, die jede kritische Theorie der Gesellschaft beantworten muss: nämlich diejenige, wie sie den kritischen Maßstab rechtfertigen kann, an dem sie die Gesellschaft misst. Honneth ist sich dieses Problems wie auch des Umstandes bewusst, dass sich dieses noch verstärkt, wenn sich die Kritik nicht auf anthropologische Grundkonstanten verlässt. Zwar geht Honneth davon aus, dass Anerkennung auf einem gewissen anthropologischen Grundphänomen beruht, aber er will zugleich dem Umstand Rechnung tragen, dass Anerkennungsansprüche einen historischen Index tragen (Honneth 1994: 310). Unter dieser Voraussetzung wird es aber, wie Honneth zu Recht sieht, erforderlich, ein Richtungskriterium anzugeben, an dem sich messen lässt, woraufhin die bestehenden Ordnungen kritisiert werden können (Honneth 1994: 270). Habermas hatte dies durch eine Rekonstruktion der Moralentwicklung versucht (Habermas 1988; 1991a; 1995), sich aber dann dem nahe liegenden Einwand ausgesetzt, eine teleologische Deutung und eine nicht durch den Verlauf gerechtfertigte normative Auszeichnung moralischen Fortschritts vorzunehmen (vgl. dazu Greve 2009: 65f.). Das sich hier ergebende Dilemma ist überdeutlich: Die Behauptung eines nicht-historischen Maßstabes ist nicht nur metaphysisch suspekt, sondern macht es zudem unbegreiflich, wie bestimmte Formen der Nichtanerkennung (z.B. gleicher Rechte von Frauen, Rechtsgleichheit unabhängig von ökonomischen Ressourcen etc.) historisch akzeptiert werden konnten; die Historisierung führt hingegen dazu, den überschießenden Gehalt der Kritik nicht verständlich machen zu können, den die kritische Theorie identifizieren möchte.[26]

Dies führt mich noch einmal zur Frage nach den Möglichkeiten rationaler Kritik. Erstens scheint mir nicht wirklich zu bestreiten, dass die Rationalität der Kritik immer an bestimmten Wertentscheidungen hängt, von denen nicht zu sehen ist, wie eine Begründung letzter Werte, auf denen solche Entscheidungen beruhen, zu leisten wäre (Weber 1988: 155ff.; 1964; Tugendhat 1994). Das heißt aber zweitens nicht, wie Weber zu Recht betont hat, dass Werte keiner vernünftigen Diskussion zugänglich wären, sie sind dies aber immer nur im Lichte anderer Werte oder Wirklichkeitsannahmen (Weber 1988: 148ff.). Der Vernunftbegriff, der hierbei in Anspruch genommen wird, ist daher kein starker (im Sinne einer Rationalität eines bestimmten Wertes oder bestimmter formaler Prozeduren unabhängig von weiteren Bedingungen)[27], sondern die Anforderung der Konsistenz (Kohärenz, Widerspruchsfreiheit). Versteht man Rationalität in diesem Sinne, so ist auch moralisch-praktisches Lernen möglich, sofern nämlich bestimmte Widersprüche in Wertüberzeugungen erkannt und überwunden werden können (sei es durch Aufgabe von Werten, die Übernahme von Werten oder auch durch Wertsynthesen im Sinne von Generalisierungen oder auch situativen Relativierungen von Wertbezügen).[28] In diesem Sinne hat Wolfgang Schluchter die Bedeutung der Wert- und Wertungsdiskussion bei

---

26   Habermas (1996a; 1998) und Honneth (2007) stoßen sich daher an Rortys Deflationierung moralischer Urteile, denn Rorty lehnt die Idee eines überhistorischen und noch dazu „vernünftigen" Maßstabs der Kritik rundherum ab (Rorty 1992; 1994; 2000).

27   Dies markiert natürlich den Ort der Problematik der Weber'schen Wertrationalität, die ebenfalls einen starken Vernunftanspruch im Sinne einer unbedingten Verpflichtung zu involvieren scheint.

28   Vgl. auch Miller (1986). Mit Miller scheint mir richtig, dass bestimmte Lernprozesse erst möglich werden, wenn Individuen mit anderen interagieren, denn die Interaktion bringt Informationszugewinne und stellt Koordinationsprobleme. Hingegen scheint mir nicht zwingend und eher irreführend, davon auszugehen, dass das

Weber stark gemacht (Schluchter 1991: 250ff.). Diese Wertdiskussionen sind aber von starken Konsensanforderungen befreit, denn sie dienen unter Umständen allein der Klärung gegensätzlicher Wertgesichtspunkte, garantieren aber keinen widerspruchsfreien moralischen Konsens, da sie mit der Unvereinbarkeit letzter Wertgesichtspunkte rechnen und nicht davon ausgehen, dass es (höherstufige) moralische Prinzipien oder Prozeduren gibt, die widerstreitende Wertgesichtspunkte zu vereinheitlichen vermögen.[29]

Eine kritische Theorie der Gesellschaft, sofern sie nicht einen starken Rationalitätsbegriff im Sinne unbedingter Verpflichtungen in Anspruch nehmen will und kann (denn wie wäre er zu rechtfertigen?), wird daher rationale Kritik immer nur im Sinne einer Kritik sein, die von Wertungen ausgehen muss, die sie im Gegenstandsbereich schon vorfindet oder glaubt vorfinden zu können. Von diesen ausgehend ist rationale Kritik selbstverständlich möglich. Der Versuch, das Ganze einer Lebensform dabei noch unter Rationalitätsgesichtspunkten einschätzen zu können, wird aber wohl an eine unvermeidliche Grenze stoßen, denn es ist nicht abzusehen, wie die Gesamtheit an Wertinhalten, -konsistenzen, -konflikten und situativen Adaptionen von Wertgesichtspunkten zu so etwas wie gesellschaftlicher Rationalität oder Irrationalität aggregierbar wäre.

Schluss

Mit dem Konzept der kommunikativen Vernunft hat Habermas eine Alternative zu einem verkürzten Konzept der Handlungsrationalität vorgeschlagen, das diese allein als nutzenmaximierendes Handeln versteht. Bei aller internen Diversifizierung des Paradigmas der rationalen Wahl gehört Habermas' Entwurf damit zu den Relativierungen eines „ökonomischen Imperialismus" in der Handlungstheorie und der Soziologie. Bei den vorstehenden Ausführungen ging es nicht darum, diese Relativierung mit anderen Ansätzen zu vergleichen, welche eine solche ebenfalls beinhalten (wie beispielsweise bei Weber, Elster und Boudon, vgl. auch Greve 2003), sondern darum, zu zeigen, welche internen Probleme die Ausarbeitung des Konzepts kommunikativer Rationalität beinhaltet. Zwei Punkte stehen dabei im Mittelpunkt: erstens die These, dass diese Rationalität schon in den alltäglichen sprachvermittelten Interaktionen angelegt ist und zweitens die These, dass die entsprechende Fassung moralischer Ansprüche rein prozedural angelegt werden kann. Es zeigte sich aber, dass die Sprache allein die Begründungslasten einer Theorie kommunikativer Rationalität nicht zu tragen vermag. Weder privilegiert die Sprache kommunikative Rationalität im starken Sinne einer geltungsbasierten Kommunikation, noch lassen sich die kommunikativen Beziehungen der Lebenswelt bruchlos in diese einfügen. Die kommunikativen Beziehungen sind vielmehr durchzogen von strategischen Elementen und von nicht-thematischen Voraussetzungen, die argumentativ immer nur bruchstückhaft einholbar sind. Der Prozeduralismus der kommunikativen Rationalität wird herausgefordert durch die Anerkenntnis, dass praktische Fragen nicht unabhängig von einem

---

Kollektiv selbst als lernendes Subjekt verstanden werden kann. Vgl. zur entsprechenden Annäherung an die Systemtheorie auch Miller (2006).

29 Nach Schluchter sind auch Wertdiskussionen nur als realer Diskurs möglich (sofern sie auf Fragen der Verantwortungsethik reagieren) (Schluchter 1991: 260). Wo und wie solche Diskussionen geführt und institutionalisiert werden, wäre eingehender zu untersuchen.

ethischen Selbstverständnis von Personen und sozialen Gruppen verstanden werden können –
Selbstverständnissen, die im Konfliktfall nicht notwendig konsensuell integriert werden können. Diese Selbstverständnisse führen vielmehr zu Ansprüchen, deren Berechtigung weder
eindeutig zurückgewiesen noch eindeutig demonstriert werden kann. Empirisch führt dies zur
Anerkenntnis der Allgegenwart von Konfliktlinien, die sich nicht (allein) aus einem strategischen Interesse verstehen lassen, sondern Fragen der Identität und letzter Werte involvieren.
In diesem Bereich sind rationale Lernprozesse durchaus möglich – sie setzen aber an bestehenden Wertungen an und garantieren keinen konsensuellen Ausgang.

Die Frage der Rationalität stellt sich für Habermas nicht nur unter handlungstheoreti-
schem Vorzeichen, sondern auch unter einem ordnungstheoretischen Aspekt. Im Hinblick auf
die lebensweltliche Rationalisierung ergibt sich unter den Bedingungen von Wertpluralisie-
rung auch die Zunahme rationaler Dissense. Geht man von einer Pluralität von Wertansprü-
chen und institutionellen Ordnungen aus, dann wird freilich die Bestimmung der Rationalität
eines Ganzen zusehends unmöglich. Neben der instrumentellen und der kommunikativen Rationalität kennt Habermas noch eine systemische Rationalität (funktionalistische Vernunft). Ich
muss hier die Konstruktionsprobleme dieses Konzeptes nicht wiederholen, auf zwei Punkte
möchte ich aber noch einmal zu sprechen kommen. Zum einen ist zu fragen, woran sich diese
Rationalität überhaupt bemessen kann. Entweder geht sie vom Wollen der Gesellschaftsmitglieder aus, dann wäre diese Form der gesellschaftlichen Rationalität aber nur eine Variante
der gewöhnlichen Zweck-Mittel-Rationalität – oder aber diese Form der Rationalität bemisst
sich an der Erhaltung eigenlogisch operierender Systemprozesse. Unter handlungstheoretischen Gesichtspunkten ist eine solche Annahme zu bezweifeln. Es ist in der Handlungstheorie
bis heute nicht geklärt, wie sich solche Prozesse jenseits des intentionalen Handelns eigenständig stabilisieren können sollen (Greve 2008). Die Rede von Eigendynamiken, Eigenlo-
giken etc. bleibt daher metaphorisch. Bei Habermas führt die Übernahme des systemtheoretischen Vokabulars darüber hinaus in eine Spannung zu dem normativen Anliegen, zeigen zu
wollen, wie die entsprechenden Verselbständigungen an die lebensweltlichen Prozesse zu-
rückgebunden werden können. Der von Habermas unternommene Versuch führt zu einem
unklaren Gesellschaftsbegriff, und jeder Vermittlungsversuch scheitert daran, dass die intentionale Einholung des systemischen Geschehens die entsprechenden Prozesse nicht mehr als
systemische verstehbar macht. Ich würde daher vorschlagen, die Annahme einer solchen systemischen Rationalität aufzugeben. Es gibt einen nahe liegenden Einwand gegen eine solche
Revision, nämlich dass sie genau die Verselbständigung sozialer Prozesse unverständlich werden lässt, um deren Analyse es Habermas geht. Dieser Einwand trügt freilich. Die Anerkenntnis des Umstandes, dass jeder soziale Prozess von intentionalem Handeln getragen wird, impliziert nicht, dass alle sozialen Prozesse für jeden einzelnen intentional durchschaubar sind.
Auch folgt daraus nicht, dass soziale Integration einen umgreifenden Konsens aller Gesellschaftsmitglieder erfordert. Eine hinreichende Menge überlappender Konsense wird hierfür
ebenfalls hinreichend sein.

Literatur

Austin, John L., 1979: Zur Theorie der Sprechakte (How to do things with words). 2. Auflage. Stuttgart: Reclam.

Benhabib, Seyla, 1992: Kritik, Norm und Utopie. Frankfurt/M.: Fischer.

Berger, Johannes, 1986: Die Versprachlichung des Sakralen und die Entsprachlichung der Ökonomie. In: Axel Honneth und Hans Joas (Hg.), Kommunikatives Handeln. Beiträge zu Jürgen Habermas' "Theorie des kommunikativen Handelns". Frankfurt/M.: Suhrkamp: 255-277.

Bienfait, Agathe, 1999: Freiheit, Verantwortung, Solidarität. Zur Rekonstruktion des politischen Liberalismus. Frankfurt/M.: Suhrkamp.

Dahrendorf, Ralf, 1974: Die Funktionen sozialer Konflikte. In: Ralf Dahrendorf, Pfade aus Utopia. Arbeiten zu Theorie und Methode der Soziologie. München: Piper: 263-277.

Diekmann, Andreas und Voss, Thomas, 2004: Die Theorie rationalen Handelns. Stand und Perspektiven. In: Andreas Diekmann und Thomas Voss (Hg.), Rational Choice Theorie. Probleme und Perspektiven. München: Oldenbourg: 13-29.

Giddens, Anthony, 1976: Functionalism: Aprés la lutte. In: Social Research 43: 325-366.

Greshoff, Rainer, 2010: Akteure als dynamische Kräfte des Sozialen. In: Gert Albert und Steffen Sigmund (Hg.), Soziologische Theorie kontrovers. 50. Sonderheft der Kölner Zeitschrift für Soziologie und Sozialpsychologie. Wiesbaden: VS Verlag für Sozialwissenschaften: 328-342.

Greve, Jens, 1999: Sprache, Kommunikation und Strategie in der Theorie von Jürgen Habermas. In: Kölner Zeitschrift für Soziologie und Sozialpsychologie 51: 232-259.

Greve, Jens, 2001: Jürgen Habermas: Wahrheit und Rechtfertigung. In: Kölner Zeitschrift für Soziologie und Sozialpsychologie 53: 166-168.

Greve, Jens, 2003: Handlungserklärungen und die zwei Rationalitäten? Neuere Ansätze zur Integration von Wert- und Zweckrationalität in ein Handlungsmodell. In: Kölner Zeitschrift für Soziologie und Sozialpsychologie 55: 621-653.

Greve, Jens, 2008: Nicht-intendierte Effekte, Transformationslogik und Institutionen. In: Mateusz Stachura et al. (Hg.), Der Sinn der Institutionen. Mehr-Ebenen- und Mehr-Seiten-Analyse. Wiesbaden: VS Verlag für Sozialwissenschaften: 90-124.

Greve, Jens, 2009: Jürgen Habermas. Eine Einführung. Konstanz: UVK (utb).

Greve, Jens, 2011: Emergenz in der Soziologie: Eine Kritik des nicht-reduktiven Individualismus. In: Jens Greve und Annette Schnabel (Hg.), Reduktion und Emergenz. Zur Analyse und Erklärung komplexer Strukturen. Frankfurt/M.: Suhrkamp: 286-316.

Habermas, Jürgen, 1969: Technik und Wissenschaft als ,Ideologie'. Frankfurt/M.: Suhrkamp.

Habermas, Jürgen, 1973a: Erkenntnis und Interesse. Mit einem neuen Nachwort. Frankfurt /M.: Suhrkamp.

Habermas, Jürgen, 1973b: Legitimationsprobleme im Spätkapitalismus. Frankfurt/M.: Suhrkamp.

Habermas, Jürgen, 1975: Sprachspiel, Intention und Bedeutung. Zu Motiven bei Sellars und Wittgenstein. In: Rolf Wiggershaus (Hg.), Sprachanalyse und Soziologie. Die sozialwissenschaftliche Relevanz von Wittgensteins Sprachphilosophie. Frankfurt/M.: Suhrkamp: 319-340.

Habermas, Jürgen, 1981: Kleine Politische Schriften (I-IV). Frankfurt/M.: Suhrkamp.

Habermas, Jürgen, 1985: Zur Logik der Sozialwissenschaften. Frankfurt/M.: Suhrkamp.

Habermas, Jürgen, 1986a: Der philosophische Diskurs der Moderne. Zwölf Vorlesungen. 3. Aufl. Frankfurt/M.: Suhrkamp.

Habermas, Jürgen, 1986b: Entgegnung. In: Axel Honneth und Hans Joas (Hg.), Kommunikatives Handeln. Beiträge zu Jürgen Habermas' ,Theorie des kommunikativen Handelns'. Frankfurt/M.: Suhrkamp: 327-405.

Habermas, Jürgen, 1987a: Theorie des kommunikativen Handelns. Band 1: Handlungsrationalität und gesellschaftliche Rationalisierung. 4., durchges. Auflage. Frankfurt/M.: Suhrkamp.

Habermas, Jürgen, 1987b: Theorie des kommunikativen Handelns. Band 2: Zur Kritik der funktionalistischen Vernunft. 4., durchges. Auflage. Frankfurt/M.: Suhrkamp.

Habermas, Jürgen, 1988: Moralbewußtsein und kommunikatives Handeln. 3. Aufl. Frankfurt/M.: Suhrkamp.

Habermas, Jürgen, 1989a: Nachmetaphysisches Denken. 3. Aufl. Frankfurt/M.: Suhrkamp.

Habermas, Jürgen, 1989b: Vorstudien und Ergänzungen zur Theorie des kommunikativen Handelns. 3. Auflage. Frankfurt/M.: Suhrkamp.

Habermas, Jürgen, 1991a: Erläuterungen zur Diskursethik. Frankfurt/M.: Suhrkamp.

Habermas, Jürgen, 1991b: Strukturwandel der Öffentlichkeit. Mit einem Vorwort zur Neuauflage 1990. 2. Aufl.,. Frankfurt/M.: Suhrkamp.

Habermas, Jürgen, 1994: Faktizität und Geltung. Beiträge zur Diskurstheorie des Rechts und des demokratischen Rechtsstaats. 4. Aufl. Frankfurt/M.: Suhrkamp.

Habermas, Jürgen, 1995: Zur Rekonstruktion des Historischen Materialismus. 6. Aufl. Frankfurt/M.: Suhrkamp.

Habermas, Jürgen, 1996a: Rortys pragmatische Wende. In: Deutsche Zeitschrift für Philosophie 44: 715-741.

Habermas, Jürgen, 1996b: Sprechakttheoretische Erläuterungen zum Begriff der kommunikativen Rationalität. In: Zeitschrift für philosophische Forschung 50: 65-91.

Habermas, Jürgen, 1998: Richtigkeit vs. Wahrheit. Zum Sinn der Sollgeltung moralischer Urteile und Normen. In: Deutsche Zeitschrift für Philosophie 46: 179-208.

Habermas, Jürgen, 1999: Wahrheit und Rechtfertigung. Philosophische Aufsätze. Frankfurt/M.: Suhrkamp.

Habermas, Jürgen, 2005: Zwischen Naturalismus und Religion. Philosophische Aufsätze. Frankfurt/M.: Suhrkamp

Hayek, Friedrich A. v., 1980: Recht, Gesetzgebung und Freiheit. Band 1: Regeln und Ordnung. München: Verlag moderne Industrie.

Honneth, Axel, 1989: Kritik der Macht. Reflexionsstufen einer kritischen Gesellschaftstheorie. Frankfurt/M.: Suhrkamp.

Honneth, Axel, 1994: Kampf um Anerkennung. Frankfurt/M.: Suhrkamp.

Honneth, Axel, 2005: Verdinglichung. Eine anerkennungstheoretische Studie. Frankfurt/M.: Suhrkamp.

Honneth, Axel, 2007: Rekonstruktive Gesellschaftskritik unter genealogischem Vorbehalt. Zur Idee der Kritik in der Frankfurter Schule. In: Axel Honneth, Pathologien der Vernunft. Geschichte und Gegenwart der Kritischen Theorie. Frankfurt/M.: Suhrkamp: 57-69.

Iser, Mattias, 2008: Empörung und Fortschritt. Grundlagen einer kritischen Theorie der Gesellschaft. Frankfurt/M./ New York: Campus.

Joas, Hans, 1986: Die unglückliche Ehe von Hermeneutik und Funktionalismus. In: Axel Honneth und Hans Joas (Hg.), Kommunikatives Handeln. Beiträge zu Jürgen Habermas' ‚Theorie des kommunikativen Handelns'. Frankfurt/M.: Suhrkamp: 144-176.

Luhmann, Niklas, 2005a: Reflexive Mechanismen. In: Niklas Luhmann, Soziologische Aufklärung 1. Aufsätze zur Theorie sozialer Systeme. 7. Aufl. Wiesbaden: VS Verlag für Sozialwissenschaften: 116-142.

Luhmann, Niklas, 2005b: Soziologische Aufklärung. In: Niklas Luhmann, Soziologische Aufklärung 2. Aufsätze zur Theorie sozialer Systeme. 7. Aufl. Wiesbaden: VS Verlag für Sozialwissenschaften: 83-115.

Matthiesen, Ulf, (o.J.): Das Dickicht der Lebenswelt und die Theorie des kommunikativen Handelns. München: Wilhelm Fink Verlag.

McCarthy, Thomas 1989: Kritik der Verständigungsverhältnisse. Zur Theorie von Jürgen Habermas. Frankfurt/M.: Suhrkamp.

Miller, Max, 1986: Kollektive Lernprozesse. Studien zur Grundlegung einer soziologischen Lerntheorie. Frankfurt/M.: Suhrkamp.

Miller, Max, 1992: Rationaler Dissens. Zur gesellschaftlichen Funktion sozialer Konflikte. In: Hans-Joachim Giegel (Hg.), Kommunikation und Konsens. Frankfurt/M.: Suhrkamp: 31- 58.

Miller, Max, 2006: Dissens. Zur Theorie diskursiven und systemischen Lernens. Bielefeld: transcript.

Nagel, Ernest, 1956: A Formalization of Functionalism. In: Ernest Nagel, Logic without Metaphysics and Other Essays in the Philosophy of Science. Glencoe: Free Press: 247-283.

Renn, Joachim, 2006: Übersetzungsverhältnisse. Perspektiven einer pragmatistischen Gesellschaftstheorie. Weilerswist: Velbrück Wissenschaft.

Rorty, Richard, 1992: Kontingenz, Ironie und Solidarität. Frankfurt/M.: Suhrkamp.

Rorty, Richard, 1994: Sind Aussagen universelle Geltungsansprüche? In: Deutsche Zeitschrift für Philosophie 42: 975-988.

Rorty, Richard, 2000: Philosophie & Zukunft. Frankfurt/M.: Fischer.

Schluchter, Wolfgang, 1991: Religion und Lebensführung. Band 1: Studien zu Max Webers Kultur- und Werttheorie. Frankfurt/M.: Suhrkamp.

Schwinn, Thomas, 2001: Differenzierung ohne Gesellschaft. Umstellung eines soziologischen Konzepts. Weilerswist: Velbrück.

Skjei, Erling, 1985: A Comment on Performative, Subject, and Proposition in Habermas's Theory of Communication. In: Inquiry 28: 87-105.

Tugendhat, Ernst, 1992a: Habermas on Communicative Action. In: Ernst Tugendhat, Philosophische Aufsätze. Frankfurt/M.: Suhrkamp: 433-440.

Tugendhat, Ernst, 1992b: Philosophische Aufsätze. Frankfurt/M.: Suhrkamp.

Tugendhat, Ernst, 1994: Vorlesungen über Ethik. 2. Auflage. Frankfurt/M.: Suhrkamp.

Weber, Max, 1964: Fragment aus dem Nachlaß Max Weber. In: Eduard Baumgarten, Max Weber. Werk und Person. Dokumente ausgewählt und kommentiert von Eduard Baumgarten. Tübingen: Mohr (Siebeck): 399-401.

Weber, Max, 1988: Gesammelte Aufsätze zur Wissenschaftslehre. 7. Aufl. Tübingen: Mohr (Siebeck).

Wellmer, Albrecht, 1986: Ethik und Dialog. Elemente des moralischen Urteils bei Kant und in der Diskursethik. Frankfurt/M.: Suhrkamp.

Wellmer, Albrecht, 1989: Was ist eine pragmatische Bedeutungstheorie? In: Axel Honneth et al. (Hg.), Zwischenbetrachtungen im Prozeß der Aufklärung. J. Habermas zum 60. Geburtstag. Frankfurt/M.: Suhrkamp: 318-370.

Wenzel, Harald, 2001: Die Abenteuer der Kommunikation. Echtzeitmassenmedien und der Handlungsraum der Hochmoderne. Weilerswist: Velbrück Wissenschaft.

Zimmermann, Rolf, 1985: Utopie – Rationalität – Politik. Freiburg i. Br.; München: Alber.

Gesellschaftliche Rationalitätsparadoxien

Rationalitäten und Rationalitätsprobleme des Marktes

Reinhard Zintl

1. Übersicht

Die Diskussion darüber, ob und inwieweit der Markt ein anarchisches und chaotisches Gebilde ist, oder ob gerade das Gegenteil der Fall ist, und ob Gesellschaften nicht nur Märkte enthalten, sondern insgesamt als „Marktgesellschaften" zu bezeichnen wären oder nicht, wird seit langem geführt – meist unter Gerechtigkeitsgesichtspunkten, mitunter aber auch unter Gesichtspunkten der Rationalität (ein gegenwärtiges Beispiel hierfür ist die von den Finanzmärkten ausgehende Wirtschaftskrise der letzten Jahre). Die folgenden Überlegungen sollen dazu dienen, den angemessenen Ort und die plausiblen Ansatzpunkte der Diskussion über die Rationalität und die Rationalitätsprobleme der Institution „Markt" deutlicher herauszuarbeiten, als es in der öffentlichen und auch in der wissenschaftlichen Debatte oftmals der Fall ist.

Ich werde wie folgt verfahren: Zuerst werde ich kurz die Verwendungsweisen des Begriffs der Rationalität in meinen Überlegungen erläutern (Abschnitt 2). Danach ist zu skizzieren, was den Markt als Institution kennzeichnet (Abschnitt 3). Den zentralen Teil bildet die Erörterung der Akteursbeschreibungen. Dabei wird zu unterscheiden sein zwischen den verwendeten Stilisierungen auf der einen Seite und ihrem realen Hintergrund auf der anderen Seite, der ja in der ökonomischen Theorie nicht einfach ignoriert, sondern lediglich unter bestimmten theoretisch artikulierten Bedingungen aus Zweckmäßigkeitsgründen ausgeblendet wird (Abschnitt 4). Hiervon ausgehend sind dann drei unterschiedliche Aspekte zu betrachten, die unter Rationalitätsgesichtspunkten interessant sind: Die Rationalitätsleistung des Marktes in der stilisierten Welt (Abschnitt 5), die Rationalitätsprobleme des Marktes in der stilisierten Welt (Abschnitt 6) und schließlich die Rationalitätsprobleme des Marktes in der realen Welt hinter der Stilisierung (Abschnitt 7).

2. Begriffe

2.1 Rationalität von Akteuren

Rationalität ist zunächst einmal eine Eigenschaft von Akteuren bzw. ihren Handlungen, nicht von Institutionen.

Im Folgenden gehe ich von einem Rationalitätskonzept aus, das sehr schwach ist – es legt wenig fest, schließt wenig aus, stellt keine hohen Ansprüche an die betrachteten Individuen:

- Ein rationaler (individueller oder kollektiver) Akteur weiß, was er will, und verhält sich entsprechend. Er kann die ihm verfügbaren Handlungsalternativen in eine vollständige und transitive Rangordnung entsprechend ihrer subjektiven Wünschbarkeit bringen

(Präferenzordnung[1]); er wählt aus dieser Rangordnung die höchste erreichbare Alternative.

- Nicht rational ist ein Individuum zu nennen, das entweder nicht weiß, was es will, oder das zwar weiß, was es will, aber nicht entsprechend handelt.

- Über die Herkunft und Inhalte einer Präferenzordnung ist unter Rationalitätsgesichtspunkten nichts zu sagen (Rationalität und Vernunft sind nicht identisch); die „Nutzen", die sich in einer Präferenzordnung ausdrücken, sind subjektiver Natur („Nutzen" ist keine erklärende Größe, sondern eine Recheneinheit); Rationalität impliziert nicht Egoismus, sondern nur die Orientierung an den eigenen Präferenzen[2].

- Normen sind für Akteure, die in diesem Sinne rational sind, zunächst einmal äußere Restriktionen der Menge zugänglicher Handlungsoptionen; sie werden nicht um ihrer selbst willen befolgt.

- Rationalität setzt keine vollkommene Information voraus, sondern lediglich einen bestimmten Umgang mit den Kosten des Informationserwerbs und der Informationsverarbeitung (rationale Akteure sind optimal informiert, nicht vollkommen).

Als rational ist hiernach eine Handlung zu bezeichnen, wenn sie bei gegebenen Zwecken und gegebenem Informationsstand eines Akteurs nach seinem Urteil das Beste ist, was er unter diesen Umständen tun kann. Die Handlungssituation des Akteurs, die für die Theorie wichtig ist, ist somit nicht unmittelbar eine „objektive" Situation, sondern seine subjektive Situations- und Problembeschreibung. Das bedeutet aber: Wir können an einem bestimmten Verhalten, das wir beobachten, nicht einfach ablesen, ob es rational genannt werden kann oder nicht. Umgekehrt gilt zugleich: Wir können aus einer bestimmten – von außen beschriebenen – Konstellation nicht ohne weiteres ableiten, was das Problem des beobachteten Akteurs ist; wir können daher auch nicht ohne weiteres Behauptungen darüber aufstellen, was wir von rationalen Akteuren in rein äußerlich beschriebenen Situationen allgemein zu erwarten haben.

In der Anwendung dieses begrifflichen Apparates auf reale Prozesse, vor allem auf die Deutung des Funktionierens von Institutionen, sind daher konkretisierende Brücken notwendig – das können entweder inhaltliche Zuspitzungen der Akteursbeschreibungen sein (ein „Menschenbild"; das ist der theoretisch weniger ergiebige Weg) oder aber Vermutungen bzw. Behauptungen über die handlungsbeeinflussenden Eigenschaften von Handlungskontexten („Situationslogik"; das ist der ergiebigere Weg[3]).

2.2 Rationalität und Nichtrationalität von Institutionen

Institutionen sind gesellschaftliche Regeln, die Verhalten kanalisieren, also so etwas wie Spielregeln. Manchmal existieren sie als förmliche Regelwerke, denen Verhaltensregelmäßigkeiten korrespondieren; das gilt etwa für Eigentum, Ehe, den Rechtsstaat, das Verhältniswahlrecht. Manchmal sind sie nur aus der Beobachtung von Verhalten destillierbar; das gilt etwa für soziale Normen oder Kultur.

---

1   Einen guten Zugang für Nichtökonomen bieten Kirsch 2004 und Kirchgässner 2000. Klassisch Sen 1970.
2   Vgl. allgemeiner Zintl 2006.
3   Vgl. insbesondere Popper 1962; auch Albert 1967.

- Institutionen werden von den handelnden Individuen als äußerliche Anforderungen erfahren, als Forderungen, deren Gültigkeit nicht davon abhängt, ob man selbst mit ihnen konforme Motive hat oder nicht.

- Institutionen sind aber nicht nur ein Rahmen individuellen Handelns, sondern sie werden zugleich auch durch individuelles Handeln erzeugt: Sie sind eigentlich bestimmte Sorten verallgemeinerter Erwartungen, die wir aneinander richten. Werden diese Erwartungen enttäuscht, sanktionieren wir diejenigen, die sich unangemessen verhalten haben – mindestens durch Missbilligung.

- Eine Institution determiniert Verhalten nicht notwendig vollständig, aber wenn ihr keinerlei Verhaltenssteuerung zugeschrieben werden kann, ist sie sozial nicht existent.

Da Institutionen keine Intentionen haben und nicht handeln, kann ihnen Rationalität oder Nichtrationalität nicht unmittelbar zugeschrieben werden, sondern plausibler Weise erst im Hinblick auf ihre Wirkungen auf die Präferenzen und Handlungen rationaler Akteure:

Institutionen sind, rationalistisch interpretiert, Instrumente der Problemlösung. Eine *individualistisch-rationalistische Institutionentheorie* startet daher mit der Frage, welche Probleme Menschen möglicherweise durch eine Institution bearbeiten bzw. lösen wollen - etwa Konfliktbeherrschung, Koordination, Kontrolle (vgl. dazu auch die Beiträge von Maurer und Schmid in diesem Band).

Eine Institution kann dann rational genannt werden in dem Maße, in dem sie rationalen Akteuren ermöglicht oder sogar hilft, ihre Ziele besser zu verfolgen, als es ohne die Institution oder – schärfer – durch andere denkbare oder verfügbare Institutionen möglich wäre. Anders ausgedrückt: Eine Institution ist rational in dem Maße, in dem sie plausiblen *konstitutionellen* oder *institutionellen Interesse*n der Akteure gerecht wird, unabhängig von Divergenzen ihrer situativen Interessen: Sie können versucht sein, einander zu belügen (situatives Interesse) und dennoch darin übereinstimmen, dass man nicht lügen soll (konstitutionelles Interesse; vgl. Vanberg und Buchanan 1988; 1989; 1991).

2.3 Meta-Ebene: Die Rationale Wahl von Institutionen

Damit sind wir wieder auf der Akteursebene: Die tatsächliche Wahl oder Beibehaltung einer Institution ist rational in dem Maße, wie die Institution als rational (rational akzeptabel) im gerade skizzierten Sinne anzusehen ist. Rationale Akteure sollten keine Probleme haben –zumindest unter einem Schleier des Nichtwissens – Konsens über die Wünschbarkeit eines Regelwerks herzustellen, das es allen ermöglicht, ihre Probleme besser zu lösen (in realen Situationen gibt es Pfadabhängigkeiten, beruhend auf angepassten Fertigkeiten oder auf machtgestützten Privilegien; aber das ist Gegenstand einer positiven Theorie der Entstehung und des Wandels von Institutionen und soll hier nicht weiter verfolgt werden).

3. Der Markt als Institution

Inhaltlich kann speziell über die Verkehrsregeln des Marktes gesagt werden (vgl. dazu auch Engels in diesem Band): Sie schaffen erstens einen geschützten Autonomiebereich („Separateigentum"); sie legen zweitens fest, welche Spielräume der Gestaltung freiwilliger Kooperation die Akteure haben (Vertragsrecht, Arbeitsrecht, Unternehmensverfassung usw.); sie sichern drittens (ex ante) den Schutz der Freiwilligkeit der Kooperation und (ex post) den Schutz der Einhaltung von Verträgen. Drei Typen von institutionellen Vorkehrungen können wir dabei unterscheiden:

- Erstens Regeln, die den Status eines jeden Akteurs in jeder Hinsicht, auch gegen ihn selbst, sichern: Die Akteure haben kein verfügbares Eigentum an sich selbst; sie können mit ihrer Handlungsfreiheit keinen Handel treiben. Ihr rechtlicher Status ist nicht nur (nach außen) unverletzlich, sondern auch (nach innen) unveräußerlich (so die Terminologie des Grundgesetzes an dieser Stelle). Derartige Beschränkungen der individuellen Handlungsfreiheit sind Voraussetzung dafür, dass die Regeln freiwilligen Verkehrs überhaupt stabil funktionieren können. Der Rechtsstatus der Akteure kann nicht selbst Vertragsgegenstand sein, er darf durch die Transaktion nicht gefährdet werden. Versklavungsverträge sind deshalb in freiheitlichen Gesellschaften nicht möglich[4]; wären sie möglich, würde dies zur Erosion der zentralen Institution beitragen.

- Zweitens Regeln, die den Umgang der Personen miteinander ordnen und die Akteure vor fremdem Übergriff sichern. Das sind Regeln, die Rückzugsbereiche bestimmen, die Kooperation ermöglichen, unterstützen und regulieren, die Verfügungsspielräume in der Transaktion schaffen und gestalten. Dazu gehören vor allem die Gestaltung der Eigentumsformen, das Vertragsrecht, die Regeln über Schadensersatzpflichten. Die rechtliche Gestaltung des Eigentumsgebrauchs darf allerdings die Legitimität der individuellen Verfügung über Eigentum unter Gesichtspunkten des jeweiligen Privatnutzens nicht in Frage stellen. Wäre dies der Fall, könnte man nicht mehr von einem Markt sprechen.

- Drittens die Festlegung der Rolle und Verfasstheit einer externen Zwangsinstanz: normalerweise des Staates. Diese Instanz ist unverzichtbar zum Schutze der Freiwilligkeit im Vertragsabschluss. Solche Instanzen unterbinden Verträge vom Typ „Geld oder Leben" und sorgen erst dafür, dass „Freiwilligkeit" eine ethisch überhaupt diskutable Kategorie wird; ein Punkt, den Anarcholiberale für nicht so wichtig halten. Die externe Zwangsinstanz ist darüber hinaus nützlich, wenn auch nicht in allen Fällen unverzichtbar, für die Durchsetzung von Verträgen (hier gibt es an einigen Stellen funktionale Äquivalente zur externen Zwangsinstanz, die den Akteuren selbst, also auch ohne externe Zwangsinstanz, zur Verfügung stehen).[5]

Zusammen bewirken diese Regeln zugleich Wettbewerb unter den Personen, die unter ihnen leben: Die individuelle Autonomie ermöglicht die Kooperation derer, die über komplementäre Ressourcen verfügen. Um die eigenen Ressourcen so verwerten zu können, muss man Partner finden. Das kann man aber nur, wenn man selbst als Kooperationspartner attraktiv genug ist; man wird umgekehrt zugleich immer darauf achten müssen, den bestmöglichen Partner zu finden. Der Wettbewerb wird umso schärfer sein, je wirksamer die Kooperation (etwa in

---

4   Wie sie etwa Buchanan in den begrifflichen Rahmen freiwilliger Kooperation zu integrieren versucht (vgl. Buchanan 1984: 60).

5   Vgl. für institutionelle Empirie vor allem Williamson 1985; systematisch-abstrakt etwa Taylor 1987.

Kartellen) derjenigen, die über gleichartige Ressourcen verfügen, also auf der gleichen Markt-seite stehen, unterbunden wird.

4. Akteursbeschreibungen: Die Stilisierung und ihr Hintergrund

4.1 Die Stilisierung „homo oeconomicus"

Folgende Eigenschaften und Verhaltensweisen werden den Akteuren zugeschrieben:

- Sie sind nur an ihrem eigenen wirtschaftlichen Wohlergehen interessiert.

- Sie sind gute Informationsverarbeiter und imstande, den jeweils nutzenmaximierenden Handlungskurs zu identifizieren (da Information kostspielig ist, werden sie normaler-weise als lediglich optimal und nur in bestimmten – idealtypischen – Modellierungen als vollkommen informiert beschrieben).

- Sie handeln strikt konsequenzenorientiert: Normen[6] sind für sie äußerliche Restrikti-onen. Die Akteure sehen Normen zwar möglicherweise als grundsätzlich sinnvoll an, jedoch motiviert sie das nicht zugleich, sie zu befolgen, wenn es nicht ohnehin in ihrem situativen Interesse liegt.

- Die Akteure benötigen daher externe Kontrolle, um Normen (seien sie von ihnen auch grundsätzlich akzeptiert) zuverlässig einhalten zu können.

- Die Akteure moralisieren nicht über die geltenden Normen, sondern betrachten sie als Daten (das ist eine eher technische Vorkehrung, die dazu dient, das ungestörte Funktio-nieren eines jeweils gegebenen Regelwerks zu analysieren; man kann selbstverständlich auch die Frage verfolgen, welche Regeln sich ein homo oeconomicus geben würde).

4.2 Der Hintergrund der Stilisierung

Es wird nicht angenommen oder gar behauptet, dass wirkliche Menschen so wie gerade be-schrieben sind und handeln. Vielmehr kann man die Stilisierungen als eine Art vereinfachte Bilanz recht unterschiedlicher Argumente zum Untersuchungsgegenstand ansehen (vgl. dazu ähnlich Maurer in diesem Band):

- Als ausschließlich am eigenen wirtschaftlichen Wohlergehen interessiert und als perfek-te Nutzenmaximierer können die Akteure dank situationslogischer Argumente stilisiert werden: Der Wettbewerb zwingt zur Ausblendung aller „unpassenden" Gesichtspunkte (Latsis 1972; Zintl 1989) und sorgt dafür, dass die Akteure beste Lösungen schnellst-möglich übernehmen, auch wenn sie selbst nicht darauf gekommen sind (Alchian 1950).[7]

- Amoralität plus perfekte externe Kontrolle sind Stilisierungen von Akteuren und Hand-lungssituation, denen eine etwas anders zusammengesetzte Realität korrespondiert,

---

6 Gemeint sind Regeln, die bestimmte situativ ertragssteigernde Handlungen unterbinden, nicht aber Regeln, die lediglich Koordinationshilfen oder aber Kunstregeln sind.

7 Das sorgt unter anderem für die Ausblendung von sowohl positivem wie negativem Interesse an anderen Personen – sowohl Mildtätigkeit wie Diskrimination beeinträchtigen die eigene Wettbewerbsposition (vgl. Friedman 2002).

nämlich unvollkommene externe Kontrolle einerseits und der Tatbestand eines gewissen Maßes an Norminternalisierung bei den Akteuren andererseits. Die beiden Stilisierungen führen jedoch, so die implizite Behauptung, unter dem Strich zu ähnlichen Sätzen über das Funktionieren von Institutionen wie die tatsächliche Mischung, sind aber in der Modellierung besser handhabbar.

4.3 Implikationen

Es ist gut zu sehen, dass die Stilisierung je nach dem, wie die reale Handlungskonstellation aussieht, unterschiedlich leistungsfähig sein wird: Erstens ist nicht immer und überall der Wettbewerbsdruck so hoch und so spezifisch, dass er keine Willkürspielräume in der Wahl der Lagebeschreibung und in der Wahl der Handlungskurse zulässt. Es gibt zweitens kein plausibles Argument, dass immer und überall die jeweils tatsächlich existierende Kombination von unvollkommener Internalisierung von Normen und unvollkommener externer Erzwingung so wirkt, dass unter dem Strich dasselbe herauskommt, wie bei perfekter äußerer Kontrolle komplett amoralischer Subjekte. Es gibt drittens keinen Grund, warum Menschen nicht immer wieder einmal fragen sollten, ob die Spielregeln, die sie haben, wirklich in ihrem wohlverstandenen Interesse sind.

Wenn wir die möglichen Rationalitätsprobleme des Marktes untersuchen, ist es zweckmäßig, also einerseits zu betrachten, welche Probleme bereits in der stilisierten Welt zu konstatieren sind, und danach zu betrachten, welche Probleme in der nicht-stilisierten Welt zusätzlich zu erwarten sind. Vor der Untersuchung der Probleme soll jedoch erst einmal die Rationalitätsleistung betrachtet werden, die man Märkten zuschreiben kann.

5. Die Rationalität des Marktes in der stilisierten Welt

Der Markt als Institution wurde oben skizziert (Abschnitt 3). Ein solches Regelwerk bietet den in ihm agierenden Subjekten, wenn deren Handeln der Stilisierung entspricht, Folgendes:

- *Unbeschränkte Initiative*: Jeder, der eine gute Idee hat, darf im Rahmen der allgemeinen Gesetze und auf eigenes Risiko die dafür notwendigen Handlungen ergreifen. Niemand hat gegen solche Initiativen Veto-Macht. Geschützte Freiwilligkeit der Kooperation ist daher nicht das gleiche wie die Sicherung von Konsens aller: Die Abwanderung aus bestehenden Kooperationsverhältnissen („Exit"; Hirschman 1974) ist geschützt, aber nichts sonst. Man muss bei keinem Vorhaben mitmachen, kann aber andere in ihren Vorhaben nicht blockieren. Das ist das moralische Äquivalent und zugleich ein direktes Gegenstück zur Einstimmigkeitsregel in politischen Entscheidungen, in der ja der Schutz vor Zwang durch andere immer Veto bedeutet.

- *Maßgeschneiderte Warenkörbe*: Anders als bei politischen Entscheidungen, in denen die Vielfalt der Präferenzen durch den Trichter der verbindlichen und für alle gleichen gemeinsamen Entscheidung gezwungen wird, stellt sich im Markt jeder Konsument – gegeben seine Kaufkraft – das nach seinem Geschmack bestmögliche Bündel an Gütern und Dienstleistungen zusammen, niemand muss Kompromisse machen.

- *Qualitätskontrolle durch Abwanderung (Exit) statt Mitbestimmung (Voice)*: Die – normalerweise kommentarlose – Abwanderung aus einem Kooperationsverhältnis (Wechsel der Automarke usw.) ist eine rasch wirkende, flexible und durchschlagende Form der Disziplinierung derjenigen, die die konkreten Produktionsentscheidungen fällen.

- *Entdeckungsverfahren*: Der Wettbewerb erzeugt – mittels des ihm eigenen *Preismechanismus* – überhaupt erst die Information, die eine Planwirtschaft bräuchte, um funktionieren zu können, und die sie nicht selbst erzeugen kann; er ist ihr insofern unter Rationalitätsgesichtspunkten kategorial überlegen (Hayek 1969). Darüber hinaus kennt jeder seinen Ausschnitt der Wirklichkeit besser als eine übergeordnete Instanz es allgemein beanspruchen könnte. Im Zusammenspiel führt das zu permanenter Anpassung aller Entscheidungen an die Umgebung und zu bestmöglicher kollektiver Nutzung zunächst privater Information im gesellschaftlichen Produktionsprozess.

- *Lernen, Fortschritt*: Dynamik *und Informationseffizienz*: Unter Wettbewerbsbedingungen setzt sich die jeweils effizienteste Technologie durch. Wer eine neue Technologie („Innovation") einführt, macht befristete Extraprofite (Pioniergewinne), bis alle anderen nachgezogen haben. Wer nicht nachzieht, geht unter. Ressourcen fließen dorthin, wo sie den höchsten Ertrag stiften – dort wird ja auch die höchste Zahlungsfähigkeit und Zahlungsbereitschaft vorhanden sein. Die Wachstumsdynamik ist entsprechend ausgeprägt. Der Motor des Systems ist nicht einfach Preiswettbewerb bei gegebenen Bedürfnissen und gegebener Technologie, sondern permanente Umwälzung; nicht Gleichgewicht, sondern schöpferische Zerstörung (Schumpeter 1993; es geht dabei nicht um Krisen, sondern um die permanente Revolution). Entscheidend ist hier die Rolle der Vorreiter. Ökonomisch gesehen besteht die Unternehmerrolle darin, Veränderungen in Gang zu setzen.[8]

- *Befriedung*: Das ist ein zentraler Gesichtspunkt etwa für Hayek (1971). In der spontanen Ordnung des Marktes gibt es keinen Rechtfertigungsbedarf in Verteilungsfragen, weil niemand die Macht hat, die Verteilung zu bestimmen. Es gibt daher auch keinen Ansatz für Verteilungskonflikte – zumindest, wenn die Leute die Prinzipien dieser Ordnung verstanden und akzeptiert haben.[9]

6. Rationalitätsprobleme des Marktes in der stilisierten Welt

Bereits in einer Welt, die ausschließlich von gut angepassten homines oeconomici bewohnt ist, sind jedoch schon Probleme zu erkennen. Vier Sorten von Problemen werden in der Li-

---

8   Das ist ein durchaus der Erwähnung wertes Element der Rationalität von Märkten – angesichts der verbreiteten Haltung der Öffentlichkeit, zwar ein hohes Beschäftigungsniveau zu wünschen, aber zugleich die Unternehmerrolle vor allem negativ zu sehen.

9   Das Argument hat bei Hayek – im konkreten Zusammenhang – sicherlich eher beschwörenden als beschreibenden Charakter. Man kann aber ein viel weitergehendes Argument in dieser Richtung anführen – die Ersetzung heroischer (also kriegerischer) Tugenden durch kaufmännische (also eher friedliche) Tugenden beim Übergang von einer feudalen zu einer bürgerlich-merkantilen Welt (vgl. hierzu insbesondere Hirschman 1987).

teratur vor allem behandelt, von denen zumindest die ersten beiden Standardthemen auch im orthodoxen Rahmen sind, die beiden letztgenannten nicht immer:

Externe Effekte: Alles bisher unter Rationalitätsgesichtspunkten positiv Vermerkte gilt uneingeschränkt nur dann, wenn es klar definierte Eigentumsrechte gibt und wenn der Gebrauch des Eigentums nicht über den Eigentümer hinaus wirkt („Betroffene sind Beteiligte"). Wenn es externe Effekte gibt, liegen die Dinge komplizierter. Beispiele sind: Schutzimpfung mit positiver Externalität (Schutzeffekt für andere), Abgase mit negativer Externalität (Schädigung der Mitraucher usw.). Allgemein wird unter Marktbedingungen von Gütern mit positiver Externalität zu wenig und von solchen mit negativer Externalität zu viel produziert bzw. konsumiert. Man könnte geneigt sein, die hier bestehenden Effizienzprobleme des Wettbewerbs als Folgen unzureichend definierter, vielleicht auch gar nicht richtig definierbarer Eigentumsrechte zu verstehen. Das ist nicht ganz falsch, aber es ist auch nicht ganz richtig. Es sind nämlich nicht undefinierte Eigentumsrechte als solche, sondern vielmehr mit ihnen einhergehende Informationsprobleme, die Ineffizienz verursachen: Perfekt – auch übereinander – informierte Akteure werden, wie auch immer die Eigentumsrechte gestaltet sind, in Verhandlungen effiziente Problemlösungen zustande bringen. Unter Bedingungen kostspieliger und asymmetrisch verteilter Information wird es jedoch hohe Transaktionskosten geben, beruhend auf vielfältigen Anreizen und Möglichkeiten zu strategischem Handeln. Das ist die Botschaft des *Coase-Theorems* (Coase 1937). Der direkte Schluss, den man aus dieser Überlegung ziehen kann, lautet: Wenn es keine Transaktionskosten gibt, lässt sich Effizienz auf Verhandlungsbasis vertraglich immer erreichen. Der Umkehrschluss aber, um den es Coase vor allem ging, lautet: Je höher die Transaktionskosten sind, umso schwieriger ist Effizienz vertraglich – also im freien Spiel der Kräfte – erreichbar.

Ungleichgewichte und Instabilitäten: Hier geht es nicht um Konjunkturzyklen, deren Bedeutung unter Rationalitätsgesichtspunkten keineswegs unumstritten ist (sie könnten ja wachstumsfördernd sein – wie reinigende Feuer), sondern um Instabilitäten als Folge strategischer Interdependenzen. Das aktuelle und vielleicht auch wichtigste Beispiel sind die Finanzmärkte: Es handelt sich im Kern um Wetten, bei denen der Wunsch aller Beteiligten, die anderen auszumanövrieren, entscheidend ist. Das Thema ist gegenwärtig sehr prominent, wenngleich es theoretisch ein wenig unklar ist. Man findet es etwa in der Diskussion über „produktive" versus lediglich „umverteilende" und insofern unproduktive Innovationen – eine durchaus nicht unumstrittene Unterscheidung.

Interdependenz und Unterwerfung unter anonymen Zwang: Das ist kein Problem des Umgangs gegenüberliegender Markt-Seiten miteinander (also kein Problem etwa der *Macht* der Anbieter über die Nachfrager und umgekehrt), sondern ein Problem auf der gleichen Markt-Seite (*Konkurrenzdruck* unter Anbietern bzw. Nachfragern). Fragen in diesem Zusammenhang sind: Welches Maß an Auslieferung der Akteure an den Wettbewerb soll es geben? Wie weit soll der Wettbewerb gehen können? Man tut ja im Wettbewerb offensichtlich etliche Dinge nicht unbedingt deshalb, weil man sie gerne tut, sondern vielmehr deshalb, weil sie erfolgsträchtig sind und man andere Akteure nicht daran hindern kann, sie zu tun. Man kann nun sagen, dass eine allgemeine Beschränkung der individuellen (Wettbewerbs-) Autonomie sehr oft wenigstens für einen Teil der Akteure und manchmal für alle ein Zugewinn an (individuell nutzbarer) Autonomie ist. Ein Dopingverbot macht Hochleistungssportler frei, nicht zu dopen.

Und weniger dramatisch: Eine gesetzliche Regulierung von Ladenschlusszeiten statt autonomer Entscheidung der einzelnen Wettbewerbsteilnehmer beschränkt alle in ihren Möglichkeiten zu konkurrieren und schützt mindestens einen Teil vor dem Zwang zur Überspannung der eigenen Kapazitäten (vgl. dazu auch die Argumentation bei Schimank in diesem Band).

Naturwüchsige Entwicklung und Sackgassen der Evolution: Die Entwicklung der Gesellschaft vollzieht sich im Rahmen der beschriebenen Institution, wie es Marx ausdrückte[10], „naturwüchsig", „hinter dem Rücken der Subjekte". Es ist offen, ob die Subjekte, wenn sie über den Pfad und die Resultate der Entwicklung bewusst und ausdrücklich entscheiden könnten, diese auch so wollen würden. Es ist ebenfalls offen, ob der so bestimmte Entwicklungspfad objektiv in eine Sackgasse mündet oder nicht, da evolutionäre Prozesse zunächst einmal nur lokal optimieren. Es ist gut vorstellbar, dass beispielweise eine bestimmte unter Unternehmensberatern irgendwann gerade angesagte Organisationsform – lean management, outsourcing usw. usw. – die zugleich auf dem langfristigen Raubbau an der notwenigen kulturellen und sozialen Infrastruktur der Organisationsleistung beruht, sich rasch im Wettbewerb gegen andere Organisationsformen durchsetzt. Wenn die Folgen sichtbar werden, sind andere Organisationsformen bereits verdrängt und die kulturellen Ressourcen regenerieren sich nicht von selbst (vgl. Münch in diesem Band). Es gibt dementsprechend auch unter Theoretikern, die dem Markt wohlgesonnen sind, keineswegs eine einhellig bezogene evolutionistische Position, gelegentlich finden wir eindeutige Skepsis ihm gegenüber (Buchanan 1984, S. 194).

7. Rationalitätsprobleme des Marktes in einer nicht stilisierten Welt

So weit zu den Urteilen über Rationalität und Rationalitätsproblemen des Marktes, die sich ausgehend von der oben erläuterten Stilisierung „homo oeconomicus" fällen lassen und die in der entsprechenden Literatur auch Gemeingut sind. Das ist aber nicht alles. Wir müssen nun noch betrachten, ob aus der Realität hinter den Stilisierungen womöglich etwas in unsere Systeme hineinschwappen könnte, das weitere Fragen aufwirft.

Es überrascht – angesichts der nun weniger anspruchsvollen Beschreibung der Akteure –vermutlich nicht, dass hier keine zusätzlichen Rationalitätsgewinne verbucht werden können[11], sondern dass nur zusätzliche Probleme in den Blick geraten. Wenigstens die folgenden sind erwähnenswert:

1. *Die Reflexivität ökonomischen Wissens*: Die ökonomische Theorie beschreibt das Verhalten von Subjekten, die selbst nicht studierte Ökonomen sind. Sie geht zumindest implizit davon aus, dass die Theorien der Ökonomen über den Markt diesen so wenig verändern wie die Theorien der Meteorologen über das Wetter dieses. Die Theorie beschreibt die Subjekte, aber sie informiert sie nicht in folgenreicher Weise: Die Subjekte müssen (und sollen) gerade nicht den Makrozusammenhang im Blick haben. Der Mak-

---

10   Marx und Engels 1962/1845-46: 361; Marx 1968/1844: 511; für eine zusammenfassende Darstellung dieses Aspekts vgl. Zintl 2005.

11   Allenfalls könnte man anführen, dass mangelnde Optimierungsfähigkeit und die daraus folgende Bereitschaft, sich an Daumenregeln zu orientieren, vielleicht einen Dämpfungseffekt haben, der das System insgesamt etwas stabilisiert.

rozusammenhang ist komplex und seine Modellierung auch, aber die Mikrofundierung ist simpel – so wie die Subjekte eben sind. Es gilt gerade als eine der Stärken der Marktwirtschaft, dass sie von denen, die sie tragen, eben nicht vollständig durchschaut werden muss. Die Subjekte lösen ihre Probleme im Rahmen einer Anreizkonstellation, die durch die geltenden Spielregeln gegeben ist (und die Theoretiker sind imstande, das Ganze zusammenzusetzen und notfalls den Ordnungspolitikern Justierungen der Anreizkonstellation vorzuschlagen). Das war zwar immer schon eine idealisierende Beschreibung der Sachlage, aber die Idealisierung wird inzwischen problematischer: Vor allem die Erfindung immer scharfsinnigerer Instrumente des Umgangs mit Risiken – vor allem des separaten Handels mit Risiken – hat die Qualität der gehandelten Produkte und damit auch die der Märkte insgesamt verändert: Erstens ist die Qualität derart abstrakter Objekte nicht in der gleichen Art festzustellen, wie wir es bei – klassischen – physischen Gütern gewohnt sind. Das Problem liegt noch nicht einmal darin, dass wir ohne theoretisches Instrument und Expertenhilfe nicht imstande sind, die Qualität der Güter abzuschätzen (das gilt ja auch für Autos oder Computer). Im Unterschied zu diesen Gütern ist es aber hier ein theoretisches Wissen, das nicht unabhängig von der ökonomischen Theorie ist, sondern vielmehr ein Wissen, das direkt aus ihr stammt. Zweitens – und teilweise aus dem gerade Gesagten folgend –sind die Eigenschaften der gehandelten Produkte keine absolute Merkmale der Produkte, sondern relationaler Natur: Die Qualität eines Autos lässt sich an dem Auto selbst ablesen. Die Qualität einer riskanten Anlage dagegen hängt vom Verhalten anderer Akteure ab – die die gleichen Theorien benutzen und ihre Vermutungen über das Verhalten ihrer aus den gleichen Quellen informierten und sich gleichfalls strategisch verhaltenden Umgebung strategisch zu nutzen versuchen. Die Folgen sind nicht eindeutig. Die Vorstellung eines Gleichgewichtes, auch eines dynamischen Gleichgewichtes im Sinne Hayeks oder Schumpeters (das nie realisiert wird, jedoch immer ein Fluchtpunkt ist, an dem man seine Entscheidungen orientiert; vgl. Schumpeter 1993, Kap. 7) wird allerdings unplausibler.

2. *Marktrationalität und die Erosion von Normorientierung*: Wir sahen oben, dass hinter den Stilisierungen „amoralische Akteure" einerseits und „perfekte äußere Kontrolle" andererseits die Vorstellung eines balancierten Zusammenwirkens von unvollständiger Selbstkontrolle und unvollständiger externer Kontrolle steckt. Ob diese Balance aber tatsächlich unterstellt werden kann, ob sie einfach vorhanden ist oder ob sie entweder endogen stabilisiert oder im Gegenteil endogen destabilisiert wird, ist umstritten. Nach einer Sichtweise, die man die Schumpeter'sche nennen kann (vor allem Schumpeter 1993, Kap 12), führt die soziale und kulturelle Dynamik des Kapitalismus zur Erosion der Orientierung an den geltenden Verkehrsregeln: Die kapitalistische Zivilisation ist in dieser Sicht rechenhaft, rationalistisch, gebaut auf dem Prinzip des *do ut des*, unromantisch und unheroisch. Sie räumt mit Begriffen wie „Pflicht" und „Ehre" auf. Solche Haltungen werden aber im Kapitalismus nach wie vor gebraucht. Der Kapitalismus zehrt also seine eigenen kulturellen Grundlagen auf. Wenn er sie endgültig verzehrt hat, ist er selbst auch am Ende. Nach der entgegen gesetzten Sichtweise, für die etwa die Vorstellung eines „Marktes der Tugend" steht (vgl. Baurmann 1996), schafft sich die Nachfrage nach abstrakt vertrauenswürdigen Kooperationspartnern in einer weitgehend

anonymen Umgebung sehr wohl das zu ihr passende Angebot an Personen, die universalistische Normen der Kooperation internalisiert haben. Für beides gibt es Indizien. In
dem Maße, in dem Schumpeter recht hat, hat man ein weiteres und nun gravierendes
Rationalitätsproblem des Marktes zu konstatieren.

3. *Gestaltbarkeit von Spielregeln und gesellschaftlicher Konflikt:* Die These von der Ent
schärfung von Verteilungskonflikten im Markt dadurch, dass niemand die Verteilung zu
verantworten hat, verwendet die Unterstellung, dass die Spielregeln (unter deren allgemein akzeptierter Geltung das ja tatsächlich der Fall ist) von den Beteiligten als gegeben
hingenommen und nicht weiter in Frage gestellt werden, und dass die Akteure die Spielregeln im Kern richtig verstanden haben: Sie wissen, dass sie ihre Versprechen halten
sollen, und sie wissen, dass sie keine Ansprüche an andere Akteure haben, wenn diese
ihnen gegenüber keine Versprechen abgegeben haben. Wenn die Akteure das verstanden haben, muss ihnen etwa die Idee des gerechten Lohnes innerhalb des Marktes als
unbrauchbar erscheinen. Wenn sie die Spielregeln richtig verstanden haben, werden sie
das Marktresultat auch dann nicht als „ungerecht" kritisieren können, wenn sie zu den
Verlierern gehören. Wenn aber die Beteiligten darüber hinaus wissen, was die Stilisierung zwar nicht geleugnet, aber doch ausgeblendet hat, nämlich, dass die Regeln nicht
vom Himmel gefallen sind, also gerade nicht einfach „Natur" sind, dann werden sie
nicht nur rational innerhalb der Regeln urteilen und handeln können, sondern auch einen
rationalen externen Standpunkt zu den Regeln einnehmen können. Es ist sicherlich ein
potentieller Zugewinn an Rationalität, wenn die Subjekte wissen, dass die Spielregeln
so oder auch anders aussehen können, dass sie gemacht sind und verantwortet werden müssen. Das bedeutet aber zugleich, dass die Konsequenzen ebenfalls verantwortet
werden müssen – nicht von den Akteuren, die unter den Regeln handeln, sondern von
denjenigen, die die Regeln machen. Das Ganze ist insofern durchaus paradox, als sich
hier eine Art von Dilemma auftut: Zum einen gilt es unter den Advokaten des Marktes
als wünschenswert, dass die Subjekte sein Funktionieren einigermaßen verstehen – das
hilft gegen unangemessenes Moralisieren. Wenn sie sich aber hinreichend aufgeklärt
haben, kann es passieren, dass sie erst recht moralisieren, und zwar nun an der Wurzel.
Das könnte Hayek unter anderem im Blick gehabt haben, als er gegen einen konstruk-
tivistischen Rationalismus und für eine ordentliche Dosis nicht berechnender Moralität
plädierte (vgl. dazu auch Zintl 2003).

8. Fazit

Zusammenfassend kann man an dieser Stelle sagen, dass die Sätze über die Rationalitätsprobleme des Marktes, die in der Welt der Stilisierung gelten, wohl ohne weiteres auch in der realen
Welt gelten, die hinter der Stilisierung steckt, dass aber die Sätze über die Rationalitätsleistung
des Marktes, die in der Welt der Stilisierung galten, in der realen Welt hinter der Stilisierung
nicht ungeschoren bleiben. Insoweit ist die Stilisierung problematisch, weil zu optimistisch.
Das bedeutet aber nicht, dass die Stilisierung als unangemessen entlarvt ist. Vielmehr sollten
wir die Wahl der Akteursbeschreibung als variabel und abhängig vom Erkenntnisproblem an-

sehen. Dies wird im Übrigen in der modernen ökonomischen Theorie genau so gesehen – der homo oeconomicus ist nicht das Instrument, das die Disziplin insgesamt charakterisiert, sondern das Instrument für die Analyse bestimmter – gelegentlich idealtypisch gemeinter – Konstellationen. Damit findet die moderne ökonomische Theorie Anschluss an ihre Klassiker – Adam Smith immerhin hat die *Theory of Moral Sentiments* vor dem *Wealth of Nations* geschrieben.

Literatur

Albert, Hans, 1967: Marktsoziologie und Entscheidungslogik. Neuwied: Luchterhand.

Alchian, Armen A., 1950: Uncertainty, Evolution and Economic Theory, Journal of Political Economy 58: 211-221.

Baurmann, Michael, 1996: Der Markt der Tugend. Recht und Moral in der liberalen Gesellschaft. Eine soziologische Untersuchung. Tübingen: Mohr Siebeck.

Buchanan, James M., 1984: Die Grenzen der Freiheit. Tübingen: Mohr Siebeck.

Coase, Ronald, 1937: The Nature of the Firm, Economica 4: 386-405.

Friedman, Milton, 2002: Kapitalismus und Freiheit. Frankfurt: Eichborn.

Hayek, Friedrich A. v., 1969: Der Wettbewerb als Entdeckungsverfahren. In: ders., Freiburger Studien. Tübingen: Mohr Siebeck: 249-265.

Hayek, Friedrich A. v., 1971: Die Verfassung der Freiheit. Tübingen: Mohr Siebeck.

Hirschman, Albert O., 1974: Abwanderung und Widerspruch. Tübingen: Mohr Siebeck.

Hirschman, Albert O., 1987: Leidenschaften und Interessen. Politische Begründungen des Kapitalismus vor seinem Sieg. Frankfurt/Main: Suhrkamp.

Kirchgässner, Gebhard, 2000: Homo Oeconomicus, 2. Auflage. Tübingen: Mohr Siebeck.

Kirsch, Guy, 2004: Neue Politische Ökonomie, 5. Auflage. Stuttgart: Lucius & Lucius.

Latsis, Spiro, 1972: Situational Determinism in Economics, British Journal for the Philosophy of Science 23: 207-245.

Marx, Karl, 1968 [1844]: Ökonomisch-philosophische Manuskripte. In: MEW 40: 465-588.

Marx, Karl und Friedrich Engels, 1962 [1845/46]: Die Deutsche Ideologie. In: MEW 3: 11-531.

Popper, Karl R., 1962: Die Logik der Sozialwissenschaften. In: Kölner Zeitschrift für Soziologie und Sozialpsychologie 14: 233-248.

Sen, Amartya K., 1970: Collective Choice and Social Welfare. San Francisco: North-Holland.

Schumpeter, Joseph A., 1993 [1942]: Kapitalismus, Sozialismus und Demokratie. Tübingen: Francke.

Taylor, Michael, 1987: The Possibility of Cooperation. Cambridge: Cambridge University Press.

Vanberg, Viktor und James M. Buchanan, 1988: Rational Choice and Moral Order. In: Analyse & Kritik 10: 138-160.

Vanberg, Viktor und James M. Buchanan, 1989: Interests and Theories in Constitutional Choice. In: J. of Theoretical Politics 1: 49-62.

Vanberg, Viktor und James M. Buchanan, 1991: Constitutional Choice, Rational Ignorance and the Limits of Reason. In: Jahrbuch für Neue Politische Ökonomie 10: 61-78.

Williamson, Oliver E., 1985: The Economic Institutions of Capitalism. New York: The Free Press.

Zintl, Reinhard, 1989: Der homo oeconomicus: Ausnahmeerscheinung in jeder Situation oder Jedermann in Ausnahmesituationen? Analyse & Kritik 11: 52-69.

Zintl, Reinhard, 2003: Moral: Wissen, Meinungen, Interessen. In: Ingo Pies und Martin Leschke (Hg.), F.A. von Hayeks konstitutioneller Liberalismus. Tübingen: Mohr Siebeck: 241-258.

Zintl, Reinhard, 2005: „Privateigentum, Ausbeutung, Entfremdung: Karl Marx". In: Andreas Eckl und Bernd Ludwig (Hg.), Was ist Eigentum? Philosophische Positionen von Platon bis Habermas. München: Beck: 176-190.

Zintl, Reinhard, 2006: Der ökonomische Ansatz in der politischen Theorie – nützliches Instrument oder Prokrustesbett? In: Thomas Bräuninger und Joachim Behnke (Hg.), Jahrbuch für Handlungs- und Entscheidungstheorie, Band 4. Wiesbaden: VS Verlag für Sozialwissenschaften: 215-229.

Wirtschaft und Rationalität im Neo-Institutionalismus[1]

Anita Engels

Einleitung: Wirtschaft, Rationalität und Neo-Institutionalismus

Die Wirtschaft gilt vielen einerseits als Gesellschaftsbereich, in dem Rationalitätserwartungen in besonderem Maße verankert sind: von der ubiquitären Verbreitung rationaler Wahlhandlungen unter Wirtschaftsakteuren bis zu einer erfolgreichen Durchsetzung einer auf Zwecke ausgerichteten Makroordnung. Andererseits wird in Bezug auf die Wirtschaft auch mit besonderer Vehemenz auf die „irrationalen" Effekte einer sich verselbständigenden ökonomischen Rationalität hingewiesen, die zuweilen auch in eine mehr oder weniger gesellschaftstheoretisch fundierte Kapitalismuskritik mündet. Der in der Einleitung zu diesem Band angesprochene Befund von Rationalität als Paradox der Moderne kommt daher im Bereich der Wirtschaft besonders deutlich zum Ausdruck (vgl. Maurer und Schimank in diesem Band). Was könnte überhaupt mit wirtschaftlicher Rationalität gemeint sein? Zunächst wird darunter zumeist eine Handlungsorientierung verstanden, die mit Intentionalität und dem gezielten Einsatz von Mitteln zur Erreichung eigennütziger Zwecke verbunden ist – eine speziell wirtschaftliche Rationalität müsste sich dann auf Zwecke beziehen, die mit einer Profiterwirtschaftung zu tun haben. Allerdings haben ja bereits in den frühen 1960er Jahren Richard M. Cyert und James G. March betont, dass man Wirtschaftsunternehmen nicht nur als Instrumente verstehen kann, die bestimmte Ziele verfolgen, sondern dass zunächst auch geklärt werden muss, wie diese organisationalen Ziele überhaupt entstehen und wie sie sich im Laufe der Zeit verändern (Cyert und March 1963: 9).

Systematisieren lässt sich die Frage nach dem Verhältnis von Wirtschaft und Rationalität, indem vier verschiedene Analyseebenen unterschieden werden. Erstens geht es um die Frage nach rationalem Handeln auf der Ebene von *Individuen*, die sich absichtsvoll in Wirtschaftskontexten bewegen. Zweitens kann man das Verhältnis von Wirtschaft und Rationalität im Hinblick auf *Wirtschaftsorganisationen*, also vor allem Unternehmen, behandeln. Drittens stellt sich die Frage nach den *Makrostrukturen* des Wirtschaftlichen: Inwiefern lassen sich hier besondere Formen von Rationalität feststellen oder institutionalisierte Rationalitätserwartungen beobachten? Und mit welchen (rationalen) Effekten? Viertens schließlich geht es im Sinne einer *Ökonomisierung* um die Frage der Ausdehnung einer ökonomischen Rationalität in nicht-ökonomische Gesellschaftsbereiche hinein.

Die Antworten auf diese Fragen hängen allerdings unmittelbar von der Wahl des theoretischen Zugangs ab, durch dessen Brille die Fragen betrachtet werden. Aus der Sicht der Systemtheorie, die von ausdifferenzierten Funktionssystemen ausgeht, gibt es keinen Grund

---

1   Für anregende Kommentare zu diesem Beitrag danke ich Lisa Knoll, Georg Krücken, Andrea Maurer, Uwe Schimank und Benjamin Stephan.

für die Annahme eines Rationalitätsgefälles zwischen der Wirtschaft und den anderen gesellschaftlichen Funktionsbereichen. Umgekehrt würde man in manchen Theorien rationaler Wahl einerseits eine Reihe von Gründen finden, warum die Wirtschaft in besonderer Weise auf den prioritär untersuchten Handlungstypus des rationalen Wahlhandelns ausgerichtet ist. Andererseits erheben gerade Rational Choice-Ansätze den Anspruch, dass keine konzeptionelle Trennung zwischen den wirtschaftlichen und den nicht-wirtschaftlichen Bereichen vorgenommen werden muss, da sich das Rational-Modell des Handelns auf alle Handlungsbereiche anwenden lasse. Ein aktueller Band setzt sich ausführlich und aus unterschiedlichen theoretischen Perspektiven mit der Frage nach wirtschaftlicher Rationalität auseinander (Engels und Knoll 2011): Einige Autorinnen und Autoren begeben sich darin auf die Suche nach spezialisierten und lokal institutionalisierten Formen von wirtschaftlicher Rationalität, andere wiederum lehnen jegliche Sonderbehandlung des Rationalitätsthemas in ökonomischen Wirkungszusammenhängen ab. Wieder andere sehen ein Missverhältnis zwischen individuell rationalen Handlungsweisen und irrationalen Effekten auf der Ebene von Handlungsaggregaten (für eine Zusammenfassung vgl. Knoll und Engels 2011).

Das Ziel dieses Beitrages ist es, aus der Sicht einer noch nicht erwähnten Theorierichtung die angedeuteten Fragen nach Wirtschaft und Rationalität zu untersuchen. Der soziologische Neo-Institutionalismus bietet mehrere Vorteile für die Behandlung einer solchen Fragestellung. Zunächst handelt es sich um eine Theorierichtung, die inzwischen selbst sehr verzweigt und ausdifferenziert ist. Die verschiedenen Beiträge zu dieser Theorierichtung lassen eine dynamische Auseinandersetzung mit den Grundannahmen der Theorie sowie interessante Weiterentwicklungen in unterschiedliche Bereiche hinein erkennen. So geht es in diesem Beitrag folglich nicht um reine Wiedergabe, sondern um eine Auseinandersetzung mit einem in Bewegung befindlichen Feld, das von dieser Auseinandersetzung selbst profitieren kann. Ferner lassen sich die vier angesprochenen Ebenen (individuelle Akteure, Wirtschaftsorganisationen, wirtschaftliche Makroordnungen sowie die Ökonomisierung der Gesellschaft) jeweils im Rahmen des Neo-Institutionalismus rekonstruieren, so dass eine lückenlose Auseinandersetzung auf allen Ebenen innerhalb des gleichen Theorierahmens geführt werden kann. Schließlich handelt es sich beim soziologischen Neo-Institutionalismus um eine Theorierichtung, die zunächst nicht speziell auf die Erklärung wirtschaftlicher Phänomene ausgerichtet war, die sich aber auch mit dem Verhältnis von Wirtschaft und Gesellschaft auseinandergesetzt hat (Hasse und Krücken 2009). Es ist mit dieser Theoriewahl allerdings auch eine wesentliche Vorentscheidung zugunsten des so genannten „Kulturprogramms" in der Soziologie (Maurer und Schmid 2002) getroffen, das gerade nicht die Annahme von rational entscheidenden Akteuren voraussetzt. Im Gegenteil begreifen Beiträge des „Kulturprogramms" Rationalitätsmuster als kontingente und kulturell gewordene Phänomene. Gerade in dieser Hinsicht nimmt der Neo-Institutionalismus Rationalitätsphänomene allerdings ernst wie sonst kaum ein theoretischer Ansatz: Rationalitätsvorstellungen sind als Prinzipien der modernen Gesellschaft tief in unser Denken und Handeln eingeschrieben und prägen alle wesentlichen modernen Institutionen. Er knüpft in dieser Hinsicht eng an Max Weber an.

Der soziologische Neo-Institutionalismus interessierte sich zunächst für das Phänomen, dass sich Organisationen (im Sinne von Formalstrukturen) in so vielen gesellschaftlichen Bereichen verbreitet haben und dass diese Formalstrukturen einander auf so verblüffende Weise ähnlich sind. Im Zentrum steht die Einbettung formaler Organisationen in eine rationalisierte Kultur. Dieser kulturellen Ordnung entsprechen Werte wie Universalismus, Regelhaftigkeit und Berechenbarkeit und der Glaube an Zweck-Mittel-Beziehungen. Allerdings wird dieser Glaube hier vor allem als Mythos aufgefasst, den die Organisationen in zeremonieller Weise feiern und der sie in ihrer gesellschaftlichen Umwelt mit Legitimität versieht. Darin liegt eine doppelte Verwendung des Rationalitätsbegriffs (bei Meyer und Rowan 1977): Organisationen übernehmen rationalisierte Strukturelemente und institutionalisieren diese so weit, dass sie intern in Routinehandlungen überführt werden können. Für Wirtschaftsorganisationen bedeutet das eine Orientierung an kulturellen Vorgaben anstelle einer Orientierung an Wettbewerbsbedingungen: „Organisations under attack in competitive environments – small farms, passenger railways, or Rolls Royce – attempt to establish themselves as central to the cultural traditions of their societies in order to receive official protection" (Meyer und Rowan 1991: 49). Das erfordert in vielen Fällen eine lose Kopplung zwischen der Formalstruktur, die zeremoniellen Erfordernissen genügen muss, und den Aufgaben der Organisation, z.B. der Güterproduktion. Diese lose Kopplung wird jedoch als rationaler Umgang mit widersprüchlichen Umwelterwartungen dargestellt, also ganz im Sinne des Rationalmodells von unternehmerischem Handeln. Organisationen gehen mit einer rationalisierten kulturellen Umwelt rational um. Bei Meyer und Rowan stehen diese beiden Sichtweisen unverbunden nebeneinander, sie eröffnen aber eine Reihe von Differenzierungsmöglichkeiten, die im Verlauf der Weiterentwicklung des Ansatzes auch eingeschlagen wurden.

So wird also im Neo-Institutionalismus nicht das Kriterium der Rationalität in Frage gestellt, sondern vor allem der Zusammenhang zwischen Rationalität und Effizienz. Wirtschaftsorganisationen handeln in diesem Modell selbstverständlich rational (wenngleich, wie gezeigt, in einem doppeldeutigen Sinn), aber dies stellt keineswegs sicher, dass dadurch die Kernaufgaben der Organisation in effizienter Weise erfüllt werden. Im Gegenteil werden Beispiele angeführt, bei denen die zeremonielle Sicherung der Legitimität zu ineffizienten Ergebnissen führt. Das greift das in Teilen der Wirtschaftswissenschaften vertretene Versprechen an, dass aus rationalen Mikrohandlungen eine effiziente Kollektiv-Ordnung entsteht.

Im soziologischen Neo-Institutionalismus haben sich im Laufe der Zeit vier verschiedene Argumentationslinien entwickelt, die etwas aussagen über die Möglichkeiten der theoretischen Einordnung wirtschaftlicher Rationalität. Sie beziehen sich auf folgende Punkte: Erstens wird die Durchsetzung und weltweite Verbreitung einer rationalisierten Kultur aufgezeigt. Dieser Argumentationslinie entsprechen in weiten Teilen Arbeiten aus der so genannten World Polity-Forschung (Meyer 2005; Lechner und Boli 2005; Krücken und Drori 2009). Zweitens beschäftigen sich zahlreiche Untersuchungen mit der mehr oder weniger unreflektierten Übernahme rationaler Vorgaben durch Unternehmen. Hier sind vor allem die Arbeiten zu organisationalen Feldern einzuordnen (DiMaggio und Powell 1983; Scott 2001). Drittens thematisieren viele Arbeiten, die sich kritisch mit dem inhärenten Soziologismus des Neo-Institutionalismus auseinandersetzen, die Möglichkeiten des strategisch-rationalen Umgangs mit Legitimitätsanforderungen durch Unternehmen (Oliver 1991; Suchman 1995). Hier gibt es enge Verbindungen zur strategischen Managementforschung. Viertens schließlich wird in den letzten Jahren verstärkt der rationale Aus- und Umbau von Institutionen durch die so genannten *institutional entrepreneurs* behandelt (DiMaggio 1988; Hardy und Maguire 2008).

Diese vier Argumentationslinien sollen im Folgenden nachvollzogen werden, um im Fazit die Fragestellung dieses Beitrages aus der Sicht des soziologischen Neo-Institutionalismus zu beantworten und um weiterführende neo-institutionalistische Wege durch die rationalisierte Moderne zu entwickeln.

Es sei vorangestellt, dass die hier behandelten Argumentationslinien im Neo-Institutionalismus z.T. unterschiedliche Rationalitätsbegriffe voraussetzen, von denen keiner besonders klar definiert ist. Die Ansätze scheinen ihre Stärke eher durch die definitorische Unschärfe ihrer Kernbegriffe zu ziehen, so dass viele verschiedene empirische Arbeiten unter das gleiche gemeinsame Dach gebracht werden können. Ihr gemeinsamer Kern ist die Auseinandersetzung mit den institutionellen Grundlagen gesellschaftlicher Prozesse (Hasse und Krücken 2005), wobei Institutionen als kulturelle Muster interpretiert werden, die erst die rechtlichen und normativen, vor allem aber die kognitiven Orientierungen bereit stellen, auf deren Grundlage Akteure handeln können. Die Aufsätze variieren im Hinblick auf die Frage, welcher Grad an Unabhängigkeit und Eigenständigkeit den Akteuren dabei theoretisch zugerechnet werden kann.

1. Die Durchsetzung und weltweite Verbreitung einer rationalisierten Kultur

Für das Verständnis des Neo-Institutionalismus ist es sinnvoll, zunächst einen Bezug zu den Analysen Max Webers zu Rationalität, Rationalisierung und Rationalismus herzustellen (vgl. Müller in diesem Band; Hasselbladh und Kallinikos 2000). Weber beschreibt in seinem Werk die kulturelle Rationalisierung des Okzidents. Die wesentlichen Elemente dieses Prozesses sind der Wandel der religiösen Grundlagen der Kultur, und zwar vor allem im Hinblick auf eine stärkere Orientierung an der Diesseitigkeit des Lebens, die Entzauberung der Welt und eine damit einhergehende stärkere Ausrichtung der Lebensführung an Zweck-Mittel-Beziehungen. In einer typischen Weber-Lesart führt das schließlich zu dem eher bedrohlichen Szenario des stählernen Gehäuses der Bürokratie, die für den inhaltsleeren, formalen Rationalismus steht und eine kalte und technokratische Ordnung darstellt. Der Neo-Institutionalismus, insbesondere in den Arbeiten zur Entstehung einer World Polity[2], knüpft einerseits sehr eng an die These der kulturellen Rationalisierung an, weicht von dem Weber'schen Szenario aber in interessanter Weise ab, wenngleich in zahlreichen Studien nachgewiesen wird, wie die rationalen Grundelemente der westlichen modernen Welt Einzug in alle Lebensbereiche halten (Meyer et al. 1994). In diesen Arbeiten geht es jedoch darum zu zeigen, wie Rationalität als zentrales kulturelles Muster zu einem quasi-religiösen Durchbruch gelangt. Universalismus, der Glaube an Effizienz und die Stilisierung des Handelns als zweckhaft gehören zu den Insignien der Moderne schlechthin, sie werden mit Pomp zelebriert und stellen gewichtige Gründungsmythen der modernen (westlichen) Kultur dar. Im Unterschied zur kalten Technokratie

---

2   Der Begriff der World Polity wird hier ohne Übersetzung beibehalten, da es keine genaue Entsprechung im Deutschen gibt. Die Übersetzung mit Weltkultur impliziert eine zu stark homogenisierende Vorstellung, wenngleich der Begriff für die deutschsprachigen Übersetzungen der Arbeiten von John Meyer verwendet wurde (Meyer 2005). Die World Polity umfasst einen gemeinsamen kulturellen Raum, in dem die Grundlagen sowohl für den politischen Austausch als auch für das angemessene moderne gesellschaftliche Sein geschaffen werden. In einem neueren Überblick wurde dem entsprechend auch für den amerikanischen Raum der Begriff der World Society verwendet (Krücken und Drori 2009).

bei Max Weber stellt sich Rationalismus im Neo-Institutionalismus daher als eine aufgeheiz-
te Werteordnung dar.

Auf dieser Grundlage stellt sich die Frage, welches die zentralen Elemente der rationalen Kultur sind und wie sie sich weltweit verbreiten. Hier setzt der Neo-Institutionalismus am
Selbstverständnis des modernen westlichen Individuums an und versucht aufzuzeigen, dass
es „actorhood" selbst ist, die hier kulturell begründet wird und weltweit diffundiert. Es ist ein
zentraler theoretischer Beitrag dieser Forschungsrichtung, auf den kulturell gewordenen und
damit kontingenten Charakter von Akteuren hinzuweisen. Akteure sind heutzutage überall
anzutreffen. Sie handeln absichtsvoll und autonom, sie sind mit Handlungskompetenzen und
Handlungsabsichten ausgestattet und sie übernehmen für eine wachsende Anzahl von Belangen in der Welt Zuständigkeit. Der Neo-Institutionalismus verweist darauf, dass diese Eigenschaften keine naturwüchsigen Eigenschaften von Individuen sind, sondern dass es sich um
Zuschreibungen handelt, die getragen werden durch eine kulturelle Werteordnung. Die Argumentationslinie wird jedoch noch verlängert und über Individuen hinaus angewandt. Meyer
und Jepperson (2005) argumentieren, dass das allgemeine Muster der „actorhood" im Prozess
der Herausbildung der World Polity auch auf Organisationen und sogar auf Nationalstaaten
bezogen wird. Individuen, Organisationen und Nationalstaaten seien die Akteure der modernen Gesellschaft – ihre Handlungsfähigkeit und –kompetenz wird abgesichert u.a. durch das
institutionelle Gefüge der Vereinten Nationen, in denen sich Nationalstaaten gegenseitig als
Entscheidungsträger adressieren und auch von anderen so behandelt werden. Gleiches gilt für
Organisationen. Insbesondere kann dies gezeigt werden an dem wachsenden Bestand an In-
teressenvertretungen, die in Form von Nicht-Regierungsorganisationen in Entscheidungsprozesse eingebracht werden (Hironaka et al. 1997). Dieses Organisationswachstum ist nicht nur
jeweils lokal oder regional zu beobachten, sondern man kann auch ein exponentielles Wachstum der internationalen Zusammenschlüsse solcher Organisationen beobachten, die dann wiederum als internationale Nicht-Regierungsorganisationen gegründet werden und als Akteure
für die jeweiligen Interessen eintreten (Boli und Thomas 1999).

Strang und Meyer zeigen auf, dass dieser Prozess begleitet wird durch Experten und Beratungsinstanzen. Die Ausweitung von „actorhood" ist nicht spontan oder naturwüchsig zu verstehen, sondern sie wird vorangetrieben durch Theoretisierungsarbeiten und durch Beratungs-
prozesse (Strang und Meyer 1993; Meyer 1986; Drori und Meyer 2006). Mit Theoretisieren ist
gemeint, dass rationale Begründungen dafür entwickelt werden, dass „actorhood" möglich ist,
dass sie erforderlich ist und dass es zahlreiche Kausalzusammenhänge gibt, die den Akteuren
Ansatzpunkte für wirksames Handeln liefern. Das gilt nicht nur für das Handeln der Akteure, um ihre eigenen Zwecke durchzusetzen, sondern auch für das Handeln, das Akteure stellvertretend für andere bzw. anderes durchführen. So setzen sich z.B. immer mehr Akteure für
die Rechte von Tieren ein, oder für die Beachtung von Naturschutzprinzipien (Hoffman und
Ventresca 2002), oder für die Interessen von Personen, die sich nicht selbst äußern können.

Gleichzeitig kann man beobachten, dass die Prinzipien der „actorhood" über Beratungs-
prozesse auch aktiv verbreitet werden. Besonders ausgearbeitet ist dieser Zusammenhang im
Hinblick auf Nationalstaaten und den wachsenden Bestand an Aufgaben, für den sie Zuständigkeit reklamieren. Es ist z.B. gezeigt worden, wie immer mehr Nationalstaaten Ministerien
ausbilden für Wissenschaft und Forschung und für Umweltschutz (Hironaka et al. 2000; Fin-

nemore 1992). So ist eine andauernde Ausweitung der Kompetenzen von Nationalstaaten zu beobachten, die über die vor dem Ersten Weltkrieg als Kernaufgaben wahrgenommenen Bereiche der Sicherheit nach innen und nach außen weit hinausgehen. Im Unterschied zu allen Diskussionen um einen faktischen Bedeutungsverlust der Nationalstaaten, der im Zusammenhang mit wirtschaftlichen Globalisierungsprozessen konstatiert wird, kommen diese Arbeiten zu dem Schluss, dass Nationalstaaten mit einer weiter wachsenden Zahl von Zuständigkeiten befasst sind. Dass das Portfolio an Zuständigkeiten nicht spontan aus den jeweils lokalen Erfordernissen heraus entwickelt wird, lässt sich insbesondere an den Beispielen derjenigen Nationalstaaten beobachten, die in den 1960er Jahren oder auch noch danach den Status gewechselt haben von einer abhängigen Kolonie zu einem unabhängigen und eigenständigen Nationalstaat, der eine eigene Stimme im Verband der Vereinten Nationen hat. An diesen Fällen lässt sich anschaulich nachzeichnen, wie bereits vorhandene kulturelle Skripte über Nationalstaatlichkeit übernommen werden, aktiv gefördert durch Beratungsinstanzen der UNESCO oder auch der OECD (Finnemore 1992; 1996; Meyer 1987).

Was haben diese Arbeiten zur weltweiten Diffusion von „actorhood" nun mit dem Thema Wirtschaft und Rationalität zu tun? Zur Erinnerung: Rationalität ist der Kern des kulturellen Modells von „actorhood", das sich auf die beschriebene Art ausweitet. Mit Wirtschaft hängen diese Prozesse in mehrfacher Hinsicht zusammen:

Erstens lässt sich beobachten, dass zunehmend auch Wirtschaftsunternehmen diese Akteursrolle in gesellschaftlichen Feldern übernehmen bzw. sie ihnen zugesprochen wird, die keinen unmittelbaren Bezug zur Produktion von Gütern oder Dienstleistungen haben. Unternehmen werden beispielsweise auch als Akteure in internationalen Umweltverhandlungen behandelt und finden sich dabei Seite an Seite mit NGOs, was zusammengenommen eine Expansion der zuständigen Akteursgruppen über die staatlichen Akteure hinaus darstellt (Djelic und Sahlin-Andersson 2006; Engwall 2006).

Zweitens werden Wirtschaftsorganisationen aber auch zu Referenzobjekten für die Akteurswerdung. In gewisser Weise ist die Durchsetzung einer rationalisierten Kultur auch als Prozess der Ökonomisierung zu begreifen, was für viele verschiedene Bereiche bereits diskutiert worden ist: der Druck, sich an Managementmodellen und rationaler Organisationsgestaltung zu orientieren, trifft Krankenhäuser, Hochschulen, Kirchen und soziale Einrichtungen gleichermaßen (vgl. Scott et al. 2000; Meier 2011; Henkel 2011).

Drittens erstreckt sich das allgemeine Argument der Akteurswerdung und der kulturellen Bedingtheit von „actorhood" auch auf spezialisierte wirtschaftliche Bereiche. Insbesondere für die Akteursrolle von Marktteilnehmern gilt, dass sie hoch voraussetzungsreich ist und jeweils spezifisch erlernt werden muss. Das betrifft nicht nur individuelle Akteure, die sich plötzlich mit der Anforderung konfrontiert sehen, marktförmig zu handeln (z.B. wenn sie als Stromkonsumenten nach einer Energiemarktliberalisierung entscheiden müssen, ob sie von einem ehemaligen Monopolanbieter zu einem neuen Anbieter wechseln wollen). Man kann auch zeigen, dass Unternehmen in für sie neuartigen Entscheidungskonstellationen erst lernen müssen, in welcher Weise sie sich marktförmig verhalten können (Engels 2009a; 2009b). Insbesondere in Situationen großer Ungewissheit und hoher Entscheidungskomplexität kommen neo-institutionalistische Erklärungsansätze zum tragen.

Im soziologischen Neo-Institutionalismus, so kann man bisher zusammenfassen, wird also zunächst eine kulturelle Interpretation des Rationalen angeboten, die sich auch auf wirtschaftliche Rationalität bezieht und hier sogar zeigen kann, wie wirtschaftliche Rationalität zum Referenzpunkt breiterer kultureller Rationalisierungsprozesse wird. Das lässt sich nun auch im Hinblick auf Wirtschaftsorganisationen im engeren Sinne beziehen.

2. Die unreflektierte Übernahme rationaler Vorgaben durch Unternehmen

Während die Arbeiten zur Herausbildung der World Polity im deutschsprachigen Raum als *weltgesellschaftliche* Perspektive diskutiert werden (Stichweh 2000; Wobbe 2000), hat sich im soziologischen Neo-Institutionalismus auch eine genuin *organisationssoziologische* Variante herauskristallisiert, die enge Bezüge zur Wirtschaftssoziologie erkennen lässt bzw. in Teilen auch deckungsgleich ist. Das zentrale Argument besagt, dass Organisationen sich nicht als effiziente Antworten auf funktionale Erfordernisse verstehen lassen, sondern eher als ein Ausdruck oder eine Verkörperung der vorherrschenden kulturellen Ordnung. Sie sind daher nicht als Instrumente zur Zielerreichung zu betrachten, sondern als Institutionalisierungen einer möglichst großen Übereinstimmung mit den legitimatorischen Erwartungen der Organisationsumwelt.

Das Interesse des soziologischen Neo-Institutionalismus galt zunächst vor allem der empirischen Beobachtung einer Strukturähnlichkeit, die sich auf einer abstrakten Ebene für unterschiedliche gesellschaftliche Bereiche feststellen lässt: überall werden menschliche Anliegen in die Form formaler Organisation gebracht, und diese formalen Organisationen weisen eine hohe Ähnlichkeit miteinander auf. Verstärkt wird dieser Eindruck noch, wenn einzelne gesellschaftliche Bereiche genauer untersucht werden und innerhalb dieser Felder eine große Homogenität organisationaler Formen existiert. Die ersten Arbeiten waren schwerpunktmäßig allerdings gar nicht auf Wirtschaftsorganisationen bezogen, sondern setzten eher an dem Befund an, dass nicht-wirtschaftliche Bereiche durchorganisiert sind und sich als kulturell legitimierte Einheiten institutionalisieren. Schulen, Museen, Krankenhäuser und Wohltätigkeitsorganisationen gelten für diese Arbeiten als prototypisch, da sie in hohem Maße darauf angewiesen sind, dass sie Unterstützung durch ihre gesellschaftliche Umwelt erfahren – gerade weil sie sich nicht nach wirtschaftlichen Kriterien berechnen lassen bzw. gemessen an Kosten-Nutzen-Erwartungen regelmäßig scheitern müssten. Sie sind die Kernbereiche des öffentlichen Sektors (auch wenn diese Bereiche in der Zwischenzeit mehrere Privatisierungswellen durchlaufen haben) und werden daher stärker an Kriterien der Angemessenheit und der Legitimität denn an Wirtschaftlichkeit gemessen (Meyer 1977; DiMaggio 1986; Rowan 1982; Scott et al. 2000; Hwang und Powell 2009; Powell und Steinberg 2006).

In einem frühen Beitrag führen Scott und Meyer (1983) daher noch eine Differenzierung ein, die zwischen stärker technischen Umwelten und institutionellen Umwelten unterscheidet. Darin stellen sie eine Reihe von Hypothesen auf, die für institutionelle und technische Umwelten jeweils unterschiedliche Organisierungs- und Institutionalisierungsformen erwarten lassen. Insbesondere formulieren sie die Erwartung, dass Organisationen in technischen Umwelten sich auf ihre Produktionsaktivitäten konzentrieren und Umwelteinflüsse abblocken werden. Sie sind dafür in hohem Maße von ihrer Fähigkeit abhängig, effizient zu produzieren und effektive interne Strukturen auszubilden (Scott und Meyer 1983). In vielen späteren Studien wurde diese Differenzierung aufgehoben und die Annahmen einer starken Orientierung an kulturellen Vorgaben einer institutionalisierten Umwelt wurden auch auf Wirtschaftsunternehmen übertragen. Da auch Wirtschaftsunternehmen vielfach vor Entscheidungsproblemen stehen, die von großer Ungewissheit und Komplexität gekennzeichnet sind, wurde gezeigt, dass in diesen Fällen häufig Elemente der die Unternehmen umgebenden rationalisierten Kultur übernommen werden, ohne dass dies selbst auf wirtschaftlich rationales Entscheiden zurückzuführen sei. Wichtig ist dabei die Orientierung an einem für das jeweilige Unternehmen relevanten organisationalen Feld, das sich z.B. aus den Wettbewerbern, den staatlichen Regulierungsinstanzen, Beratungsunternehmen, Zulieferern und branchenspezifischen Verbänden zusammensetzt.[3]

In organisationalen Feldern können zumindest drei ausführlich beschriebene Mechanismen zur Wirkung gelangen, die eine quasi unreflektierte Übernahme rationaler Vorgaben durch die Unternehmen ermöglichen bzw. erzwingen (DiMaggio und Powell 1991; Scott 2001). Zum einen handelt es sich dabei um mimetische Übernahme, d.h. um Nachahmungsphänomene zwischen Wettbewerbern, die besonders in Situationen großer Ungewissheit zu beobachten sind. Die Unternehmen orientieren sich an Vorbildern, deren Strategien angemessen erscheinen oder sich als erfolgreich präsentieren lassen. Sie kopieren diese Vorgaben und stellen die Lösung als Ergebnis eines rationalen Auswahlprozesses dar. Ein zweiter Mechanismus besteht in der Übernahme von Vorgaben durch Zwang oder durch die Anerkennung einer Vormachtstellung anderer. Diese Art von Vorgaben geht häufig von staatlichen Regulierungsinstanzen aus, die durch die Formulierung von Standards oder ähnlichem zu einer Angleichung unterschiedlichster Unternehmen in einem organisationalen Feld führen. Es ist aber auch denkbar, dass ein einzelnes Unternehmen aufgrund seiner besonderen Marktmacht in der Lage ist, Standards im organisationalen Feld durchzusetzen und die Wettbewerber und Zulieferer zu einer Anpassung zu bewegen. Der dritte Mechanismus schließlich bezieht sich auf Professionalisierungsprozesse in einem Feld, in denen es um die Herausbildung einer normativen Ordnung geht. Ein Berufsethos oder die Gepflogenheiten einer Branche wären hier zu nennen. Eine besondere Rolle spielen dabei Berufs- und Branchenverbände ebenso wie Beratungsunternehmen.

Das Kernargument bleibt, dass gerade nicht Entscheidungen über den Einsatz von instrumentellen Mitteln für eigennützige Zwecke getroffen werden, sondern dass sektorweite Strukturierungsprozesse stattfinden, die rationales Individualentscheiden geradezu erübrigen. Im Extremfall kann rein kulturalistisch erklärt werden, was dann im Nachhinein in Wirtschaftsunternehmen als rational umgedeutet wird, in engem Zusammenhang mit der Darstellung nach außen, dass es sich um ein Effizienzerfordernis handelt und dass die übernommene Lösung auch eine effiziente ist. Die alles erklärende Variable ist dann eine Orientierung an Legitimität, und was gerade legitim ist, entscheidet sich im (kulturellen) Feld und nicht entlang von wirtschaftlichen oder gar Effizienzkriterien.

In einer Metastudie zu den empirischen Untersuchungen, die mit dem Konzept des organisationalen Feldes gearbeitet haben, stellen Mizruchi und Fein (1999) heraus, dass die mi-

---

3   Häufig ist das organisationale Feld mit dem wirtschaftlichen Sektor gleichgesetzt worden, in dem sich die untersuchten Unternehmen befinden. Diese Verengung ist jedoch vielfach kritisiert worden.

metischen Prozesse und die kognitiven Orientierungen ein unverhältnismäßiges Übergewicht erlangen. Während manche Autoren diesen Schwerpunkt auf kognitive Orientierungen als die besondere Leistung des Neo-Institutionalismus gegenüber älteren Institutionentheorien herausstellen (Klatetzki 2006), kritisieren Mizruchi und Fein dies als Verengung und Vernachlässigung von erzwungenen Übernahmen und Machtverhältnissen in organisationalen Feldern (Mizruchi und Fein 1999). Für die hier behandelte Frage nach Wirtschaft und Rationalität ist gerade diese Schwerpunktsetzung jedoch besonders instruktiv. Dass das Wirtschaftsleben auch aus Zwängen besteht und von Machtverhältnissen geprägt ist, ist sicherlich eine wichtige soziologische Erkenntnis, sie behandelt aber nicht die für die Rationalitätsfrage interessanten Fälle von Entscheidungsprozessen jenseits der staatlichen Zwänge oder der Vorgaben durch übermächtige Konkurrenten. Gerade in Fällen, in denen freies Entscheiden möglich wäre, stellt sich ja die Frage, inwiefern Rationalität tatsächlich ein maßgebliches Entscheidungskriterium ist und wie Unternehmen dieses Kriterium operativ umsetzen. Die Beiträge zu den mimetischen Prozessen in organisationalen Feldern zeigen gerade, dass hier andere Prozesse zum Tragen kommen, die eher mit einer rituellen und zeremoniellen Übernahme von Vorgaben aus der institutionellen Umwelt zu erklären sind.

Der zentrale Kritikpunkt daran bezieht sich jedoch darauf, dass diesen Arbeiten ein inhärenter Soziologismus innewohnt, d.h. dass die Unternehmen eine Überdeterminiertheit durch soziale Strukturen und kulturelle Vorgaben erleben, die mit dem Konzept des unternehmerischen Entscheidens nicht mehr in Einklang zu bringen sind. Das ist aus verschiedenen Gründen nicht überzeugend. Vor allem ist es eine nicht zu Ende gedachte Argumentationsfigur, denn die Annahme der automatischen Übernahme von Vorgaben aus der institutionellen Umwelt unterstellt, dass die Umweltvorgaben eindeutig, widerspruchsfrei und klar zu erkennen sind. Das ist aber ja gar nicht zu erwarten; im Gegenteil muss von der Heterogenität oder gar Widersprüchlichkeit von Umwelterwartungen ausgegangen werden. Auch sind von den als erfolgreich wahrgenommenen Vorreitern nicht alle Details der Umsetzung bekannt, und man kann nicht wissen, ob die Darstellung des Erfolges tatsächlich durch Erfolge gedeckt ist oder ob sich im Gegenteil im Nachhinein das kopierte Modell nicht doch als Flop erweist. Folglich muss es einen aktiven Übernahmeprozess geben, der einen selektiven Zugriff auf die vorhanden kulturellen Vorgaben beinhaltet. Außerdem legten ja bereits die ersten Arbeiten von Meyer und Rowan die Möglichkeit nahe, dass Organisationen mit den rationalen Vorgaben der institutionellen Umwelt durchaus rational umgehen, da sie sie einsetzen, um die Legitimität und das langfristige Überleben der Organisationen zu sichern.

Aus dieser Kritik heraus entwickelt sich die Frage nach den Möglichkeiten des strategischen Umgangs mit Legitimitätserfordernissen. Dies bildet den dritten Strang innerhalb des soziologischen Neo-Institutionalismus, der hier behandelt werden soll.

3. Strategisch-rationaler Umgang mit Legitimitätsanforderungen

Die Annahme der Einbettung von Unternehmen in Werteordnungen schließt wie bereits gesagt nicht aus, dass die Unternehmen sich dazu strategisch verhalten. Dieser Ausgangspunkt hat zu einer ganzen Reihe von Arbeiten über die institutionellen Grundlagen strategischen Handelns geführt. Viele Arbeiten knüpfen dabei an Grundannahmen des soziologischen Neo-

Institutionalismus an und bauen die Argumentation in Richtung der strategischen Managementforschung aus. Ein besonders anschaulicher Beispielbereich ist die Ökologisierung der Wirtschaft, d.h. die Übernahme von Maßnahmen, die das Unternehmen in Übereinstimmung bringen mit Anforderungen des Umweltschutzes (Engels 2010a). Seit vielen Jahren lässt sich zeigen, dass Unternehmen in diesen Bereichen wesentlich mehr Anpassungsleistungen erbringen, als gesetzlich vorgegeben wäre. Viele Arbeiten zum so genannten *Corporate Greening* weisen dabei nach, dass Unternehmen hier eine genaue Abwägung vornehmen: Es geht um die Sicherstellung von Imagegewinnen, aber auch um die ökonomischen Vorteile von Energieeffizienzverbesserungen oder Kosteneinsparungen durch verringerten Materialeinsatz oder verringertes Abfallaufkommen. Unternehmen werde auf vielfache Weise dazu angehalten, sich mit den Möglichkeiten der ökologischen Verbesserung ihrer Produktionsabläufe auseinanderzusetzen. So werden beispielsweise zunehmend ökologische Bewertungskriterien finanzmarktrelevant aufbereitet und in die Bewertung der Unternehmen durch Analysten mit einbezogen (Bassen und Kovac 2008). Auch kann man zeigen, dass sich bei der Belegschaft und dem Management allmählich ein Wertewandel vollzieht, so dass Unternehmen von einer erhöhten Identifikation und Motivation profitieren können, wenn sie sich als umweltbewusste und aktiv die Umwelt schonende Arbeitgeber präsentieren (Bansal und Roth 2000). So reagieren Unternehmen auf die legitimatorischen Bedingungen des Wirtschaftens, indem sie diese strategisch aufgreifen und in ihre Entscheidungsprozesse einbauen. In ähnlicher Weise kann man das auch für die Bereiche von Corporate Social Responsibility nachweisen (Hiß 2006).

Diese Stoßrichtung eröffnet auch Anschlussmöglichkeiten für andere Theorieangebote. Levy und Egan (2003) haben z.B. als Erweiterung neo-institutionalistischer Ansätze vorgeschlagen, strategische Unternehmensentscheidungen in einem neo-gramscianischen Deutungsrahmen zu interpretieren. Am Beispiel der Ölindustrie zeigen sie, dass eine strategische Umorientierung Ende der 1990er Jahre erfolgte, die durch den wachsenden weltweiten Druck auf der Grundlage internationaler Klimaverhandlungen erforderlich wurde. Eine bestehende Hegemonialordnung, die den Ölkonzernen die legitime Erwirtschaftung von Gewinnen aus der Erdölförderung und Weiterverarbeitung ermöglichte, geriet durch eine Allianz von Umwelt-NGOs und staatlichen Akteuren in eine Krise. In den späten 1980er und weit in die 1990er Jahre hinein versuchte die Ölindustrie, diesen Wandel vor allem dadurch aufzuhalten oder zu begrenzen, dass sie die wissenschaftlichen Ergebnisse der Klimaforschung in Zweifel zog bzw. die Ergebnisse der so genannten Klimaskeptiker aufzuwerten versuchte. Ende der 1990er Jahre wurde diese Haltung jedoch insbesondere von den europäischen Großkonzernen BP und Shell zugunsten einer proaktiven Haltung gegenüber dem Klimaproblem aufgegeben. Die Konzerne waren zu einer neuen Einschätzung gelangt: dass sich die legitimatorischen Voraussetzungen der Ölindustrie grundsätzlich gewandelt hatten und sie sich darauf einstellen mussten, die Nutzung fossiler Brennstoffe nur noch als eine Übergangslösung zu betrachten. In diese Zeit fiel auch der Versuch BPs, sich als grüner Konzern neu zu definieren und mit dem Slogan „Beyond Petroleum" eine zukunftgerichtete Unternehmenspolitik zu symbolisieren. Durch diese strategische Umorientierung wurde es den Ölkonzernen möglich, sich einen Einfluss auf die Ausgestaltung von Klimaschutzabkommen zu sichern, da sie nun als Träger von Lösungsansätzen identifiziert wurden, statt ausschließlich als Verursacher des Problems zu gelten. Levy und Egan (2003) zeigen daher, dass Unternehmen durchaus in der

Lage sind, veränderte legitimatorische Bedingungen für ihre Wirtschaftsmacht zu reflektieren und strategisch darauf zu reagieren, nämlich in einer Kehrtwende von einem blockierenden zu einem proaktiven Umgang mit Klimaregulierung. Dieser Ansatz hat starke Bezüge zur politikwissenschaftlichen Forschung, die sich mit der Entstehung von Regimen und wirtschaftlicher Regulierung beschäftigt (Okereke et al. 2009; Levy und Newell 2005; Stephan 2010).

Was bedeuten diese Ansätze nun für die Frage dieses Beitrags zum Thema Wirtschaft und Rationalität? Unternehmen wenden wirtschaftliche Rationalitätskriterien an, indem sie die legitimatorischen Erfordernisse der Organisationsumwelt strategisch behandeln und zum Zwecke der Profiterwirtschaftung instrumentell einsetzen. Insofern wird hier wie selbstverständlich unterstellt, dass wirtschaftliche Rationalität zum Einsatz kommt (Roberts 2008). Oliver versucht beispielsweise eine theoretische Synthese aus ressourcenbasierten strategischen Managementansätzen und stärker institutionalistischen Organisationsansätzen, um aufzuzeigen, dass der langfristige Erfolg von Wirtschaftsunternehmen von ihrer Fähigkeit abhängt, den institutionellen Kontext gezielt zu beeinflussen oder zu managen, in dem die Ressourcen bezogenen Entscheidungen getroffen werden (Oliver 1997). Deephouse knüpft direkt an die Strukturähnlichkeitserwartung der neoinstitutionalistischen Organisationsforschung an, nimmt hier aber eine strategische Erweiterung vor (Deephouse 1999). Er argumentiert, dass Unternehmen sowohl unter dem Druck zur Abweichung stehen (wodurch sie sich von Wettbewerbern abgrenzen) als auch unter dem Druck zur Konformität (wodurch sie Legitimität sichern können). Es sei daher im strategischen Interesse der Firmen, sich so abweichend zu positionieren, wie es unter Berücksichtigung legitimatorischer Erfordernisse möglich erscheint. Eine weitere Möglichkeit der Verknüpfung wird in einer Studie realisiert, die mit einem Modell narrativer Rekursivität operiert, um darzustellen, wie organisationale Legitimität abhängig ist von der Art und Weise, wie „Geschichten" erzählt werden (storytelling) und wie an narrative Grundstrukturen angeknüpft wird, wodurch die Glaubwürdigkeit in den Augen des Publikums erhöht wird (Golant und Sillince 2008).

Es gibt jedoch innerhalb des Neo-Institutionalismus auch eine kritische Auseinandersetzung mit diesen Grundannahmen. So wird insgesamt argumentiert, dass Unternehmen nur begrenzt strategisch auf die institutionellen Grundlagen des Wirtschaftens zugreifen können. Mehrere Argumente werden gegen die Möglichkeit strategischen Legitimationsmanagements ins Feld geführt. Zum einen ist hier die Frage zu nennen, wie Organisationen überhaupt im Vorfeld wissen können, welche legitimatorischen Auswirkungen getroffene Entscheidungen einmal haben werden. Legitimation ist ja bekanntlich, um an die herrschaftssoziologischen Grundlagen bei Max Weber anzuknüpfen, abhängig von der Einschätzung der Befehlsempfänger, nicht nur von den Behauptungen des Herrschers.[4] Ein anderes Problem stellt sich im weiteren Verlauf des Legitimationsmanagements ein. Mark Suchman beispielsweise hat die Risiken und Paradoxien des Legitimitäts-Managements diskutiert (Suchmann 1995). Das so genannte self-promoter's paradox soll hier als Beispiel genügen: Je konsistenter und demonstrativer die Übereinstimmung des Unternehmens mit der vorherrschenden Werteordnung nach außen dargestellt wird, desto größer ist die Wahrscheinlichkeit, dass das von außen als zy-

---

4   Interessanterweise stellt sich diese Frage nicht nur für die beforschten Unternehmen, sondern auch für die Forschenden selbst: in welchem theoretisch-methodologischen Rahmen kann eigentlich Legitimation faktisch erkannt oder gar gemessen werden (Hannan und Carroll 1995; Baum und Powell 1995)?

nisch interpretiert und gerade als Hinweis darauf gedeutet wird, dass das Unternehmen etwas zu verbergen hat (Suchmann 1995: 599). Darin spiegelt sich ein ganz allgemeines Problem wider, das in der soziologischen Theorie allerdings selten beachtet wird: die Problematik der authentischen Kommunikation insgesamt, die, sobald sie als „authentisch" beobachtet wird, Gefahr läuft, als etwas anderes – nämlich als strategisch – umgedeutet zu werden (Otway und Wynne 1993; Japp 2010).

Zusammenfassend lässt sich zu dieser theoretischen Weiterentwicklung daher sagen, dass sich hieraus eine Reihe von interessanten Anknüpfungspunkten sowohl zu betriebswirtschaftlichen als auch zu politikwissenschaftlichen Forschungen ergibt. Es zeigt sich jedoch, dass der strategische Umgang der Unternehmen mit Legitimitätserfordernissen Begrenzungen unterliegt, an die sich zahlreiche Folgeprobleme anknüpfen. Diese Folgeprobleme sind sowohl für die Praxis der Unternehmen als auch für die theoretischen Deutungen innerhalb des Neo-Institutionalismus bedeutsam.

4. Rationaler Aus- und Umbau von Institutionen durch institutional entrepreneurs

Die Auseinandersetzung mit dem inhärenten Soziologismus des Neoinstitutionalismus (also der Überdeterminiertheit des Handelns durch gesellschaftliche Strukturbedingungen) führt noch in eine weitere Argumentationslinie, die in der wachsenden Literatur zu den so genannten institutionellen Unternehmern zum Ausdruck kommt (Dorado 2005; Greenwood und Suddaby 2006; Lawrence 1999; Lawrence und Suddaby 2006; Levy und Scully 2007). DiMaggio hatte 1988 die stärkere Berücksichtigung von Akteuren und deren gestaltender Funktion für Institutionen gefordert, was eine ganze Forschungsrichtung zu den institutionellen Unternehmern ausgelöst hat (DiMaggio 1988; Walgenbach 2002). Institutionelles Unternehmertum bezieht sich auf Aktivitäten von Akteuren, die ein Interesse an spezifischen institutionellen Arrangements haben und Ressourcen gezielt einsetzen, um neue Institutionen aufzubauen oder bestehende Institutionen zu transformieren (Hardy und Maguire 2008: 198). Diese Akteure handeln also intentional, sie handeln auf der Grundlage von Informationen, sie sind mit Handlungsfähigkeit ausgestattet und setzen kulturelle Rahmungen (Framings) strategisch ein. In zahlreichen empirischen Untersuchungen wird mit diesem Konzept ein quasi rationalistisches Programm in den Neo-Institutionalismus wieder eingeführt. Gleichzeitig ist eine Forschungsrichtung in der Institutionenökonomie entstanden, die sich ebenfalls mit institutionellen Unternehmern beschäftigt, die institutionelle Rahmenbedingungen gezielt zu ändern versuchen. Während in der soziologischen Institutionentheorie allerdings unterschiedlichste Motivationen angenommen werden, die das Engagement der institutionellen Unternehmer antreiben, ist in der institutionenökonomischen Richtung die Motivation vor allem am ökonomischen Nutzen, also beispielsweise an der Gewinnerzielung, ausgerichtet. Wie ein aktueller Überblicksartikel nachweist, verlaufen diese beiden Stränge beinahe unverbunden nebeneinander her (Pacheco et al. 2010).

Es scheint vor allem zwei situative Kontexte zu geben, in denen die Bedeutung von institutional entrepreneurs besonders zum Vorschein kommt. *Erstens* geht es um Kontexte von Neuheit, z.B. das Entstehen neuer Märkte und neuer Industrien. Hier müssen die Marktakteure zunächst die Bürde der Neuheit überwinden, die sich vor allem in einem Mangel an Legitimität für das Produkt, die Verfahren und die Anbieter ausdrückt. Institutionelle Unternehmer sind in solchen Kontexten diejenigen, die daran arbeiten, die neuen Aktivitäten zu legitimieren und Verhaltensmuster zu etablieren. So wird die Unsicherheit in neu entstehenden Märkten reduziert (Déjean et al. 2004). *Zweitens* geht es um Kontexte von institutioneller Reife. Bereits etablierte Felder lassen oft eine Art institutioneller Erstarrung erkennen, die nur überwunden werden kann, wenn institutionelle Unternehmer gezielte Anstrengungen unternehmen, um neue Verfahrensweisen oder Organisationsformen durchzusetzen. Institutionelle Unternehmer gelten hier also als Quelle für institutionellen Wandel (Greenwood und Suddaby 2006).

Wer sind diese institutionellen Unternehmer? Die unterschiedlichen Begriffsverwendungen lassen eine große konzeptionelle Breite erkennen. Diese reicht von einzelnen Akteuren, die in ihrer jeweiligen Organisation neue Praktiken einführen, bis hin zu geographisch weitverstreuten Gruppen, die Einfluss nehmen auf globale Politikarenen (Pacheco et al. 2010: 979). Es handelt sich sowohl um Marktneulinge (Déjean et al. 2004) als auch um die führenden und größten Anbieter in einem Feld (Greenwood und Suddaby 2006); um global agierende Unternehmen (van Oosterhout 2010) wie auch um einzelne Individuen (Kraatz und Moore 2002); um staatliche (Nasra und Dacin 2010) und nichtstaatliche Akteure (Hensman 2003). In ihrem Überblick weisen Hardy und Maguire zudem auf Netzwerke und soziale Bewegungen hin, die in einigen Studien auch als institutionelle Unternehmer aufgeführt werden (Hardy und Maguire 2008).

Im Hinblick auf die hier verfolgte Fragestellung zum Thema wirtschaftliche Rationalität wird deutlich, dass in den zitierten Studien häufig von strategischem und intentionalem Mitteleinsatz die Rede ist. Es geht um Strategien und um die Erlangung oder den Ausbau von Macht und Ressourcen. Es handelt sich also zunächst um eine deutliche Annäherung an ökonomische Theorien der rationalen Wahl. Pacheco et al. (2010) stellen in ihrem Vergleich der soziologischen und der ökonomischen Literatur zum institutionellen Unternehmertum denn auch eine ganze Reihe von Gemeinsamkeiten und Überschneidungen heraus. Allerdings handelt es sich um eine theoretische Erweiterung, die sich ganz und gar nicht auf den Bereich der Wirtschaft beschränkt, sondern die insgesamt dem Thema des institutionellen Wandels einen systematischen Ort bieten will. Institutionelle Unternehmer finden sich zwar auch in Wirtschaftsunternehmen bzw. Wirtschaftsunternehmen werden auch als institutionelle Unternehmer tätig, aber genauso gut findet sich institutionelles Unternehmertum in der Politik und im öffentlichen Sektor. Gleichzeitig ist auffällig, dass in diesen Beiträgen nicht mehr systematisch auf den Begriff der Rationalität Bezug genommen wird. Während Rationalität in den früheren Phasen der theoretischen Entwicklung wie gezeigt eine wichtige (wenn auch mehrdeutige) Rolle gespielt hat, verliert sie offenbar genau in dem Moment an Bedeutung, in dem die Annäherung an die ökonomischen Theorien rationaler Wahl stattfindet.

Innerhalb des soziologischen Neo-Institutionalismus bleibt die Zuwendung zu den Akteuren für viele allerdings suspekt: Alistair Mutch beispielsweise befürchtet the „danger of smuggling elements of the rational actor model in through the back door, as it were" (Mutch 2007: 1124). Wie Hardy und Maguire (2008) zurecht herausstellen, kommen auch diese Ansätze um das Grundproblem nicht herum. Entweder man setzt die Akteure, in dem Fall die institutional entrepreneurs, voraus und kann dann akteurszentrierte Geschichten erzählen, die von heroischen und eigenmotivierten Akten berichten und ihnen eine hohe Erklärungskraft zuweisen. Manchmal sind diese Akteure sogar gar nicht am Eigennutz orientiert, sondern versuchen gemeinnützige institutionelle Ordnungen herzustellen, aber auf jeden Fall sind sie bereits mit Zwecken und den dazu passenden Handlungskompetenzen ausgestattet. Oder man akzeptiert, dass auch das Aufkommen und das Wirksamwerden von Akteuren erklärungsbedürftig sind. In diesem Fall müssen eine Reihe von Folgeproblemen gelöst werden. So sind z.B. die folgenden Fragen ungeklärt: Wer hat das Recht, selbstbestimmte und am Eigennutz ausgerichtete Entscheidungen zu treffen, und wie kommt es dazu? Welche Eigenschaften institutioneller Felder veranlassen Akteure eher dazu, neue, d.h. abweichende Ideen nicht nur hervorzubringen sondern auch den Versuch zur Umsetzung der Ideen zu starten? Wie gelingt es Akteuren, Möglichkeiten für institutionelles Unternehmertum zu erkennen oder aufzudecken (Pacheco et al. 2010; Hardy und Maguire 2008)? Es muss daher irgendeine Form der Vermittlung gefunden werden, mit der die paradoxe Annahme von Akteuren, denen ein strategischer Zugriff auf die kulturellen Grundlagen ihres eigenen Handelns gelingt, theoretisch aufgefangen werden kann.

5. Fazit: Neo-institutionalistische Wege durch die rationalisierte Moderne

Dieser Beitrag hat zu zeigen versucht, dass der Neo-Institutionalismus spannungsreiche Entwicklungen durchlaufen hat. Dadurch ist die Theorierichtung zumindest in einzelnen Diskussionssträngen weit über das ursprüngliche Kernanliegen des Ansatzes hinausgetrieben worden. Dieses Kernanliegen bestand darin zu erklären, wie organisationale Strukturen und Prozesse Bedeutung und Kontinuität erlangen, und zwar über den Verweis auf ihre technischen Ziele hinausgehend (Suddaby 2010). Während hierfür zunächst Institutionen als erklärende Variable in Anschlag gebracht wurden, ist inzwischen die Kontinuität bzw. der Wandel von Institutionen selbst hinterfragt worden. Außerdem ist die Bedeutung von Akteuren für institutionellen Wandel als Thema wieder aufgegriffen worden. Welches Fazit ist daraus für die Frage nach Wirtschaft und Rationalität im Neo-Institutionalismus zu ziehen? In der Einleitung zu diesem Beitrag wurde vorgeschlagen, zur Beantwortung für diese Frage vier verschiedene Analyseebenen zu unterscheiden. Im Rückgriff auf die vorangegangenen Argumentationslinien lassen sich nun folgende Ergebnisse festhalten.

Auf der Ebene von *Individuen* lässt sich vor allem im Hinblick auf die späteren Arbeiten zu den institutional entrepreneurs festhalten, dass das absichtsvolle Einwirken von Akteuren auf institutionelle Kontexte ganz überwiegend ohne den Rückgriff auf den Begriff des rationalen Handelns diskutiert wird. Auch geht es nicht ausschließlich um Beispiele aus dem Bereich der Wirtschaft, sondern allgemein um institutionelle Voraussetzungen, die die Legitimität von organisationalen Formalstrukturen beeinflussen können. Die Grundproblematik findet sich somit genauso gut im Bereich der Politik oder der so genannten *non profit*-Organisationen.

Auf der Ebene von *Wirtschaftsorganisationen* stehen sich zwei Lesarten gegenüber. Die erste Lesart, die in den eher klassischen Texten des soziologischen Neo-Institutionalismus enthalten ist, zielt vor allem darauf ab, die kulturelle Bedingtheit des Wirtschaftens herauszuarbeiten und gerade für Wirtschaftsorganisationen aufzuzeigen, dass sie dem gleichen Zwang unterliegen, die Grundlagen ihrer Legitimität sicherzustellen, wie Organisationen im nicht-wirtschaftlichen Bereich. Die zweite Lesart, die vergleichsweise neueren Datums ist, stellt vor allem die Möglichkeiten des strategischen Zugriffs von Wirtschaftsunternehmen auf die legitimatorischen Grundlagen des Wirtschaftens heraus. In ihren Extremformen bleiben diese Positionen unvereinbar nebeneinander stehen, jedoch sind aus beiden Hinweise auf die Bedeutung des Zusammenhangs von Rationalität und Legitimation für Wirtschaftsunternehmen zu gewinnen. Beide weisen darauf hin, dass es eine Reihe von nicht im engen Sinne wirtschaftlichen legitimatorischen Bedingungen gibt, die die Wirtschaftsunternehmen berücksichtigen müssen, um ihr langfristiges Überlegen zu sichern.

Die Ebene der *Makrostrukturen des Wirtschaftlichen* wird im Kontext des Neo-Institutionalismus ebenfalls in zwei verschiedenen Versionen angesprochen. Zum einen wird die Vorstellung abgelehnt, dass Wirtschaft in besonderem Maße mit Rationalitätserwartungen oder -erfüllungen zusammenhängt. Stattdessen wird eher von einer Durchdringung unterschiedlichster wirtschaftlicher und nicht-wirtschaftlicher Bereiche mit den gleichen universalistischen Prinzipien der westlichen Moderne gerechnet. Zum anderen wird gezeigt, dass insbesondere Wirtschaftsunternehmen in organisationale Felder eingebunden sind, in denen die Regeln und Voraussetzungen des kulturell angemessenen Wirtschaftens entwickelt und verfestigt werden. Die Wirtschaft ist somit durchzogen von unterschiedlichen und jeweils sinnhaft verfestigten Bereichen, die z.B. wirtschaftliche Sektoren betreffen. Gleichzeitig mit der Ablehnung einer kulturellen Sonderstellung der Wirtschaft wird daher im Sinne einer Binnendifferenzierung des Wirtschaftlichen in unterscheidbare organisationale Felder argumentiert.

Die Frage nach der *Ökonomisierung*, also der Durchsetzung von ökonomischer Rationalität in nicht-ökonomischen Gesellschaftsbereichen, ist damit im Grunde genommen schon angesprochen. Ein besonderes Anliegen der frühen Arbeiten war ja gerade zu zeigen, dass der non-Profit-Bereich dem Profit-Bereich strukturell sehr ähnlich ist. Eine zentrale Einsicht des klassischen Neo-Institutionalismus lautet zudem, dass rationale Akteure kulturell bedingt sind und dass sich „actorhood" kulturell ausbreitet. Das gilt für die Wirtschaft genauso wie für alle anderen Gesellschaftsbereiche. So ist es eben auch nicht unbedingt eine spezifisch ökonomische Form der Rationalität, die sich weltweit ausbreitet.

Insgesamt spricht in den verschiedenen Argumentationslinien des soziologischen Neo-Institutionalismus wenig für die Annahme, dass die Wirtschaft in einem besonders engen Verhältnis zu Rationalität steht. Dieses Ergebnis ist jedoch vor allem vor dem Hintergrund zu verstehen, dass es im Neo-Institutionalismus keinen trennscharfen Begriff von Rationalität gibt. Die Ansätze zeichnen sich eher dadurch aus, dass sie Rationalität in einer mehrdeutigen Weise verwenden bzw. auf die Verwendung des Begriffs vollkommen verzichten, und zwar gerade dort, wo sie sich dem Modell des rational handelnden Individuums wieder annähern. Im Ausblick soll hier jedoch auf einige Themen verwiesen werden, die innerhalb des soziologischen Neo-Institutionalismus möglicherweise neue Antworten auf die Frage nach dem Verhältnis von Rationalität und Wirtschaft liefern können. Diese sind mit den Stichworten *Mikrofundierung*, *Wettbewerbskonstituierung* und *Emotionssoziologie* umschrieben.

Das grundlegende theoretische Problem zwischen den aufgezeigten Hauptströmungen besteht darin, dass die beiden Pole der unbedingten kulturellen Bedingtheit der Akteure einerseits und der Wiedereinführung der quasi-rationalen Akteure in der Form der institutionellen Unternehmer andererseits relativ unversöhnlich nebeneinander stehen. In diesem Zusammenhang wird zunehmend die Forderung einer Mikrofundierung des Neo-Institutionalismus geäußert (Barley und Tolbert 1997; Czarniawska 2008). Dadurch könne zwischen der übersozialisierten Figur des „cultural dope" und dem naiven Bild der „heroic actors" vermittelt werden und gleichzeitig ein theoretisch anschlussfähiger Beitrag zur besseren Begründung des neo-institutionalistischen Programms geleistet werden (Powell und Colyvas 2008). Ein interessanter Vorschlag hierzu findet sich in Knoll (2011), die den soziologischen Neo-Institutionalismus um einen ethnomethodologisch informierten Beitrag der Konventionenökonomie ergänzt und so eine Mikrofundierung im Sinne verschiedener institutioneller Logiken ermöglicht, die jeweils lokal verhandelt werden. Dabei geht sie von der prinzipiellen Heterogenität der institutionalisierten Felder aus, die niemals eine eindeutige Handlungsorientierung liefern. Stattdessen müssen Akteure immer wieder interpretative Hervorbringungsleistungen erbringen. Auch wenn in einem Feld bestimmte institutionelle Logiken dominieren (wie z.B. eine am Staatsbürgertum ausgerichtete Logik und eine industrielle Logik, die zusammen das organisationale Feld kommunaler Energieversorger beherrschen), sind sie doch prinzipiell konfliktreich und durch andere Logiken angreifbar. Individuelle Akteure sind zwar in ihren kognitiven Skripten geprägt durch ihre spezifische professionelle Sozialisation, aber in welcher Weise (mit Bezug auf welche Rechtfertigungsordnung) wirtschaftliches Handeln tatsächlich gerechtfertigt wird, entscheidet sich im Zuge des alltäglichen und andauernden Verhandelns und ex post-Rationalisierens von Handlungen in Gesprächen. Hier wird mit Bezug auf die Konventionenökonomie auf die Vielfältigkeit der institutionellen Logiken verwiesen, die wirtschaftlich rationales Handeln ausmachen. So wird der Begriff der Rationalität zugunsten einer Vielzahl von jeweils lokal spezifischen Rationalitäten aufgelöst.

Zu einer anderen Lösung kommen Hasse und Krücken (2010; 2011). Deren Beiträge zur neo-institutionalistischen Wirtschaftssoziologie basieren zumeist auf systemtheoretisch inspirierten Grundannahmen, die dann organisationssoziologisch spezifiziert werden. Indem Wirtschaft zunächst als Teilsystem der Gesellschaft betrachtet wird, kann man gerade nicht von handlungs- und entscheidungstheoretischen Besonderheiten ausgehen. Da in einer funktional differenzierten Gesellschaft keines der gesellschaftlichen Teilsysteme eine übergeordnete Funktion erfüllt, ist für die Wirtschaft auch nicht von einem höheren Rationalitätsniveau als in anderen Teilsystemen auszugehen. Die Besonderheiten des Wirtschaftssystems bestünden jedoch darin, dass sich ökonomische Rationalität insbesondere im Bezug auf Wettbewerbsstrukturen herausbildet. Das Ziel dieser Ausführungen besteht darin, Prozesse der Akteurskonstituierung auf die wirtschaftsspezifische Form des Wettbewerbs (und der Wettbewerber) zu beziehen. Hierbei geht es vor allem um das Zusammenspiel von Wettbewerbskonstituierung und Wettbewerbsvermeidung. Auch in dieser theoretischen Perspektive geht es um eine Vermittlung von Akteurs- und Feldargumenten, die sich jedoch vor allem auf Organisationen als Akteure (d.h. auf Unternehmen) beziehen.

Die dritte Richtung, die hier abschließend angesprochen werden soll, lotet die Bedeutung von Emotionen für den Zusammenhang von Wirtschaft und Rationalität aus (Engels 2010b; 2010c; von Lüde 2011). Hier stellt sich ein interessanter Bezug dadurch her, dass der Gegenbegriff zu (wirtschaftlicher) Rationalität, nämlich Irrationalität, in der klassischen Ökonomie ebenso wie in der Soziologie Max Webers eng mit Emotionalität in Zusammenhang gebracht wird. Gleichzeitig lässt sich zur Zeit eine wachsende Beliebtheit des Themas der Emotionen in der Soziologie feststellen, die zur Etablierung einer eigenständigen Bindestrich-Soziologie geführt hat (Barbalet 2001; von Scheve und von Lüde 2005). Von hier aus lassen sich wichtige Impulse für die Wirtschaftssoziologie insgesamt beobachten, die an einer Überwindung des klassischen Gegensatzes zwischen Rationalität und Emotionalität ansetzen bzw. an einem genaueren Verständnis des Verhältnisses zwischen diesen beiden Konzepten arbeiten (vgl. klassisch Hochschild 1983). Im Zusammenhang mit der sozialen Konstituierung von Marktteilnehmerschaft schlägt Engels (2010b; 2010c) beispielsweise vor, die verschiedenen Institutionalisierungswege, die im soziologischen Neo-Institutionalismus diskutiert werden, um eine emotionale Dimension zu erweitern. Es genügt in diesem Sinne nicht, dass Marktteilnehmerschaft gedurft, gesollt und gekonnt wird, sondern sie muss auch gewollt werden. Die emotionale Einbettung von Marktteilnehmerschaft wird daher als eine wichtige Komponente des Institutionalisierungsprozesses betrachtet. Das so verstandene Wollen ist dabei nicht das Ergebnis eines rationalen Abwägungsprozesses, sondern dem Abwägungsprozess vorgelagert. Es wäre damit eine wichtige Voraussetzung dafür, dass Marktteilnehmer die Mühen des Marktes auf sich nehmen und sich zu einer rationalen (d.h. am Eigennutz orientierten) Betrachtung ihrer Umwelt durchringen.

Literatur

Bansal, Pratimaund Kendall Roth, 2000: Why companies go green. A model of ecological responsiveness. In: Academy of Management Journal 43, 4: 717-736.

Barbalet, Jack, 2001: Emotion, social theory, and social structure. A macro-sociological approach, Cambridge: Cambridge University Press.

Barley, S. R.,und P.S. Tolbert, 1997: Institutionalization and structurization. Studying the links between action and institution. In: Organization Studies 18, 1: 83-117.

Bassen, Alexander und M. Kovac, 2008: Environmental, social and governance key performance indicators from a capital market perspective. In: Zeitschrift für Wirtschafts- und Unternehmensethik 9: 182-192.

Baum, J.A.C. und W.W. Powell, 1995: Cultivating an institutional ecology of organizations. Comment on Hannan, Carroll, Dundon and Torres. In: American Journal of Sociology 60: 529-38.

Boli, John und George M. Thomas, (Hg.), 1999: Constructing World Culture. International Non-Governmental Organizations since 1875, Stanford: Stanford University Press.

Carruthers, Bruce G., 1995: Accounting, Ambiguity, and the New Institutionalism. In: Accounting, Organizations and Society 20,4: 313–328.

Cyert, Richard M. und James G. March, 1963: A behavioural theory of the firm, Englewood Cliffs, New Jersey: Prentice Hall Inc..

Czarniawska, Barbara, 2008: How to Misuse Institutions and Get Away with It. Some Reflections on Institutional Theory(ies). In: Royston Greenwood et al. (Hg.), The SAGE Handbook of Organizational Institutionalism. Los Angeles: Sage: 769–782.

Deephouse, D. L., 1999: To be different or to be the same? It's a question (and theory) of strategic balance. In: Strategic Management Journal 20: 147-166.

Déjean, F., J.P. Gond und B. Leca, 2004: Measuring the unmeasured. An institutional entrepreneur strategy in an emerging industry. In: Human Relations 57, 6: 741-764.

DiMaggio, Paul J. (Hg.), 1986: Nonprofit enterprise in the arts. Studies in mission and constraint, New York: Oxford University Press.

DiMaggio, Paul J., 1988: Interst and Agency in Institutional Theory. In Lynne G. Zucker (Hg.), Institutional Patterns and Organizations. Culture and Environment. Cambridge: Ballinger: 3–21.

DiMaggio, Paul und Walter W. Powell, 1983: The iron cage revisited. Institutional isomorphism and collective rationality in organizational field. In: American Sociological Review 48: 147-160.

Djelic, Marie-Laure und Kerstin Sahlin-Andersson, 2006: Introduction: A world of governance. The rise of transnational regulation. In: Marie-Laure Djelic undKerstin Sahlin-Andersson (Hg.), Transnational Governance. Institutional Dynamics of Regulation. Cambridge: Cambridge University Press: 1-28.

Dorado, Silvia, 2005: Institutional Entrepreneurship, Partaking, and Convening. In: Organization Studies 26,3: 385–414.

Drori, Gili und John Meyer, 2006: Scientization. Making a World Safe for Organizing. In: Marie-Laure Djelic und Kerstin Sahlin-Andersson (Hg.), Transnational Governance. Institutional Dynamics of Regulation. Cambridge: Cambridge University Press: 31-52.

Engels, Anita, 2009a: Die soziale Konstitution von Märkten. In: Jens Beckert und Christoph Deutschmann (Hg.), Wirtschaftssoziologie. Sonderheft 49 der Kölner Zeitschrift für Soziologie und Sozialpsychologie: 67-86.

Engels, Anita, 2009b: The European Union Emissions Trading Scheme. An exploratory study of how companies learn to account for carbon. In: Accounting, Organizations and Society 34: 488-498.

Engels, Anita, 2010a: Ökologische Resonanzen in der Wirtschaft. Moralisierung der Märkte? In: Christian Büscher und Klaus Peter Japp (Hg.), Ökologische Aufklärung. 25 Jahre "Ökologische Kommunikation". Wiesbaden: VS Verlag: 99-130.

Engels, Anita, 2010b: Warum wir die Mühen des Marktes auf uns nehmen – Eine emotionssoziologische Erweiterung des Neoinstitutionalismus im Hinblick auf die Institutionalisierung von Marktteilnehmerschaft. Vortrag zur Tagung „Die Emotionen der Ökonomie und die Ökonomie der Emotionen", 3.-4. Dezember, Universität Hamburg.

Engels, Anita, 2010c: Recognizing emotions in the social constitution of market participants. Paper presented at the MPIfG Workshop "Where do new markets come from? 10.-11. December 2010, Cologne.

Engels, Anita und Lisa Knoll (Hg.), 2011: Was ist wirtschaftliche Rationalität? – Soziologische Perspektiven. Wiesbaden: VS Verlag für Sozialwissenschaften. Im Erscheinen.

Engwall, Lars, 2006: Global enterprises in fields of governance. In: Marie-Laure Djelic und Kerstin Sahlin-Andersson (Hg.), Transnational Governance. Institutional Dynamics of Regulation. Cambridge: Cambridge University Press: 161-179.

Finnemore, Martha, 1992: Science, the State, and International Society. Dissertation, Stanford University.

Finnemore, Martha, 1996: Norms, culture, and the world politics. Insights from sociology's institutionalism. In: International Organization 50, 2: 325-347.

Golant, Benjamin D. und John A. A. Sillince, 2008: The constitution of organizational legitimacy. A narrative perspective. In: Organization Studies 28: 1149-1167.

Greenwood, Royston und Roy Suddaby, 2006: Institutional entrepreneurship in mature fields. The big five accounting firms. In: Academy of Management Journal 49,1: 27-48.

Hannan, M. T. und G.R. Carroll, 1995: Theory building and cheap talk about legitimation. Reply to Baum and Powell. In: American Sociological Review 60: 539-44.

Hardy, Cynthia und Steve Maguire, 2008: Institutional Entrepreneurship. In: Royston Greenwood et al. (Hg.), The SAGE Handbook of Organizational Institutionalism. Los Angeles u.a.: Sage: 198-217.

Hasse, Raimund und Georg Krücken, 2005: Neo-Institutionalismus. Mit einem Vorwort von John Meyer. 2. vollständ. überarb. Auflage. Bielefeld: transcript.

Hasse, Raimund und Georg Krücken, 2009: Neo-institutionalistische Wirtschaftssoziologie. In: Jens Beckert und Christoph Deutschmann (Hg.), Wirtschaftssoziologie. Sonderheft 49 der Kölner Zeitschrift für Soziologie und Sozialpsychologie.

Hasse, Raimund und Georg Krücken, 2011: Ökonomische Rationalität, Wettbewerb und Organisation. Eine wirtschaftssoziologische Perspektive. In: Anita Engels und Lisa Knoll (Hg.), Was ist wirtschaftliche Rationalität? – Soziologische Perspektiven. Wiesbaden: VS Verlag für Sozialwissenschaften. Im Erscheinen.

Hasselbladh, H. und J. Kallinikos, 2000: The Project of Rationalization. A critique and reappraisal of Neo-Institutionalism in organization studies. In: Organization Studies 21,4.

Henkel, Anna A., 2011: Gesundheit und Kirche – zwei Fälle ineffizienter Rationalisierung. In: Anita Engels und Lisa Knoll (Hg.), Was ist wirtschaftliche Rationalität? – Soziologische Perspektiven. Wiesbaden: VS Verlag für Sozialwissenschaften. Im Erscheinen.

Hensman, M., 2003: Social movement organizations. A metaphor for strategic actors in institutional field. In: Organization Studies 24, 3: 355-381.

Hironaka, Ann, John W. Meyer, David John Frank, Evan Schofer und Nancy B. Tuma, 1997: The Structuring of a World Environmental Regime, 1870-1990. In: International Organization 51,4: 623-651.

Hironaka, Ann, David John Frank und Evan Schofer, 2000: The Nation-State and the Natural Environment. In: American Sociological Review 65,1: 96-116.

Hiß, Stefanie, 2006: Warum übernehmen Unternehmen gesellschaftliche Verantwortung? Ein soziologischer Erklärungsversuch, Frankfurt/M.: Campus.

Hochschild, R. Arlie, 1983: The Managed Heart. The Commercialization of Human Feeling, Berkeley: The University of California Press.

Hoffman, Andrew J. und Marc J.Ventresca, 2002: Organizations, policy, and the natural environment. Institutional and strategic perspectives, Stanford: Stanford University Press.

Hoque, Z. und M. Alam, 1999: TQM adoption, institutionalism and changes in management accounting systems. In: Accounting and Business Research 29,3.

Hwang, Hokyu und Walter W. Powell, 2009: The rationalization of charity. The influences of professionalism in the Nonprofit sector. In: Administrative Science Quarterly 54: 268-298.

Japp, Klaus Peter, 2010: Risiko und Gefahr. Zum Problem authentischer Kommunikation. In: Christian Büscher und Klaus Peter Japp(Hg.), Ökologische Aufklärung. 25 Jahre „Ökologische Kommunikation", Wiesbaden: VS Verlag: 281-308.

Knoll, Lisa, 2011: Wirtschaftliche Rationalitäten. In: Anita Engels und Lisa Knoll(Hg.), Was ist wirtschaftliche Rationalität? – Soziologische Perspektiven. Wiesbaden: VS Verlag für Sozialwissenschaften. Im Erscheinen.

Kraatz, M. S. und J. H. Moore, 2002: Executive migration and institutional change. In: Academy of Management Journal 45, 1: 120-143.

Klatetzki, Thomas, 2006: Der Stellenwert des Begriffs „Kognition" im Neo-Institutionalismus. In: Konstanze Senge und Kai-Uwe Hellmann (Hg.), Einführung in den Neoinstitutionalismus: Mit einem Beitrag von W. Richard Scott. Wiesbaden: VS Verlag für Sozialwissenschaften: 48-61.

Krücken, Georg und Gili Drori (Hg.), 2009: World society. The writings of John W. Meyer, Oxford: Oxford University Press.

Lawrence, Thomas B., 1999: Institutional Strategy. In: Journal of Management 25: 161-187.

Lawrence, Thomas B. und Roy Suddaby, 2006: Institutions and Institutional Work. In: Stewart Clegg et al. (Hg.), The SAGE handbook of Organization Studies. Second Edition. London: Sage: 215-254.

Lechner, Frank J. und John Boli, 2005: World Culture. Origins and Consequences, Wiley.

Leicht, Kevin T. und Mary L. Fennell, 2008: Institutionalism and the Professions. In: Royston Greenwood et al. (Hg.), The SAGE Handbook of Organizational Institutionalism. Los Angeles: Sage: 431-448.

Levy, David L. und Daniel Egan, 2003: A neo-gramscian approach to corporate political strategy. Conflict and accomodation in the climate change negotiations. In: Journal of Management Studies 40, 4: 803-829.

Levy, David L. und Peter Newell, (Hg.), 2005: The Business of Global Environmental Governance, Cambridge: MIT Press.

Levy, David and Maureen Scully, 2007: The institutional entrepreneur as modern prince. The strategic face of power in contested fields. In: Organization Studies 28: 971-991.

Maurer, Andrea und Michael Schmid, 2002: Die ökonomische Herausforderung der Soziologie? In: Andrea Maurer und Michael Schmid (Hg.), Neuer Institutionalismus. Zur soziologischen Erklärung von Organisation, Moral und Vertrauen, Frankfurt/New York: Campus: 9-38.

Meier, Frank, 2011: Vom Betrieb zum Unternehmen – Zur gesellschaftlichen Konstruktion der rationalen Organisation. In: Anita Engels und Lisa Knoll (Hg.), Was ist wirtschaftliche Rationalität? – Soziologische Perspektiven, Wiesbaden: VS Verlag für Sozialwissenschaften. Im Erscheinen.

Meyer, John W., 1977: Effects of education as an institution. In: American Journal of Sociology 83: 55-77.

Meyer, John W., 1986: Social Environments and Organizational Accounting. In: Accounting, Organizations and Society 11: 345-356.

Meyer, John W., 1987: The world polity and the authority of the nation-state. In: George M. Thomas et al. (Hg.), Institutional Structure. Constituting State, Society, and the Individual, Newbury Park et al.: Sage.

Meyer, John W., 2005: Weltkultur. Wie die westlichen Prinzipien die Welt durchdringen. Hrsg. von Georg Krücken, Frankfurt/M.: Suhrkamp.

Meyer, John W., John Boli und George M. Thomas, 1994: Ontology and rationalization in the Western cultural account. In: W. Richard Scott und John W. Meyer (Hg.), Institutional environments and organizations. Structural complexity and individualism, Thousand Oaks, CA: Sage: 9-26.

Meyer, John W., und Ronald L. Jepperson, 2005: Die "Akteure" der modernen Gesellschaft. Die kulturelle Konstruktion sozialer Agentschaft. In: John W. Meyer, Weltkultur. Wie die westlichen Prinzipien die Welt durchdringen. Hrsg. von Georg Krücken. Frankfurt/M.: Suhrkamp: 47-84.

Meyer, John W. und Brian Rowan, 1977: Institutionalized organizations. Formal structures as myth and ceremony. In: American Journal of Sociology 83: 340-363.

Meyer, John W. und Brian Rowan, 1991: Institutionalized organizations. Formal structures as myth and ceremony. In: Walter W. Powell und Paul J. DiMaggio (Hg.), The new institutionalism in organizational analysis, Chicago: University of Chicago Press, 41-62.

Mizruchi, Mark S. und Lisa C. Fein, 1999: The Social Construction of Organizational Knowledge. A Study of the Uses of Coercive, Mimetic, and Normative Isomorphism. In: Administrative Science Quarterly 44: 653-683.

Mutch, A., 2007: Reflexivity and the institutional entrepreneur. A historical explanation. In: Organization Studies 28: 1123-1140.

Nasra, Rasha und M. Tina Dacin, 2010: Institutional arrangements and institutional entrepreneurship. The state as institutional entrepreneur. In: Entrepreneurship Theory and Practice, May: 583-609.

Okereke, Chukwumerije, Harriet Bulkeley und Heike Schroeder, 2009: Conceptualizing Climate Governance Beyond the International Regime. In: Global Environmental Politics 9,1: 58-78.

Oliver, Christine, 1991: Strategic responses to institutional processes. In: Academy of Management Review 16,1: 145-179.

Oliver, Christine, 1997: Sustainable competitive advantage. Combining institutional and resource based views. In: Strategic Management Journal 18: 697-713.

Otway, Harry und Brian Wynne, 1993: Risiko-Kommunikation. Paradigma und Paradox. In: Wolfgang Krohn und Georg Krücken (Hg.), Riskante Technologien. Reflexion und Regulation. Einführung in die sozialwissenschaftliche Risikoforschung, Frankfurt/M.: Suhrkamp: 101-112.

Pacheco, Desiree F. et al., 2010: The coevolution of institutional entrepreneurship. A tale of two theories. In: Journal of Management 36, 4: 974-1010.

Powell, Walter W. und J. A. Colyvas, 2008: Microfoundations of institutional theory. In: Royston Greenwood et al. (Hg.), The SAGE Handbook of Organizational Institutionalism, Los Angeles et al.: Sage: 276-298.

Powell, Walter W. und Richard Steinberg (Hg.), 2006: The nonprofit sector. A research handbook, New Haven: Yale University Press.

Roberts, Peter W., 2008: Charting progress at the nexus of institutional theory and economics. In: Royston Greenwood et al. (Hg.), The SAGE handbook of organizational institutionalism, Los Angeles et al.: Sage: 560-572.

Rowan, Brian, 1982: Organizational structure and the institutional environment. The case of public schools. In: Administrative Science Quarterly 27: 259-279.

Scott, W. R. et al., 2000: Institutional Change and Healthcare Organizations. From Professional Dominance to Managed Care, Chicago: University of Chicago Press.

Scott, W. Richard, 2001: Institutions and Organizations. 2nd Edition, Thousand Oaks et al.: Sage.

Scott, W. Richard und John W. Meyer, 1983: The organization of societal actors. Propositions and early evidence. In: J.W. Meyer und W. R. Scott (Hg.), Organizational Environments – Ritual and Rationality, Beverly Hills: Sage: 129-153.

Stephan, Benjamin, 2010: The Power in Carbon. A Neo-Gramscian Explanation for the EU's Adoption of Emissions Trading. In: Anita Engels (Hg.), Global Transformations towards a Low Carbon Society, 4 (Working Paper Series), Hamburg: University of Hamburg / KlimaCampus.

Stichweh, Rudolf, 2000: Die Weltgesellschaft. Soziologische Analysen, Frankfurt/M.: Suhrkamp.

Strang, David und John W. Meyer, 1993: Institutional conditions for diffusions. In: Theory and Society 22: 487-511.

Suchman, Mark C., 1995: Managing Legitimacy. Strategic and Institutional Approaches. In: Academy of Management Review 20: 571-610.

Suddaby, Roy, 2010: Challenges for institutional theory. In: Journal of Management Inquiry 19, 1: 14-20.

Van Oosterhout, Hans J., 2010: The role of corporations in shaping the rules of the game. In search of new foundations. In: Business Ethics Quarterly 20, 2: 253-264.

Von Lüde, Rolf 2011: Rationalität und Anlageverhalten auf Finanzmärkten. In: Anita Engels und Lisa Knoll(Hg.), Was ist wirtschaftliche Rationalität? – Soziologische Perspektiven. Wiesbaden: VS Verlag für Sozialwissenschaften. Im Erscheinen.

Von Scheve, Christian und Rolf von Luede, 2005: Emotion and social structures. Towards an interdisciplinary approach. In: Journal for the Theory of Social Behaviour 35, 3: 305-328.

Walgenbach, Peter, 2002: Neoinstitutionalistische Organisationstheorie – State of the Art und Entwicklungslinien. In: Managementforschung 12: 155-202.

Walgenbach, Peter und Renate E. Meyer, 2008: Institutional Entrepreneurship and the Structuring of Organizations and Markets. iIn: Alexander Ebner und Nikolaus Beck (Hg.), The Institutions of the Market. Organizations, Social Systems, and Governance, Oxford: University Press: 180-201.

Wobbe, Theresa, 2000: Weltgesellschaft, Bielefeld: transcript.

Globales Wissen, lokale Lebenswelten
Reflexive Modernisierung in der Wissensgesellschaft

Richard Münch

Einleitung

Einer der am häufigsten verwendeten Begriffe, um die gesellschaftlichen Verhältnisse der Gegenwart zu beschreiben, ist der Begriff der Wissensgesellschaft (Stehr 1994). Es soll damit zum Ausdruck gebracht werden, dass wissenschaftliches Wissen zur Grundlage der alltäglichen Praxis in allen Handlungsbereichen geworden ist. Wissenschaftliches Wissen ist universell gültiges Wissen, das in alle lokalen Lebenswelten eindringt und dort die eingelebten Traditionen in Frage stellt. Diese werden durch sogenanntes evidenzbasiertes Wissen ersetzt (Drori et al. 2003). Mit der Umstellung der gesellschaftlichen Praxis auf wissenschaftliches Wissen wird das Handeln auf rationale Grundlagen gestellt, es werden die effektivsten Mittel zur Erreichung von Zielen eingesetzt, die Menschen werden von den Borniertheiten ihrer lokalen Traditionen befreit und alle Welt bekommt Zugang zum universell gültigen wissenschaftlichen Wissen. Dieser Gewinn an Rationalität, effektiver Mittelwahl bei der Verfolgung von Zielen, Freiheit der Entscheidung und Gleichheit muss allerdings mit dem wachsenden Risiko erkauft werden, dass auch das Wissen über unser Nichtwissen wächst, auch die effektivsten Mittel zur Erreichung bestimmter Ziele unerwünschte Nebenfolgen haben, die Befreiung von Traditionen neue Zwänge entstehen lässt und aus der Inklusion in die Wissensgesellschaft durch Bildung neue Formen der Exklusion hervorgehen. Das macht sich umso mehr bemerkbar, je mehr Erfahrungswissen und Traditionen durch wissenschaftliches Wissen ersetzt werden. In der Politik zeigt sich diese Eigenart der Wissensgesellschaft darin, dass der immer umfassendere Einsatz von Expertenwissen von einer sinkenden Halbwertzeit der Reformen begleitet wird. Kaum ist ein Reformgesetz verabschiedet, wird schon über dessen Reform diskutiert, weil sich sogleich die ersten unerwünschten Effekte einstellen.

Je mehr sich die Praktiken lokaler Lebenswelten vor dem globalen Horizont des wissenschaftlichen Wissens rechtfertigen müssen, umso weniger können sie aus sich heraus, allein aufgrund von Eingelebtheit Geltung beanspruchen. Das bedeutet generell, dass sie aus dem Status eines Wertes an sich in den Status eines Mittels, einer Ressource für beliebige Zwecke überführt werden. Wir können in der Tat beobachten, dass die Praktiken lokaler Lebenswelten zunehmend wissenschaftlich im Hinblick auf ihre Zweckmäßigkeit durchleuchtet werden und auch nicht mehr als Wert für sich betrachtet, sondern für ökonomische, politische oder assoziative Zwecke instrumentalisiert werden. Auch das nimmt dem Leben in der Wissensgesellschaft ein Stück seiner Geordnetheit und Berechenbarkeit. Infolgedessen wächst das Gefühl der Riskanz von Entscheidungen, aus dem sich das Bedürfnis nach der Herstellung von Ordnung in einer ungeordneten Welt speist. Darauf zielen verschiedene Strategien. Es kann

die Flucht nach vorne angetreten werden, indem auf die ubiquitäre Koordinationsleistung von
Märkten gesetzt wird. Oder man will zu den alten Werten und Traditionen zurückkehren. Oder
man sucht nach einer Wiederbelebung von Gemeinschaften der verschiedensten Art, von der
Familie bis zur Selbsthilfegruppe. Oder man setzt auf die Ordnungsstiftung durch den rationalen Diskurs. Alle diese Strategien können aber an dem Grundtatbestand nichts ändern, dass
in der Wissensgesellschaft alles in Frage gestellt werden kann und nichts sicher gilt, mit dem
Wissen auch das Wissen um das Nichtwissen wächst, mit den Interventionen in die Gesellschaft auch die unerwünschten Effekte zunehmen, mit der Befreiung von lokalen Traditionen
neue globale Zwänge entstehen und mit der Inklusion in die Wissensgesellschaft durch Bildung die Exklusion der weniger Bildungsfähigen einhergeht. Man kann darin den Kern der
reflexiven Natur der Modernisierung sehen (Beck et al. 2001). Es zeigen sich darin in besonders prägnanter Gestalt die Schattenseiten der Umstellung der Gesellschaft von den Traditionen lokaler Lebenswelten auf global geltendes wissenschaftliches Wissen. Es ist die besondere Aufgabe der Sozialtheorie, solche paradoxen Effekte rationalen Handelns sichtbar zu
machen. Sie kann sich dabei auf die Grundlagenarbeit einer auf strukturelle Selektion, Entscheidung und soziale Mechanismen zielenden Sozialtheorie stützen, für die sich insbesondere Michael Schmid (1998, 2004, 2006) stark gemacht hat.

Im Folgenden soll die reflexive Natur der Modernisierung in der Wissensgesellschaft anhand der vier genannten paradoxen Effekte und der Umstellung von lokalen Traditionen auf
globales Wissen sowie die damit einhergehende Entsakralisierung der Lebenswelt und ihre
Instrumentalisierung für ökonomische, politische oder assoziative Zwecke im Einzelnen dargelegt werden.

1. Ursprung und Entwicklungsschritte der wissenschaftlich-technischen Zivilisation

Die wissenschaftlich-technische Zivilisation hat ihren Ursprung in einer spezifischen Lebenswelt der europäischen Kultur genommen: in der Stadt als einer neuen Form der freien Vereinigung von Menschen unterschiedlicher Herkunft. Im 15. und 16. Jahrhundert waren es die italienischen Städte der Renaissance, in denen Gemeinschaften von Handwerkern, Kaufleuten,
Patriziern, Magistratsbeamten, Technikern, Gelehrten und Künstlern zur Geburtsstätte der modernen Wissenschaft und Technik wurden (Zilsel 1976). Sie sprengten die Grenzen der Stände
und ermöglichten auf diese Weise die Verbindung ganz unterschiedlicher Wissensformen und
Fertigkeiten. Die Gelehrten machten das theoretische Wissen der Antike zugänglich. In den
neuen Gemeinschaften fand es die Verbindung mit technischer Kompetenz und handwerkli-
chem Erfahrungswissen. Das rationale Experiment wird – wie Max Weber sagt – zum Sinnbild
des neuen Rationalitätstypus (Weber 1920/1972a: 435-443, 1920/1972b: 143-147, 1971: 595-
598). Heute würde man von den Synergieeffekten der Verbindung von theoretischem Wissen
und praktischer Erfahrungsbildung in der globalen Wissensgesellschaft sprechen. Dazu gehört auch die enge Verknüpfung des technischen Instrumentenbaus mit der wissenschaftlichen
Forschung. Wie sich die moderne Wissenschaft durch die Verzahnung von Theorie und Empirie im rationalen Experiment auszeichnet, so bietet sich die moderne Technik als Anwendung
von Wissenschaft auf die praktische Problemlösung dar. Im weiteren Verlauf wird die Vereinigung von Wissenschaft und Technik zum Hauptträger jenes Rationalismus der Weltbeherr-

schung, den Max Weber in das Zentrum seiner vergleichenden Untersuchungen zur Entwicklung der modernen Welt gestellt hat (Weber 1920/1972a, 1902/1972b; Münch 1986/1993a).

Dieser Rationalismus der Weltbeherrschung hat in den ständeübergreifenden Gemeinschaften der italienischen Renaissance seinen Siegeszug durch die ganze Welt angetreten. Er hat nach und nach alle Grenzen überwunden und schließlich die ganze Welt erobert, um heute das herauszubilden, was wir als wissenschaftlich-technische Zivilisation bezeichnen können, die quer zu allen partikularen Lebenswelten die ganze Welt mit einem System eines einheitlichen Wissens und einer einheitlichen Technik umspannt. Auf dem Wege dorthin hat sich jeweils das Zentrum der Fortentwicklung von Wissenschaft und Technik räumlich verlagert (Ben-David 1971). Von Italien ist es im 17. Jahrhundert nach England gewandert, wo die 1640 gegründete *Royal Society* zum Vorbild des Zusammenschlusses von Gelehrten, Technikern, Handwerkern, Unternehmern und Regierungsbeamten zur Förderung der Wissenschaft wird. Die Zusammenarbeit von Wissenschaftlern, Technikern und Unternehmern bildet die Basis für technische Innovationen und ihre Umsetzung in neue Produktionsanlagen. Die Entwicklung der Dampfmaschine durch James Watt ist das zentrale Beispiel für diese neue Vernetzung von Wissenschaft, Technik und Produktion, aus der die moderne industrielle Produktionsweise hervorgeht (Scherer 1965).

Im 18. Jahrhundert verlagert sich das Zentrum der wissenschaftlich-technischen Innovationen nach Frankreich. Die moderne Naturwissenschaft ist jetzt als theoretische und empirische Wissenschaft – sinnbildlich veranschaulicht im rationalen Experiment – etabliert und bedarf nicht mehr der amateurhaften Zusammenarbeit von Gelehrten, Technikern und Handwerkern. Die Rolle des Naturwissenschaftlers vereinigt die Synergieeffekte aus diesen Ursprungsrollen in sich. Die 1666 gegründete *Académie des Sciences* wird als Vereinigung von Wissenschaftlern zum Zentrum des wissenschaftlichen Diskurses. In den technisch ausgerichteten *Grandes écoles*, so in der *Ecole des ponts et chaussées*, der *Ecole des mines* und der von Napoleon gegründeten *Ecole Polytechnique* wird die wissenschaftlich fundierte Technik entwickelt.

Frankreich muss jedoch im 19. Jahrhundert die wissenschaftliche Führungsrolle an Deutschland abtreten. Hier wird die besondere Integration von Forschung und Lehre an den Universitäten nach dem Modell der 1810 von Wilhelm von Humboldt neu gegründeten Berliner Universität zum Motor der wissenschaftlichen Entwicklung. Die Vernetzung von Naturwissenschaft und Technik wird in den Forschungslaboratorien der hier entstehenden chemischen Industrie vorangetrieben. Die Industrieforschung wird so zum Bindeglied zwischen wissenschaftlicher Forschung, technischer Umsetzung und industrieller Nutzung.

Auch Deutschland konnte seine führende Rolle in der wissenschaftlichen Entwicklung nicht auf Dauer halten und wurde im 20. Jahrhundert von den USA abgelöst. Wesentliche Anstöße dafür gaben die Einführung des Graduiertenstudiums nach dem deutschen Modell der Integration von Forschung und Lehre, die Bildung von Zentren der interdisziplinären Forschung und die gesteigerte Vernetzung von universitärer und industrieller Forschung mit einer entsprechenden Beschleunigung der Umsetzung von Grundlagenforschung in technische Innovationen und industrielle Produktion. Die vom kalifornischen Silicon Valley in der Nachbarschaft der *Stanford University* ausgehende mikroelektronische Revolution ist zum Vorbild der intensiven Vernetzung von Ausbildungsstätten, Forschungsstätten und Industriebetrieben geworden. Seitdem wird überall in der Welt versucht, dieses Modell mit der Gründung von Technologieparks nachzuahmen.

Heute befinden wir uns in einer Situation des Umbruchs, in der die führende Stellung der USA einerseits durch Japan und die asiatischen Schwellenländer als neue Herausforderer, andererseits durch die vereinigte Kraft der Europäischen Union eingeschränkt wird. Japan ist in den 1980er Jahren im Bereich technischer Innovation sogar in Führung gegangen, hat diese Führung aber wieder verloren. In der aktuellen Hochtechnologie der Mikroelektronik sind die USA und Japan, in der Biotechnologie sind die USA den Europäern weit voraus. Die Ursache für den japanischen Erfolg in den 1980er Jahren wurde in der konzertierten Umsetzung von wissenschaftlichen Erkenntnissen in technologische Entwicklungen durch die japanischen Großunternehmen unter der Moderation des Ministeriums für Handel und Industrie (MITI) gesehen (Anderson 1984; Imai 1992; Morishima 1982).

Die skizzierte Entwicklung der wissenschaftlich-technischen und industriellen Zivilisation mit den jeweiligen Verlagerungen ihres Zentrums können wir anhand der großen Namen, der großen Entdeckungen, der großen Erfindungen und der großen Technologiesprünge mit der Erschließung neuer Wachstumsmärkte empirisch veranschaulichen. Jede Phase der Verlagerung des Entwicklungszentrums mit entsprechenden Entwicklungssprüngen lässt sich auf die Erzeugung neuer Synergieeffekte zurückführen: Gelehrtentum, Technik und Handwerk in der italienischen Renaissance des 15. und 16. Jahrhunderts, Wissenschaft, Technik und Unternehmergeist in England im 17. Jahrhundert, theoretischer Scharfsinn, Forschergeist, technische Ausbildung und staatlich geförderte Technologieentwicklung in Frankreich im 18. Jahrhundert, die Integration von Forschung und Lehre sowie die Entwicklung der industriellen Forschung in Deutschland im 19. Jahrhundert, die Integration von Forschung und Lehre im Graduiertenstudium, interdisziplinäre Forschungszentren und die Vernetzung von universitärer und industrieller Forschung nach dem Muster des Silicon Valley in den USA im 20. Jahrhundert, die noch engere Kooperation von wissenschaftlicher Forschung und industrieller Massenproduktion mit einer beschleunigten Umsetzung von wissenschaftlichen Entdeckungen in technische Erfindungen und weiter in industrielle Massenprodukte in Japan im letzten Drittel dieses Jahrhunderts. Wer in der weiteren wissenschaftlich-technisch-industriellen Entwicklung eine führende Rolle spielen will, muss dementsprechend auf Innovationen im Zusammenschließen von bisher Getrenntem setzen, um neue Synergieeffekte zu erzielen.

Die Europäische Union ist mit ihren Programmen zur Förderung der Forschung und Technologie fieberhaft darum bemüht, den Entwicklungsrückstand gegenüber den USA aufzuholen. Mit der 2000 beschlossenen Lissabon-Strategie sollte in Europa bis 2010 der dynamischste „wissensbasierte" Wirtschaftsraum der Welt geschaffen werden. Der Schlüssel zum Erfolg scheint in der gezielten Vernetzung von Grundlagenforschung, Technikentwicklung und industrieller Produktion zu liegen (Gibbons et al. 1994). Die Produktzyklen werden immer kürzer, die Einspeisung von Ergebnissen der Forschung in technische Entwicklungen und deren Umsetzung in neue Massenprodukte muss angesichts des globalen Wettbewerbs immer schneller vorangehen. Die Forschungs- und Technologiepolitik der Europäischen Union ist deshalb ebenso wie diejenige ihrer Mitgliedstaaten inzwischen vorrangig der Förderung dieser Vernetzung von Forschung, Technik und industrieller Massenproduktion und der Beschleunigung des Transfers von Forschung in Massenproduktion gewidmet. Darin eingeschlossen ist die gezielte Förderung grenzüberschreitender Kooperation innerhalb der Union, um unterschiedliche Kompetenzen aus den verschiedenen Ländern zwecks Bildung schlagkräftiger Einheiten und zwecks Intensivierung der wissenschaftlich-technischen Integration bündeln zu können.

Die Globalisierung der Märkte für wissenschaftliche Erkenntnis, Technik und industrielle Massenprodukte, die immer weiter voranschreitet, erweitert einerseits die Zugriffschancen auf neue Erkenntnisse, Techniken und Massenprodukte, andererseits verschärft sie die Konkurrenz um wissenschaftliche Entdeckungen, technische Erfindungen und Entwicklungen und um den Absatz von Massenprodukten. Dadurch wird die wissenschaftlich-technische Entwicklung unabhängig von den gerade gegebenen förderlichen oder nicht förderlichen Bedingungen innerhalb eines Landes oder auch einer Staatengemeinschaft wie der Europäischen Union. Die wissenschaftlich-technisch-industrielle Dynamik setzt sich aufgrund der globalen Konkurrenz so oder so fort. Auf dem globalen Markt haben gewiss diejenigen Teilnehmer an der Konkurrenz beste Chancen, sich an der Spitze zu halten, die schon über eine aus vergangenen Erfolgen gespeiste Infrastruktur der Vernetzung von Wissenschaft, Technik und Industrie verfügen. Ihre zukünftigen Erfolge nähren sich nach dem Matthäus-Prinzip „Wer hat, dem wird gegeben" aus vergangenen Erfolgen. Die Zahl der Konkurrenten ist jedoch groß genug, um stetige Veränderungen auf den Rangplätzen mit Auf- und Abstiegen zu erlauben. Mit der Beschleunigung der Entwicklung und der Verkürzung der Produktzyklen spielen sich solche Rangänderungen immer schneller ab. Dabei können vergangene Erfolge auch hinderlich für zukünftige Erfolge sein, weil zu viel Energien auf die Ausschöpfung bestehender wissenschaftlicher und technischer Kompetenzen und zu wenig Energien in die Erschließung neuer gelegt werden. Das ist ein zwangsläufiger Vorgang, der zu einem erheblichen Teil die Verlagerung des wissenschaftlich-technisch-industriellen Fortschritts zuerst nach Japan, dann in die asiatischen Schwellenländer erklärt. Das heißt aber auch, dass mit einer dauerhaften Spitzenstellung Japans nicht zu rechnen ist und die Europäer auch Chancen haben, bei zukünftigen Entwicklungen wieder vorne dabei zu sein. Einen Spitzenplatz für ein Land oder eine Region auf Dauer zu erwarten, ist so unrealistisch wie das ununterbrochene Setzen auf ein und denselben Sieger einer Fußballmeisterschaft.

Als globales System findet der Verbund von Wissenschaft, Technik und Industrie leichter irgendwo in der Welt günstige Bedingungen der Entfaltung vor als in Zeiten ihrer unvollständigen geographischen Ausbreitung. Defizite der Entwicklung in Europa können so in den USA, in Japan oder in den Schwellenländern ausgeglichen werden. Das gilt natürlich nur vom Standpunkt des globalen Systems. Für die Europäer bedeuten solche Defizite, dass sie an dem Wachstum neuer Märkte nicht teilhaben und im Vergleich des materiellen Lebensstandards absinken. Das heißt weiterhin, dass auch der bewusste Verzicht auf bestimmte wissenschaftlich-technisch-industrielle Entwicklungen oder ihre Verlangsamung nicht verhindern, dass sie anderswo stattfinden und im globalen System, in dem wir ohnehin leben, die Risiken trotzdem wachsen, bei gleichzeitigem Verzicht auf die damit verbundenen Profite. Ein Land, das für sich eine solche Politik betreibt, vermeidet deshalb nicht ohne weiteres das Anwachsen der technischen Risiken, weil es den Risiken als Teil des globalen Systems nicht entgehen kann, mit Sicherheit leistet es aber einen Verzicht auf Profite und damit verbundenen „materiellen" Lebensstandard.

Ein Ausscheren aus der Dynamik der wissenschaftlich-technisch-industriellen Entwicklung ist im globalen System nur auf Kosten des Abgehängtwerdens möglich, dies jedoch ohne den Gewinn, von den Risiken des globalen Fortschritts verschont zu bleiben, eine deshalb realistischerweise nicht zu empfehlende Option. Das heißt aber auch, dass partikulare Lebenswelten nur dann eine Überlebenschance haben, wenn sie sich in das globale wissenschaftlich-technisch-industrielle System einpassen. Damit verlieren sie aber auch ihre Identität. Die alltägliche Lebenswelt wird überall von demselben wissenschaftlichen Wissen, derselben Technik und denselben Massenprodukten überschwemmt. Ob wir uns in Wien, London, Paris, Berlin, New York, Tokio oder Hongkong oder aber auch in irgendeinem Dorf irgendwo in der Welt befinden, überall sind wir über Internet vom weitestentwickelten Wissen, über die technische Erschließung und kommunikative Vernetzung jedes Winkels der Erde und über die Warenversorgung per Teleshopping von den neuesten technischen Errungenschaften umstellt. Für lokale Idiosynkrasien scheint im Zuge dieser Entwicklung immer weniger Platz zu sein. An die Stelle traditionsgebundener Lebenswelten tritt die globale Versorgung mit Wissen, technischer Infrastruktur und Gebrauchsgütern, die mit der Dynamik der wissenschaftlich-technisch-industriellen Entwicklung einem immer rasanter vonstatten gehenden Wandel unterworfen wird. Lebensweltliche Sicherheiten werden durch das In und Out des globalen Marktgeschehens mit telekommunikativer Beschleunigung ersetzt. Nach den Resten gewachsener Lebenswelten wird man im globalen wissenschaftlich-technisch-industriellen System vergebens suchen, wenn es seine Eigendynamik voll entfaltet. Die naheliegende Frage ist deshalb, ob sich diese Eigendynamik ganz ohne innere Paradoxien als Stolpersteine vollzieht und ob es Gegenkräfte gibt, die ihr Einhalt gebieten. Das ist nicht der Fall. Im Folgenden sollen vier maßgebliche Paradoxien der Modernisierung in der Wissensgesellschaft erläutert werden: die Paradoxien des Rationalismus, des Instrumentalismus, des Individualismus und des Universalismus.

2. Die Paradoxie des Rationalismus

Mit dem Wissen vermehrt sich zugleich das Wissen des Nichtwissens, und dies sogar um ein Vielfaches des Wissens, so dass der Berg des uns bewussten Nichtwissens schneller wächst als derjenige des Wissens. Unsere Erkenntnislage wird dadurch statt erträglicher eher unerträglicher (Japp 1997; Wehling 2006). Mit Popper (1963, 1973) können wir zunächst sagen, dass unser Wissen des Nichtwissens die Suche nach Wissen einleitet. Das ist das Ausgangsproblem jeder Erkenntnissuche. Sobald das Problem gelöst ist und Wissen gefunden wurde, beginnt die Phase der Kritik, die Wissen so lange durchlöchert wie einen Schweizer Käse, bis es nicht mehr zusammenhält und als Nichtwissen Anlass zur Ablösung durch neues Wissen gibt, das jetzt wieder der Kritik ausgesetzt wird und so fort ad infinitum. Nach Popper führt dieser Prozess insofern zu einer Annäherung an die Wahrheit, als die Menge der noch im Wissensvorrat verbleibenden Irrtümer schrumpft. Popper hat aber auch erkannt, dass mit dem so durch Irrtumsausscheidung wachsenden Wissen zugleich das Nichtwissen zunimmt, genauer gesagt: das Wissen um das Nichtwissen. Das ist die Paradoxie des Rationalismus.

Dass sich das Wissen um das Nichtwissen schneller vermehrt als das Wissen, kann mit einem Modell deutlich gemacht werden. Nehmen wir an, das Wissen besteht aus einer Menge an einzelnen Elementen, die miteinander vernetzt sind. In diesem Netzwerk hat jedes Element eine direkte Beziehung zu vier anderen Elementen. Das Wissen von einem Element soll uns zugleich den Verweis auf die Existenz der damit direkt in Verbindung stehenden Elemente liefern, aber nicht das Wissen über ihre Qualitäten. Beginnen wir das Erkenntniszuwachsspiel mit einem Element an einer Stelle in der Mitte des Netzwerkes. Das Wissen über dieses Element impliziert dann das Wissen um das Nichtwissen der Qualität von vier weiteren Elementen: Die Differenz zwischen bewusstem Nichtwissen und Wissen beträgt dann drei Elemente. Sobald wir Wissen über die vier neuen Elemente haben, ist uns zugleich das Nichtwissen von 16 weiteren Elementen bewusst. Die Differenz zwischen bewusstem Nichtwissen und Wissen ist jetzt auf 16 minus 5 = 11 angewachsen. Im nächsten Schritt enthält unser Wissen 21, das bewusste Nichtwissen 64 Elemente. Die Differenz umfasst 43 Elemente. Der weitere Schritt ergibt ein bewusstes Nichtwissen von 256 Elementen bei einem Wissen von 85 Elementen. Die Differenz macht jetzt 171 Elemente aus. Der Abstand unseres Wissens zu unserem Wissen um das Nichtwissen, anders ausgedrückt: der Größenunterschied zwischen dem von uns erforschten Terrain und dem sich uns dadurch erst darbietenden angrenzenden, aber noch unerforschten Terrain, wächst in einer immer steiler werdenden Kurve. Mit dem Erkenntnisfortschritt schauen wir also auf ein immer größer werdendes Terrain des Unerforschten, das zu weiterer Forschung Anlass gibt. Der Druck auf die Forschung, zu neuen Ufern vorzudringen, wird deshalb zunehmend größer.

Zugleich werden die Schritte der Wissensentwicklung im Verhältnis zum schon akkumulierten Wissen und im Verhältnis zum Terrain des sich darbietenden Nichtwissens immer kleiner. Daraus entsteht das Gefühl, dass die großen Entdeckungen schon gemacht sind und alle weitere Entwicklung nur noch mühsame Kleinarbeit ist. Es handelt sich dabei um einen Fall der ökonomischen Gesetzmäßigkeit des abnehmenden Grenznutzens bei der Vermehrung eines bestimmten Gebrauchsgutes.

Gelegentlich wird diese Gesetzmäßigkeit jedoch außer Kraft gesetzt: in der Zeit wissenschaftlicher Revolutionen. Hier kann eine kleine Entdeckung dazu führen, dass ganze Theoriegebäude zusammenstürzen und grundlegende Revisionen am Wissenssystem erforderlich werden. Jetzt brechen die Dämme der alten Dogmen und eine Springflut an neuem Wissen ergießt sich über das Terrain der Forschung. Zugleich zeigen sich neue Forschungsfragen, die vorher so nicht hätten gestellt werden können. Also wächst auch das Wissen vom Nichtwissen, das Terrain des Erforschbaren, aber noch nicht Erforschten plötzlich ganz gewaltig. So wird vorübergehend der Pfad der Linearität verlassen, ohne dass wir dabei jedoch aus der Paradoxie der mit dem Wissen überproportional mitwachsenden Menge des uns bewussten Nichtwissens heraustreten können.

Der Fortschritt der Erkenntnis führt uns in eine keineswegs sichere Zukunft und schneidet uns fortlaufend den Rückzug auf eine bisher sicher geglaubte Vergangenheit ab. Die Bewegung der Moderne lässt sich weder anhalten noch zurückdrehen auf frühere Entwicklungsstufen, weil wir bei einem solchen Versuch nicht auf sicherem Boden verharren können und auch nicht auf einen solchen zurückfinden, sondern im Sumpfe des Nichtwissens und Nichtmehrwissens versinken würden. Verlorene lebensweltliche Traditionen lassen sich nicht künstlich wiederherstellen. Diese Rücksichtslosigkeit der Moderne provoziert zwar seit ihren Anfängen immer wieder antimoderne fundamentalistische Gegenbewegungen, in der Moderne führen diese aber nicht zur Wiederherstellung der verlorenen Sicherheit, sondern zur gewaltsamen Unterdrückung einer an allen Ecken und Enden vorwärtsdrängenden Bewegung.

Der sich steigernde Innovationsdruck der modernen Erkenntnisentwicklung beschleunigt den Prozess der Entzauberung der Welt im Sinne Max Webers (1971: 607-613, 1920/1972a: 513). Es wäre aber falsch, wenn wir diesen Prozess so deuten würden, dass uns die Welt mit wachsendem Wissen immer weniger als Zaubergarten erscheint, voll von Vorgängen, die wir nicht rational erklären können und die deshalb eine breite Basis für Aberglauben, Esoterik, aber auch religiösen, durch unantastbare Dogmen geschützten Glauben bieten. Entzaubert werden die Dogmen und das alte Wissen durch die unablässig bohrende Kritik der Wissenschaft. Nichts ist mehr heilig, alles wird seziert, untersucht und damit profanisiert. Die Unterscheidung zwischen dem Heiligen, dem Ehrfurcht einflößenden und Unantastbaren und dem Profanen, Zweckbestimmten und Veränderlichen (Durkheim 1981: 62-68, 548-555) geht verloren. Damit entschwinden die alten Sicherheiten des Handelns. Sie lassen sich nicht zurückholen, sondern nur ersetzen durch das neue Sicherheitsversprechen der Wissenschaft. Jetzt heißt es: Was der Kritik lange genug standhält, verdient erst unser Vertrauen. Da die Wissenschaft nach diesem Prinzip verfährt, wird sie zum Leitbild unseres Handelns. Sie sagt uns aber nur, was wir können und was wir nicht können, nicht aber was wir sollen. Letzteres bleibt uns selbst überlassen, aber auch dem endlosen Fragen ausgesetzt, so dass wir am Ende jede Orientierung verlieren. Alles kann in Frage gestellt werden, nichts gilt mehr verbindlich. Das Ergebnis dieser Entwicklung kann deshalb nur der totale Sinnverlust sein, wenn wir nicht bereit sind, dazu überzugehen, im Fragen selbst den letzten Sinn zu sehen und zu glauben, dass, wenn immer noch Fragen gestellt werden können, das Leben weitergehen kann und ergo einen Sinn hat.

Wer keine Frage an das Leben mehr hat, hört auf zu leben. In der Moderne reduziert sich insofern der Sinn auf das fortlaufende Fragenstellen und die damit verbundene unablässige, sich stets ändernde Sinnkonstruktion, ein Hineinlegen und Herausnehmen von Planken in einem endlosen Sumpf, ein Fortschreiten, das ständig die Verbindung zum Vergangenen kappt und zu keinem Ende kommt. Was der moderne Zweifel mit sich bringt, ist insofern nicht der totale Sinnverlust, sondern die Umstellung von gegebenem Sinn, von Sinnbesitz auf die permanente, nicht ans Ende kommende Sinnkonstruktion, wie die Wissenschaft den Wissensbesitz durch den Erkenntnis*fortschritt* als ein unablässiges Zerstören und Wiederaufbauen von Wissen ersetzt. Die Moderne ist deshalb stets auf der Flucht vor den Fehlern der Vergangenheit, ihr Fortschritt ist wie ein Rennen über brüchiges Eis, bei dem auf keiner Stelle verharrt werden kann, weil sonst der Einbruch droht.

Bei der Flucht nach vorn wird das vorhandene Wissen immer schneller entwertet, es wird aber auch Wissen in Umlauf gebracht, das sich sehr schnell als nicht tragfähig erweist. Der wachsende Innovationsdruck führt auch dazu, dass immer wieder „Blüten" gedruckt und in Umlauf gebracht werden, die keine Bestätigung in der Realität finden. Wir befinden uns in einer Situation, die der Geldinflation ähnelt. Die Scheine häufen sich zwar, sie haben aber einen immer geringeren Wert beim Eintausch in Waren oder Dienstleistungen. Bei einer Wissensinflation wächst das Wissen überproportional im Verhältnis zu dessen Bestätigungen in der Realität. Wir müssen also einen immer größeren Wissensapparat mobilisieren, um Bestätigungen in der Realität zu erhalten. Im Verhältnis zum mobilisierten Wissen sind die Bestätigungen durch die Realität mager. Eine solche Inflation kann in eine Deflation umschlagen.

In diesem Fall nimmt das Vertrauen in das im Umlauf befindliche Wissen ab. Es wird immer weniger Gebrauch davon gemacht. Die reale Erkenntnisleistung sinkt deshalb ab. Nur noch ausgesuchtes und bewährtes Wissen wird genutzt, dessen Wert durch prompte Bestätigung in der Realität sehr hoch ist. Damit stagniert aber die Wissensentwicklung bzw. sie fällt sogar auf ein niedrigeres Niveau zurück. Der konjunkturelle Motor kann erst wieder anspringen, wenn risikobereite Wissensunternehmer Projekte mit ungewissem Ausgang starten und wieder Wissen in Umlauf bringen, das über das bisher bestätigte Wissen hinausgreift, wenn es sich auch später als nicht tragfähig erweisen sollte. Die inflationäre Wissensentwicklung muss nicht in eine totale deflationäre Abwärtsspirale umschlagen. Sie kann auch zur Dauererscheinung werden, die aber ständig von partiellen Abkoppelungen einzelner Gruppen aus dem Entwicklungsprozess begleitet wird. Zur permanenten Steigerung der Aufklärung durch eine Flut von Wissensinnovationen gesellt sich dann eine Vielzahl von sektenhaften Gegenbewegungen, die Sicherheit durch die totale Abschließung vom Informationsstrom der Außenwelt versprechen.

3. Die Paradoxie des Instrumentalismus

Neue Problemlösungen werden in der Wissensgesellschaft immer schneller angeboten, um alte zu verdrängen, ihr Beitrag zur Verbesserung der Situation im Vergleich zu den alten Problemlösungen wird jedoch nach dem Gesetz des abnehmenden Grenznutzens immer kleiner, während sich zugleich neue Probleme anhäufen, die sogar größer sein können als der Beitrag zur Problemlösung. Auf dem heutigen Entwicklungsstand ist die Situationsverbesserung durch neue Technologien für die Sinnesorgane des Menschen kaum noch wahrnehmbar und spürbar. Man braucht dazu immer feinere Messinstrumente. Problemlösungen erzeugen immer auch neue Probleme. Das ist die Paradoxie des Instrumentalismus.

Die Lebensdauer von Gesetzen wird immer kürzer. Ein Beispiel bietet die Sozialgesetzgebung. Während die ersten Sozialgesetze riesige soziale Fortschritte erbrachten, sind die sozialen Erfolge der heutigen Sozialgesetze nicht mehr wahrnehmbar, jedenfalls ändert sich seit Jahrzehnten kaum etwas an der Zahl der armen Menschen, dagegen sind die Kosten des Sozialsystems ins Unermessliche gestiegen.

Mit dem Fortschreiten der Moderne im Zuge des autokatalytischen Prozesses der immer rascher vonstatten gehenden technologischen Innovationen nehmen wir immer größere Risiken im Sinne von Nebenfolgen technologischer Problemlösungen auf uns, für die nicht im Gleichschritt neue Problemlösungen zu deren gänzlicher Verhinderung bereitstehen. Gibt es einen Ausweg aus diesem Dilemma? Vorschläge dazu laufen in der Regel auf eine Verlangsamung des Einsatzes von neuen Technologien durch eine Verlängerung ihrer Erprobungsphase und auf die parallele Entwicklung von Technologien zur Kontrolle der Nebenfolgen neuer Technologien im Gleichschritt hinaus. Diese Vorschläge sind insofern richtig, als sie bei genügend Unterstützung das Tempo der Risikoproduktion dämpfen. Der Mechanismus der Risikoproduktion kann dadurch allerdings nicht aufgebrochen werden. Er kann nur mehr oder weniger massiv zur Entfaltung kommen. Außerdem kann der Vorschlag nur vollständig wirksam werden, wenn er global und keinesfalls nur national, regional oder lokal umgesetzt wird. Da solche internationalen Abkommen nur in ganz begrenzten Fragen – wie z.B. beim

Einsatz von FCKW – auf absehbare Zeit zustande kommen werden, wird sich zwangsläufig der technologische Wandel weiter beschleunigen und eine entsprechende Steigerung der Risikoproduktion implizieren. Unter dieser Bedingung bleibt als einzige Gegenmaßnahme die fieberhafte Entwicklung von Technologien zur Kontrolle alter und neuer Technologien und die gezielte Suche nach neuen, nebenfolgenarmen (umweltschonenden), z.B. wenig ressourcenverbrauchenden bzw. mit erneuerbaren Ressourcen arbeitenden Technologien. D.h. der Innovationsdruck muss sogar noch erhöht werden, wobei wir keineswegs sicher sein können, dass die gefundenen Problemlösungen tatsächlich zu einem Abtragen des Berges angehäufter Risiken beitragen werden.

Vor nicht vorausgesehenen Nebenfolgen sind wir auch bei dieser Strategie nicht gefeit. Es ist also gewiss wichtig, die technologischen Innovationen immer umfassender auf ihre möglichen Risiken abzuklopfen und gezielt nebenfolgenarme Technologien zu suchen. Aus der beständigen Produktion neuer Risiken werden wir damit allerdings auch nicht austreten können. Die Risikoproduktion ist ein ständiger Begleiter der Moderne, der sich nicht mehr abschütteln lässt. Was bleibt, ist das stete Bemühen um die Risikokontrolle bei gleichzeitigem Wissen, dass Risiken nicht völlig ausgeschaltet werden können und auch das Bemühen um Risikokontrolle seine eigenen Risiken produziert. Im konkreten Fall kann es außerdem oft sehr schwer sein, zu entscheiden, ob die Anwendung einer Technologie oder der Verzicht auf ihre Anwendung mit dem größeren Risiko behaftet ist. Der Verzicht hat ja auch Handlungsfolgen, die risikobehaftet sind.

Eine bestimmte Einschränkung ist gegenüber dem beschriebenen Modell der technologischen Entwicklung zu machen: Es unterstellt eine lineare Entwicklung. Im Großen und Ganzen wird die Realität dem Modell auch entsprechen. Es sind jedoch auch nichtlineare technologische Entwicklungen möglich, Quantensprünge der technologischen Innovation, bei denen eine einzelne kleine Entdeckung oder Erfindung eine Lawine positiver und eventuell auch negativer Folgen lostritt und zu einer grundlegenden Revision der vorhandenen Technologie zwingt, aber auch den Berg der neuen Probleme außerordentlich anschwellen lässt. Die Nukleartechnik, die Mikroelektronik, die Biotechnologie und die Nanotechnologie können in unserer Zeit als solche Quantensprünge bezeichnet werden. Sie ändern jedoch nichts an dem dargelegten, paradox wirkenden Mechanismus der technologischen Entwicklung, vielmehr geben sie ihm nur eine besondere Ausprägung. Die Entwicklung verlässt für einige Zeit den Pfad der Linearität, verschärft aber noch die Paradoxie von Problemlösung und Problemanhäufung.

Die technologische Entwicklung wird über die beschriebene Eigendynamik hinaus durch ihren Verbund mit Wissenschaft und Wirtschaft noch weiter beschleunigt. Die Wissenschaft treibt sich aufgrund der wachsenden Diskrepanz zwischen Erforschtem und bereitstehendem Unerforschtem immer schneller voran und liefert in immer kürzeren Abständen Anlässe für technische Innovationen. Die Globalisierung der Märkte erhöht die Konkurrenz und verlangt eine durch aggressive Werbung unterstützte Erschließung von immer umfassenderen Absatzmöglichkeiten. Gesättigte Märkte müssen durch die Verkürzung von Produktzyklen immer wieder neu aufbereitet werden. Die industrielle Massenproduktion verlangt deshalb immer schneller technische Innovationen und ihre Umsetzung in Massenprodukte. Die technologische Entwicklung wird deshalb nicht nur aus sich selbst heraus im Tempo gesteigert, sondern zusätzlich von zwei Seiten in die Zange genommen und zu einem noch höheren Tempo gezwungen: von der Seite der Wissenschaft und von der Seite der Wirtschaft. Wenn die Wirtschaft dagegen das Tempo der technologischen Innovation drosselt, was häufig beklagt wird, wo es um den Einsatz von langlebigen oder neuen umweltschonenden Technologien geht, dann liegt dies einerseits an der teilweisen Ausschaltung des Konkurrenzdrucks durch Monopole und Oligopole, andererseits an dem mangelnden oder noch nicht möglichen Ausgleich der Kosten, gerade weil die Konkurrenz veraltete Produkte preisgünstiger anbieten kann, soweit die Konsumenten allein auf den Preis der Produkte reagieren.

4. Die Paradoxie des Individualismus

Mit einem wachsenden Wissensarsenal im Rücken sind eingefahrene Strukturen des Denkens und Handelns unter permanentem Beschuss durch neu verfügbares Wissen, so dass sie mehr und mehr durchlöchert werden und deshalb nicht mehr für die anthropologisch angeblich unabdingbare Entlastung des Menschen sorgen können. So richtig diese immer wieder aus Arnold Gehlens (1940/1986) Anthropologie zitierte These ist, so stellt sie sich angesichts der in der Moderne permanent fortschreitenden Entstrukturierung des Lebens doch als höchst problematisch dar. Wird sie konkretistisch interpretiert, erweist sie sich als eine konservative Ideologie, die von der Realität längst weggespült worden ist. Wird sie abstrakt gefasst, dann bleibt sie so unbestimmt, dass sie mit jedem Zustand der Realität, auch dem rasenden gesellschaftlichen Wandel, vereinbar wird, weil dann der Wandel als einzig bleibendes stabiles Element interpretiert wird. Auf jeden Fall scheint der Mensch mehr Offenheit zu ertragen, als bei einer konservativen Interpretation aus der Gehlenschen Anthropologie zu irgendeinem Zeitpunkt der Vergangenheit hätte abgeleitet werden müssen.

„Entstrukturierung", „Entobligationierung", „Enträumlichung", „Entzeitlichung", „Entgrenzung" und korrespondierend dazu „Individualisierung" und „Bastelbiographie" sind die Schlagworte, mit denen heute die Aufmerksamkeit auf einen Vorgang gelenkt wird (Beck 1986: 209-286; Gross 1994: 71-106), der die Bewegung der Moderne von Anfang an bestimmt und von den Klassikern der Soziologie von Spencer (1972) und Marx (1844/1968) über Durkheim (1977) zu Tönnies (1887/1963), Weber (1920/1972a) und Simmel (1908/1968) in allen seinen Facetten erfasst und erklärt worden ist. Ob die gegenwärtige Individualisierungsdebatte tatsächlich als adäquate Reaktion auf einen neuen Individualisierungsschub gedeutet werden kann oder eher eine konjunkturell bedingte Thematisierungswelle eines latenten Dauerthemas der Moderne darstellt, lässt sich nicht so leicht bestimmen. Für die erste Deutung sprechen Daten aus der Verbands-, Wahl- und Konsumforschung, die einen zunehmenden Schwund an Stammmitgliedern, Stammwählern und Stammkunden in den vergangenen zwanzig Jahren konstatieren. Ähnliches wird man aber auch in der Vergangenheit feststellen können, so dass die Frage, ob die Individualisierung jetzt einen qualitativen Sprung, gar einen Quantensprung gemacht hat, wie es aufgrund der Thematisierungswelle erscheint, eigentlich nicht klar mit einem Ja beantwortet werden kann. Wahrscheinlich wird man mit dem Urteil, dass die Individualisierung zwar weiter vorangegangen ist, die Thematisierungswelle aber weit höher schlägt, als es der Realität entspricht, richtig liegen.

Für die Konjunkturthese spricht außerdem die Tatsache, dass die Individualisierungsdebatte als Ausläufer der handlungstheoretischen Revolution in der Soziologie begriffen werden kann. Die fünfziger und sechziger Jahre sind durch die Paradigmen des Strukturfunktionalismus, Strukturalismus und Marxismus bestimmt worden, die unsere Aufmerksamkeit auf die Eigengesetzlichkeiten der strukturellen Reproduktion der Gesellschaft gelenkt haben. Die Ansätze der Verhaltenstheorie, der Rational-Choice-Theorie, der Konflikttheorie, des Symbolischen Interaktionismus, der Ethnomethodologie, des Aktionalismus und Interventionismus (Alain Touraine) haben in Reaktion darauf die Gestaltung der Gesellschaft durch die handelnden Subjekte in den Vordergrund gerückt. Die Individualisierungsthese ist eine logische Konsequenz aus dieser soziologieinternen Entwicklung. Natürlich kann auch die mikrosoziologische Revolution als eine Reaktion auf die wachsende Entstrukturierung der Gesellschaft gelesen werden, außerdem auch als eine Reaktion des amerikanischen Individualismus auf den europäischen Strukturalismus.

Das global verfügbare Wissen befreit nicht nur von lokalen Borniertheiten, es baut auch neue Zwänge auf. Das Wissen ändert sich zwar fortlaufend und immer schneller, dennoch bildet es ein immer umfangreicheres und feiner gesponnenes Netzwerk, an dem ich als Einzelner nur verschwindend kleine Teile zu gestalten vermag, das ich aber nur, wenn ich riskiere, für verrückt erklärt zu werden ignorieren kann. Einerseits macht es uns freier, weil wir mehr wissen, andererseits unfreier, weil es umfangreicher, dichter, globaler, unentrinnbarer und im Ganzen für den Einzelnen weniger gestaltbar wird. Angesichts des Umfanges und der Dichte des modernen Wissens tendiert jeder individuelle Beitrag dazu gegen null. Was wir sagen wollen, ist fast alles schon einmal gesagt worden. Die Speicherung mittels Datenbanken macht alles schon Gesagte schnellstens verfügbar und dokumentiert uns, wie wenig Neues wir noch sagen können. Es ist dasselbe Gefühl, das uns beschleicht, wenn wir eine der ganz großen Bibliotheken betreten. Sie erschlagen uns mit ihrer gespeicherten Information und machen uns zu Winzlingen, die alles Selbstvertrauen verlieren, überhaupt noch etwas Neues sagen zu können. Nicht wenige Büchernarren haben ihr Leben in den Bibliotheken verbracht und zeitlebens eine Schreiblähmung davongetragen. In absehbarer Zeit wird uns über globale Informationsnetzwerke jede erdenkliche Information, das ganze gespeicherte Wissen aller Bibliotheken der Welt zugänglich sein. Ob wir angesichts dieses Informationsumfangs ähnlich gelähmt reagieren wie in den großen Bibliotheken oder ob uns dies erspart bleibt, weil ja die Information nicht wie dort in geballter Ladung im ganzen sichtbar wird, sondern nach und nach abgerufen werden kann, bleibt eine rein subjektiv zu beantwortende Frage; objektiv werden wir von noch größeren Wissensmassen erdrückt, die uns kaum noch Luft zum Atmen lassen.

Auf der Suche nach uns selbst und beim „Basteln" an unserer Biographie wird uns von einer gierigen Industrie, angefangen von den Accessoires des Alltagskonsums über die Ratgeberliteratur bis zu Persönlichkeitstraining, Therapien und Sinnangeboten der Religionskonzerne bereitwillig geholfen. Selbstfindung und Selbstkonstruktion werden durch und durch kommerzialisiert. Was wir dabei finden und was wir zusammenbasteln, besteht nur noch aus dem individuell zusammengestellten Warenmix einer riesigen Individualisierungsindustrie. In der total individualisierten Massenkonsumgesellschaft gibt es keinen Platz mehr für Individualität. Wer heute etwa in Alufolie verpackt über die Art Cologne schlendert, provoziert niemanden mehr, unterscheidet sich von keinem, weil eben alle Möglichkeiten der Provokation schon ausgereizt sind und alles von der Industrie schon zur Massenware gemacht worden ist oder gemacht wird, wenn nur der blasseste Schein des Neuen zu erkennen ist.

Wie die Entwicklung der Moderne durch die wachsende Verflechtung von Wissenschaft, Technik und Industrie im allgemeinen immer weiter beschleunigt wird, so bekommen wir aus der immer engeren Verflechtung von Kunst, einschließlich Straßenkunst und Jugendszene, Design und industrieller Massenproduktion eine immer schnellere Abfolge von kommerziellen ästhetischen Konjunkturen, einschließlich ihrer Krisenerscheinungen in Gestalt von Inflationen und Deflationen des ästhetischen Stils. Eine Konjunktur beginnt mit der Umsetzung von Stilinnovationen in der Kunstszene in Design und von dort in Massenproduktion. Ein ästhetischer Stil breitet sich als Differenzierungsmittel aus und verliert im Zuge der Ausbreitung genau diese Funktion, wird also entwertet und muss aufgrund der schnellen Umsetzung von Szene in Massenkonsum immer schneller durch neue Stilisierungsmittel ersetzt werden. Bei immer rasender werdendem Ablauf des „In" und „Out" eines Stilisierungsmittels bricht die ganze Stilisierungssprache immer wieder zusammen. Da nichts mehr als Differenzierungsmittel taugt, breitet sich die Stimmung aus, dass alles und damit auch nichts geht, die typische Stimmung der Postmoderne. Man sieht das Ende aller Zeiten und gibt alle Versuche der Differenzierung durch Stilisierung auf. Die Kunst merkt dies an mangelnden Innovationen. Man geht gelangweilt über die Art Cologne und meint, alles schon einmal gesehen zu haben. Die Industrie stellt es an Umsatzeinbrüchen fest. Eine kräftige Rezession folgt. Die Inflation schlägt in eine Deflation um, wenn ein Rückzug der Protagonisten stattfindet, immer weniger am Stilisierungsspiel teilnehmen. Es sind immer weniger Stilisierungsmittel im Umlauf, die gerade deswegen an Wert gewinnen. Wer sie einsetzt, kann sich jetzt hervorheben, bis daraus wieder ein konjunktureller Aufschwung hervorgeht. Am ehesten ergibt sich jedoch eine dauerhafte Inflation der Befreiung, eine Befreiungsorgie, aus der einzelne oder auch ganze Gruppen durch den Rekurs auf totale Unterwerfung unter gemeinschaftliche Kontrolle, z.B. in fundamentalistischen Sekten, ausbrechen.

Das globale Informationssystem bricht über uns herein, ob wir es wollen oder nicht, unsere Möglichkeiten, es zu steuern und zu gestalten, sind jedoch äußerst gering. Es ist der Bruchteil, den wir von der Zahl aller Teilnehmer des Systems ausmachen, bei einer Teilnehmerzahl von z.B. fünf Milliarden Menschen durchschnittlich ein Fünfmilliardstel, ein kaum noch vorstellbarer Bruchteil. Es ist deshalb richtig, in Anlehnung an Georg Simmels (1914/1926) Dialektik von subjektiver und objektiver Kultur zu sagen, dass uns die globale Wissensgesellschaft zugleich freier und unfreier macht. Deshalb muss die These der Individualisierung um die weitere These der gleichzeitig stattfindenden Entindividualisierung ergänzt werden, ebenso die These der Entstrukturierung durch die These der Restrukturierung. Das ist die Paradoxie des Individualismus. Mit der rasanten Entwicklung des modernen Wissens werden nicht nur alte Strukturen eingerissen, sondern zugleich neue geschaffen. Das vergangene Wissen war weniger umfassender Kritik ausgesetzt und konnte sich deshalb besser festsetzen und uns beherrschen, es war jedoch systematisch ungeordneter, weniger zusammenhängend – lückenhafter – und ließ uns deshalb viele Schlupflöcher, durch die wir uns seiner Kontrolle entziehen konnten. Wegen der vielen Schlupflöcher war das Leben nicht durch und durch strukturiert, sondern dem Zufall und der Willkür überlassen. Deshalb konnte Max Weber (1922/1976: 130) auch sagen, dass die traditionale Herrschaft zwischen Geltung der Tradition *und* Willkür des Herrschers hin- und herschwankte, also keineswegs durch und durch geregelt war wie die rational-legale Herrschaft der Moderne.

Je weiter nun das Wissen fortschreitet, umso mehr muss es sich gegen Kritik behaupten und umso schneller wird es geändert, es wird jedoch systematisch geordneter, zusammenhängender und lückenloser, sodass es uns keine Schlupflöcher mehr bietet, durch die wir hindurchschlüpfen und noch Reste unserer Freiheit retten können. Wir haben zwar die Freiheit der Kritik, was wir als wahr und richtig akzeptieren wollen, können wir aber nicht selbst bestimmen. Was immer wir als gültig betrachten, muss sich in ein immer umfassenderes Wissenssystem einfügen lassen, von dessen Gültigkeit die Gültigkeit meiner Behauptungen abhängt. Was sich im Duktus der Habermasschen (1981) Diskurstheorie so wunderbar befreiend anhört, dass von uns nur als gültig anerkannt werden muss, was einem potentiell universellen Diskurs mit Argumenten und Gegenargumenten standhält, hat auch eine Schattenseite: In diesem potentiell universellen Diskurs stellt sich uns das ganze akkumulierte, stets geprüfte, sich wohl laufend ändernde, aber dennoch zum lückenlosen System geronnene Wissen entgegen. Es ist ein Kampf um die Wahrheit, den wir fast nur verlieren können. Die Umstellung der Geltung des Wissens auf dessen diskursive Rechtfertigung befreit uns zwar von ungerechtfertigter Herrschaft, Dogmen und Willkür, zwängt uns aber in ein zunehmend lückenloseres Wissenssystem ein.

Der Prozess der Entstrukturierung des Lebens in der Moderne beschert uns also fortlaufend eine Restrukturierung völlig neuer und sogar undurchdringlicherer, weil lückenloserer und bestens geprüfter, ja auf dem freien Argumentationsaustausch beruhender Art. Wer immer sich auf das Spiel einlässt, muss damit rechnen, dass die Bank – sprich: das Wissenssystem – fast immer gewinnt. Nur in Ausnahmefällen lassen sich spektakuläre Gewinne erzielen: in Zeiten wissenschaftlicher Revolutionen. Hier können kleine Entdeckungen große Wirbelstürme verursachen und große Teile des Wissenssystems zum Einsturz bringen. Nur wenige von uns kommen ganz selten in eine so glückliche, allerdings von ungewissem Ausgang und großen Kämpfen geprägte Lage. Aber auch Revolutionen münden irgendwann in eine Restrukturierung, auch die befreiendste Revolution, die sich nur denken lässt. Revolutionen des modernen Wissenssystems laufen sogar auf eine Restrukturierung hinaus, die systematisch noch geordneter, umfassender und lückenloser ist und damit zwar unsere Denk- und Handlungsmöglichkeiten nochmals erweitert, uns zugleich aber in ein noch undurchdringlicheres Netzwerk einspannt.

Aus der unauflöslichen Dialektik von Entstrukturierung und Restrukturierung, Individualisierung und Entindividualisierung, Befreiung und Gefangennahme ergibt sich ein wachsender Emanzipations- und Individualisierungsdruck. Wir kommen in den Genuss neuer Freiheiten, die uns die noch vorhandenen und neuen Zwänge umso leichter sehen und freier artikulieren lassen. Die Distanz zwischen tatsächlichen und möglichen Freiheiten wird eher größer als kleiner. Im Verhältnis zu den erkennbaren Möglichkeiten des Denkens und Handelns bleibt unser Handeln weit mehr zurück und – wie es uns scheint – viel zu vielen Zwängen verhaftet. Wo ringsum alles möglich scheint und sich alles bewegt, hat man schnell das Gefühl, an einen Ort gefesselt zu sein. So stehen wir unter einem sich steigernden Druck, uns von anscheinend künstlichen und überflüssigen Fesseln zu befreien. Wir leiden unablässig unter dem schlechten Gefühl, etwas zu verpassen, eine Chance zu vertun. Ebenso werden wir in unserem Bemühen um Individualität und Distinktion von Kopien ein und desselben Musters umstellt, von der industriellen Massenanfertigung ein und derselben Identitätsutensilien immer schneller eingeholt. So nimmt der Individualisierungsdruck enorm zu und verlangt immer ausgefallenere Distinktionsmittel und einen immer schnelleren Wechsel ihres Gebrauchs.

5. Die Paradoxie des Universalismus

Die globale Wissensgesellschaft verbreitet in der ganzen Welt ein und dasselbe universell gültige, wissenschaftlich geprüfte Wissen. Kein Land, keine Person sollen davon ausgeschlossen werden. Datenbanken erlauben via Internet den Zugriff auf dieses Wissen überall in der Welt, wo ein Internetanschluss vorhanden ist. Das ist zwar noch längst nicht überall der Fall, und es gibt eine höchst ungleiche regionale Verteilung von Internetanschlüssen. Dennoch ist der Trend zur vollständigen Inklusion aller Regionen der Welt in das Internet im Zeitverlauf klar erkennbar. Um überall in der Welt eine breite Teilhabe an diesem Wissen zu ermöglichen, werden immer größere Teile der Bevölkerung in die Sekundarbildung und darüber hinaus in die Hochschulbildung inkludiert. Überall steht Bildung auf der politischen Agenda. Bildung ist das A und O der in den 1990er Jahren von der OECD (1996, 1999) entwickelten Agenda von Wachstum und Beschäftigung in der wissensbasierten Ökonomie. Die Lissabon-Strategie der Europäischen Union zur Schaffung des weltweit dynamischsten wissensbasierten Wirtschaftsraums in Europa folgt dieser Programmatik. Die neue EU-Agenda „Europa 2020" setzt sie fort. Die von der OECD durchgeführte internationale Vergleichsstudie des *Programme for International Student Assessment* (PISA) überwacht anhand der Messung von Kompetenzen fünfzehnjähriger Schüler in Lesen, Mathematik und Naturwissenschaften medienwirksam im Dreijahresrhythmus, welche Fortschritte die teilnehmenden Länder von Test zu Test machen.

Diese wachsende Teilhabe von immer mehr Ländern und Teilen der Weltbevölkerung am global verfügbaren wissenschaftlichen Wissen hat aber auch eine exkludierende Seite. In der Kommunikationsforschung wird diese Seite als wachsende digitale Kluft thematisiert. Zunächst einmal bedeutet die globale Verbreitung von universell gültigem wissenschaftlichem Wissen, dass lokales Erfahrungswissen in den Status der Minderwertigkeit gesetzt wird. Was in einer weniger integrierten Welt noch für sich selbst gültig war, muss sich jetzt vor dem Gericht der globalen Wissenschaft beweisen. Wissenskulturen, die aus eigenem Recht und eigener Würde koexistieren konnten, werden nun in eine Rangordnung nach der Nähe zum Zentrum der Wissenschaft gebracht. An die Stelle der segmentären Differenzierung in eine Vielzahl von Wissenskulturen tritt die Differenzierung in Zentrum und Peripherie. Während die Wissenschaft der modernen westlichen Kultur das Zentrum besetzt, werden alle anderen Wissenskulturen in die Peripherie der globalen Wissensgesellschaft verbannt. Auch in der Rangordnung der PISA-Studie ist dieses Zentrum/Peripherie-Verhältnis klar zu erkennen. Während die hochentwickelten Industrieländer und besonders aufstrebende Schwellenländer wie Korea die obere Hälfte der globalen Bildungshierarchie einnehmen, finden sich die meisten Schwellen-, postsozialistischen Transformations- und Entwicklungsländer in der unteren Hälfte platziert. Die Inklusion aller Länder und Bevölkerungsteile in das wissenschaftliche Wissen der globalen Wissensgesellschaft exkludiert also zugleich alle bisher aus eigenem Recht gültigen Wissenskulturen und bildet eine neue Statushierarchie nach dem Erfolg in der Aneignung und aktiven Gestaltung der Wissenskultur des Zentrums. Das ist die Paradoxie des Universalismus.

Der exkludierende Effekt des wissensgesellschaftlichen Inklusionsprogramms wird zusätzlich dadurch verstärkt, dass ganz überwiegend auf Bildung als Mittel der Inklusion gesetzt und andere Mittel der Inklusion wie die Familienzugehörigkeit – das konservative Programm – oder die Staatsbürgerschaft – das sozialdemokratische Programm -, jeweils umgesetzt in umfangreiche wohlfahrtsstaatliche Sicherungssysteme, in den Hintergrund treten. Weil Bildung immer nur mehr oder weniger gut angeeignet werden kann, folgt aus der Inklusion mittels Bildung zwangsläufig die Exklusion der weniger zur Bildung fähigen Menschen. Da die Inklusion des Einzelnen in die Wissensgesellschaft ganz überwiegend auf Bildung gebaut ist, wachsen mit dem unterschiedlichen Bildungserfolg auch die Einkommensungleichheiten und die damit zusammenhängenden Ungleichheiten der Teilhabe an der Gesellschaft, wie überall zu beobachten ist.

6. Die Transformation der Lebenswelt

Die globale Ausbreitung der wissenschaftlich-technischen und industriellen Zivilisation verändert die Reproduktion von Lebenswelten. Sie werden aus ihrem traditionalen Kontext gelöst und der Selektion nach rationaler Begründbarkeit, ökonomischer Wettbewerbsfähigkeit, politischer Machtbildung und instrumenteller Ausschöpfung von Bindungsressourcen unterworfen. Lebenswelten verlieren ihre selbstverständliche Geltung und behalten ihre Existenzberechtigung nur durch ihre instrumentelle Nutzbarkeit für spezifische Zwecke.

Lebenswelt als wissenschaftlicher Produktionsfaktor und Wissensressource

Die Lebenswelt der tradierten Normen, der Selbstverständlichkeiten und der unantastbaren Heiligtümer bildet ein sicherheitsverbürgendes Fundament des Lebens. Mit dem Siegeszug der wissenschaftlich-technischen Zivilisation scheinen alle traditionell verbürgten Sicherheiten des Lebens ausgelöscht und durch das wissenschaftliche Wissen ersetzt zu werden. Dieses Wissen ist überall gleich und lässt deshalb für regionale Folklore und persönliche Idiosynkrasien keinen Raum übrig. Außerdem verändert es sich so rasend schnell, dass wir anscheinend aller Alltagssicherheiten beraubt werden und vor jeder Essenszubereitung erst den Computer betätigen müssen, um die notwendigen, gerade aktuellen Informationen über die gesundheitsgefährdenden oder -fördernden Effekte der zur Auswahl stehenden Substanzen beizuholen. Regional unterschiedliche Essensgewohnheiten werden so durch ein überall gleich durchgeführtes methodisches Verfahren der Essenszubereitung und Nahrungsaufnahme ersetzt. Zur Gewohnheit wird jetzt das überall gleiche Verfahren, während das Essen selbst in Abhängigkeit von der rasend schnellen Wissenschaft in seinem Inhalt immer schneller geändert wird. Die daraus entstehenden Unsicherheiten können sich aber auch gegen das Verfahren wenden und zurück zur regionalen Folklore streben, die aber unvermeidlich unter dem von der Wissenschaft erzeugten Rechtfertigungsdruck steht und nicht mehr als selbstverständlich gilt. Die Verwissenschaftlichung der Lebenswelt entwertet das folkloristische Wissen, kann sich jedoch selbst im Taumel des Wissenswandels entwerten und zur Flucht in das Althergebrachte oder Esoterische treiben.

Auf dem beschriebenen Wege wird die wissenschaftliche Begründbarkeit von Wissen und Techniken langfristig zum Selektionsfaktor von Lebenswelten. Überleben können nur solche Praktiken des Alltagshandelns, die der wissenschaftlichen Kritik standhalten. Wissenschaft und Lebenswelt verschmelzen zu einer Einheit in der wissenschaftlich-technischen Zivilisation, die überall gleiche Lebensbedingungen schafft und die letzten Reste an kulturellen Differenzen beseitigt. Wissenschaft und Technik *sind* dann unsere Lebenswelt. Eine andere Lebenswelt wird nicht mehr existieren.

Lässt sich gegen diese These nicht einwenden, dass tief in der Geschichte verwurzelte Lebenswelten eine langwährende Resistenz gegen die Flut wissenschaftlich-technischer Innovationen zeigen und das neue Wissen sowie die neuen Techniken an die nationalen, regionalen und lokalen Lebensgewohnheiten anpassen (Indigenisierung)? Muss nicht selbst die Werbung für global abgesetzte Konsumgüter um des Erfolges willen Rücksicht auf die lebensweltlichen Gegebenheiten der einzelnen Märkte nehmen und sich kulturell diversifizieren? Wird für global eingesetzte Managementkonzepte nicht ebenso erkannt, dass sie nur zum wirtschaftlichen Erfolg führen, wenn sie auf die kulturspezifischen Werthaltungen, Einstellungen und Verhaltensstandards eingestellt werden? Diese Gegenthese zur These der einheitlichen Verwissenschaftlichung der Lebenswelt ist durchaus richtig, aber nicht allein richtig. Die These selbst hat nämlich auch ihre Richtigkeit. Die Informatisierung und Verwissenschaftlichung der Lebenswelt ist ein Entwicklungstrend, der sich aus der Expansion der wissenschaftlich-technischen Zivilisation ergibt. Sie greift zunehmend in die partikularen Lebenswelten ein und gestaltet sie nach einem einheitlichen Muster um. Dieser Prozess würde jedoch in einer viel größeren Geschwindigkeit erfolgen, wenn er nicht durch die Resistenz der gewachsenen Lebenswelten verlangsamt und in je spezifische Bahnen gelenkt würde. So bleiben kulturspezifische Differenzen trotz wissenschaftlich-technischer Modernisierung erhalten. Sie werden jedoch abgeschliffen und eingepasst in die wissenschaftlich-technische Zivilisation, ändern sich von sperrigen und unverwechselbaren Charakteren zu miteinander verwandten Varianten ein und desselben Grundmusters der wissenschaftlich-technischen Zivilisation. Lebenswelten werden im Hinblick auf ihre Brauchbarkeit wissenschaftlich abgeklopft. Was verwertbar ist, wird digitalisiert und als Wissensvorrat zur beliebigen Verwendung im globalen Informationsnetz gespeichert. Lebenswelten werden zur beliebig nutzbaren Wissensressource im globalen Wissenssystem.

Im Rahmen des beschriebenen Prozesses verliert die Lebenswelt ein erhebliches Stück ihres eigenständigen und unantastbaren Charakters. Sie wird so weit es geht instrumentalisiert, nutzbar gemacht für andere Zwecke. Die wissenschaftlich-technische Zivilisation ist dann das unverrückbare Faktum des Lebens, die Lebenswelt das zu bearbeitende, zu beliebigen Zwecken verwendbare Material. Die Fähigkeit zur Symbiose mit den Errungenschaften der wissenschaftlich-technischen Zivilisation entscheidet über das Fortbestehen oder das Aussterben lebensweltlicher Traditionen. Diese Instrumentalisierung von an sich gewachsenen und nicht bewusst geschaffenen Lebenswelten geht im allgemeinen Modernisierungsprozess über die Symbiose mit den Errungenschaften von Wissenschaft und Technik hinaus. Auch aus der Entwicklung der Wirtschaft, der Politik und der Vereinigungsformen ergibt sich eine Instrumentalisierung der Lebenswelt für wirtschaftliche, politische und assoziative Zwecke. Partikulare Lebenswelten werden zum Standortfaktor im Konkurrenzkampf um die besten Plätze im globalen System.

Auf dem Wege der reflexiven Rückwirkung leben so lokale Lebenswelten im globalen System fort, aber eben unabwendbar als Elemente ein und desselben globalen Systems. Indigenisierung und Reflexivität sind zwar Mechanismen, die das Überleben lokaler Lebenswelten sichern, dies jedoch in einer durch das globale System veränderten Form. Lebensweltliche Traditionen pflanzen sich im globalen System nicht aus sich heraus fort, sondern nur als Ressourcen der globalen Reproduktion des Lebens.

Lebenswelt als wirtschaftlicher Produktionsfaktor und Ware

Geschichtlich gewachsene Formen der Unternehmenskultur, der Unternehmensorganisation und des Managements stehen auf dem Prüfstand, werden miteinander verglichen und im Hinblick auf ihre wirtschaftliche Effizienz beurteilt. Der Aufstieg Japans zu einer in den 1980er Jahren führenden Wirtschaftsmacht hat die amerikanischen und europäischen Managementtheoretiker in Scharen nach Japan reisen lassen, um den lebensweltlich verankerten Geheimnissen des japanischen Erfolgs auf die Spur zu kommen und Elemente des herausgefundenen „Betriebsclans" und „Konsensmanagements" nach Amerika und Europa zu übertragen (Deutschmann 1987; Imai 1992; Ouchi 1985). Man war natürlich klug genug, um auf die kulturspezifischen Gegebenheiten in Amerika und Europa Rücksicht zu nehmen. Aber es sollten diese Gegebenheiten mit den neuen Ideen in eine Symbiose gebracht werden. D.h. die Lebenswelt wird instrumentalisiert und so bearbeitet, dass sie zum wirtschaftlichen Erfolg beiträgt. Der Selektionsfaktor für lebensweltliche Praktiken ist nicht mehr die Einfügung in eine Tradition. Das Verhältnis hat sich umgekehrt. Der Selektionsfaktor für das Überleben von Traditionen ist der ökonomische Erfolg. Die Veröffentlichung von „Weltranglisten" der Wettbewerbsfähigkeit durch das Weltwirtschaftsforum ist ein Ausdruck dieser Tendenz zur ökonomischen Instrumentalisierung von Lebenswelten. Die Ranglisten beruhen auf der Einschätzung von Wirtschaftsexperten, die insbesondere folgende Kriterien berücksichtigen: Offenheit für internationale Investitionen, Qualität von Finanzmärkten, Infrastruktur, Technologie-Know-how, Managementfähigkeiten, juristische und politische Institutionen.

Es ist unschwer zu erkennen, dass diejenigen Länder am höchsten eingestuft werden, in denen die freie Entfaltung der Marktkräfte am wenigsten durch institutionelle Regelungen behindert wird. Die Veröffentlichung solcher Ranglisten löst in den nach unten gerutschten Ländern Paniken aus und führt zu fieberhaftem Ringen um die Wiedergewinnung von Wettbewerbsfähigkeit durch Maßnahmen der Deregulierung. Der Trend zur ökonomischen Instrumentalisierung von Lebenswelten wird dadurch erneut verstärkt. Das neue Diktat der Ökonomie über die Lebenswelt bringt die Elite der Topmanager und Wirtschaftsexperten in eine neue Führungsrolle in der öffentlichen Definition der Situation. Die Topmanager und Wirtschaftsexperten untermauern die ökonomische Instrumentalisierung der Lebenswelt mit scheinbar guten Gründen. Ihre Legitimationsgründe erscheinen allerdings nur deshalb konkurrenzlos einleuchtend, weil schon die zugrunde gelegte Idee des guten Lebens auf die Maximierung der Befriedigung von individuellen Interessen ohne deren Einbettung in einen intersubjektiv erarbeiteten Lebensentwurf reduziert wird. Das Diktat der Ökonomie erweist sich hier als Definition von gutem Leben durch das von den Wirtschaftsexperten geprägte ökonomische

Denken. Die Herrschaft dieses Denkens wird wiederum durch die Etablierung der positivistischen Definition von Wissenschaft zum allgemeingültigen Wissenschaftsverständnis gestützt, weil die Ökonomie diesem Wissenschaftsideal unter den Gesellschaftswissenschaften am nächsten kommt. Die dadurch erkaufte Reduktion des Gesellschaftsverständnisses auf die Konkurrenz von nutzenmaximierenden Einzelakteuren verstellt den Blick auf die viel komplexere Realität des gesellschaftlichen Lebens. Die Ableitung politischer Programme aus der ökonomischen Perspektive macht aus einem wissenschaftlich gerechtfertigten Analyseinstrument eine politische Ideologie, die völlig einseitige Wertmaßstäbe des guten Lebens hinter scheinbar objektiven Gesetzmäßigkeiten versteckt.

Mit dieser Ökonomisierung der Lebenswelt geht ihre Kommerzialisierung einher. In der globalen Konsumgesellschaft bleibt nichts von der Transformation in Waren verschont, mit dem sich wirtschaftliche Gewinne machen lassen. Die Tourismusindustrie hat sich auf die totale Vermarktung aller verfügbaren Reste lebensweltlicher Traditionen in der ganzen Welt spezialisiert. Sie transportiert die Konsumenten in jede Ecke der Welt. Die Nahrungsmittelindustrie füllt unsere Regale und Kühlschränke mit den Besonderheiten jedes kleinsten Landstriches der Erde. Möbel, Heimausstattung, Architektur, Kleidung, Accessoires können wir nach Belieben aus dem Angebot des globalen Marktes auswählen. Lebenswelten werden dadurch aus ihrem geschichtlichen Kontext herausgerissen und in die globale Warenwelt integriert. Über ihr Fortleben und ihre Gestalt entscheidet immer weniger die Einbettung in die Tradition, aus der sie herkommen, und immer mehr die Nachfrage und die Konsumpraxis der Konsumenten auf dem Weltmarkt. Lebenswelten werden zu Waren, die unabhängig von ihrer Herkunft an jedem beliebigen Ort konsumiert werden können.

Im Zuge dieser Kommerzialisierung von Lebenswelten gehen Städte und Gemeinden dazu über, sogar die Organisation ihrer Feste und Gebräuche kommerziellen Vermarktungsgesellschaften zu übergeben. Sie versprechen sich dadurch eine Entlastung der Gemeindekassen, eine attraktivere Gestaltung durch Erhöhung der Vielfalt von Darbietungen und damit eine größere Anziehungskraft auf Besucher von außerhalb. Bei aller gewonnenen Vielfalt des Angebots an Ereignissen verändert sich dadurch natürlich der Charakter der Veranstaltung. Ein von den Bürgern und ihren Vereinen gemeinsam organisiertes und gefeiertes Fest, in dem sie gemeinsam ihr Leben gestalten, verwandelt sich in einen überall gleichen Jahrmarkt von professionellen Schaustellern für individuelle Konsumenten aus aller Welt. Die Befürworter dieser „Innovation" verstehen nicht, weshalb sich die Gegner gegen die gesteigerte Attraktivität wehren, weil sie längst den ursprünglichen Sinn der Feste vergessen haben und in ihnen nichts anderes sehen als ein Angebot, das sich im Konkurrenzkampf mit anderen Angeboten behaupten muss. Sie ziehen aus einem Trend den an sich richtigen Schluss und verstärken damit selbst wieder diesen Trend, dem sie sich in der weiteren Folge noch weniger entziehen können. Die Gegner machen eine richtige Beobachtung, befinden sich aber auf verlorenem Posten, weil sie sich einer Entwicklung entgegenstemmen, die ihre Kräfte übersteigt.

Ein anderes Beispiel gibt die Stadt Füssen. Ihre Nähe zu König Ludwigs Märchenschloss Neuschwanstein reicht der Stadt nicht mehr, um im Wettbewerb um Touristen attraktiv zu bleiben. Das Potential des Schlosses muss sie jetzt noch mehr kommerziell ausschlachten als zuvor. Deshalb hat sie sich anders als der Nachbarort Schwangau nach harten Auseinandersetzungen mehrheitlich dem Werben privater Investoren ergeben, die am nahegelegenen Forggensee ein Festspielhaus errichtet haben, in dem das Leben des Märchenkö-nigs in einem Musical vermarktet werden sollte. Die Investoren versprachen der Stadt einen Strom von 370 000 Besuchern Jahr für Jahr. Ein bislang eher beschaulicher Kurort sollte sich so zum Ziel erlebnishungriger Ein- und Zweitagestouristen verwandeln (Roß 1997). Inzwischen musste die Betreibergesellschaft des Festspielhauses mangels Zuschauerzuspruch das Unternehmen aufgeben.

Die Beispiele lehren, dass der Niedergang von lokalem Gemeindeleben und lokaler Identität durchaus mit lokalem Hyperaktivismus einhergehen kann. Die allseits zu beobachtende Belebung von Städten und Gemeinden durch Aktivitäten aller Art sollte deshalb nicht vorschnell als eine Erneuerung von lokaler Identität und lokalem Leben interpretiert werden. Es kommt auch auf den Sinn des Geschehens an. Je weniger es dabei um selbstgestaltete Aktivitäten von Bürgern und Bürgervereinen für die Bürger am Ort geht und je mehr es sich um professionell organisierte Darbietungen für ein weit über die Gemeindegrenzen hinausreichendes Publikum zu Zwecken des Stadtmarketings handelt, umso mehr bleiben lokale Identität und lokales Leben auf der Strecke. Die Orte verlieren ihr Gesicht und verwandeln sich zu überall gleich vorzufindenden Konsumzentren.

Lebenswelt als politischer Produktionsfaktor und Machtressource

Eine ähnliche Entwicklung lässt sich in der Verknüpfung von Politik und Lebenswelt beobachten. Einerseits prägen lebensweltliche Traditionen die Form und auch die Inhalte der Politik. Andererseits werden an die Politik immer anspruchsvollere Erwartungen gerichtet. Sie soll zugleich demokratisch und effektiv sein, auf die Bürger hören und dennoch konsequent handeln, für alle gleiche Bedingungen schaffen und doch auf alle möglichen regionalen und lokalen Unterschiede Rücksicht nehmen, global ausgerichtet sein, aber lokale Eigenständigkeit stärken. Sie soll all die schönen Dinge der Welt zusammenbringen, so sehr sie sich auch widersprechen mögen. Deshalb ist sie auf Gedeih und Verderb auf ein Optimierungsprogramm der möglichst weitgehenden Verwirklichung all dieser Zielsetzungen eingestellt. Dafür benötigt sie die entsprechenden lebensweltlichen Grundlagen, aus denen sie die Unterstützung der Bürger und die Kooperation aller relevanten politischen Kräfte schöpfen kann.

So verkehren sich tendenziell die Verhältnisse: Die lebensweltlichen Traditionen bestimmen weniger die Politik, als dass die Effektivität der Politik zum Selektionsfaktor für die lebensweltlichen Traditionen wird. In diesem Rahmen wird die Lebenswelt zu einer Ressource der Politik, die es zu Erfolgszwecken zu bearbeiten und zu nutzen gilt. Die vielen Feste, die allerorts gefeiert werden, sind dann immer weniger aus der Tradition gespeist und immer mehr eine bewusst gepflegte Ressource für die dort auftretenden Politiker, um ihre Verbundenheit mit dem lokalen Wahlvolk zu demonstrieren. Subjektiv mögen sie sich sogar von einer Liebe zur Tradition leiten lassen, allein schon die medienwirksame Berichterstattung macht jedoch das Fest zum Schauplatz einer um Wahlstimmen werbenden Politik. Die Lebenswelt wird so tendenziell zur Machtressource, die im politischen Machtkampf zur Sicherung von politischer Unterstützung genutzt werden muss.

Lebenswelt als assoziativer Produktionsfaktor und Bindungsressource

Auch die modernen Anforderungen der Assoziation und Kooperation von Menschen wirken in besonderer Weise auf das Fortleben lebensweltlicher Traditionen ein. Auf der einen Seite bestimmen geschichtlich gewachsene lebensweltliche Vertrautheiten. Sie sagen, wer sich mit wem am leichtesten, schnellsten und vertrauensvollsten zusammentun kann, um gemeinsame Projekte durchzuführen. Die Globalisierung unseres Lebens ist jedoch mit solchen Grenzziehungen nicht vereinbar. Sie ist letztlich auf die Zusammenarbeit jedes einzelnen Menschen mit potentiell jedem beliebigen anderen Menschen angewiesen. Es wächst somit ständig der Bedarf an grenzüberschreitenden Vereinigungen, Verbänden und Organisationen. An partikulare, kulturspezifische, regionale, lokale, religiöse oder ethnische Grenzen gebundene Vereinigungen werden zu einem Hindernis für die Integration der Weltgesellschaft. Diese ist auf das Wachstum grenzüberschreitender Vereinigungen angewiesen. Sie ist auf die wachsende Inklusion aller Menschen in ihr Netzwerk angelegt. In diesem Sinne wird die Inklusivität zum Selektionskriterium für das Assoziationsverhalten der Menschen und für das langfristige Überleben von Vereinigungen. Es müssen grenzüberschreitende Gemeinschaftserlebnisse als neue lebensweltliche Verwurzelung des globalen Lebens geschaffen werden. Selbst die flüchtigsten Gemeinschaftserlebnisse müssen zur Stiftung von Gemeinsamkeiten in der globalen Zivilisation genutzt werden.

Hier befinden wir uns auf einem Terrain, auf dem die Lebenswelt sicherlich den hartnäckigsten Widerstand gegen die Modernisierung und die Herausbildung der globalen Wissensgesellschaft leistet. Die Globalisierungsbewegung liegt im Kampf mit fundamentalistischen Gegenbewegungen der Reregionalisierung, Relokalisierung und Reethnisierung des Lebens. Dieser Kampf zwischen Universalismus und Partikularismus begleitet die Moderne seit ihren Anfängen und wird sie endlos weiterbeschäftigen, schon deshalb, weil die ihr innewohnende Dialektik von Gleichheit und Ungleichheit unablässig für Konfliktstoff sorgt, der von den gerade benachteiligten Gruppen für die Wiederbelebung partikularer Solidaritäten genutzt werden kann. Der Kampf zwischen Universalismus und Partikularismus verbindet sich dann mit dem Kampf zwischen Zentrum und Peripherie. Diese Symbiose wird immer wieder daraus gespeist, dass die Realisierung des Universalismus stets auf geschichtliche Träger und letzten Endes auch auf Machtausübung angewiesen ist, weil er sich anders nicht durchsetzen würde. Aus diesem Grunde kann der Universalismus der Moderne immer wieder auch als Vorherrschaft eines partikularen Weltbildes und seiner partikularen Träger entlarvt werden, als Durchsetzung der Modernisierungsgewinner gegen die Modernisierungsverlierer, als Kolonisierung partikularer Lebenswelten. Wer sich in diesem Prozess als Verlierer sieht, wird immer wieder leicht von fundamentalistischen Gegenbewegungen gegen die Modernisierung mobilisiert werden können.

7. Auf der Suche nach Ordnung in der ungeordneten Welt

Welche Strategien stehen uns offen, um den Modernisierungsprozess in der globalen Wissensgesellschaft in noch erträglichen Bahnen zu halten? In der gegenwärtigen Diskussion stehen folgende Strategien im Vordergrund:

1. Deregulierung: die liberale Strategie.
2. Restrukturierung: die konservative Strategie.
3. Neue Vergemeinschaftung: die kommunitaristische Strategie.
4. Versprachlichung: die diskurstheoretische Strategie.

Die *liberale Strategie* sieht die Wurzel aller Fehlentwicklungen in zu viel staatlicher Regulierung. Es werden dadurch die spontanen Entwicklungs-, Ausgleichs- und Regenerationskräfte der Gesellschaft gelähmt (Hayek 1969; Nozick 1974). Dieser Strategie liegt das Modell eines idealen, d.h. vollkommen offenen Marktes und der Generierung sowie Verteilung unzähliger individueller Güter und Dienste zugrunde. Sie versagt jedoch dort, wo Kollektivgüter generiert und erhalten sowie ihre individuelle Nutzung geregelt werden müssen. Sie ist außerdem blind gegenüber den Härten des Konkurrenzkampfes für diejenigen, die weniger dafür gerüstet sind; sie ist blind für die langfristigen Folgen von kurzfristig nutzenmaximierendem individuellem Handeln; sie ist blind für die Erfordernisse umfassender Kooperation und sozialer Integration sowie blind für die Gesetzmäßigkeiten der kulturellen Reproduktion der Gesellschaft. Deregulierung kann im Einzelnen gewiss eine überregulierte Gesellschaft aus ihrem staatlich verordneten Korsett befreien. Als alleinige Generalstrategie führt sie uns jedoch in die Zeiten des Frühkapitalismus zurück. Wieviel Regulierung und wieviel Deregulierung eine Gesellschaft braucht, lässt sich nie generell sagen, sondern nur von Fall zu Fall durch Versuch und Irrtum ausprobieren.

Die *konservative Strategie* der Restrukturierung setzt darauf, Autoritäten und Institutionen zu stärken, um die ordnungszerstörenden Kräfte der Modernisierung unter Kontrolle zu halten. Sie wünscht sich einen starken Staat, eine geeinte Nation und unverrückbare Institutionen als ordnungserhaltende Kräfte (Gehlen 1940/1986). Dort, wo der vollkommene Wirtschaftsliberalismus und die ungebremste Entfaltung des Hedonismus als Lebensprinzip die Oberhand gewonnen haben, ist es nicht falsch, an die ordnungsstiftende Rolle von Staat, Nation und Institutionen zu erinnern. Die konservative Strategie bleibt jedoch unwirksam, wenn dem Staat, dem Appell an die Nation und den Institutionen die Verwurzelung in der Gesellschaft, die breite Unterstützung, die Legitimation und Glaubwürdigkeit fehlen, wenn sie künstlich einer schon weit von ihnen entfernten, nach außen verzweigten und nach innen extrem differenziert, heterogen und pluralistisch gewordenen Gesellschaft aufgepfropft werden sollen. Als Generalstrategie wird der Konservatismus antimodern und führt uns zurück in eine autoritäre Gesellschaft, der jedoch vom Modernisierungsprozess längst der Boden entzogen worden ist.

Die *kommunitaristische Strategie* sieht in den Auswüchsen des Liberalismus, im vollentfalteten Hedonismus, in der totalen Mobilisierung der Gesellschaft, im ungehemmt verfolgten Eigennutz die Ursachen für die Übel der Moderne. Nicht zufällig ist die kommunitaristische Bewegung in den USA entstanden, wo der Wirtschaftsliberalismus am weitesten entwickelt wurde. Der Kommunitarismus will vor allem die ebenfalls in den USA besonders gepflegten voluntaristischen Assoziationen als integratives Element der Gesellschaft neu beleben. Die Stärkung der freien Vereinigungen soll den Gemeinsinn der an ihnen teilnehmenden Bürger stärken und die Integration einer von den Auswüchsen des Wirtschaftsliberalismus zerrissenen Gesellschaft sichern (Taylor 1988; Walzer 1990a, 1992b; Etzioni 1995).

Die kommunitaristische Strategie ist dort am richtigen Platz, wo es in der Tat um die Zähmung des Wirtschaftsliberalismus geht. Sie legt das Augenmerk richtigerweise auf die Probleme der Integration einer außerordentlich dynamisch sich entwickelnden Gesellschaft. Auf sich selbst gestellt, greift die Strategie allerdings zu kurz. Sie ist dem Modell einer homogenen Neuenglandgemeinde verhaftet, wo sie ihre Integrationskraft unter Beweis stellt. In multikulturellen Metropolen wie Los Angeles, Houston oder Atlanta, in Großflächenstaaten oder gar supranationalen Einheiten erweist sie sich als eine naive Sehnsucht nach der guten Vergangenheit. Ohne staatliche Integrationsleistungen und ein gut funktionierendes Recht als integrative Ressource können in solchen, viel heterogeneren Kontexten die Integrationsprobleme moderner Gesellschaften nicht mehr gelöst werden. Die kommunitaristische Strategie kann hier allenfalls eine ergänzende Funktion wahrnehmen, wenn es gelingt, grenzüberschreitende Assoziationen zu bilden, die über die in den USA inzwischen partikularistisch verzerrten Assoziationen der weißen und protestantischen Mittelstandsgesellschaft hinausgehen.

Die *diskurstheoretische Strategie* vermutet die Ursache der Negativseiten des Modernisierungsprozesses in dessen einseitiger Beherrschung durch die naturwüchsig bzw. systemisch verlaufende Entwicklung und in dessen mangelnder Steuerung durch sprachliche Kommunikation (Habermas 1981, 1992). Geld und Macht werden zu eigenständigen Medien der *systemischen* Integration, die sich ohne Rückbindung an die Sprache und die von ihr ermöglichte *soziale* Integration vollzieht. Die Gesetzmäßigkeiten des Geldes und der Gewinnmaximierung auf dem Markt, der Macht und der Stimmenmaximierung im Wahlkampf beherrschen die gesellschaftliche Entwicklung mit den entsprechenden Negativfolgen der Entfremdung, des Sinnverlustes und des Freiheitsverlustes. Die Versprachlichung des Modernisierungsprozesses soll die sozialintegrative Kraft der Sprache freisetzen und ihr dazu verhelfen, die Kontrolle über den Modernisierungsprozess wiederzugewinnen. In der sprachlichen Kommunikation muss ich meinem Gegenüber wahrhaftig entgegentreten und ihm dieselben Rechte, Fragen zu stellen und Antworten zu geben, zugestehen, *wenn* ich zu einem gegenseitigen Verstehen gelangen will. Verstehen lässt sich weder erkaufen noch erzwingen. In der sprachlichen Kommunikation ist deshalb eine Urform der zwangsfreien Sozialintegration zu erkennen, die sogar ohne vorgängig inthronisierte und als unantastbar – heilig – betrachtete Dogmen auskommt. Deshalb ist sie die einzige in der Moderne noch brauchbare zwangsfrei arbeitende Form der sozialen Integration. Als letzte Form des Zwangs bleibt allein der zwanglose Zwang des besseren Arguments übrig.

Die diskurstheoretische Strategie ist dort richtig, wo es um die Auflösung verkrusteter Verhältnisse, undurchdringlicher Machtstrukturen und unentschlüsselter Dynamiken geht, die uns aus der Kontrolle geraten sind. Die ökologischen Negativeffekte des ökonomisch rationalen Handelns konnten nur durch die Entfaltung des ökologischen Diskurses ermittelt und bewusst gemacht werden. Diskurse erfüllen die Funktion der Aufklärung über die Handlungszusammenhänge, in die wir hineinverstrickt sind. Allein über Diskurse können die verwickelten Garne unseres Lebens wieder aufgerollt und neu gesponnen werden. Institutionalisierte diskursive Verfahren binden den Modernisierungsprozess an die kulturelle Reflexion und erlauben die größtmögliche Abwägung der Folgen und Nebenfolgen einzelner Maßnahmen.

Es wäre jedoch falsch, von der Institutionalisierung diskursiver Verfahren ein Aufsprengen der dialektischen Natur des Modernisierungsprozesses zu erwarten. Auch noch so reflektierte Maßnahmen können paradoxe Effekte nicht ausschalten. Eine paradoxiefreie Modernisierung kann es nicht geben. Modernisierung ist Bewegung, und jede Bewegung löst Prozesse aus, die sich nicht völlig vorhersehen lassen sowie nicht nur positive Eigenschaften haben. Paradoxiefrei ist nur der Stillstand ohne Wissen von möglicher Bewegung, also nur der Tod. Als alleinige Generalstrategie hat die Versprachlichung der gesellschaftlichen Entwicklung selbst negative Konsequenzen. Sie stellt Reflexion auf Dauer, lässt keine Entscheidungen zu, lähmt das Handeln, bevorteilt die Sprachgewaltigen, macht die Gesellschaft zu einem handlungsunfähigen Debattierklub.

8. Schlussbemerkungen

Was bleibt? Eine Superstrategie ohne die Fehlleistungen der skizzierten Strategien gibt es nicht. Was immer wir tun, es wird selbst das Doppelgesicht einer positiven und einer negativen Seite haben, der Dialektik bzw. Reflexivität des Modernisierungsprozesses verhaftet sein. Bleiben wir also bescheiden: Alles was wir guten Gewissens vorschlagen können, ist ein Gleichgewicht aus Deregulierung, Restrukturierung, neuer Vergemeinschaftung und Versprachlichung des gesellschaftlichen Lebens, bzw. das Arbeiten an einer Entwicklung, deren Abstand vom Gleichgewicht sich innerhalb einer noch für alle erträglichen Marge bewegt. Es handelt sich dabei nicht um das Herstellen eines Gleichgewichts*zustands*, sondern um die unablässige Arbeit am Modernisierungs*prozess*, mit dem Ziel, dabei nicht zu weit aus dem Gleichgewicht zu geraten. Im konkreten Fall wird niemand für sich beanspruchen können, die hier und jetzt erforderliche Maßnahme zu kennen. Es kommt deshalb darauf an, dass in der Gesellschaft genügend Kräfte der Deregulierung, Restrukturierung, neuen Vergemeinschaftung und Versprachlichung vorhanden sind, Trägergruppen, Parteien, Verbände, Assoziationen, Initiativen, soziale Bewegungen, die für ausreichend Repräsentanz aller Strategien sorgen. Die Gesellschaft braucht sie alle in einem relativ gleichgewichtigen Verhältnis. Wo eine Strategie zu lange Zeit die Führung übernommen hat, müssen wir in größerem Maße mit ihren Negativseiten leben als dort, wo die Strategien einigermaßen im Gleichgewicht bleiben. Im Managementdeutsch ausgedrückt: Die Gesellschaft muss sich auf einen institutionalisierten Methodenmix aus Deregulierung, Restrukturierung, neuer Vergemeinschaftung und Versprachlichung stützen.

Der immer schneller voranschreitende Modernisierungsprozess stellt in der globalen Wissensgesellschaft besonders hohe Anforderungen an die soziale Integration auf allen Ebenen des gesellschaftlichen Lebens, von der lokalen Ebene bis zur Ebene der wissenschaftlich-technischen Zivilisation. Gewachsene Lebenswelten als natürliches Fundament der sozialen Integration sind dafür nur noch bedingt geeignet, in der Regel überfordert. Im Zuge der Modernisierung sind sie ohnehin einer ständigen Transformation unterworfen. Diese Transformation ist auch erforderlich, weil der Partikularismus gewachsener Lebenswelten zum Universalismus der Zivilisation nicht passt. Soziale Integration ist im Prozess der Modernisierung kein Zustand, sondern selbst ein dynamischer Prozess, der auf unternehmerische Initiative, die Mobilisierung sozialer Unterstützung und soziale Bewegungen angewiesen ist. An allen Ecken und Enden der Gesellschaft treten ständig neue Integrationsprobleme auf, die eine flexible Reaktion verlangen. Soziale Integration kann in einer dynamisch sich fortbewegenden

Gesellschaft nicht mehr nach dem Muster einer umfassenden und auf Jahrzehnte hinaus gesicherten Daseinsvorsorge des Sozialstaates zustande gebracht werden. Sie muss immer kurzfristiger auf neue Probleme reagieren. Zugleich bedarf sie der zunehmenden Vernetzung der interdependenten Ebenen von Gemeinde, Region, Land, Nation, Staatengemeinschaft (EU) und Welt (UN). Einzelstaatliche Sozialpolitik kann weltgesellschaftlich gesehen sehr unsozial sein und umgekehrt. Hier drängen sich mit größter Wucht riesige Probleme der sozialen Integration in der globalen Wissensgesellschaft auf (Münch 1993b, 1998).

In der beschriebenen Form wird soziale Integration selbst zu einem dynamischen, dialektisch verlaufenden Prozess, der auf unternehmerische Initiative aufbauen muss und Spekulanten braucht, die aufgrund ihrer Risikobereitschaft Zeit, Geld und Kooperation in integrative Projekte mit noch ungewissem Ausgang stecken. Als dynamischer Prozess verläuft soziale Integration in konjunkturellen Auf- und Abschwüngen und ist regelmäßig inflationären oder deflationären Krisen ausgesetzt. Bei inflationären Entwicklungen werden auf dem Gesetzespapier soziale Rechte vergeben, die von den Betroffenen nicht in reale Solidarität umgesetzt werden können. Daraus folgt ein Vertrauensverlust, der in ein Abnehmen des Gebrauchs sozialer Rechte mündet, so dass die soziale Integration stagniert bzw. in ihrer Leistung absinkt. Neue Initiativen müssen dann die Integrationskonjunktur wieder ankurbeln.

In einer durch und durch dynamisierten Zivilisation kann man sich nicht mehr auf das Sicherheitsversprechen traditionaler Lebenswelten verlassen. Je weiter die Dynamisierung des Integrationsprozesses der Dynamik der Modernisierung hinterherhinkt, umso mehr werden Gegenbewegungen der Renationalisierung, Reregionalisierung und Reethnisierung des Lebens auf die längst verlorene Sicherheit vergangener Zeiten setzen.

Als Ganzes wird das Leben jedoch nicht in einer von der wissenschaftlich-technischen Zivilisation geprägten Weltgesellschaft aufgehen können. Auch die Weltgesellschaft wird ohne ein Minimum der Rückbindung an partikulare Lebenswelten nicht existieren können. *Eine* Gegenbewegung gegen die vollständige Globalisierung des Lebens ist sogar aus der Perspektive moderner Ideen geboten: Das Haushalten mit den natürlichen Ressourcen, demokratische Entscheidungsprozesse, zivilgesellschaftliche Vereinigungen und diskursive Verfahren verlangen einen ausgeprägten Föderalismus mit einer entsprechenden Stärkung der untersten, lokalen Ebenen des gesellschaftlichen Zusammenlebens. Innerhalb der modernen Welt ist diese Relokalisierung allerdings nur als Gegenpart zur fortschreitenden Globalisierung des Lebens denkbar. Die Dialektik der Modernisierung bleibt uns dabei erhalten, ob wir es wollen oder nicht.

Literatur

Anderson, A.M., 1984: Science and Technology in Japan. London: Longman.
Beck, U., 1986: Risikogesellschaft. Frankfurt/M.: Suhrkamp.
Beck, U., W. Bonß und C. Lau (Hrsg.), 2001: Die Modernisierung der Moderne. Frankfurt/M.: Suhrkamp.
Ben-David, J., 1971: The Scientist's Role in Society. A Comparative Study. Englewood Cliffs, N.J.: Prentice Hall.

Deutschmann, Ch., 1987: „Der Betriebsclan". Soziale Welt 39: 133-147.

Drori, G., J.W. Meyer, F. O. Ramirez und E. Schofer (Hrsg.), 2003: Science in the Modern World Polity. Stanford: Stanford University Press.

Durkheim, E., 1977: Über die Teilung der sozialen Arbeit. Frankfurt/M.: Suhrkamp.

Durkheim, E., 1981: Die elementaren Formen des religiösen Lebens. Frankfurt/M.: Suhrkamp.

Etzioni, A., 1995: Die Entdeckung des Gemengenwesens. Ansprüche, Verantwortlichkeiten und das Programm des Kommunitarismus. Stuttgart: Schäffer-Poeschel.

Foucault, M., 1973: Die Geburt der Klinik. Eine Archäologie des ärztlichen Blicks. München.

Foucault, M., 1977: Sexualität und Wahrheit. Bd. 1: Der Wille zum Wissen. Frankfurt/M.: Suhrkamp.

Gehlen, A., 1940/1986: Der Mensch. Seine Natur und seine Stellung in der Welt. Wiesbaden.

Gibbons, M., C. Limoges, H. Nowotny, S. Schwartzman, P. Scott und M. Trow., 1994: The New Production of Knowledge. London: Sage.

Groß, P., 1994: Die Multioptionsgesellschaft. Frankfurt/M.: Suhrkamp.

Habermas, J., 1981: Theorie des kommunikativen Handelns. 2. Bde. Frankfurt/M.: Suhrkamp.

Habermas, J., 1992: Faktizität und Geltung. Frankfurt/M.: Suhrkamp.

Hayeck, F.A.v., 1969: Freiburger Studien. Gesammelte Aufsätze. Tübingen: Mohr Siebeck.

Imai, M., 1992: Kaizen. Der Schlüssel zum Erfolg der Japaner im Wettbewerb. München: Langen.

Japp, K.P., 1997:. „Die Beobachtung von Nichtwissen". Soziale Systeme 3, S. 289-312.

Luhmann, N., 1991: Soziologie des Risikos. Berlin/New York: Walter de Gruyter.

Marx, K., 1844/1968: „Ökonomisch-philosophische Manuskripte" MEW. Ergänzungsband, Teil I. Berlin: Dietz.

Morishima, M., 1982: „Why has Japan ‚Succeeded'?" Western Technology and Japanese Ethos. Cambridge: Cambridge University Press.

Müller, E. und W. Nuding., 1984: „Gesetzgebung – ‚Flut' oder ‚Ebbe'?" Politische Vierteljahresschrift 25: 74-96.

Münch, R., 1986/1993a: Die Kultur der Moderne. 2 Bde. Frankfurt/M.: Suhrkamp.

Münch, R., 1991: Dialektik der Kommunikationsgesellschaft. Frankfurt/M.: Suhrkamp.

Münch, R., 1993b: Das Projekt Europa. Frankfurt/M.: Suhrkamp.

Münch, R., 1995: Dynamik der Kommunikationsgesellschaft. Frankfurt/M.: Suhrkamp.

Münch, R., 1998: Globale Dynamik, lokale Lebenswelten. Der schwierige Weg in die Weltgesellschaft. Frankfurt/M.: Suhrkamp.

Nozick, R., 1974: Anarchy, State and Utopia. New York: Basic Books.

OECD., 1996: Employment and Growth in the Knowledge-Based Economy. Paris: OECD.

OECD., 1999: The Knowledge-Based Economy: A Set of Facts and Figures. Paris: OECD.

Ouchi, W., 1982: Theory Z. New York:Avon.

Popper, K.R., 1963: Conjectures and Refutations. London: Routledge.

Popper, K.R., Objektive Erkenntnis. Hamburg: Hoffmann und Campe.

Roß, A., 1997: „Der Kini singt und Füssen kassiert." Süddeutsche Zeitung, Nr. 134, 14./15. Juni 1997, S. 51.

Scherer, F.M., 1965: „Invention and Innovation in the Watt-Boulton Steams-Engine Venture." Technology and Culture 6: 165-187.

Schmid, M., 1998: Soziales Handeln und strukturelle Selektion. Beiträge zur Theorie sozialer Systeme. Opladen: Westdeutscher Verlag.

Schmid, M., 2004: Rationales Handeln und soziale Prozesse. Beiträge zur soziologischen Theoriebildung. Wiesbaden: VS Verlag für Sozialwissenschaften.

Schmid, M., 2006: Zur Logik mechanischer Erklärungen in den Sozialwissenschaften. Wiesbaden: VS Verlag für Sozialwissenschaften.

Simmel, G., 1908/1968: Soziologie. Untersuchungen über die Formen der Vergesellschaftung. Berlin: Duncker & Humblot.

Simmel, G. 1914/1926. Der Konflikt der modernen Kultur. Berlin: Duncker & Humblot.

Spencer, H. 1972. On Social Evolution, hg. von J.D.Y. Peel. Chicago: University of Chicago Press.

Stehr, N., 1994: Knowledge Societies. London: Sage.

Taylor, C., 1988: Negative Freiheit? Zur Kritik des neuzeitlichen Individualismus. Frankfurt/M.: Suhrkamp.

Tönnies, F., 1887/1963: Gemeinschaft und Gesellschaft. Darmstadt: Wissenschaftliche Buchgesellschaft.

Wallerstein, I., 1984: The Politics of the World Economy. Cambridge: Cambridge University Press.

Walzer, M., 1990: „The Communitarian Critique of Liberalism." Political Theory 18: 6-23.

Walzer, M., 1992: Zivile Gesellschaft und amerikanische Demokratie. Berlin: Rotbuch Verlag.

Weber, M., 1922/1976: Wirtschaft und Gesellschaft. Tübingen: Mohr Siebeck.

Weber, M., 1971: Gesammelte Aufsätze zur Wissenschaftslehre. Tübingen: Mohr Siebeck.

Weber, M., 1972a: Gesammelte Aufsätze zur Religionssoziologie. Bd. 1. Tübingen: Mohr Siebeck.

Weber, M., 1972b: Gesammelte Aufsätze zur Religionssoziologie. Bd. 2. Tübingen: Mohr Siebeck.

Wehling, P., 2006: Im Schatten des Wissens? Perspektiven der Soziologie des Nichtwissens. Konstanz: UVK.

Zilsel, E., 1976: Die sozialen Ursprünge der neuzeitlichen Wissenschaft, hg. von W. Krohn. Frankfurt/M.: Suhrkamp.

Organisationsblockaden als Rationalitätsfallen [1]

Uwe Schimank

Die Moderne ist eine Organisationsgesellschaft.[2] In fast allen Teilsystemen der modernen Gesellschaft sind formale Organisationen die Zentren der Leistungsproduktion – von Unternehmen im Wirtschaftssystem über Schulen im Bildungs- und Krankenhäuser im Gesundheitssystem bis hin zu Parteien und Verwaltungen im politischen System. Die neo-institutionalistische „world polity"-Perspektive identifiziert drei für die Moderne charakteristische Arten von Akteuren: Individuen, Organisationen und Staaten (Meyer und Jepperson 2000). Da Letztere aber nichts anderes als formalisierte Interorganisationsverbünde des politischen Systems darstellen, sind Individuen und Organisationen die beiden Grundtypen handlungsfähiger Einheiten, auf die wir heute treffen.

Dabei gelten Organisationen gemeinhin als rationaler in ihrem Handeln, als es individuelle Akteure typischerweise sind (Geser 1990). Den Rationalitätsvergleich von Individuen und Organisationen will ich hier allerdings nicht weiterführen. Ich möchte vielmehr, das Organisationen attestierte hohe Rationalitätsniveau im Hinterkopf, auf ein für diesen Typ von Akteur charakteristisches Phänomen des Rationalitätsversagens aufmerksam machen: auf *Organisationsblockaden*. Sie stellen, vorab einer noch zu leistenden genaueren Klärung, Zustände eines unbefriedigenden oder gar bedrohlichen Stillstands dar. Anders gesagt, geht es um solche Situationen, in denen Organisationswandel angesagt wäre, der aber ausbleibt. Ich werde im Weiteren verdeutlichen, dass viele Organisationsblockaden für die Akteure, die das betreffende organisatorische Geschehen hervorbringen, Rationalitätsfallen sind.[3] Meine Grundthese lässt sich vorab so formulieren: Eine Organisation ist dann blockiert, wenn die ihre Struktur-

---

1   Die hier präsentierten Überlegungen sind in einem Kreis von Kolleginnen und Kollegen an der FernUniversität in Hagen entwickelt worden. Ich danke insbesondere Arthur Benz, Jürgen Deeg, Hans-Joachim Lauth, Jürgen Weibler und Sylvia Wilz für intensive Diskussionen.

2   Als Überblicke über diese Gesellschaftsvorstellung siehe nur Schimank (2001) und Tyrell und Petzke (2008). Um Missverständnisse zu vermeiden, sei betont, dass hier kein eindimensionales Gesellschaftsverständnis vertreten wird. Die nahezu flächendeckende Durchdringung mit formalen Organisationen ist nur eines von mehreren konstitutiven Merkmalen der Moderne (Schimank 2009).

3   Zwei Eingrenzungen der hier behandelten Thematik sind explizit zu notieren. Erstens sind nicht alle Organisationsblockaden Rationalitätsfallen. Dies gilt nur für solche Blockaden, bei denen zumindest wichtige Teile des handelnden Zusammenwirkens von rationaler Nutzenverfolgung getragen werden. Organisationsblockaden können auch ganz oder teilweise auf andere Handlungsantriebe der involvierten Akteure zurückgehen – etwa auf die Befolgung internalisierter Normen oder auf Identitätsbehauptung. Zweitens gibt es Rationalitätsfallen nicht nur auf der Organisationsebene, sondern auch in anderen Kontexten handelnden Zusammenwirkens – etwa in Kleingruppen oder Paarbeziehungen. Die noch zur Sprache kommende spieltheoretische Modellierung bestimmter Rationalitätsfallen legt sogar manchmal nahe, eine Akteurdyade isoliert zu betrachten und darüber ihren organisatorischen Kontext zu vergessen.

dynamiken tragende Akteurkonstellation der Handlungsrationalität der involvierten Akteure solche Handlungen ‚nahe- oder sogar auferlegt, die im handelnden Zusammenwirken ein allseits unbefriedigendes Resultat, also keine Ergebnisrationalität zeitigen.

Diese Betrachtung von Organisationsblockaden als Rationalitätsfallen wird in vier Schritten präsentiert. Erstens führe ich die gerade schon benutzte Unterscheidung von Handlungs- und Ergebnisrationalität ein, um damit das Grundmuster von Rationalitätsfallen auf den Begriff bringen zu können. Zweitens schildere ich einige Beispiele von Organisationsblockaden, die dieses Grundmuster jeweils erkennen lassen. Drittens nehme ich dann die Dynamiken handelnden Zusammenwirkens genauer in den Blick, die Organisationsblockaden hervorbringen und aufrechterhalten. Viertens schließlich betrachte ich noch einige Praktiken, mit denen Akteure versuchen, Organisationsblockaden abzuwenden oder – sofern sie eingetreten sind – aufzulösen.

1. Handlungs- und Ergebnisrationalität

Herbert Simon (1976) unterscheidet „procedural rationality" und „substantive rationality". „Substantive rationality", also *Ergebnisrationalität*, bezieht sich auf das letztendliche Ergebnis eines handelnden Zusammenwirkens, wobei es unterschiedliche Maßstäbe der Bewertung geben kann. Jeder der am handelnden Zusammenwirken beteiligten Akteure wird gemäß seinen jeweiligen Interessen beurteilen, was es gebracht hat; und diese Interessen können mehr oder weniger stark divergieren. Darüber hinaus werden weitere Akteure, die von dem jeweiligen handelnden Zusammenwirken betroffen sind, dessen Ergebnisrationalität an ihren Interessen spiegeln. In einem engeren Sinne referiert Ergebnisrationalität nur auf diejenigen Intentionen, die im handelnden Zusammenwirken involvierte Akteure im Moment des Handelns selbst zu realisieren trachten. In einem weiteren Sinne kann ein involvierter Akteur aber auch von ihm nicht intendierte Effekte, also für ihn günstige oder ungünstige Neben- und Fernwirkungen des Handelns, im Nachhinein registrieren und hinsichtlich ihrer Ergebnisrationalität einstufen.

Zumeist blickt ein Akteur vorrangig auf die – an seinen jeweiligen Maßstäben bemessene – Ergebnisrationalität des handelnden Zusammenwirkens, ob als daran aktiv Mitwirkender oder davon lediglich passiv Betroffener: Was kommt für ihn dabei heraus? Allerdings bekommt der Akteur Ergebnisrationalität niemals garantiert. Das gilt schon für sein in gar kein handelndes Zusammenwirken mit anderen verwickeltes monologisches Handeln. Selbst bei einem tausendfach eingeübten, schon gar nicht mehr bewusst vollzogenen simplen Handgriff kann etwas schief gehen. Das Messer rutscht an der harten Brotkruste ab, und es fließt Blut. Der Akteur agiert auch dann eben nicht in einer Welt, in der er der einzige oder zumindest dominante Wirkfaktor ist, sondern in einem „Spiel gegen die Natur" im weitesten Sinne. Erst recht gilt, dass der Akteur das Ergebnis nicht in der Hand hat, für soziales Handeln, also handelndes Zusammenwirken mit anderen. Denn dann ist Ego mit seinem Handeln nur ein Beiträger neben anderen zum Resultat des handelnden Zusammenwirkens. Irgendein anderer macht einen Fehler, oder will Ego Böses, oder konkurriert mit ihm, oder ist einfach nur desinteressiert an dessen Belangen – oder wie auch immer die Handlungsinterdependenzen von Egos Intentionen abweichen mögen. Das bedeutet: Ein Akteur vermag mit seinem Handeln Ergebnisrationalität für sich selbst – wohl wissend, dass er mehr oder weniger stark vom

Handeln der anderen abhängt – immer nur anzustreben oder muss darauf hoffen, dass sie sich auch ohne sein Zutun einstellt; der in ein handelndes Zusammenwirken nicht selbst involvierte, sondern davon lediglich Betroffene muss sich ganz auf Letzteres beschränken.

Im Unterschied zu dieser Ergebnisrationalität bezeichnet Simon als „procedural rationality", dass sich ein Akteur in seiner Handlungsplanung darum bemüht, ein möglichst rationales Vorgehen bei der Wahl dessen, was er tut, und bei der Umsetzung der gewählten Handlungsalternative an den Tag zu legen. Das Muster einer solchen *Handlungsrationalität* stellt entscheidungsförmiges Handeln dar, wie es im Idealbild perfekt rationalen Entscheidens der normativ-präskriptiven Entscheidungstheorie gezeichnet wird.[4] Mit Jürgen Habermas (1981: 27) ist dieses Verständnis von „… Rationalität … auf Kritisierbarkeit und Begründungsfähigkeit zurückzuführen." Handlungsrationalität liegt in dem Maße vor, wie ein Handeln gegen spezifischen Skeptizismus – also Einwände der Art, dass ein bestimmtes anderes Handeln besser gewesen wäre – verteidigbar ist.[5] Interessanterweise hält Habermas hier den kritischen Rationalismus hoch. Eine Handlungsalternative gilt als rational, solange keine rationalere Alternative präsentiert wird. Und mit Nicholas Rescher (1980) präzisiert: Als rationalere Alternative gilt kein diffuser, sondern nur ein spezifischer Skeptizismus. Also beispielsweise nicht einfach: Kein Kredit für Griechenland! Sondern erst: Anstelle des geplanten Vorhabens wird die Alternative … vorgeschlagen. Nur wenn es eine solche Alternative, hinreichend ausbuchstabiert, gibt, und sie sich als besser erweist, liegt ein Rationalitätsgewinn vor.

Eine in der Kultur der Moderne tief verankerte Überzeugung verknüpft beide Rationalitäten derart, dass die Ergebnisrationalität des handelnden Zusammenwirkens für einen bestimmten Akteur umso größer sei, je mehr er sich um Handlungsrationalität bemühe, also seine auf dem Spiel stehenden Interessen entscheidungsförmig verfolge. Entsprechend dieser ebenfalls zur westlich geprägten „Weltkultur" (Meyer 2005)[6] gehörenden Meta-Rationalitätsfiktion[7] werden Akteure angehalten, zumindest die Verfolgung der ihnen wichtigen Interessen möglichst rational im Sinne von vorausschauend, planvoll, umsichtig, in Alternativen denkend, unbeeinflusst von Emotionen etc. anzugehen. Tatsächlich ist allerdings eine entsprechend große Handlungsrationalität weder eine hinreichende noch eine notwendige Bedingung dafür, dass die Ergebnisrationalität möglichst groß ist. Auf der einen Seite ist selbst perfekt rationales Entscheiden vor Irrtümern, etwa auf der Grundlage von Fehlinformationen, nicht völlig gefeit; und reales Handeln ist fast immer durch mehr oder weniger große Rationalitätsbeschränkungen gekennzeichnet, wie sie u.a. aus fehlenden Informationen oder Zeitknappheit resultieren können (Schimank 2005: 195-223). Auf der anderen Seite kann auch ein Handeln, das sich nicht um sonderliche Handlungsrationalität bemüht, erfolgreich im Sinne von Ergebnisrationalität verlaufen – etwa weil der Handelnde schlicht Glück hat, weil andere

---

4   Siehe nur als Überblick Schimank (2005: 174-194).

5   Dabei kann der kritische Einwand, der gegen eine bestimmte Handlungswahl erhoben wird und – um sie als rational einstufen zu können – zurückgewiesen werden muss, natürlich auch vom jeweiligen Akteur selbst kommen.

6   Wie „world polity" in der deutschen Übersetzung – meines Erachtens treffender – genannt wird.

7   Generell zu Rationalitätsfiktionen als allgemein für rational gehaltenen Handlungsweisen siehe Schimank (2005: 373-387).

ihm großzügig helfen oder weil sich die eingefahrene, an internalisierten Normen ausgerichtete Handlungsroutine unter normalen Umständen bewährt.

Es besteht also nur eine lose Kopplung zwischen beiden Rationalitäten. Das Bemühen um Handlungsrationalität kann bestenfalls die Wahrscheinlichkeit von Ergebnisrationalität erhöhen – nicht mehr, aber auch nicht weniger! Sicher gibt es genügend Situationen, in denen ein gewisses Bemühen um Handlungsrationalität erfahrungsgemäß mit hinreichender Wahrscheinlichkeit zu einer solchen Steigerung von Ergebnisrationalität führen kann, dass dieser Ertrag den Aufwand lohnenswert erscheinen lässt.[8] Es existieren aber auch solche Konstellationen handelnden Zusammenwirkens, in denen sich die Handlungsrationalitäten der involvierten Akteure wechselseitig so konterkarieren, dass mehr oder weniger zwangsläufig eine aus Sicht aller oder zumindest vieler Beteiligter eindeutig suboptimale Ergebnisrationalität resultiert. Dann führt die Meta-Rationalitätsfiktion der Moderne, dass ein möglichst rationales Handeln die Chance eines möglichst rationalen Handlungsergebnisses steigert, systematisch in die Irre. Die Korrelation zwischen Handlungs- und Ergebnisrationalität ist dann nicht nur Null, sondern sogar negativ.

Dies sind Situationen, in denen Akteure in einer *Rationalitätsfalle* sitzen.[9] Ein geläufiges Beispiel hierfür stellt das Prisoner's Dilemma dar (Holler und Illing 1991:1-9; Diekmann 2009). Diese Konstellation ist eine solche Interdependenz des handelnden Zusammenwirkens, dass bei einer gegebenen oder unterstellten einmaligen Begegnung beider Akteure diese als rationale Nutzenverfolger jeweils eine dominante Strategie haben, die in Nicht-Kooperation mit dem je anderen besteht, wobei beiden klar ist, dass beiderseitige Nicht-Kooperation ein für beide schlechteres Ergebnis zeitigt als beiderseitige Kooperation.[10] Der Konstellation wohnt somit ein „strongly stable deficient equilibrium" (Rapoport und Guyer 1966: 208, 211) inne: Keiner der Akteure kann von sich aus rationalerweise etwas anderes tun, als er tut, obwohl das Ergebnis des handelnden Zusammenwirkens für beide Seiten deutlich schlechter ist als andere mögliche Ergebnisse.

Dieses Grundmuster einer Rationalitätsfalle, das ich hier in seiner einfachsten Form – zwei Akteure mit je zwei Handlungsalternativen – durch das Prisoner's Dilemma verdeutlicht habe, findet sich in sehr viel komplexeren Ausprägungen, in höchst unterschiedliche institutionelle Gebilde eingekleidet und auch nicht immer in der spezifischen Form des „Prisoner's Dilemma" bei Organisationsblockaden vor. Stets liegt ein aus der Sicht aller oder vieler involvierter Akteure suboptimales Nash-Gleichgewicht vor.[11]

---

8   Hierbei ist in Rechnung zu stellen: „Rationalität ist eine Form, mit der man sich entschuldigen kann." (Luhmann 2000: 173) Wer auf seine Handlungsrationalität verweisen kann, vermag sich – auch gegenüber Selbstvorwürfen – zu rechtfertigen, wenn die Ergebnisrationalität ausbleibt. Er hat sozusagen sein Bestes gegeben; doch das Schicksal war gegen ihn.

9   Siehe auch die Überlegungen von Platt (1973) und Macy (1989) zu „social traps".

10   Stehen dagegen beide Akteure unter dem „Gesetz des Wiedersehens" (Luhmann 1969: 75), ist bekanntlich eine „evolution of cooperation" (Axelrod 1984) möglich, also der gemeinsame Wechsel zu einer Handlungsrationalität der Vertrauensbildung, wodurch sich die Ergebnisrationalität für beide Akteure besser darstellt.

11   Bei Rapoport und Guyer (1966) stellen die Spiele 10, 11, 17, 18, 35 und 36 Konstellationen dar, in denen mindestens eine Seite bestenfalls ihr zweitschlechtestes Ergebnis erreicht, ohne aus dem „stable" oder sogar „strongly stable equilibrium" heraus kommen zu können. Das ist dann keine allseitige, aber zumindest eine einen Teil der Akteure betreffende Rationalitätsfalle.

2. Beispiele

Überträgt man dieses Grundmuster auf die Organisationsebene, ist ein analytisch noch recht einfaches Beispiel einer Organisationsblockade das „simplified Merton model" (March und Simon 1958: 37-41).[12] Wenn die Leitung einer Organisation – hier: einer Verwaltungsbehörde mit starkem Publikumsverkehr – aus welchen Gründen auch immer ein verstärktes Interesse daran entwickelt, die organisatorischen Abläufe zu kontrollieren, bedeutet das, dass sie entsprechend mehr Wert auf die Erwartbarkeit des Handelns der Mitarbeiters legen wird. Zu diesem Zweck werden die formalen Regeln des Organisationshandelns ausgebaut und verdichtet, und ihre Einhaltung wird stärker überwacht – kurz: die Organisation wird bürokratisiert. Das führt auf Seiten der Mitarbeiter zu rigiderem Handeln, um das je eigene Tun anhand der Regeln rechtfertigen zu können. Spielräume des Eingehens auf individuelle Anliegen und Besonderheiten des Publikums schwinden, was verstärkte Konflikte mit dem Publikum nach sich zieht. Diese Konflikte verstärken wiederum das Interesse der Mitarbeiter, ihr Handeln rechtfertigen zu können, wofür sie sich erst recht an die formalen Regeln klammern. Der Startimpuls der Leitung führt also – unintendiert – ein Sich-Festfressen des Mitarbeiter-Publikums-Kontakts in einem für beide Seiten unbefriedigenden Blockadezustand herbei: Beide gingen lieber „konstruktiver" und damit konfliktfreier miteinander um; doch den Mitarbeitern ist das verbaut worden, und das Publikum nimmt das nicht schweigend hin, sondern besteht auf seinen Ansprüchen, ohne dass sie erfüllt werden können.

Wenn die Leitung die zunehmenden Konflikte wahrnimmt und erkennt, dass diese – sobald sie öffentlich bekannt werden – die Organisation delegitimieren können, liegt auch auf dieser Ebene näher, nun erst recht auf der buchstabengetreuen Regelkonformität zu beharren, anstatt die Handlungsspielräume der Mitarbeiter durch Entbürokratisierung wieder herzustellen. Denn man ist ja im Recht und damit auf der sicheren Seite, kann also das Organisationshandeln jederzeit gegenüber gerichtlichen Überprüfungen, medialen und politischen Angriffen verteidigen. Eine „Aufweichung" der Regeln eröffnete vielmehr – so die Sicht der Leitung – der Willkür Tür und Tor, die Rechtfertigung des Organisationshandelns würde entsprechend schwieriger. Angesichts dessen stellen die Dauerkonflikte, die ja in erster Linie die Mitarbeiter auszufechten haben, aus Leitungssicht das kleinere Übel – aber eben auch ein Übel – dar. Und so sind schnell alle drei Akteurgruppen – Leitung, Mitarbeiter und Publikum – durch ihr an den jeweiligen Eigeninteressen orientiertes Handeln in einer Konstellation verstrickt, wo jeder rationalerweise nichts besseres tun kann, als zu einem Ergebnis des handelnden Zusammenwirkens beizutragen, das keinem von ihnen gefällt.

Hier drei komplexere Beispiele, jeweils nur mit wenigen Strichen angedeutet:

- Warum schafft es der Profi-Radsport nicht, sich nachhaltig vom Doping zu befreien? Jeder Rennstall, als einzelne Organisation betrachtet, übt einen ausgesprochenen oder unausgesprochenen Dopingdruck auf seine Fahrer aus, dem diese sich in ihrem Handeln nicht entziehen können. Dabei wären sowohl die Fahrer als auch die Rennställe aus

---

12 Zugrunde liegt Robert Mertons (1940) Analyse der von Bürokratien erzeugten Persönlichkeit ihrer Mitarbeiter. Andere bekannte Modelle, die ebenfalls vor allem in Auseinandersetzung mit Max Webers (1922: 125-130, 551-579) Bürokratiemodell ausgearbeitet wurden, sind Michel Croziers (1963) „bürokratischer circulus vitiosus" sowie, daran angelehnt, Michael Masuchs (1985) Überlegungen und Klaus Türks (1976) „Grundlagen einer Pathologie der Organisation".

vielerlei Gründen froh, wenn sie auf Doping verzichten könnten. Stattdessen zehren mit Regelmäßigkeit auftretende Dopingfälle allmählich den letzten Rest an Legitimität auf, die der Profi-Radsport bei seinen Fans, den Medien und Sponsoren besitzt – mit der Gefahr, dass ein Rennstall nach dem anderen aufgeben muss? Trotz akuter kollektiver Existenzgefährdung sind die Rennställe als Organisationen offenkundig unfähig, das auf der Hand Liegende und von allen gleichermaßen Gewollte zu tun und ab sofort auf Doping zu verzichten.

- Warum verfangen sich in deutschen Hochschulen das Rektorat auf der einen, die Fakultäten auf der anderen Seite immer wieder in einer wechselseitigen Paralyse? Das Rektorat beschließt, unter hohem Außendruck von Seiten des Staates seine Gesamtverantwortung für die Hochschule wahrnehmend, energische Maßnahmen, um beispielsweise die Qualitätssicherung der Lehre gegen die Untätigkeit der Fakultäten voranzutreiben; aber die Fakultäten kontern damit, dass sie Angelegenheiten der Lehre als ihre ureigene fachliche Domäne reklamieren, in die das Rektorat nicht hineinregieren darf. Das Rektorat muss dann, will es nicht gleich kapitulieren, die Zähne zeigen – und wird sie sich zumeist am Widerstand der Fakultäten ausbeißen. Es kann dann höchstens auf künftige Wünsche der Fakultäten ungnädig reagieren, wogegen die wiederum nicht viel tun können. Keine Seite kommt aus ihrem jeweiligen Verhaltensmuster heraus; und so reproduzieren sie es in ohnmächtiger Verstrickung von einem Anlass zum anderen – mit der wachsenden Gefahr, dass dieses Treiben dem staatlichen Träger der Hochschule zu bunt wird und er eine zunehmende Unwilligkeit bei der Gewährung der benötigten Finanzmittel an den Tag legt oder gar den Bewegungsspielraum der Hochschulen durch gesetzliche Vorgaben immer mehr einengt.

- Warum verpassen Unternehmen bisweilen sehenden Auges eine Gelegenheit nach der anderen, um sich beispielsweise hinsichtlich der Gestaltung der eigenen Produkte zukunftsfähig aufzustellen? Man kommt gar nicht umhin, anhand der sinkenden Absatzzahlen und weiterer Signale aus der Umwelt zu registrieren, dass grundlegende Produktinnovationen – im Automobilbau z.B. benzinsparende und auf andere Energiearten umgestellte Fahrzeuge – erforderlich sind; man verfügt auch zunächst durchaus über die finanziellen Ressourcen, um solche Innovationen von der Forschung und Entwicklung bis zur Umstellung der Produktion und des Marketings auf den Weg zu bringen; und die Leitung besitzt die formelle Macht, diesen Organisationswandel frühzeitig zu initiieren. Aber über Jahre geschieht nichts, bis der längst überfällige Wandel schließlich unter viel ungünstigeren Bedingungen vollzogen werden muss – oder es sogar zu spät dafür ist und das Unternehmen pleite geht.

Ich kann hier nicht die gestellten Fragen zu allen drei Fällen, oder auch nur zu einem von ihnen, beantworten. Es geht mir lediglich darum, zum einen zumindest etwas plastischer werden zu lassen, wie vielgestaltig und vielschichtig Organisationsblockaden sein können. Zum anderen sollen die Fälle illustrieren, dass Organisationsblockaden keineswegs hochgradig seltene Ausnahmezustände von Organisationen darstellen, sondern gewissermaßen immer wieder vorkommende „kritische Lebensereignisse"[13] aller Arten von Organisationen oder auch ganzer organisatorischer Felder wie etwa der Automobilindustrie sind.

3. Blockadedynamiken

Die gerade angesprochene Analogie zum wieder und wieder auch krisenhaften Lebensverlauf von Individuen leitet zur nun zu skizzierenden *prozessorientierten Betrachtungsweise* über, die Organisationsblockaden als Dynamiken der Entstehung, Perpetuierung und eventuellen – stets schwierigen – Überwindung des unbefriedigenden Stillstands begreift und dafür den Blick von der Genese und Realisierung der Blockade, dem Blockiert-werden bzw. In-die-Falle-geraten, bis zu den Formen des Umgangs mit der eingetretenen Blockade, dem Blockiert-Sein bzw. In-der-Falle-Sitzen, richten muss.

Zunächst ist die Frage genauer zu beantworten: Für wen sind Blockadephänomene wie die beispielhaft aufgeführten eigentlich unbefriedigend? Mit dieser Frage erschließt man sich die *Konstellation* derer, die inner- und außerhalb der betreffenden Organisation aktiv oder passiv in die Blockadedynamik involviert sind.[14] Hier ist erst einmal die betreffende Organisation selbst als korporativer Akteur zu nennen, der die von ihm erwarteten Leistungen nicht mehr in der gewünschten Qualität produziert, worauf seine Leistungsabnehmer mit „voice" oder „exit" reagieren können (Hirschman 1970), was dann Legitimitäts- und Finanzierungsprobleme sowie letzten Endes eine Existenzbedrohung bedeutet.[15] Mit den jeweiligen Leistungsabnehmern ist schon eine weitere Kategorie von Akteuren benannt, die Organisationsblockaden – sofern mit Leistungsdefiziten verbunden – unbefriedigend finden können. Auch die Organisationsmitglieder müssen nicht zwangsläufig, können aber diesbezüglich betroffen sein und sind es auch oftmals; ihre Betroffenheit kann je nach Zugehörigkeit zu bestimmten Organisationseinheiten oder Mitgliedergruppen unterschiedlich ausfallen. Besonders hervorzuheben ist oftmals das organisatorische Leitungspersonal, das unter einer Organisationsblockade leidet – wie etwa der Manager mit einem erfolgsabhängigen Gehalt oder die Museumsdirektorin, die sich gegenüber den staatlichen Trägern zu verantworten hat. Weiterhin können die gerade genannten Träger einer Organisation von deren Blockade negativ betroffen sein – etwa die Eigentümer von Unternehmen einschließlich der Aktionäre oder die staatlichen Träger von Hochschulen. Schließlich gibt es andere Organisationen im Umfeld einer blockierten Organisation, die etwa als Zulieferer von Vorleistungen mit deren Leistungsproduktion verknüpft sind und darunter leiden können, wenn diese aufgrund der Blockade auf unzufriedene Abnehmer stößt und heruntergefahren werden muss.

Je mehr dieser verschiedenen Arten von Akteuren einen Organisationswandel wollen und je unzufriedener sie mit dem ausbleibenden Wandel sind, desto einhelliger fällt das Urteil aus, dass die betreffende Organisation einer Blockade unterliegt. Man muss freilich sehen, dass es neben solchen sich als Leidtragende einer Organisationsblockade sehenden Akteuren immer

---

13   Um einen Terminus der Entwicklungspsychologie aufzugreifen – siehe Filipp (1982).

14   Die folgende Auflistung erfolgt in lockerer Anlehnung an die Klassifikation der „chief participants of most business organizations" von March und Simon (1958: 89 f.).

15   Dass „permanently failing organizations" (Meyer und Zucker 1990) dauerhaft überleben, hängt an besonderen Gelegenheitsstrukturen.

auch andere geben kann, die entweder Profiteure genau dieses Zustands sind oder denen die Blockade zumindest gleichgültig sein kann. Im Hochschulbeispiel könnten Profiteure etwa diejenigen Professoren sein, deren Hauptanliegen es ist, sich in der Lehre kein Bein ausreißen zu müssen, was sie im Windschatten der Blockade dann auch nicht zu tun brauchen. Profiteure agieren, soweit es ihnen möglich ist, als Status-quo-Wahrer, tragen also aus rationalem Eigeninteresse zur Perpetuierung der Blockade bei. Gleichgültig gegenüber einer Blockade können diejenigen sein, für deren Interessenverfolgung es keinen Unterschied macht, ob sich die Organisation in diesem Zustand befindet oder nicht. Solche Professoren, die als unkündbare Beamte in ihrer Universität längst auf „Dienst nach Vorschrift" umgeschaltet haben, weil sie ihr Betätigungsfeld z.B. auf lukrative Gutachten oder andere Nebentätigkeiten oder Freizeithobbys verlagert haben, werden zwar – anders als Profiteure – nicht aktiv den Status quo verteidigen, aber ebenso wenig einen Finger zu seiner Veränderung rühren. Anders gesagt: Die Profiteure verfestigen den Blockadezustand, während die Gleichgültigen dafür bedeutungslos bleiben – abgesehen davon, dass man sie für das Reservoir derer, die als Widerstandspotential gegen die Blockade in Betracht kommen, abschreiben kann.

Sieht man für einen Moment lang von Profiteuren und Gleichgültigen ab und nimmt nur die Leidtragenden einer Blockade in den Blick, ist klar: Die Wurzel des Übels ist in der Sozialdimension des Handelns verortet, nicht in der Sach- oder der Zeitdimension.[16] Dass rational ihre Eigeninteressen verfolgende Akteure ein genau diesen Interessen eklatant zuwiderlaufendes Ergebnis hervorbringen, liegt im Fall von Organisationsblockaden – im Unterschied zu anderen Arten von Rationalitätsfallen – höchstens sekundär an Grenzen der Suche und Verarbeitung der relevanten Informationen sowie an Zeitknappheit und der Ungewissheit der Zukunft. Es ist vielmehr, wie bereits illustriert und als suboptimales Nash-Gleichgewicht theoretisch gefasst, in Zwängen des handelnden Zusammenwirkens begründet, also in der Logik der Interdependenzbewältigung, die den Akteuren ihre Konstellation auferlegt. Es gibt dabei auch keine – bei Fallen sonst übliche – klare Trennung von Fallenstellern auf der einen, in die Falle Gehenden auf der anderen Seite. Vielmehr gehen die Akteure einer Organisationsblockade einander wechselseitig in die Falle. Sie agieren – ob sie sich das bewusst machen oder nicht – wechselseitig füreinander als Fallensteller. Diese *Wechselseitigkeit des Fallenstellens* ist es, die eine Befreiung aus der Falle, also eine Auflösung von Organisationsblockaden, so schwierig macht.

Fallen sind besonders perfide zugespitzte Probleme, mit denen ein Akteur sich konfrontiert sieht. Generell gehört zu einer Falle, dass das Opfer sie nicht gleich als solche erkennt, sondern ahnungslos in sie hineintappt. Ist es gefangen, werden seine bisherigen Handlungspläne rigoros unterbunden, und andere, ungewollte Handlungsmuster werden auferlegt. Ein anfängliches panisches Realisieren, dass die Falle zugeschnappt ist, geht in Lethargie über, die sich zu einem tiefen Fatalismus auswächst. Ein Entkommen aus eigener Kraft ist kaum möglich; und je länger man in der Falle sitzt, desto mehr schwindet die Hoffnung auf Befreiung. Wenn schließlich – wie bei dem einer Organisationsblockade zugrunde liegenden Typus von Falle – jeder Akteur reihum in der Falle eines anderen Beteiligten sitzt, werden die überhaupt noch in Frage kommenden Befreier knapp.

---

16   Allgemein zu diesen drei Komplexitätsdimensionen von Handeln im Allgemeinen und Entscheidungshandeln im Besonderen siehe Schimank (2005: 121-171).

Ich will diese allgemeine Phänomenologie von Rationalitätsfallen an der „Dopingfalle" (Bette und Schimank 2007) der Rennställe des Profiradsports etwas konkreter verdeutlichen.[17] Hier muss man, wie bei vielen Organisationsblockaden, eine Mehrebenenanalyse vornehmen.[18] Vereinfacht ist zum einen die Ebene der Rennställe, zum anderen die Ebene der einzelnen Radrennfahrer in den Blick zu nehmen. Beide Ebenen sind miteinander verbunden. Die Rennställe gehören als Organisationen zum strukturellen Kontext, der das Handeln der Fahrer prägt, und als Arbeitsorganisationen bieten die Rennställe den Fahrern als individuellen Akteuren Arbeits- und Verdienstmöglichkeiten. Umgekehrt sind die Rennställe als korporative Akteure existentiell davon abhängig, dass die ihnen angehörenden Fahrer mit ihrem sportlichen Handeln erfolgreich sind, also Siege erringen. Beide Akteure – die Rennställe wie die Fahrer – sitzen auf ihrer jeweiligen Ebene in einer Rationalitätsfalle, die sich die Rennställe untereinander und die Fahrer untereinander gestellt haben; und zwischen den Ebenen haben einzelne Rennställe und ihre jeweiligen Fahrer einander ebenfalls eine Rationalitätsfalle aufgebaut. Nur stichwortartig zu allen drei miteinander verbundenen Fallen:[19]

- Die Fahrer stehen untereinander in einer harten Konkurrenzkonstellation. Siege sind extrem knapp, müssen aber her, weil jeder Fahrer in eine biographische Pfadabhängigkeit geraten ist, die ihn – ohne dass er das am Anfang realisiert hat – sowohl als Identitätsbehaupter als auch hinsichtlich seiner materiellen Interessen unter extremen sportlichen Erfolgsdruck setzt. Die Fahrer befinden sich damit in einer Konstellation des Prisoner's Dilemma; und obwohl es sich um ein iteratives Spiel handelt, kann dennoch keine Vertrauensbildung in Richtung allseitigen Dopingverzichts – der gegenüber allseitigem Doping von den Fahrern schon aus Gesundheitsgründen präferiert würde – stattfinden, weil die Intransparenz des Dopings ein gewusstes Nichtwissen (Wehling 2006) erzeugt: Außer in den seltenen Fällen, dass jemand überführt wird, weiß ein Fahrer, dass er auch im Nachhinein niemals sicher weiß, ob seine Konkurrenten sich dopen oder nicht. Das schürt im Zweifelsfall übertriebene Mutmaßungen darüber, wie weit verbreitet Doping ist, unterstützt so die je eigene Dopingneigung und bewirkt als allseitige sich selbst erfüllende Prophezeiung eine Ausbreitung des Dopings. Alle denken sich und reden insgeheim darüber, dass „alle" es tun, jeder unerklärliche Erfolg eines Konkurrenten wirkt vor diesem Hintergrund verdächtig, erwischt werden offensichtlich auch nur die ganz „Dummen": Dann sollte man selbst sich wohl besser auch dopen!

- Zwischen den Rennställen besteht eine ebenso harte Konkurrenzkonstellation. Sie sind als Organisationen finanziell hochgradig abhängig von den Preisgeldern, die siegreiche Fahrer einheimsen, sowie von Geldern wirtschaftlicher Sponsoren. Letztere – die ja nicht uneigennützig, sondern zu Werbezwecken vergeben werden – werden wiederum

---

17 Siehe ausführlicher Deeg et al. (2009), wo die Analyse von Organisationsblockaden auch in den Kontext der Forschungen zum organisatorischen Wandel gestellt wird.

18 Implizit ist das etwa auch in Mertons Beispiel der Fall. Dort repräsentiert die Organisationsleitung die Belange der Behörde als korporativem Akteur, der sich mit öffentlicher Kritik – die ja letztendlich nicht an einzelne Mitarbeiter adressiert wird – auseinanderzusetzen hat.

19 Spieltheoretisch betrachtet geht es um ein „connected game" (Scharpf 1990), das zusätzlich ein „two-level game" – ein von Putnam (1988) ursprünglich zur Charakterisierung des Verhältnisses von binnenstaatlicher und internationaler Politik geprägter Begriff – darstellt.

von der medialen Aufmerksamkeit für den Radrennsport insgesamt und den jeweiligen Rennstall im Besonderen bestimmt; und dahinter steht das mehr oder weniger große Publikumsinteresse am Radsport. Hierbei ist ein „Matthäus-Effekt" (Merton 1968) zu verzeichnen: Die mit jedem Sieg steigenden Geldeinnahmen dienen auch dazu, durch geeignete Investitionen die Erfolgschancen in weiteren Rennen zu steigern. Man kann beispielsweise immer bessere Fahrer einkaufen. Umso wichtiger ist es, das Geld selbst einzustreichen und es damit uno actu den Konkurrenten für ähnliche Investitionen zu entziehen. Dieser sich als Geldabhängigkeit manifestierende Erfolgsdruck auf die Rennställe macht sie dopingabhängig, weil Doping im Radsport ein wesentlicher – realer oder eingebildeter, was sich im Ergebnis gleich bleibt – Erfolgsfaktor ist. Damit sind die Rennställe in einem für sie höchst ungemütlichen „double bind" gefangen: Sie müssen einerseits spektakuläre sportliche Erfolge präsentieren, um das Publikum und darüber die Medien und Sponsoren zu attrahieren – andererseits soll dies ohne sichtbar werdendes Doping geschehen, um das Publikum und die Sponsoren nicht abzustoßen. Das prekäre Verhaltensmuster, dessen sich die Rennställe in dieser Lage befleissigen, sieht so aus: Man beschwört nach außen den „sauberen" Sport und demonstriert Geschäftigkeit in der Dopingbekämpfung; aber nach innen wird klammheimlich weiter, ausgesprochen oder unausgesprochen, der Dopingdruck auf die Fahrer aufrechterhalten.

- Damit ist bereits die Rationalitätsfalle, die sich zwischen den Rennställen und deren jeweiligen Fahrern auftut, angesprochen. Durch entsprechende organisatorische Handlungsprägungen wie Leistungsprämien oder die Zuteilung der Rollen im Rennteam – insbesondere: Wer ist Wasserträger für wen? – sowie letztlich die Kündigungsdrohung wird der „horizontale" Erfolgsdruck zwischen den Fahrern „vertikal" unterstrichen. Umgekehrt können die Fahrer von ihren Rennställen Dopingunterstützung verlangen, weil der Erfolg der Organisation am Erfolg dieser Organisationsmitglieder hängt. Beide Seiten treiben einander damit in Handlungsmuster rationaler Interessenverfolgung hinein, die die auf beiden Seiten als unbefriedigend empfundene Ergebnisrationalität in Gestalt eines um sich greifenden Dopings weiter verfestigen.

Dies ist immer noch eine sehr verkürzte Analyseskizze, die zahlreiche zu berücksichtigende Aspekte – etwa weitere Akteure wie die Sportverbände oder den Staat sowie Varianten und Modifikationen der hier verzeichneten Interessenlagen und Konstellationstypen – ausblendet. Beispielhaft verdeutlicht werden sollte lediglich das Grundmuster des wechselseitigen Fallenstellens, das Organisationsblockaden hervorbringt und perpetuiert.

In einem nächsten Schritt der Verfeinerung der Analyse kann man drei Typen von Organisationsblockaden unterscheiden – je nachdem, wo der primäre Blockadefaktor zu verorten ist.[20] Ein erster Typ sind *Akteurblockaden*. Dort liegt der primäre Blockadefaktor in den Akteuren, also deren Handlungsorientierungen, oder in der Art von Konstellation, in der sie sich befinden. Der Radrennsport ist diesem Typus zuzuordnen, weil die Rennställe und Fahrer letztlich aufgrund des geschilderten hohen Erfolgsdrucks und der unbarmherzigen Konkurrenz untereinander in der „Dopingfalle" landen. Ein anderes Beispiel: Eine Teilerklärung

---

20   Es handelt sich um analytische Akzentuierungen. In realen Blockaden sind immer wieder zwei oder alle drei
      der gleich angesprochenen Blockadefaktoren kopräsent – aber eben meist mit unterschiedlicher Gewichtung.

für die angesprochenen, heutzutage in den deutschen Hochschulen feststellbaren Blockaden besteht immer wieder auch darin, dass sich zwischen verschiedenen Akteurgruppen in einer Hochschule Misstrauensspiralen aufbauen können – etwa zwischen Hochschulleitungen und Fakultäten, die einander wechselseitig aufgrund vergangener schlechter Erfahrungen mit nicht eingehaltenen Versprechungen nicht mehr über den Weg trauen, wodurch sachlich naheliegende und vielversprechende Kooperationen wie etwa ein Antrag in der „Exzellenzinitiative" verhindert werden (Schimank 2006).

Bei *Institutionenblockaden* als zweitem Typ liegt der primäre Blockadefaktor in institutionellen Regelungen formeller oder informeller Art. Mertons geschildertes Beispiel entspricht diesem Typ. Die starke Formalisierung der Entscheidungsregeln hat dort dafür gesorgt, dass sich Publikum, Verwaltungsmitarbeiter und Leitung in einer allseits unbefriedigenden Art der organisatorischen Leistungsproduktion verstrickt haben. Eine informell institutionalisierte Norm der „Kollegialität" wirkt sich in den deutschen Hochschulen als Blockadefaktor aus. Sie überlagert nicht nur häufig das formelle Mehrheitsprinzip, das in Fakultätsräten oder Senaten gilt und prinzipiell Status-quo-verändernde Entscheidungen, etwa Umverteilungen von Ressourcen zwischen Professuren oder Fakultäten, möglich macht; sogar die neuerdings mit deutlich größeren Entscheidungsbefugnissen ausgestatteten Dekane und Rektorate orientieren sich noch immer sehr stark an der „Kollegialität", also möglichst allseitigem Konsens, und schöpfen daher ihre hierarchischen Möglichkeiten nicht aus (Schimank 1995: 222-258).

Der dritte Typ von Organisationsblockaden sind *Kontextblockaden*. Hier liegt der primäre Blockadefaktor in nicht-institutionellen, teils auch situativen Kontextbedingungen wie Ressourcenknappheit oder Aufgaben-Overload. Solange z.B. die deutschen Hochschulen ein deutliches Wachstum der ihnen zur Verfügung gestellten Finanzmittel verzeichnen konnten, also etwa in den 1960er Jahren bis Mitte der 1970er Jahre, waren die Auswirkungen der angesprochenen institutionellen Blockadefaktoren noch vergleichsweise gering, weil man durch Organisationswachstum neuen Anforderungen Rechnung tragen und innovative Ideen umsetzen konnte, ohne ansonsten den Status quo antasten zu müssen. Seitdem aber die Ressourcen stagnieren, sogar zeitweise rückläufig waren, oder höchstens geringfügig wachsen ist diese Umgehung der Blockade verstellt. Umgekehrt könnte man bei den Autofirmen vermuten: Weil man mit einer nicht zukunftsfähigen Modellpolitik kurzfristig noch viel Geld verdienen konnte, hat man daran festgehalten – denn die Konkurrenten taten desgleichen, weil jeder, der auf diese Einnahmen und Gewinne verzichtet hätte, als wirtschaftlich „unvernünftig" eingestuft worden wäre und Ärger etwa mit finanzierenden Banken oder Aktionären gekriegt hätte.

Man könnte vermuten, dass sich diese drei Arten von Organisationsblockaden danach unterscheiden, welche typischen Verlaufsfiguren der Genese und der weiteren Verarbeitung der Blockade sie aufweisen. So könnte man annehmen, dass Akteurblockaden von den beteiligten Akteuren selbst vergleichsweise einfacher zu überwinden sind als Institutionenblockaden, und diese wiederum einfacher als Kontextblockaden. Denn eigene Interessen oder auch Einstellungen zu verändern, etwa an Gegebenheiten anzupassen, fällt Akteuren ceteris paribus immer noch leichter als die Umgestaltung institutioneller Regelungen, die ihnen von anderen auferlegt worden sind, oder von Kontextbedingungen, die sich oftmals als schicksalhafte äußere Umstände ergeben. Entsprechend müsste man bei Institutionen- und erst recht bei Kontextblockaden mehr Fatalismus in den Coping-Strategien erwarten; oder die von der

Blockade betroffenen Akteure müssen an diejenigen anderen Akteure herantreten, die außerhalb der Konstellation die Stellschrauben in der Hand haben, um relevante institutionelle Regelungen oder Kontextbedingungen verändern zu können.

Damit bin ich bei der nächsten Frage: Welche Coping-Strategien gibt es eigentlich? Dabei interessiert mich hier nicht das gesamte Spektrum möglicher Reaktionsmuster der involvierten Akteure auf drohende oder eingetretene Blockaden – sondern ich beschränke mich auf solche Praktiken, die zur Abwendung einer drohenden Blockade beitragen oder Auswege aus einer eingetretenen Blockade eröffnen könnten.

4. Blockadevorbeugung und –beseitigung

Das bisher gezeichnete Bild des wechselseitigen Fallenstellens und des Hineintappens sämtlicher Akteure in die für sie bestimmte Falle sollte eindringlich vor Augen führen, dass Organisationsblockaden höchst unerwünschte Zustände und als solche keine bloß auf unglückliche Umstände zurückgehenden vorübergehenden Malheurs sind, sondern strukturell verfestigte Konstellationsgleichgewichte – dass somit kein Akteur aus eigener Kraft die Blockade abzuwenden oder aufzulösen vermag, weil alle miteinander in der Blockade verstrickt sind. Die Verstrickung ist noch dazu doppelter Art: Die Akteure kommen nicht nur nicht aus der Blockade heraus – sie tragen alle zu deren Entstehung und Aufrechterhaltung bei. Die Blockade ist ihnen also nicht etwa von irgendeiner äußeren Kraft auferlegt – sie erlegen sie einander wechselseitig selbst auf.

Diese pointierte Zusammenfassung des bisher Gesagten suggeriert freilich um der zunächst einmal wichtigen Klarheit willen eine völlige Ausweglosigkeit, die so dann doch nicht gegeben ist. Rein logisch betrachtet gibt es ja sogar eine ganz simple Strategie der Blockadevorbeugung bzw. –auflösung: Einige oder alle Akteure müssten ihre rationale Interessenverfolgung aufgeben, also um zugunsten einer möglichen Realisierung von Ergebnisrationalität auf Handlungsrationalität verzichten. Am Ausgangsbeispiel des nicht-iterativen Prisoner's Dilemma illustriert: Wenn beide Akteure von ihrer dominanten Strategie abweichen, landen sie bei einem pareto-superioren Ergebnis, stellen sich also beide besser. Wenn allerdings nur Ego dies tut, Alter nicht, stellt sich die Lage für Letzteren nicht länger als Rationalitätsfalle dar, für Ersteren aber erst recht. Was also könnte einen beiderseitigen Verzicht auf rationale Interessenverfolgung bewirken? Beiderseitiger Altruismus oder – weniger voraussetzungsvoll – beiderseitige Orientierung an Fairnessprinzipien sind vorstellbar und kommen auch tatsächlich gar nicht so selten, wie man meinen könnte, vor.[21] Doch eine Garantie dafür, dass so Blockadesituationen vermieden oder aufgelöst werden können, gibt es nicht. Eine zuverlässigere Blockadevorbeugung bzw. -auflösung wäre wohl gegeben, wenn beide Akteure jeweils per Münzwurf entschieden, welche Handlungsalternative sie wählen. Dann kämen die Akteure immerhin in einem Viertel der Fälle um die Blockade herum bzw. aus ihr heraus.[22]

Egal, ob Altruismus, Fairness oder Münzwurf: Die Akteure müssten der paradoxen Logik folgen, durch Rationalitätsverzicht ihre Rationalitätschancen zu verbessern. Sehr lebens-

---

21   Siehe Diekmann (2009: 200-27) zur experimentellen Erforschung des Prisoner`s Dilemma.

22   Zur Rationalität des Losens in schwierigen Entscheidungssituationen siehe Schmidt (2000).

nah klingt das nicht. Denn gerade in Hochkostensituationen – wozu Blockaden zweifellos gehören – versuchen Akteure gemeinhin, besonders rational ihre Interessen zu verfolgen. Und selbst wenn Ego zu der Einsicht gelangt, dass Rationalitätsverzicht, mit Blick auf Ergebnisrationalität, hier vielversprechender wäre, müsste er, um dann einer solchen Rationalität zweiter Ordnung entsprechend zu handeln, erstens davon ausgehen, dass auch die anderen so denken und handeln – was wiederum auf deren Seite voraussetzt, dass sie ihn richtig einschätzen. Denn andernfalls bringt sein Verzicht auf Handlungsrationalität insgesamt gar nichts und ihm sogar oftmals eine weitere Verschlechterung seiner Ergebnisrationalität. Zweitens müsste Ego sich ein solches Handeln auch angesichts dadurch erwartbar stark irritierter Bezugsakteure leisten können. Kann er ernsthaft hoffen, dass diese seinen zunächst einseitigen Rationalitätsverzicht gut finden oder auch nur tolerieren, wenn sie die wahrscheinlichen Kosten mit zu tragen haben? Man stelle sich nur die Aktionäre eines Automobilherstellers vor, der ohne verbindliche Absprache mit den anderen Herstellern auf eine kostspielige langfristige radikale Produktinnovation setzt und dafür kurz- und mittelfristig große Gewinneinbußen oder sogar herbe Verluste auf sich nimmt.

Da ein ein- und erst recht allseitiger Verzicht auf Handlungsrationalität, so sehr er – aus einer distanzierten Beobachterperspektive betrachtet – die Wahrscheinlichkeit einer größeren Ergebnisrationalität steigern könnte, somit wenig realistisch ist, muss man nach anderen Praktiken Ausschau halten, die sich weniger als abstrakte Patentlösungen formulieren lassen, sondern eher vielfältig kombinierbare Elemente eines *situativen Copings* mit Blockaden darstellen. Die Palette solcher Praktiken ist bei näherem Hinsehen gar nicht so klein. Auch wenn der Ursachenkern von Organisationsblockaden, wie dargestellt, in der Sozialdimension zu verorten ist, findet man problembezogene, also nicht bloß hilflose, Reaktionsweisen in allen drei Komplexitätsdimensionen. Hier eine stichwortartige Liste gängiger Praktiken:[23]

- *Sachdimension*: Man kann versuchen, den sachlichen Gegenstand des eine Blockade verursachenden handelnden Zusammenwirkens – also die Ausprägung der betreffenden Interessen – so umzudefinieren, dass die Blockadewirkung vermieden wird. Man kann auf dieser Linie etwa bisher miteinander vermengte unvereinbare Interessen entflechten, indem man sie fortan in getrennten Agenden behandelt, oder umgekehrt das Themenspektrum gezielt erweitern, um so z.B. durch „Koppelgeschäfte" (Scharpf 1991: 24-29) Blockaden zu überwinden. Auch die Neufassung von Themen kann manchmal zur Überwindung von Blockaden beitragen, wenn z.B. Sparzwänge als Gelegenheiten zur Profilbildung gerahmt werden oder allein schon rein sprachlich emotional besetzte Reizworte wie an Hochschulen etwa „Controlling" oder „Qualitätsmanagement" durch neutrale Sprachregelungen vermieden werden.

- *Zeitdimension*: Einige Reaktionen auf Blockaden laufen in zeitlicher Hinsicht auf ein unbewusstes oder bewusstes „Aussitzen" hinaus – vielleicht mit der vagen Hoffnung verbunden, dass irgendeine glückliche Fügung von außen das Problem löst. Das Gegenteil stellen Reaktionen dar, die eine einmal bestehende Blockade gezielt eskalieren lassen, um so eine möglichst schnelle Krisenhaftigkeit zu erzwingen, die so oder so – nach

---

23 Siehe auch Benz (2009: 166-197), der Blockaden in Mehrebenen-Konstellationen betrachtet und nach möglichen blockadeauflösenden Strategien fragt.

der Devise: Lieber ein Ende mit Schrecken! – die Blockade mit einem großen Knall beendet. Zwischen diesen beiden Extremen bewegen sich Reaktionsweisen, die als „local action" (Leifer 1991) gezielt auf Zeit spielen, um über eine vorsichtige „Politik der kleinen Schritte" günstige Gelegenheiten des Blockadeabbaus zu nutzen und auf jeden Fall unkontrollierte Eskalationen zu vermeiden.

- *Sozialdimension*: Das im engeren Sinne soziale, also die Beziehungen zwischen den Akteuren ausmachende Moment einer Blockadekonstellation kann durch verschiedene Reaktionsweisen verändert werden, die auf eine Entschärfung oder sogar Beseitigung der Blockade hinauslaufen können. Bestimmte Akteure können die Konstellation manchmal von sich aus verlassen, oder sie können von den anderen ausgeschlossen werden. Umgekehrt können neue Akteure hinzukommen, die dann als Puffer oder Schlichter oder Koalitionäre auftreten können. Schlichtung kann darauf hinauslaufen, strikt „positionsbezogenes Verhandeln" in „kompromiss-„ oder gar „verständigungsorientiertes Verhandeln" zu überführen (Benz 1994: 112-148). Das Hinzuziehen externer Beratung kann ebenfalls ein Weg zur Auflösung der Blockade sein. Auch die Veränderung des Interaktionsmodus aus den formalen Bahnen in Informalität – bis hin zur „brauchbaren Illegalität" (Luhmann 1964: 304-314) – kann blockadeabbauend wirken. Ebenso sind alle Arten von vertrauensbildenden Maßnahmen, etwa über die Kultivierung vielfältiger „issue linkages" (McGinnis 1986) neben dem Blockadethema, hilfreich. Schließlich lässt sich gegebenenfalls der Charakter eines Beziehungsmusters ändern, wenn z.B. ein Verteilungskonflikt in eine Kooperation zur gemeinsamen Erarbeitung eines Mehrprodukts umwandelbar ist.

Dies ist weder eine vollständige Auflistung aller vorkommenden problembezogenen Reaktionsweisen auf Organisationsblockaden, noch kann an dieser Stelle bereits eine systematische Sichtung der real auftretenden Substitutions- und, wichtiger noch, Kombinationsmuster dieser Reaktionsweisen geleistet werden. Um nur ein Beispiel zu geben: Man kann etwa auf Zeit spielen, um sich die Gelegenheit zu verschaffen, Berater hinzuzuziehen, die dann auf eine blockadeauflösende Umdefinition der Interessen hinwirken können.

Wie diese Praktiken bereits zeigen, dürften Bemühungen zur Abwendung oder Auflösung von Blockaden, wenn sie überhaupt erfolgversprechend sein sollen, nicht nur von einzelnen Akteuren der Konstellation ausgehen oder bei einzelnen Akteuren ansetzen. Was sollen z.B. die Rennställe bewirken, wenn die Fahrer nicht mitziehen, und umgekehrt! Blockadeauflösung verlangt abgestimmte Praktiken der involvierten Akteure – manchmal sogar ein explizites Konstellations-Management, das etwa als „Institutionendesign" Verhandlungsmuster wie z.B. einen „Runden Tisch" etabliert, an dem dann überhaupt erst einmal alle involvierten Akteure miteinander ins Gespräch kommen. So wie in der Rationalitätsfalle die Handlungsrationalitäten der verschiedenen Akteure ineinandergreifen, so müssen auch bei erfolgversprechenden kollektiven Befreiungsaktionen die Handlungsrationalitäten synchronisiert werden.

Nicht selten kommt von in der Falle sitzenden Akteuren aus der Blockadekonstellation der Ruf nach außenstehenden Akteuren, die sich blockadeabwendend oder –auflösend einschalten sollen. Oftmals ergeht dieser Ruf an staatliche Akteure – etwa auch angesichts des Dopingproblems des Spitzensports. Meist sind dies durchsichtige Versuche, den Schwarzen Peter weiter zu reichen. Doch selbst dort, wo sie ernst gemeint sind, gilt, dass wohl kaum eine Organisationsblockade allein von außen, ohne tätige Mitwirkung der in sie involvierten Akteure, beseitigt werden kann. Umgekehrt scheint freilich auch zu stimmen, dass kaum eine Blockadeabwendung oder -auflösung ganz allein von den involvierten Akteuren bewerkstelligt werden kann, sondern in der Regel einer Unterstützung von außen bedarf. Eine kollektive Selbstbefreiung aus den wechselseitig gestellten Fallen ist nur selten möglich. Die Unterstützung von außen kann dabei auch dergestalt ausfallen, dass durchaus in die Blockadekonstellation involvierte Akteure, die aber auch noch in anderen Kontexten agieren, von dorther eine Verschiebung ihres Interessen-Portfolios oder ihrer Einflusspotentiale erfahren. Wenn sich z.B. den Unternehmen, die als Sponsoren der Radställe in die Doping erzeugende Akteurkonstellation eingebunden sind, attraktive alternative Werbemöglichkeiten – etwa durch Kultur-, Bildungs- oder Sozialsponsoring – eröffnen, können sie glaubhafter als zuvor damit drohen, dass sie sich aus dem Sportsponsoring zurückziehen, sollte nicht das Doping eingedämmt werden; und wenn so der Geldhahn zugedreht würde, erledigte sich das Doping von selbst, weil erstens Finanzmittel dafür fehlten und sich zweitens kein Fahrer ohne große finanzielle Anreize den Gesundheitsgefährdungen des Dopings aussetzte.

Gerade mit Blick auf staatliche Akteure ist allerdings danach Ausschau zu halten, ob sie durch *Meta-Coping* als „reflexiven Mechanismus" (Luhmann 1966) das Coping von Akteuren, die Blockadesituationen vermeiden oder auflösen wollen, unterstützen können. Bereits das gerade erwähnte Angebot eines „Runden Tisches" an alle in die Blockade involvierten Akteure stellt ein solches Meta-Coping dar, insoweit es die kollektive Vertrauensbildung und Abstimmung der Coping-Praktiken fördert. Ein anderes Beispiel für Meta-Coping liegt vor, wenn ein staatlicher Akteur als Zeuge auftritt und so die Glaubwürdigkeit von wechselseitigen Versprechungen entscheidend verbürgen kann. Ego kann dann nicht hinterher sagen, er habe nie versprochen, sich auf eine bestimmte, blockadeverhindernde Weise zu verhalten; und das gibt Alter die Sicherheit, sich darauf bei ansonsten riskanten Vorleistungen verlassen zu können.

Zusammengefasst: Eine Generalstrategie der Abwendung oder Auflösung von Organisationsblockaden gibt es nicht. Vielmehr müssen sich die in eine Blockadekonstellation verstrickten Akteure, unter Mithilfe von außen, durch vielerlei situativ angemessene Praktiken problembezogenen Copings zu helfen versuchen, wobei zur Erfolgswahrscheinlichkeit nur so viel gesagt werden kann: Sie ist zumindest größer als Null.

Schluss

Ich hoffe, mit meinen Überlegungen das Thema der Organisationsblockaden stärker als bislang in die sozialwissenschaftliche Diskussion bringen zu können. Die praktische Relevanz des Themas in der heutigen Organisationsgesellschaft ist unbestreitbar; und dass es theoretisch reizvolle Fragen aufwirft, habe ich zumindest anzudeuten versucht. Dass der theoretische Reiz von Organisationsblockaden im Kern daher rührt, dass diese Rationalitätsfallen darstellen, sorgt überdies dafür, das Thema zu einer provokanten Kränkung des Selbstverständnisses der Moderne zu machen. Ausgerechnet Organisationen, die wir immer noch oft als Ausgeburten von Rationalität erachten, verstricken sich – gerade wenn sie entsprechend agieren – paradoxerweise in Muster handelnden Zusammenwirkens, die alles andere als rationale Ergebnisse

zeitigen. Nicht nur als sozialwissenschaftliche Beobachter, erst recht als individuelle Teilnehmer an der Organisationsgesellschaft wollen und können wir das nicht auf sich beruhen lassen.

Literatur

Axelrod, Robert, 1984: The Evolution of Cooperation New York: Basic Books.
Benz, Arthur, 1994: Kooperative Verwaltung. Funktionen, Voraussetzungen und Folgen. Baden-Baden: Nomos.
Benz, Arthur, 2009: Politik in Mehrebenensystemen. Wiesbaden: VS.
Bette, Karl-Heinrich und Uwe Schimank, 2007: Die Dopingfalle. Bielefeld: Transcript.
Crozier, Michel, 1963: The Bureaucratic Phenomenon. Chicago, 1964: University of Chicago Press.
Deeg, Jürgen, Jürgen Weibler und Uwe Schimank, 2009: Verhalten im Stillstand – Stillstand als Verhalten. Organisa-
     tionsblockaden in der Perspektive des akteurzentrierten Institutionalismus. In: Georg Schreyögg/Jörg Sydow
     (Hrsg.), Verhalten in Organisationen. Managementforschung 19, 239-283.
Diekmann, Andreas, 2009: Spieltheorie. Reinbek: Rowohlt.
Filipp, Sigrun-Heide, 1982: Kritische Lebensereignisse als Brennpunkte einer Angewandten Entwicklungspsycho-
     logie des mittleren und höheren Erwachsenenalters. In: Rolf Oerter und Leo Montada (Hrsg.), Entwicklungs-
     psychologie. München: Urban & Schwarzenberg, 769-788.
Geser, Hans, 1990: Organisationen als soziale Akteure. In: Zeitschrift für Soziologie 19, 401-417.
Habermas, Jürgen, 1981: Theorie des kommunikativen Handelns. Bd. 1: Handlungsrationalität und gesellschaftliche
     Rationalisierung. Frankfurt/M.: Suhrkamp.
Hirschman, Albert O., 1970: Exit, Voice and Loyalty: Responses to Decline in Firms, Organizations, and States.
     Cambridge, MA: Harvard University Press.
Holler, Manfred J. und Gerhard Illing, 1991: Einführung in die Spieltheorie. Berlin: Springer.
Leifer, Eric, 1991: Actors as Observers. A Theory of Skill in Social Relationships. New York: Garland.
Luhmann, Niklas, 1964: Funktionen und Folgen formaler Organisation. Berlin: Duncker & Humblot.
Luhmann, Niklas, 1966: Reflexive Mechanismen. In: Niklas Luhmann, Soziologische Aufklärung, Bd. 1: Aufsätze
     zur Theorie sozialer Systeme. Opladen, 1974: Westdeutscher Verlag, 92-112.
Luhmann, Niklas, 1969: Legitimation durch Verfahren. Darmstadt: Luchterhand.
Luhmann, Niklas, 2000: Organisation und Entscheidung. Opladen: Westdeutscher Verlag.
Macy, Michael W., 1989: Walking Out of Social Traps. A Stochastic Learning Model for the Prisoner's Dilemma.
     In: Rationality and Society 1, 197-219.
March, James G. und Herbert A. Simon, 1958: Organizations. New York: Wiley.
Masuch, Michael, 1985: Vicious Circles in Organizations. In: Administrative Science Quarterly 30, 14-33.
McGinnis, Michael D., 1986: Issue Linkage and the Evolution of International Cooperation. In: Journal of Conflict
     Resolution 30, 141-170.
Merton, Robert K., 1940: Bürokratische Struktur und Persönlichkeit. In: Renate Mayntz (Hrsg), Bürokratische Or-
     ganisation. Köln, 1971: Kiepenheuer & Witsch, 265-276.
Merton, Robert K., 1968: Der Matthäus-Effekt in der Wissenschaft. In: Robert K. Merton, Entwicklung und Wandel
     von Forschungsinteressen. Frankfurt/M., 1985: Suhrkamp, 100-116.
Meyer, John, 2005: Weltkultur. Wie die westlichen Prinzipien die Welt durchdringen. Frankfurt/M.: Suhrkamp.
Meyer, John W. und Ronald L. Jepperson, 2000: The „Actors" of Modern Society: The Cultural Construction of So-
     cial Agency. In: Sociological Theory 18, 100-120.
Meyer, John und Lynne G. Zucker, 1989: Permanently Failing Organizations. Newbury Park: Sage.
Platt, John, 1973: Social Traps. In: American Psychologist 28, 641-651.
Putnam, Robert, 1988: Diplomacy and Domestic Policies: The Logic of Two-Level Games. In: International Orga-
     nization 42, 427-460.
Rapoport, Anatol und Melvin Guyer, 1966: A Taxonomy of 2 x 2 Games. In: General Systems 11, 203-214.

Rescher, Nicholas, 1980: Scepticism. Oxford: Rowman & Littlefield.

Scharpf, Fritz W., 1990: Games Real Actors Could Play. The Problem of Connectedness. Discussionpaper 90/8. Köln: MPIfG.

Scharpf, Fritz W., 1991: Koordination durch Verhandlungssysteme: Analytische Konzepte und institutionelle Lösungen am Beispiel der Zusammenarbeit zwischen zwei Bundesländern. Discussionpaper 91/4. Köln: MPIfG.

Schimank, Uwe, 1995: Hochschulforschung im Schatten der Lehre. Frankfurt/M.: Campus.

Schimank, Uwe, 2001: Organisationsgesellschaft. In: Georg Kneer, Armin Nassehi und Markus Schroer (Hrsg.), Klassische Gesellschaftsbegriffe der Soziologie. München: Fink, 278-307.

Schimank, Uwe, 2005: Die Entscheidungsgesellschaft. Komplexität und Rationalität der Moderne. Wiesbaden: VS.

Schimank, Uwe, 2006: Zielvereinbarungen in der Misstrauensfalle. In: Die Hochschule 15/2006, 7-17.

Schimank, Uwe, 2009: Die funktional differenzierte kapitalistische Gesellschaft als Organisationsgesellschaft – eine theoretische Skizze. In: Martin Endress und Thomas Matys (Hrsg.), Die Ökonomie der Organisationen – die Organisationen der Ökonomie. Wiesbaden: VS, 33-61.

Schmidt, Volker H., 2000: Das Los des Loses. Zu einigen Grenzen rationalen Handelns. In: Leviathan 28, 363-377.

Simon, Herbert A., 1976: From Substantive to Procedural Rationality. In: Herbert A. Simon, Models of Bounded Rationality. Vol. 2. Cambridge MA, 1982: MIT Press, 424-443.

Türk, Klaus, 1976: Grundlagen einer Pathologie der Organisation. Stuttgart: Enke.

Tyrell, Hartmann und Martin Petzke, 2008: Anmerkungen zur ‚Organisationsgesellschaft'. In: Hermann-Josef Große Kracht und Christian Spieß (Hrsg.), Christentum und Solidarität – Bestandsaufnahmen zu Sozialethik und Religionssoziologie. Paderborn: Schöningh, 435-464.

Weber, Max, 1972/1922: Wirtschaft und Gesellschaft. Tübingen,: Mohr-Siebeck.

Wehling, Peter, 2006: Im Schatten des Wissens? Perspektiven der Soziologie des Nichtwissens. Konstanz: UVK.

Soziologie und Rationalität

Die Produktion des Sozialen als Erklärungsproblem. Oder: Ist es irrational, komplexes Sozialgeschehen mittels methodologisch-individualistisch fundierter Konzepte zu erklären?[1]

Rainer Greshoff

1. Einleitung

Seit Jahrzehnten werden gegen sogenannte handlungstheoretisch bzw. methodologisch-individualistisch fundierte Sozialtheorien grundlegende Einwände vorgebracht. Sie seien nicht in der Lage, komplexes soziales Geschehen, welches etwa soziale Gebilde und Konstellationen ausmacht, adäquat erfassen und erklären zu können, sondern würden dieses reduktionistisch verkürzen, und zwar – so die Kritik – aus folgenden Gründen:

Als Letztelement sozialen Geschehens werden im Rahmen solcher Sozialtheorien individuelle Akteure oder deren Handlungen angenommen. Es kennzeichnet methodologisch-individualistische Erklärungen, so etwa Luhmann, dass sie „durch Reduktion beim Individuum angehalten und nicht über es hinausgeführt" werden (Luhmann 1997b: 24). Auf diese Weise kommt jedoch der Bereich des Sozialen nicht angemessen in den Blick, denn „dem Gegenstandsfeld (wird) in weitem Umfange das (entzogen), was als sozial bezeichnet werden kann" (Luhmann 1985: 117; 1997a: 39, 1030). Die Konsequenz dieser Reduktion ist, dass das komplexe Sozialgeschehen nur als rein additive Aggregation von Individuellem begriffen werden könne. In diesem Sinne beschreibt Abbott das Programm des methodologischen Individualismus dahingehend, dass es „aims to account for social level phenomena by reducing them to aggregates of individual actions" (Abbott 2007: 6). Die besonderen Qualitäten des Sozialen werden aber durch solche Aggregationen verfehlt. Denn diese Qualitäten „depend on structural arrangements that cannot be defined by reference to atomistic attributes of individual agents" (Hedström und Ylikoski 2010: 59 f.).[2] Weil das so ist, gehen Forscher auf Distanz zu methodologisch-individualistischen Konzepten. Denn diese, so schreiben etwa McAdam et al. bezüglich ihres Untersuchungsgegenstandes „contentious politics", „limit our ability to interpret collective processes" (McAdam et al. 2001: 24 f.).[3]

---

1   Für ihre produktive Kritik bedanken möchte ich mich bei Jens Greve, Wil Martens, Andrea Maurer, Uwe Schimank sowie Rainer Schützeichel.

2   Hedström und Ylikoski kritisieren damit eine, wie ich es nenne, bestimmte Spielart von methodologischem Individualismus. Nämlich die, welche komplexes Sozialgeschehen als „based on simple aggregation of individual actions" begreift (Hedström und Ylikoski 2010: 59 f.). Diese Variante ist es auch, die, wie sich noch zeigen wird, allein von der obigen Kritik getroffen wird. Hedström und Ylikoski selber favorisieren eine Spielart, die als strukturtheoretischer Individualismus bezeichnet wird. Siehe dazu noch Anm. 48.

3   Weitere Einwände in diese Richtung finden sich etwa bei Nassehi (2003: 23 f.), Stichweh (2000) sowie Tyrell (1998). Zur Auseinandersetzung mit manchen dieser Einwände vgl. Greshoff 2006b.

Der eben skizzierte Reduktionismusvorwurf wird auch gegen das Instrument methodologisch-individualistisch fundierter Sozialtheorien geltend gemacht, welches – jedenfalls in der darauf zugeschnittenen Variante – komplexe soziale Phänomene explizit nicht als bloß additive Aggregationen erklären können soll. Gemeint ist mit diesem Instrument die sogenannte „Logik der Aggregation". Esser als methodologisch-individualistisch orientierter Sozialtheoretiker etwa hat den Anspruch, damit „kollektive [...] Sachverhalte unter Rückgriff auf das durch Situationen strukturierte Handeln von individuellen Akteuren" (Esser 1999: 27) erklären zu können, ohne dabei diese kollektiven Sachverhalte als „einfache Summation" (Esser 2000: 1) individuellen Handelns zu begreifen. Es wird aber bezweifelt, dass die „Logik der Aggregation" dies auf Basis der oben genannten Reduktion leisten kann. So schreibt etwa Srubar vom „Mysterium der Aggregation" als einem „Geheimnis der unsichtbaren Hand, die aus Individuellem Soziales schafft" (Srubar 1994: 117) – was aber, so deute ich Srubars „Botschaft", nicht funktionieren kann.

Treffen diese Beurteilungen des methodologischen Individualismus zu, wird man es als nachgerade irrational einschätzen müssen, Sozialtheorien, die komplexes soziales Geschehen erfassen und erklären sollen, methodologisch-individualistisch zu fundieren. Wollte man nun genauer überprüfen, ob die Kritik und somit die Einschätzung des Irrationalen stichhaltig sind, wäre zunächst zu vergegenwärtigen, dass „Methodologischer Individualismus" keineswegs für ein weithin geklärtes und einheitliches Konzept steht, sondern dass es eine Vielzahl von Varianten gibt, die vermutlich nicht alle konsistent unter einen Oberbegriff zu bringen sind.[4] Darunter wird man auch Spielarten finden, die mehr oder weniger Anlass dafür geben, die eben vorgestellten Einwände für zutreffend zu halten.[5] Wie auch immer, Untersuchungen, die das angedeutete Spektrum vergleichend aufarbeiten, sollen hier nicht durchgeführt werden. Sondern nachstehend will ich in systematischer Perspektive folgende These erörtern:

Es ist keineswegs irrational, eine Sozialtheorie methodologisch-individualistisch zu fundieren. Im Gegenteil, nur eine solche Fundierung ermöglicht es, diejenigen dynamischen Kräfte des Sozialen[6] in den Blick zu nehmen, die es (re-) produzieren. Allerdings bedarf diese Fundierung dafür eines bestimmten Zuschnittes. Dieser Zuschnitt hat zur Folge, dass die oben vorgestellten Kritikpunkte am methodologischen Individualismus auf eine entsprechend basierte Sozialtheorie nicht zutreffen. Und nicht nur nicht das. Denn wenn die These stimmt, also eine aufklärende Beschreibung und Erklärung der Produktion des Sozialen – also etwa seiner Entstehung, seines Wandels und seines Perennierens – ohne eine methodologisch-individualistische Fundierung bestimmten Zuschnitts nicht möglich ist, dann heißt das im Um-

---

4   Vgl. zu Spielarten des methodologischen Individualismus Udehn (2001; 2002) sowie Greshoff (2004; 2009). Für eine neuere Betrachtung, die allerdings den meiner Ansicht nach zentralen Punkt für eine methodologisch-individualistische Fundierung der hier vorgeschlagenen Art nicht diskutiert, nämlich ihre Relevanz für die Erklärung der Produktion des Sozialen siehe Hodgson (2007).

5   So gehen etwa Mayntz und Nedelmann (1987: 667) davon aus, dass eine zeitlang in methodologisch-individualistisch orientierten Theorien die Erklärung individuellen Verhaltens vorgeherrscht hat. Siehe Opp (2009) für das Argument, dass das Konzept sozialer Gebilde in manchen solcher Theorien eher blass bleibt.

6   Mit „Soziales" beziehe ich mich hier nicht auf alles, was als „Kollektivphänomen" begriffen werden kann, also etwa nicht auf Pflanzenverbände oder – in einem breiten Sinne – Tiervergesellungen, sondern allein auf sinnhaft-soziale Entitäten.

kehrschluss, dass Sozialtheorien, die konzeptuell nicht in der angedeuteten Weise fundiert sind, eine solche Beschreibung und Erklärung nicht leisten können.[7]

Diskutiert wird diese These anhand eines zentralen Gegenstandes der Sozialwissenschaften, nämlich mit Blick auf soziale Gebilde.[8] Solche Gebilde greife ich zur Erläuterung der These deshalb auf, da sie weder auf einzelne individuelle Prozessoren und Handlungen (usw.) reduziert, noch als bloß additive Aggregation solcher Größen begriffen werden können, es aber gleichwohl zur Erklärung solcher Gebilde notwendig ist, die genannten Größen als gebildeinterne Entitäten auf eine bestimmte Art in herausgestellter Weise einzubeziehen – was hier dann auch als maßgeblich für das begriffen wird, was eine methodologisch-individualistische Fundierung ausmacht.

Die Arbeit ist inklusive der Einleitung in sechs Abschnitte gegliedert. Im folgenden Abschnitt 2 „Soziale Gebilde als nicht-additive soziale Aggregationen" wird zunächst das – wie gerade ausgeführt – grundlegende Konzept „soziales Gebilde" vorgestellt. Im anschließenden Abschnitt 3 „Was sind ‚Letztelemente' sozialer Gebilde?" geht es vor allem darum, über Anwendungsmöglichkeiten des Terminus „Letztelemente" auch auf methodologisch-individualistische Ansätze aufzuklären. Am Beispiel des Wandels sozialer Strukturen wird dann in Abschnitt 4 „Skizze sozialen Strukturwandels" erläutert, welche Geschehnisse mit „Produktion des Sozialen" in den Blick genommen werden. Die Folgerungen, die aus dieser Skizze für die Erklärung von Sozialgebilden zu ziehen sind, werden in Abschnitt 5 „Was folgt aus diesen Überlegungen für die Erklärung von Sozialgebilden?" dargelegt. Den Abschluss bildet Abschnitt 6 „Erklären als kausales Herleiten". In diesem Abschnitt wird der zentrale Stellenwert von Erklärungsargumenten für das in dieser Arbeit zugrunde gelegte Verständnis von „Erklären" erläutert. Dabei wird auch eine aktuelle Kontroverse zu diesem Thema einbezogen.

2. Soziale Gebilde als nicht-additive soziale Aggregationen

Wählt man soziale Gebilde als zentralen Gegenstand der Sozialwissenschaften, dann hat man es mit sozialen Phänomenen wie Freundschaften, Organisationen, Familien, Gruppen oder noch „umfänglicherem" Sozialen zu tun.[9] Solche Sozialformen bestehen als soziale Gebil-

---

7   „Rationalität" ist hier also im Sinne Simons (1976) als „procedural rationality" gemeint: eine bestimmte Option wird vor dem Hintergrund einer als irgendwie defizitär ausgewiesenen Alternative gewählt.

8   Ein weiterer zentraler Gegenstand sind soziale Konstellationen. Wie diese im Verhältnis zu sozialen Gebilden einzuschätzen sind, wird gleich erläutert.

9   Um anzudeuten, was ich damit meine: soziale Gebilde können sich intern in soziale Subgebilde differenzieren. Davon zu unterscheiden ist, dass sich aus sozialen Gebilden soziale Gebilde heraus differenzieren können, d. h., in sozialen Gebilden entstehen soziale Gebilde, die sich dann aus ihrem Entstehungskontext herauslösen und relativ dazu externe soziale Gebilde werden. Verschiedene soziale Gebilde können, egal ob in Subgebilde differenziert oder nicht, einen mehr oder weniger strikten bzw. lockeren Zusammenhang bilden. Ein solcher Zusammenhang kann, das bedarf dann jeweils näherer Angaben, entweder ein eigenes soziales Gebilde oder aber kein eigenes soziales Gebilde sein. Den letzteren Fall nenne ich eine „soziale Konstellation". Von diesen Bestimmungen her lassen sich Anschlüsse zu den Diskussionen herstellen, wie sie heute etwa als „Gesellschaftstheorie" bzw. „Theorie sozialer Differenzierung" geführt werden. Dafür wäre natürlich verschiedenes zu klären. Etwa wie Verbindungen zwischen verschiedenen Gebilden bzw. Konstellationen zu konzeptualisieren sind. Geht es dabei um Verknüpfungen zwischen Gebilden/Konstellationen als Gebilden/Konstellationen, werden solche

de in ihren Operationen aus verschiedenen sozialen Handlungen sinnhafter Prozessoren (Alter, Ego, gegebenenfalls Tertius usw.), die in unterschiedlicher Weise aufeinander ausgerichtet sind bzw. aneinander anschließen. Die sozialen Strukturen der Gebilde – Normen, Regeln, Kollektivbeschreibungen hinsichtlich Handlungsmöglichkeiten, Ressourcen, Opportunitäten usw. – werden von geteilten, also im Zusammenhandeln immer wieder als sozial gültig bestätigten und darüber reproduzierten Erwartungen dieser Prozessoren gebildet und dienen ihnen zur Orientierung ihrer Handlungen.

Um meine obige These erörtern zu können, ist diese Bestimmung in dreifacher Hinsicht zu ergänzen, und zwar was die Handlungen (i), die sozialen Strukturen (ii) und die Prozessoren (iii) angeht.[10]

i)   Gemeint sind mit den Handlungen in der Definition von „soziales Gebilde" bestimmte soziale Handlungen im Horizont von (multipler) doppelter Kontingenz. Abkürzend schreibe ich für diese Handlungen auch von „Zusammenhandeln". Kennzeichnend für diese Handlungen ist, dass sie – als Spektrum gemeint – in irgendeiner Weise sei es auf andere Prozessoren des Gebildes, sei es auf deren Handlungen, Erwartungen oder auf das, was Ausdruck von diesen Prozessoren, deren Handlungen bzw. Erwartungen ist, bezogen sind.[11]Das Zusammenhandeln wird aus vier *verschiedenartigen* sozialen Handlungen gebildet,[12] nämlich Situationsbestimmung, Zurechnen, Verarbeiten sowie Einwirken[13]. Es besteht zum einen aus sozialen Handlungen, die in bestimmter Weise auf Gegenüber wirken wollen; etwa: Alter teilt Ego etwas mit. Solche Handlungen, hier also eine Mitteilung, werden als Einwirkungen begriffen, weil sie mittels einer irgendwie wahrnehmbaren (hörbaren, sehbaren usw., kurz: „overten") Komponente auf andere Prozessoren gerichtet sind und bei diesen etwas herbeiführen wollen – etwa, um im Beispiel zu bleiben, eine Reaktion oder Antwort auf die Einwirkung „Mitteilung" hin. Zum anderen besteht das Zusammenhandeln auch aus sozialen Handlungen, die primär einen deutend-verarbeitenden Charakter haben. Einmal: Ego bestimmt eine soziale Situation, um sich darin einzubringen. Weiter: Ego bildet Zurechnungen, die es ihm ermöglichen, Alter und sein Tun zu identifizieren, also ihm zuzuhören oder ihn zu verstehen. Sowie: Ego verarbeitet eine Situationsbestimmung dahin gehend, dass es sich z. B. fragt, ob es die in der Situation geltenden Regeln für sein Handeln in dieser Situation akzeptieren soll. Solche Handlungen lassen sich als ein covertes Tun begreifen, da sie keine wahrnehmbare Komponente haben müssen.[14]

Verbindungen vermutlich nicht allein über soziale Handlungen, sondern als in den Gebilden/Konstellationen über soziale Strukturen verankert zu begreifen sein.

10   Ausführlicher zu diesen drei Punkten siehe Greshoff 2011b.

11   Auf über in Handlungen einbezogene und darüber den sozialen Gebilden zugehörige „Materialitäten" gehe ich hier nicht ein; ebenfalls nicht auf die soziale und nicht-soziale Entstehungs- oder Vorgeschichte solcher natürlich nicht einfach vorhandener Gebilde bzw. der sie ausmachenden Prozessoren, Handlungen und Erwartungen.

12   Gegenüber früheren Arbeiten habe ich die Bezeichnung dieser Handlungen etwas geändert.

13   Genauer muss es heißen: Einwirken *wollen*, weil der Erfolg ja zunächst offen ist, da er nicht in der Hand des agierenden Prozessors liegt.

14   Man wird darüber diskutieren können, ob alle vier Handlungen tatsächlich als ein Handeln oder (manche) nur als handlungsförmig oder gar als bloße Selektion zu begreifen sind. Ich habe mich hier erst einmal für die erste der drei Optionen entschieden. Mit „Handeln" meine ich dann folgende Operation: es wird ein Ziel

ii) Mit sozialen Strukturen sind hier Erwartungen von Alter, Ego usw. gemeint, anhand derer Letztere gegenseitig bestätigt davon ausgehen, welche wechselseitig auf Ego bzw. Alter (usw.) gerichteten Handlungen respektive Erwartungen sie von sich und jeweiligen Gegenübern erwarten.[15] Die Erwartungen, die die sozialen Strukturen ausmachen, werden von den Prozessoren zur Orientierung ihrer Handlungen produziert bzw. herangezogen.[16] Sie (die Erwartungen) können im Zusammenhandeln reproduziert, d.h. als sozial gültig bestätigt oder geändert – und dann wieder reproduziert – werden. Anhand bestimmter solcher Erwartungen (re-) produzieren die Prozessoren soziale Gebilde als von einer nicht dazu gehörigen Umwelt abgegrenzte Einheiten. Diesbezüglich ist somit der entscheidende Punkt, dass mittels Erwartungen Grenzen gezogen werden. D.h. herausgebildet haben sich dann von Alter, Ego (usw.) als Kollektivannahmen geteilte Erwartungen, von denen her reguliert wird, welche Prozessoren und von diesen produzierte Handlungen bzw. Erwartungen zum Gebilde gehören (können) und welche nicht.[17] Daran zeigt sich auch, was Erwartungen als Strukturen leisten: sie schränken

---

als zu realisieren gesetzt und versucht, diese Setzung zu realisieren. Die Komponente „zu realisierendes Ziel" macht wesentlich die Intentionalität von Handlungen aus. Diese Intentionalität, und das ist ein Merkmal von „Handeln" und darin besteht seine Sinnhaftigkeit, ist eine generalistisch-reflexive Intentionalität. D. h. es ist bei Handlungen dem Grundsatz nach offen, welches Ziel als zu verwirklichen gesetzt wird. In gleicher Weise offen ist, mit welcher Zielverwirklichungsoption und welchen Mitteln eine jeweilige Zielsetzung realisiert werden soll. Kurz, zum „Handeln" gehören hinsichtlich der Dimensionen „Zielsetzung", „Zielverwirklichung" und „Mittel" Wahlmöglichkeiten. Alle diese Wahlmöglichkeiten sind aber nur potenziell, denn denkbar ist auch, dass Ziele, Zielrealisierungen und Mitteleinsatz z. B. gewohnheitsmäßig-habituell – also nicht-reflexiv und dann auch unbewusst – als zu verwirklichen gesetzt und zu realisieren versucht werden. Auch solche Vorgänge werden hier als Handlungen begriffen, wenn die Möglichkeit besteht, dass die jeweiligen Setzungen im Nachhinein reflexiv eingeholt werden können. Schließlich, und damit greife ich ein Konzept von Hans Joas auf: der skizzierte Handlungsbegriff soll offen lassen, auf welche Weise die Dimensionen „Zielsetzung", „Zielverwirklichung" und „Mittel" zustande kommen. Es kann also, um diesen Fall exemplarisch aufzugreifen, durchaus sein, dass die Zielsetzung zunächst unklar ist und dann anhand der Reflexion auf mögliche Mittel präzisiert wird, es also so etwas wie „ein Wechselspiel zwischen Mittelwahl und Zielklärung" gibt (vgl. dazu Joas und Knöbl 2004: 710).

15   Die gegenseitige Bestätigung macht die „soziale Gültigkeit" sozialer Strukturen aus.

16   Verteilungen wie Einkommensquoten, Geburts- oder Scheidungsraten usw., die in der Literatur auch unter „soziale Struktur" firmieren (vgl. Porpora 1989), werden nur dann als eine solche Struktur aufgefasst, wenn sie in irgendeiner Form an strukturelle Ausrichtungen der Alters, Egos (usw.) gebunden und von daher Teil sozialer Gebilde/Konstellationen sind. Als rein additive Verteilungen werden sie hier nicht unter „soziale Struktur" subsumiert.

17   Da in den vorstehenden Ausführungen in grundlegender Weise auf „Erwartungen" Bezug genommen wird, kurz zum hier verwendeten Erwartungsbegriff: Erwartungen bestimme ich als Annahmen darüber, a) dass etwas der Fall sein wird (deskriptive Erwartungen) bzw. b) dass etwas der Fall sein soll (präskriptive Erwartungen). Beide Erwartungstypen sind hier als faktische Erwartungen gemeint, die sich durch ihre verschiedene Intentionalität unterscheiden. Deskriptive Erwartungen sind als Gedanken zu begreifen, die Angaben über die Beschaffenheit respektive Existenz von Etwas machen (z. B. in seinen Eigenschaften oder Merkmalen). Und präskriptive Erwartungen sind als Gedanken aufzufassen, die angeben, wie man vorzugehen, was man anzuwenden oder wovon man auszugehen hat (z. B. um Etwas zu erreichen; sie haben so etwas wie eine „Soll-Komponente"). Erwartungen bestimme ich konkretisierend als „Wissen", wenn ihnen von den jeweiligen Alters, Egos (usw.) eine Sicherheit zugerechnet wird: sie werden als gut bewährt angenommen, da sie sich in vielfachen Situationen bestimmter Typik immer wieder als zutreffend bestätigt haben. Sie sind von daher generalisiert verfügbar, d. h. sie werden als in jeweiligen Situationen anwendbar memoriert. Entsprechend der eben eingeführten

ein, welche Operationen in Frage kommen, grenzen also einen Möglichkeitsbereich ab. Orientiert man sich etwa bei Handlungswahlen an bestimmten Erwartungen (die dafür zuvor vom Prozessor aktiviert oder gebildet werden), dann sind eben nur noch bestimmte Handlungsoptionen möglich und andere nicht. Genau das macht Strukturierung aus.

iii) Hinsichtlich der Herstellung von Handlungen und Erwartungen ist nun folgender Punkt wichtig. Im Unterschied zu Erwartungen (Strukturen) sind Handlungen Ereignisse. Sie laufen ab und sind dann vorbei – haben also keine sie überdauernde Herstellungskraft. Für Erwartungen ist auf andere Weise Ähnliches anzunehmen. Als Strukturen haben sie zwar eine (relative) Dauer und sie sind keine ereignishaften Operationen.[18] Aber Erwartungen können keine Erwartungen produzieren. Sie haben keine Herstellungskraft, sondern sind lediglich, wie oben erläutert, Annahmen, dass etwas der Fall ist oder sein soll. In der Konsequenz heißt das: für die Herstellung von beidem, Handlungen wie Erwartungen, bedarf es einer eigenen „Fähigkeit". Diese Fähigkeit beschreibe ich in einem ersten Schritt folgendermaßen.

Sie besteht – zunächst abstrakt skizziert – darin, in folgender Weise produzierend tätig werden zu können: aus diesen oder jenen Gründen kann diese Fähigkeit Probleme, Fragen, Interessen und dergleichen aufbauen, sie zu lösen bzw. zu verfolgen intendieren und die ihr für ein Lösen oder Verfolgen notwendig scheinenden Erwartungen bzw. Handlungen aktivieren oder bilden und sich daran orientieren respektive diese versuchen umzusetzen. Diese Produktion geschieht einmal auf der Basis der oben genannten generalistisch-reflexiven Intentionalität. D.h. der Aufbau von Problemen, Fragen usw. kann derart gestaltet werden, dass verschiedene Optionen entwickelt, identifiziert sowie in ihren Konsequenzen und Realisierungschancen bedacht (eingeordnet, beurteilt) und entschieden werden können.[19] Des Weiteren geschieht dieses Herstellen von einer bestimmten „Betriebsgrundlage" her, nämlich auf eine Repräsentationen ermöglichende gedanklich-vorstellungsmäßige Weise und damit koordinierbarem körperlichen Verhalten.[20] D.h. mittels dieser Betriebsgrundlage wird das Aktivieren oder Bilden von Erwartungen respektive Handlungen reguliert. Eine solche – in einen Körper integrierte und damit in vielfachen Hinsichten verbundene (etwa was die gerade angesprochene Koordinierbarkeit angeht) – „Fähigkeit" nenne ich „sinnhafter Prozessor".[21] Diese Fähigkeit ist nun in einigen Punkten weiter zu explizieren.

Unterscheidung kann man Wissen differenzieren in deskriptives und präskriptives Wissen. Erwartungen oder Wissen kann es in bewusster wie unbewusster Form geben. Auf der Basis dieser Unterscheidung wäre dann vermutlich „implizites Wissen" – und eventuell auch „Körperwissen" – näher bestimmbar. Die soziale Referenz von Erwartungen oder Wissen, also etwa ihre oder seine soziale Gültigkeit, ist dann gemäß der obigen Beschreibung vorzustellen.

18   Zu Strukturen gehört anders als zu Handlungen nicht das Merkmal, etwas erreichen, im Sinne von: ein Ziel umsetzen, zu wollen.

19   „Kann derart gestaltet werden", ist wieder zu unterstreichen, denn bei gewohnheitsmäßigen Produktionen wird eine solche Gestaltung nicht der Fall sein.

20   Worüber dann körperexterne Entitäten verschiedenster Art auf unterschiedlichste Weisen – etwa dadurch, dass man sie als Eigentum begreift oder ihnen einen Personenstatus zumisst, usf. – einbezogen werden können.

21   Damit sollen nicht nur Menschen gemeint sein können, sondern zu denken ist auch an so etwas wie künstliche Intelligenzen oder an bestimmte Tiere (Primaten etwa).

Bezüglich Sozialem besteht der eingangs iii) angesprochene wichtige Punkt zum einen darin, dass es in bestimmter Weise ausgerichteter Produktionen und Tätigkeiten mehrerer solcher Prozessoren bedarf, um soziale Konstellationen bzw. Gebilde zu reproduzieren. Geht man, wie ich es tue, davon aus, dass sich solche Konstellationen und Gebilde – erst einmal kompakt formuliert – „aus sich heraus" reproduzieren, dann sind solche Prozessoren als Komponenten dieser Konstellationen respektive Gebilde anzunehmen. Zum anderen ist herauszustellen, dass derartige Prozessoren nur innerhalb von sozialen Konstellationen und Gebilden produziert werden können.[22] Pointiert formuliert bedeutet das: die Prozessoren – nicht bestimmte, aber je irgendwelche – sind immer zugleich (sich wandelnde) Produzenten und auch Produkte des Sozialen. Und zwar in folgender Weise: in sozialen Konstellationen respektive Gebilden werden Prozessoren produziert und Prozessoren sind die Produzenten solcher Konstellationen respektive Gebilde.[23] Beides, Produkt und Produzent sein, ist nicht gegeneinander auszuspielen oder zu hierarchisieren, sondern beides gibt es – als Resultat von Evolution – immer nur im Zusammenspiel. Und interessant ist, dass das sozusagen Umgekehrte nicht gilt: soziale Konstellationen respektive Gebilde sind immer Produkt, nie Produzent (ich komme auf diesen Aspekt zurück).

Um nachvollziehen zu können, was in sozialen Zusammenhängen „sinnhafte Prozessoren als Produzenten" bedeutet, ist vor allem ein Punkt klar zu machen. Nämlich dass die Prozessoren in bestimmter Weise als „Selbste" (oder „Identitäten") zu begreifen sind und dieses „Selbstsein" – wie implizit oder unbewusst auch immer – durchgängig zur Anwendung kommt bei der Produktion sozialen Geschehens. Gemeint ist damit Folgendes:[24]

Prozessoren vermögen sich von einer Umgebung dadurch abzugrenzen, dass sie sich durch eigene, von ihnen selbst produzierte Operationen auf diese Umgebung beziehen können. Dazu nutzen sie als Mittel ihren in bestimmter Weise repräsentierten Körper, an dem sie verschiedene Arten unterscheiden können, sich auf die Umgebung zu beziehen. Und zwar einmal sich wahrnehmend und weiter entsprechend ihrer Wahrnehmung sich wirkend auf die Umgebung zu beziehen. Sie vermögen dann zwischen Wahrnehmen bzw. Wirken zu unterscheiden und beides für ihr eigenes Tun miteinander zu vermitteln. Die Prozessoren entwickeln darüber die Fähigkeit, sich als ein „Selbst" zu begreifen und zu bezeichnen, das etwas wahrnimmt und entsprechend dieser Wahrnehmung auf seine Umgebung einwirkt. Sie können also zwischen sich selbst und ihrer Umgebung sowie zwischen dem, was sie sich selbst und was sie der Umgebung zuzurechnen haben, unterscheiden.

Als derart befähigte Selbste sind die Prozessoren in der Lage, sich von (beobachteten) anderen Selbsten in ihrer Umgebung zu unterscheiden, denen sie gleiche Fähigkeiten wie sich selbst zumessen. Ein Selbst (Ego) kann sich also als ein Selbst erfassen, welches es in seiner Umgebung mit einem anderen Selbst (Alter) zu tun hat. Und Ego kann sich nicht nur als

---

22 Und zwar wesentlich über so etwas wie Prozesse der Fremd- und Selbstsozialisation. Richtig ist gleichwohl aber auch folgende Aussage: „Die Tatsache, daß individuelle Handlungen selbst sozial beeinflußt sind, besagt nicht, daß sie darum entweder nicht individuell sind, oder durch soziale Einflüße … ersetzt werden können" (Lindenberg 1977: 51).

23 Vgl. ähnlich dazu unter dem Stichwort „Ko-Konstitution oder Ko-Evolution" auch Esser 2000: 36. Ich werde im Folgenden auf diesen Sachverhalt unter verschiedenen Aspekten zurückkommen.

24 Ich knüpfe hier an Konzepte von Plessner an (vgl. grundlegend dazu Lindemann 2009: 61-91).

ein solches Selbst erfassen, sondern auch als ein Selbst, dass von Alter als in dessen (Alters) Umgebung vorkommend beobachtet wird. Und zwar geht Ego davon aus, dass es von Alter beobachtet wird als ein Selbst, in dessen Umgebung Alter vorkommt. Diese Fähigkeiten ermöglichten es Ego, eigene Operationen und Erwartungen, die auf ein Alter gerichtet sind, von Operationen und Erwartungen eines Alter, die auf Ego selbst gerichtet sind, zu unterscheiden. Das erlaubt es Ego somit, sich als ein Selbst einem anderen Selbst (Alter) gegenüber zu begreifen, dessen Operationen und Erwartungen es als auf sich selbst (Ego) gerichtete Operationen und Erwartungen erwarten kann, nämlich als Verhaltens- oder Handlungs- bzw. Erwartungserwartungen. An diesem „Erwartenkönnen" kann Ego dann seine eigene, auf Alter gerichtete Handlungs-/Erwartungsproduktion orientieren.[25]

Sinnhafte Prozessoren als „Selbste" sind also wesentlich dadurch gekennzeichnet, dass sie reguliert von einem Selbst-Konzept her die Fähigkeit haben, sich von verschiedenen, in diesem Konzept repräsentierten Umgebungen – etwa „sachlichen" oder anderen sinnhaften Prozessoren – abzugrenzen und sich vermittels der Repräsentationen von den Umgebungen sowie von sich selbst auf unterschiedliche Weisen auf diese Umgebungen sowie auf sich selbst beziehen zu können.[26] „Selbst-Konzept" ist im Grunde nichts anderes als eine Annahme oder eine Vorstellung von sich als einem Prozessor mit bestimmten Fähigkeiten. Etwa denjenigen, die skizzierten Repräsentationen vornehmen und als Referenzen zur Orientierung eigener Operationen handhaben zu können. Die genannten Punkte sind insofern bedeutsam, als alle Operationen jeweiliger Prozessoren – mehr oder weniger elaboriert, bewusst oder unbewusst – von Selbst-Konzepten her reguliert werden.[27]

Selbst-Konzepte ermöglichen des Weiteren, von anderen Konstellationen Konzepte zu bilden, an denen man als Prozessor beteiligt ist. Etwa: mittels Repräsentationen von sich selbst im Verhältnis zu Anderen sowie von Operationen und Erwartungen beider Seiten (also von sich selbst und Anderen), können Konzepte von sozialen Geschehnissen bzw. sozialen Gebilden respektive Konstellationen produziert werden. Darüber mögen jeweilige Prozessoren sich etwa als Teil eines „Wir" oder „Nichtwir" begreifen. Solche Konzepte dienen den Prozessoren ebenfalls zur Orientierung ihrer Handlungen.

Schließlich: als ein je spezifisches Selbst ist ein Prozessor auch durch einen (wandelbaren) Kern charakterisiert, der tendenziell in allen Konstellationen und Gebilden, in welchen der Prozessor teilhat, sein Operieren orientiert.[28] Ich denke bei diesem Kern – um ein Spekt-

---

25   Was für Ego anzunehmen ist, gilt umgekehrt auch für Alter (bzw. Tertius usw.). Im Rahmen der skizzierten Selbst-Verhältnisse kann sich Kontingenz dann für Ego, Alter (usw.) in jeweils doppelter Weise einstellen. Nämlich einmal in dem, was sie voneinander erwarten können und im Anschluss daran des Weiteren darin, mit welcher Handlungs- bzw. Erwartungsproduktion sie sich auf ihren Gegenüber beziehen wollen.

26   „Selbst-Konzepte" gehen immer mit so etwas wie „Fremd-Konzepten" einher, also mit Konzepten von einer sachlichen Umgebung, von anderen Prozessoren usw.

27   In den jeweiligen Situationen wird etwa gefragt: Worum geht es hier in dieser Situation und wie kann/soll/will (usw.) ich mich hier verhalten oder wie handeln? Oder: Was will mein Gegenüber von mir? Daran wird auch erkennbar, dass mit Selbst-Konzepten eine Bezeichnung von sich selbst einhergeht, nämlich etwa die als „Ich" (oder auch „man") bzw. eine solche mit einem Eigennamen.

28   Genauer: auch orientiert – neben den für jeweilige soziale Gebilde oder Konstellationen spezifischen sozialen Strukturen. Das heißt dann weiter, dass Prozessoren immer nur in Ausschnitten, aber stets mit (mindestens) einem gleichen Kern zu jeweiligen Konstellationen und Gebilden gehören.

rum anzudeuten – an Erwartungen wie ganz grundlegende („oberste") Werte, Leitlinien bzw. Einstellungen, von denen her etwa resultiert, wie generell Probleme angegangen und gelöst werden – z. B.: eher offensiv oder defensiv, eher restriktiv oder explorativ, usw., usf.[29]

3. Was sind „Letztelemente" sozialer Gebilde?

Soweit die Erläuterungen zum Konzept „soziales Gebilde". Sie ermöglichen nun nähere Bestimmungen, die den Anschluss an die eingangs dargelegten Kritikpunkte am methodologischen Individualismus und auch an die grundlegende These dieser Arbeit wieder herstellen. Darauf aufbauend wird dann zu erörtern sein, was genauer unter „Produktion des Sozialen" zu begreifen ist und auf welche Weise die Konzeptualisierung dieser Produktion davon profitiert, sie in einem bestimmten Zuschnitt methodologisch-individualistisch zu fundieren. Zunächst zu den Bestimmungen im Anschluss an die Kritik am methodologischen IndividualismusDer eine zentrale Kritikpunkt besagt, dass Soziales[30] auf Individuelles als Letztelement reduziert – und deshalb verfehlt – werde. Was aber heißt dabei „Letztelement"? Meiner Ansicht nach werden in der Diskussion Entitäten als „Letztelement" bezeichnet, die von ihrem Stellenwert her nicht unter den Begriff von „Letztelement" zu subsumieren sind, der in der Diskussion verwendet wird. Subsumiert man sie dennoch unter diesen Begriff, schafft das Verwirrung und führt zu fruchtlosen Debatten. Durch folgende Unterscheidung lässt sich das vermeiden.

Erst einmal muss man sich klar machen, dass methodologisch-individualistische Ansätze ja tatsächlich – in sozialer Referenz – Individuelles in bestimmter Weise herausstellen. Besonders bekannt und oft erwähnt ist diesbezüglich Max Webers Aussage im Kategorienaufsatz. Dort stellt er folgende Maxime auf, die man auch als paradigmatisch für das begreifen kann, was den „methodologischen Individualismus" ausmacht: „Begriffe wie ‚Staat', ‚Genossenschaft', ‚Feudalismus' bezeichnen für die Soziologie ... Kategorien für bestimmte Arten menschlichen Zusammenhandelns, und es ist ... Aufgabe (der Soziologie, R.G.), sie auf ‚verständliches' Handeln, und das heißt ausnahmslos: auf Handeln der beteiligten Einzelmenschen ... zu reduzieren" (Weber 1973: 439). Aus dem Kontext geht hervor, dass diese Reduktion nicht ontologisch gemeint ist. „Handeln der Einzelnen" wird hier nicht herausgestellt, um damit so etwas wie eine Bestandsgrenze oder eine Minimalbestimmung von – denn darum geht es mit „Staat" usw. – sozialen Gebilden zu markieren. Sondern Weber intendiert mit der Reduktion eine *methodische* Verstehensperspektive, die die Erklärung von sinnhaft-sozialem Geschehen ermöglichen soll – deshalb die Herausstellung.[31]

Der Punkt ist jetzt, dass Weber mit Bezug auf seine methodische Reduktion auch vom Einzelnen und seinem Handeln als „unterster Einheit" schreibt. „Unterste Einheit" findet sich nun in der Diskussion der letzten Jahre häufig mit dem Terminus „Letztelement" in Eins gesetzt. „Letztelement" wird dabei aber insbesondere von den Kritikern eines methodologischen Individualismus in der Regel in einer Bedeutung benutzt, die etwas ganz anderes meint als

---

29 Auf den wichtigen Punkt, dass jeweilige Produktionen der Prozessoren mit Gefühlen verknüpft sind, die sie in Stimmungslagen einbetten und darüber so oder so „kanalisieren", kann hier nicht näher eingegangen werden (vgl. dazu Greshoff 2011b).

30 Gemeint sind mit „Soziales" dabei soziale Geschehnisse im Horizont von (multipler) doppelter Kontingenz.

31 Ausführlicher dazu im Zusammenhang mit der Emergenzproblematik Greshoff 2011a.

die gerade erläuterte methodische Reduktion Webers, für die auch „unterste Einheit" steht. Die Kritikerinnen verwenden ein Verständnis von „Letztelement", wie es etwa von Luhmann umschrieben wird. Er will damit in den Blick nehmen können, „was für eine bestimmte Art von System ein für dieses System nicht weiter auflösbares Letztelement ist" (Luhmann 1990: 66). Für soziale Systeme etwa ist „Kommunikation" ein solches Letztelement. Mit derartigen Elementen wird also eine *gegenständliche* Perspektive eingenommen. Es geht um die grundlegende operative Ebene jeweiliger Systeme, die nicht „unterschritten" werden kann, ohne ein System mit seiner typischen Operationsweise zu verfehlen. Das ist etwas ganz anderes als Webers methodische Perspektive.

Beide Sichtweisen schließen sich nun nicht nur nicht aus, sondern bilden wichtige Analyseaspekte. Es ist nur irreführend, für beide Perspektiven denselben Terminus zu gebrauchen. Insbesondere aber ist es irreführend, Webers „unterste Einheit" als „Letztelement" im Luhmann'schen Sinne zu deuten. Denn die Konsequenz ist klar.[32] Wenn für soziales Geschehen als Letztelement etwas anzunehmen ist, das – ich verkürze hier, um den Punkt deutlich zu machen, auf den es ankommt – zwei Prozessoren herstellen, dann muss man dieses soziale Geschehen verfehlen, wenn man als Letztelement für dieses Geschehen nur einen Prozessor und dessen Tun ansetzt. Das ist erst recht dann irreführend, wenn Weber an gut zugänglicher Stelle und in gegenständlicher Perspektive schreibt, dass ein „Mindestmaß von Beziehung des *beider*seitigen Handelns *aufeinander* […] Begriffsmerkmal" (Weber 1976: 13) von „soziale Gebilde" oder „soziale Beziehung" ist. Denn diese Bestimmung – beiderseitiges Handeln steht hier für wechselseitig aufeinander bezogenes Handeln von Alter und Ego, also von *zwei* Prozessoren – lässt sich am ehesten mit dem in Verbindung bringen, was Luhmann mit „Letztelement" meint. Jedenfalls macht die Bestimmung deutlich, dass Weber soziale Gebilde in gegenständlicher Perspektive – im Sinne von Letztelement – nicht auf ein Einzelhandeln oder Individuum reduziert.

Das zuletzt genannte Merkmal gilt auch für das oben von mir eingeführte Verständnis von „sozialem Gebilde". Für diese Gebilde wird als Letztelement „aneinander anschließendes Zusammenhandeln verschiedener Prozessoren" angenommen.[33] Was im Sinne von „unterste Einheit", also in methodischer Reduktionsperspektive als Individuelles herauszustellen ist, wird unten näher erläutert. Allerdings ist an dieser Stelle schon klar zu machen, dass „unterste Einheit" nicht etwa ein individuelles Handeln oder einen individuellen Prozessor schlechthin meinen kann, sondern allein ein soziales Handeln oder einen Prozessor bestimmten Zuschnitts.[34] Das ist auch schon bei Weber so. Er reduziert methodisch nicht auf Handeln schlechthin, sondern auf ein bestimmtes soziales Handeln, nämlich ein solches, das Teil eines jeweiligen sozialen Gebildes ist. Dieser Teilcharakter ist der entscheidende Punkt für „unterste Einheit", der auch für soziale Gebilde im oben eingeführten Verständnis maßgeblich ist.

---

32   „Soziale Systeme" (Luhmann) und „soziale Gebilde" oder „soziale Beziehungen" (Weber) werden hier als ähnliche Sozialformen aufgefasst, die sozusagen „auf Augenhöhe" miteinander zu parallelisieren sind (ausführlicher dazu Greshoff 1999).

33   Genauer, wie noch zu erläutern sein wird: eine Sequenz von Input-Output-Geschehnissen verschiedener darüber relationierter Prozessoren.

34   Auf diesen besonderen Zuschnitt hatte ich oben bereits angespielt. Er kommt in manchen Bestimmungen von methodologischem Individualismus zu kurz.

Bestimmt man „unterste Einheit" sowie Letztelement auf die gerade skizzierte Weise, dann ist die Konsequenz – und die betrifft den zweiten Kritikpunkt an methodologisch-individualistisch fundierten Ansätzen –, dass soziale Gebilde nicht als additive Aggregationen zu begreifen sind. Denn solche Gebilde werden wesentlich durch das Zusammenhandeln von relationierten Prozessoren (re-) produziert (wie das vorzustellen ist, wird gleich dargelegt). D.h. der Aggregationsvorgang, durch den soziale Gebilde reproduziert werden, ist eine Art von systemischer Aggregation, man kann auch sagen, eine Produktion des Sozialen „im Verbund".[35]

4. Skizze sozialen Strukturwandels

Im Anschluss an die vorstehenden Bestimmungen geht es im Weiteren zunächst darum, in exemplarischer Perspektive näher zu erläutern, was mit „Produktion des Sozialen" als einem Aggregationsvorgang gemeint ist. An einem Fall der Änderung sozialer Strukturen eines sozialen Gebildes soll ansatzweise gezeigt werden, auf welche Weise soziales Geschehen erforscht werden können muss, um für die Untersuchung solcher Vorgänge möglichst gut begründet so genannte Aggregations- bzw. Transformationshypothesen formulieren zu können – etwa um, was ja ein zentraler Punkt der Soziologie ist, Regelmäßigkeiten sozialen Geschehens erklären zu können.[36]

Um beispielhaft und vereinfacht einen (bestimmten Typ von) Strukturwandlungsvorgang vorzustellen, sei als Ausgangspunkt eine soziale Situation als ein Stadium eines sozialen Gebildes angenommen, also eine bestimmte Formation des Zusammenhandelns sowie der damit verknüpften und auch über Symbole zum Ausdruck kommenden Strukturen. Es sei weiter angenommen, dass ein gebildezugehöriger Prozessor P_1, der sich einer solchen Situation gegenüber sieht, an diese Situation dadurch anschließt, dass er sich auf das Tun der jeweiligen Gegenüber richtet[37] und im Anschluss daran über die Selektion einer strukturellen Ausrichtung (also bestimmter Erwartungen)[38] sowie einer daran ausgerichteten Handlung EP_1 in die Situation einbringt.[39]

Dieses Handeln (EP_1) geht im Moment seiner Umsetzung für andere Prozessoren des Gebildes irgendwie wahrnehmbar in die soziale Situation ein und verändert diese, so sei weiter angenommen, dergestalt, dass als Folge der strukturellen Ausrichtung, an der EP_1 orientiert war, bislang gültige Strukturen des sozialen Gebildes in Frage gestellt werden. Die Veränderung geschieht dadurch, dass dieses EP_1 von anderen Prozessoren (P_2, P_3 ...) im Rahmen ihrer Situationsbestimmung dahin gehend zugerechnet wird, dass es (also EP_1) dieses in Frage-

---

35 Die hier unterschiedenen Aggregationsformen – additive bzw. systemische – korrespondieren dem, was Gert Albert „atomistische Ganze" im Unterschied zu „integrierte Ganze" nennt (Albert 2010b: 323).

36 Dies könnte statt am Strukturwandel auch an der Reproduktion von Strukturen gezeigt werden, aber der Fall des Wandels macht bestimmte soziale Prozesse deutlicher erkennbar (wobei ich hier nur gebildeinterne Abläufe thematisiere).

37 D. h. nach seiner Situationsbestimmung rechnet er das Tun als dem Gebilde zugehörig und an dessen Strukturen orientiert zu.

38 „Strukturelle Ausrichtung" meint hier den je individuellen Anteil von Prozessoren an einem jeweiligen Gesamt „soziale Struktur", wie es oben über das Merkmal „soziale Gültigkeit" umschrieben wurde (S. 17).

39 „EP1" steht für das soziale Handeln „Einwirken" von Prozessor P1.

stellen zum Ausdruck bringt. Des Weiteren wird EP_1 von ihnen (P_2, P_3 ...) derart verarbeitet, dass im Zuge ihrer Selektion einer strukturellen Ausrichtung für die Situation die veränderte Situation so reflektiert wird, dass sie ihre strukturrelevanten Erwartungen modifizieren und der neuen Situation anpassen. Die anschließenden Einwirkungshandlungen (EP_2, EP_3 ...) dieser Prozessoren sind somit durch entsprechend *gewandelte Erwartungen* geprägt – und werden dann wieder von anderen Gegenübern, wie gerade dargelegt, im Rahmen von Situationsbestimmungen zugerechnet und verarbeitet. Auf diese Weise kann es, wenn die Änderungen von weiteren Prozessoren wie skizziert aufgegriffen werden, nach und nach – und das meint „aggregierend" – zu einer Verbreitung der Änderungen bei den das soziale Gebilde tragenden Prozessoren und schließlich zu neuen sozialen Strukturen kommen.[40]

Soweit die Skizze; sie soll zunächst nachvollziehen lassen, dass sich ein soziales Gebilde nicht allein durch Einwirkungshandlungen ändern kann, sondern erst dadurch, dass Einwirkungen iterativ von jeweiligen Gegenübern im Rahmen ihrer Situationsbestimmung als Teil einer geänderten Situation zugerechnet sowie in bestimmter Weise verarbeitet werden und dieses Tun das daran anschließende Einwirken prägt. Es soll also nachvollziehbar werden, dass sozialstrukturelle Änderungen nicht als bloß individuelle Änderungen einzelner Prozessoren zu begreifen sind, sondern als Änderungen auf dem Niveau sozialer Gültigkeit, welche – wie eben dargestellt – von den verschiedenen sozialen Handlungen mehrerer Prozessoren produziert werden. Strukturwandel im Horizont von sozialer Gültigkeit ist schließlich daran festzumachen, dass eine genügend qualifizierte Anzahl der Träger eines sozialen Gebildes für sich und ihre zu diesem Gebilde gehörenden Gegenüber davon ausgehen, und zwar wechselseitig irgendwie bestätigt davon ausgehen, dass ab einem bestimmten Zeitraum die gewandelten/neuen Erwartungen für die Orientierung ihrer Handlungen in diesem Gebilde maßgeblich sind.[41]

Unter den Prämissen der Skizze ist somit davon auszugehen, dass eine Änderung von sozialen Strukturen nur über eine Veränderung der diese Strukturen ausmachenden Erwartungen von Alter und Ego (usw.) erfolgen kann. Daran ist dann auch festzumachen, dass für die Erklärung von Strukturdynamiken die Erklärungen allein von Einwirkungen noch nicht viel aussagen. Denn diese Handlungen werden zwar an den genannten Erwartungen ausgerichtet, sie sind aber nicht das Geschehen, über welches diese Erwartungen gewandelt werden. Um Letzteres zu erklären, ist – wie eben beschrieben – das Situationsbestimmen, -zurechnen und -verarbeiten in den Blick zu nehmen (die Erklärensperspektive wird gleich noch ausführlicher Thema). Man darf somit nicht nur den individuellen „Output" (Einwirkungen), sondern muss ebenso den individuellen „Input", das Situationsbestimmen, -zurechnen oder -verarbeiten erfassen.[42] „Input" meint hier dann auch, dass (z. B.) Alters Einwirken erst durch ein bestimmtes Tun von Ego Teil des jeweiligen Sozialgebildegeschehens wird. Nämlich einmal

40   Letztere können ein Resultat sein, das von den einzelnen Prozessoren, welche mit ihren intentionalen Selektionen den Strukturwandel herbeiführen, nicht intendiert war – etwa im Sinne v. Hayeks, dass etwas Folge menschlichen Handelns, aber nicht Folge menschlichen Entwurfs ist (vgl. dazu Greve 2009).

41   „Genügend qualifizierte Anzahl" soll auch auf die gegenwärtig diskutierte Problematik hinweisen, ob soziale Gebilde dyadisch oder nur über Dritte konstituiert werden können (vgl. dazu jetzt Bedorf et al. 2010).

42   Wie erkennbar, wird „Input" bzw. "Output" hier anders konzipiert als von denen – siehe etwa Esser, Gross, Hedström –, die damit Makro-Mikro-Makro-Sequenzen meinen, also einen Durchlauf durch die so genannte Coleman'sche Badewanne. Ich komme hier ohne die Makro-Mikro-Unterscheidung aus, wenngleich es keine Probleme bereitet, diese in vergleichender Perspektive mit meinen Konzepten in Beziehung zu setzen.

über Egos im Rahmen seiner Situationsbestimmung vorgenommenes Zurechnen des Einwirkens von Alter und zudem dadurch, dass Ego das zugerechnete Einwirken Alters bei seinem an Alter anschließenden Einwirken berücksichtigt.[43]

Dass „Input und Output" für die oben genannten verschiedenen sozialen Handlungen steht, ist an dieser Stelle kurz zu explizieren. Dieses Ausbuchstabieren hat auch folgenden Hintergrund. In manchen methodologisch-individualistisch fundierten Ansätzen gibt es meines Erachtens eine bestimmte Art von „Handlungslastigkeit". Die Produktion von Einwirkungen wird breit thematisiert, die Produktion der anderen Handlungen bzw. die von strukturellen Ausrichtungen (Erwartungen) über das „Verarbeiten" aber weniger. Das finde ich insofern misslich, weil das Einwirken nur vor dem Hintergrund des Situationsbestimmens, -zurechnens und -verarbeitens angemessen zu erklären ist, man dafür also von diesen Geschehnissen wissen muss.[44] Ich komme auf diesen Punkt im Zusammenhang mit der Thematisierung von Aggregations- bzw. Transformationshypothesen zurück. Nun zu den vier Handlungen: „*Situationsbestimmung*" heißt Bestimmen der jeweiligen situativen Umgebung, also herstellen von so etwas wie einer Situationsdefinition durch einen Prozessor, der über diese Deutung z. B. feststellt, welche sozialen Strukturen – also etwa Regeln (usw.) – in der Situation gelten. „*Zurechnen*" meint das Identifizieren von personalen Gegenübern in dieser Situation sowie von Tätigkeiten dieser Gegenüber etwa als ein bestimmtes Handeln, z. B. als ein Ansinnen, das an denjenigen Prozessor gerichtet ist, der zurechnet. Das „*Verarbeiten*" hat vor allem Ergebnisse der Situationsbestimmung bzw. Zurechnung zum Gegenstand. Etwa: in der Situation als gültig identifizierte Regeln werden dahin gehend reflektiert, ob man sie befolgen oder gegen sie verstoßen will. Und im Zusammenhang damit wird überlegt und festgelegt, ob bzw. wie man vor dem Hintergrund des Wissens um die genannten Regeln auf ein identifiziertes Ansinnen reagieren will (usw.). Im und mit dem daran anschließenden *Einwirken*, etwa einer Mitteilung an einen Gegenüber im Anschluss an dessen Ansinnen, wird darüber entschieden bzw. befunden, wie die im Verarbeiten getroffene Festlegung so oder so umzusetzen ist und das Entscheiden bzw. Befinden dann ausgeführt.

---

43 Der gerade skizzierte Situationsbestimmungs- und Zurechnungsvorgang beschreibt auf anderer konzeptueller Grundlage das, was Luhmann meint, wenn er – zu Recht – herausstellt, dass Kommunikation „von hinten her" zustande kommt (vgl. Greshoff 2008). Die Wichtigkeit des „Situationsbestimmens bzw. Zurechnens oder Verarbeitens" für den eben umrissenen Aggregationsvorgang „Wandel sozialer Strukturen" macht Kurzman mit folgender Überlegung plausibel: „aggregate phenomena ... rely on the existence of particular inner states among enough individuals to generate the specified macro-level outcomes ... The term inner states is intended to include the broadest possible range of mental structures and processes, among them preference structures, motivations, and emotions. Some of these may be conscious or available to consciousness upon reflection, while others may not ... In any case, causation operates through these inner states. As a result, individuals' inner states constitute a proving ground for explanatory hypotheses ... Explanation needs to address understanding" (Kurzman 2004: 329 f.). Vor allem der letzte Teil des Zitates belegt meine obige Analyse. Das „to address understanding" des letzten Satzes beziehe ich auf das gesamte Input-Geschehen.

44 Ähnlich Kurzman (2004) in der vorstehenden Anmerkung; vgl. weiter Esser 1999: 164-169. Das Ausbuchstabieren geschieht auch mit Blick auf Luhmanns Kommunikationsbegriff. Die drei bzw. vier Selektionen, die Kommunikation ausmachen (Information, Mitteilung, Verstehen, Anschlussentscheidung), werden von mir als spezifische Handlungen gedeutet, die den hier unterschiedenen vier Handlungen korrespondieren (vgl. dazu Greshoff 2008).

Die verschiedenen Handlungen, die das Input-Output-Geschehen ausmachen, werden also von Prozessoren – exemplarisch und auch analytisch zugespitzt formuliert – vor dem Hintergrund von folgenden Problemen produziert: worum geht es hier in der Situation?; was will mein Gegenüber von mir?; wie kann/soll/will ich damit umgehen?; auf welche Weise will ich reagieren?[45]

5. Was folgt aus diesen Überlegungen für die Erklärung von Sozialgebilden?

Für die Beantwortung der vorstehenden Frage, die ja nichts anderes ist als die Frage nach der Erklärung der „Produktion des Sozialen", gehe ich vor dem Hintergrund der obigen Bestimmungen zunächst von Folgendem aus: Bestehen, Perennieren ‚Wandel eines sozialen Gebildes' ist, grob skizziert, nur ein anderer Ausdruck für „(Re-) Produzieren bestimmter sozialer Handlungen und Erwartungen durch die Prozessoren Alter, Ego (usw.). Die Reproduktion und ebenso das Gebilde sind also nichts jenseits dieser Prozessoren und der genannten Handlungen respektive Erwartungen, sondern werden davon gebildet. Es sind allein die Prozessoren, die über das Herstellen bzw. Aktivieren von sozialen Handlungen bzw. Erwartungen einen sozialen Zusammenhang reproduzieren. Anders ausgedrückt heißt das auch: es ist für mich nicht zu erkennen, dass die Reproduktion eines sozialen Gebildes zur Folge hat, dass dadurch ein „sinnhafter Prozessor soziales Gebilde" entsteht, der – wie die individuellen Prozessoren Alter und Ego (usw.) – die Fähigkeit hat, soziale Handlungen und Erwartungen zu erzeugen.[46] Das vermögen allein die genannten Alters, Egos und Tertiis.

Trifft es zu, dass soziale Gebilde als solche Gebilde keine derart befähigten Prozessoren sind, dann heißt das mit Blick auf die Frage der obigen Überschrift, dass Erklärungen von Zuständen und Entwicklungen sozialer Gebilde immer in irgendeiner Weise Erklärungen der von den Alters, Egos (usw.) hergestellten Handlungen respektive Erwartungen einbeziehen müssen. Denn solche Zustände und Entwicklungen sind, wie gerade dargelegt, nichts jenseits dieser Handlungen und Erwartungen, sondern werden nur darüber zustande gebracht und daraus gebildet.

Diese Einsicht ist es, die Sozialwissenschaftlerinnen dazu bringt, ihre Konzepte methodologisch-individualistisch zu fundieren. Zentral für diese Fundierung ist die Annahme, dass es nicht die sozialen Gebilde „sui generis" sind, die den sozialen Prozess vorantreiben und ihm seine Dynamik geben, sondern eben die genannten Prozessoren, deren Probleme, Situationsbestimmungen, Zurechnungen, Verarbeitungen, Erwartungen und daran orientierte Einwir-

---

45 Für alle Handlungen wird im Prinzip zunächst angenommen, dass sie in einem Modus der Informationsverarbeitung produziert werden, der – als Spektrum gemeint – unbewusst/gewohnheitsförmig bzw. bewusst/reflexiv-entscheidungsförmig beschaffen sein kann (im Text habe ich exemplarisch Handlungen in letzterem Modus skizziert). Und wichtig zu konzeptualisieren wäre dann, wann und warum welcher Modus gewählt oder gesetzt wird, bzw. unter welchen Bedingungen von einem Modus in den anderen gewechselt wird (vgl. dazu Kroneberg 2011).

46 Ebenso wenig sehe ich durch diese Reproduktion einen „Prozessor soziale Struktur/Prozess" oder dergleichen entstehen (vgl. ähnlich Manicas 2006: 83 f.; Manzo 2007: 1 f.).

kungen.[47] Die Folgen dieser Dynamik schlagen sich nach und nach als sich reproduzierende, wandelnde usw. soziale Prozessoren, Prozesse, Strukturen, Formen des Zusammenhandelns nieder – und haben dann wieder Rückwirkungen auf die Prozessoren, deren Probleme, Situationsbestimmungen usw., die sich daraus ergebenden Sequenzen von Input-/Output-Geschehen und die daraus resultierenden Folgen dieser oder jener Art – usw., usf.[48] Rückwirkungen heißt dann vor allem auch: zwar sind soziale Gültigkeiten wie etwa Institutionen, Kultur, Normen oder Formen des Zusammenhandelns (usw.) nie selber Produzenten, sondern einzig und allein Produkt bestimmter Operationen und Erwartungen sozial ausgerichteter Prozessoren. Aber zugleich sind solche Gültigkeiten bzw. Formen des Zusammenhandelns für die Prozessoren einschränkende oder ermöglichende Rahmenbedingungen oder Bedingungsgefüge, die von ihnen nicht einfach außer Kraft gesetzt werden können, sondern bei ihrem Handeln so oder anders berücksichtigt werden – und die somit auf *diesem* Wege Wirkung haben (vgl. Schmid 2006: 166-168, 173).[49]

Was heißt es nun, dass Erklärungen von Entwicklungen kollektiv-überindividueller Entitäten – also sozialer Gebilde, Strukturen, Prozesse usw. – immer auch in irgendeiner Weise Erklärungen der genannten Handlungen respektive Erwartungen berücksichtigen müssen? Erst einmal muss man sich klar machen – und das klingt nach den vorstehenden Ausführungen auf den ersten Blick widersprüchlich –, dass die Erklärung kollektiv-überindividueller Sachverhalte über Erklärungen einzelner individueller Operationen nicht möglich ist, jedenfalls, und das ist der entscheidende Punkt, nicht allein darüber.[50] Kollektiv-überindividuelle Entwicklungen lassen sich nur über einen eigens darauf zugeschnittenen Forschungsschritt erklären, und zwar über so genannte Aggregations- bzw. Transformationshypothesen.[51] Sol-

---

47　Vgl. auch Henrich (2007: 207-210). Diese Prozessoren, deren Probleme usw. sind als das zu begreifen, was Weber hinsichtlich der Frage, mit Bezug auf welche Entitäten soziale Gebilde zu erklären sind, „unterste Einheit" nennt.

48　Das impliziert nicht die Annahme, dass die Prozessoren durchschauen können müssen, welche Folgen z. B. die Nicht-Einhaltung von Regeln befördert. Sie müssen Regeln auch nicht auf den Begriff bringen können. Insofern können sich Regeln und deren Konsequenzen „der Übersicht des beteiligten Bewusstseins entziehen" (Renn 2006: 199) und „hinter dem Rücken" ablaufen. Die Prozessoren müssen aber in bestimmten Situationen über ihre Situationsbestimmungen immer wieder bestimmte Erwartungen bilden bzw. aktivieren und über deren Spezifizierungen ihre Einwirkungen daran orientieren können, damit ein geregeltes bzw. geordnetes soziales Geschehen zustande kommt.

49　Ähnlich die Position von Little: „There is no such thing as pure social causation from macro-state to macro-state … Individuals choosing in the context of structured circumstances of choice are the engine of social change … The central focus is ‚agency'" (Little 1998: 198). Hedström und Ylikoski (2010: 59 f.) kontrastieren „Methodologischem Individualismus" mit „Strukturtheoretischem Individualismus", während ich letzteren als eine Spielart von ersterem begreife (vgl. Greshoff 2009: 445-447). Was ich oben beschrieben habe, nämlich dass kollektiv-überindividuelle Rahmenbedingungen (soziale Strukturen usw.) das Handeln der Prozessoren über deren Situationsbestimmungen beeinflussen, kann man der groben Linie nach als zentrale Aussage eines „strukturtheoretischem Individualismus" annehmen.

50　Und das heißt dann auch, dass eine methodologisch-individualistische Fundierung, die individuelles Handeln (usw.) zum Gegenstand hat, alleine nicht ausreicht, um Soziales umfassend erklären zu können (dazu gleich mehr).

51　Michael Schmid beschreibt das Aggregationsproblem folgendermaßen: „Es entsteht genau dort, wo der Modellbauer zu zeigen hat, wie sich die Kollektivfolgen des gemeinsamen Versuchs der untersuchten Akteure, ihr Handeln wechselseitig erträglich zu gestalten, aus der Art und Weise *faktisch* ergeben, wie und unter

che Hypothesen haben nicht einzelne individuelle Handlungen bzw. strukturelle Ausrichtungen zum Gegenstand, sondern eben die genannten kollektiv-überindividuellen Entitäten. Von der konzeptuellen Anlage her sind diese Hypothesen daher nicht auf die Erklärung individueller Teilphänomene sozialer Gebilde, sondern auf die Erklärung sozialer Gebilde (Strukturen, Formen des Zusammenhandelns usw.) zugeschnitten – weshalb man, um derartige Erklärungen möglich zu machen, auch ein Konzept von solchen Gebilden (usw.) haben muss. Aufgabe der genannten Hypothesen ist es, die Produktion des Sozialen, also etwa sozialen Strukturwandel, wie er von den verschiedenen Handlungen der Prozessoren hergestellt wird, auf den erklärenden Begriff zu bringen. Was aber heißt das?

Gut begründet ist ein solches „auf den erklärenden Begriff bringen" nur möglich, wenn man Kenntnis darüber hat, wie und warum soziale Strukturen in einem bestimmten Zeitraum von den jeweiligen Prozessoren der sozialen Gebilde rezipiert (also im Rahmen von Situationsbestimmungen zugerechnet) sowie verarbeitet wurden. Und wie und warum sich dieses Verarbeiten, nachdem es über Einwirkungen versucht wurde umzusetzen, nach und nach auf die Gültigkeit der Strukturen auswirkt. Kurz, es bedarf also Erklärungen von Sequenzen der verschiedenen sozialen Tätigkeiten, die ich mit „Input-Output-Geschehen" umschrieben habe. Denn wenn sich Sozialstrukturentwicklungen allein in bzw. aus Sequenzen solchen Input-Output-Geschehens ergeben – ich verweise für nähere Erläuterungen auf die obige Skizze –, dann muss man wissen, was in diesen Sequenzen passiert. Etwa wenn man, um hier nur diesen Punkt herauszuheben, regelmäßigen Verlaufsmustern derartiger Entwicklungen auf die Spur kommen will.[52]

Solche Entwicklungen bzw. Muster lassen sich nicht anhand einzelner sozialer Handlungen erforschen, sondern nur an einem Gesamt von Sequenzen des Input-Output-Geschehens. Gleichwohl sind für dieses Erforschen Erklärungen der verschiedenen einzelnen Handlungen keineswegs unwichtig. Denn ein solches Gesamt kann man erst dann umfassend einschätzen, wenn man die verschiedenen individuellen Handlungen und deren Resultate, die das Gesamt

---

welchen (sozialen bzw. wechselwirksamen) Umständen die betreffenden Akteure dies (jeweils) tun. Um diesen Zusammenhang zu erklären, bedarf es offenbar einer Hypothese, die angibt, wie diese Kollektiv- oder Verteilungsfolgen aus dem Zusammenwirken der Einzelhandlungen entstehen, was insoweit ein Problem darstellen muss, als diese Folgen ... aus den Zielsetzungen und Erwartungen der einzelnen Akteure ebenso wenig logisch abgeleitet werden können wie aus der Kenntnis der institutionell geregelten Funktionsweise ihrer Abstimmungsmechanismen" (Schmid 2009b: 140 f.). Dass die kollektiv-überindividuellen Folgen aus den Zielsetzungen (usw.) der einzelnen Akteure nicht abgeleitet werden können, korrespondiert dem, was ich in der vorstehenden Anmerkung geschrieben habe, nämlich dass eine methodologisch-individualistische Fundierung für die genannte Erklärungsreferenz nicht ausreicht.

52 Um solche Muster geht es bei der Erforschung sogenannter „sozialer Mechanismen" – jedenfalls in einem Strang der Diskussion zu solchen Mechanismen (vgl. Hedström 2005; Koenig 2008; Gross 2009; Manzo 2010; Hedström und Ylikoski 2010). Grob skizziert werden soziale Mechanismen als regelmäßige Prozesse begriffen, die in bestimmten kausalen Teilschritten von einem Ausgangs- zu einem Endpunkt verlaufen. Durch die Erforschung solcher Mechanismen soll die kausale Erklärung sozialen Geschehens befördert werden. Im Rahmen dieser Intention ist soziales Geschehen dann als Prozessgeschehen auszubuchstabieren, wie die Unterscheidung „mechanismenbasierter Erklärungen" von so genannten „Back-Box-Erklärungen mittels Gesetze" deutlich macht: „(C)ausal mechanisms provide more detailed and in a sense more fundamental explanations than general laws do. The difference between a law and a mechanism is that between a static correlation (‚if X, then Y') and a ‚process' (‚X leads to Y through steps A, B, C')" (George und Bennett 2005: 141) „Prozess" steht für eine mechanismenbasierte Erklärung (vgl. dazu ähnlich die Position von Renate Mayntz 2005: 208).

ausmachen, als Teilgeschehen eines sozialen Gebildes rekonstruiert und erklärt hat. Dieser Zusammenhang lässt sich folgendermaßen beschreiben: Wenn von der Art einer jeweiligen Situationsbestimmung, Zurechnung sowie Verarbeitung von Situationsbestimmung und Zurechnung abhängt, welche strukturelle Ausrichtung sowie welches Einwirken selegiert wird, und wenn jeweilige Situationsbestimmungen, Zurechnungen, Verarbeitungen (usw.) unter diesen oder jenen sozialen Rahmenbedingungen durch in bestimmter Weise verfasste Prozessoren so oder anders erfolgen, dann braucht man Wissen – Rekonstruktionen und Erklärungen – darüber, wann was warum der Fall ist. Verfügt man über entsprechende Erkenntnisse, die in der gerade angedeuteten Weise das Zustandekommen der verschiedenen Handlungen und strukturellen Ausrichtungen explizieren, aus denen sich jeweilige Sequenzen von Input-Output-Geschehen zusammensetzen, kann dieses Wissen als Material und Basis genutzt werden, um sich ein Bild zu machen von diesem aneinander anschließenden Input-Output-Geschehen – und somit auch davon, welche Sozialgebildezustände daraus durch welche kausale Entwicklung nach und nach resultieren. Etwa mit dem Ziel, mögliche Muster eines Strukturwandels zu identifizieren und zu erklären. Derartiges zu leisten, ist Aufgabe der oben genannten Aggregations- bzw. Transformationshypothesen.

Um exemplarisch und in Ansätzen zu verdeutlichen, was ich mit dem vorstehend Ausgeführten meine, folgende Beispielskizze: Angenommen, eine sich in einem sozialen Gebilde verbreitende Technikerfindung wird ab einem bestimmten Verbreitungsgrad von in bestimmter Weise verfassten Prozessoren P_1 kritisch beurteilt. Etwa dahin gehend, dass von diesen Prozessoren ob zu erwartender negativer Konsequenzen dieser Technik geänderte Regeln für den Umgang mit ihr für notwendig gehalten werden. Alles dies wird von den Prozessoren im sozialen Gebilde mitgeteilt und dort auch rezipiert. Es sei weiter angenommen, dass diese Mitteilungen bei anderen Prozessoren P_2, weil letztere die P_1 in bestimmter Weise positiv wert schätzen, zustimmend aufgegriffen werden und die P_2 ebenfalls für die geänderten Regeln eintreten, was sie im sozialen Gebilde mitteilen und was dort auch rezipiert wird. Weiter nehme ich an, dass andere Prozessoren P_3 jetzt deshalb die Änderungsvorschläge massenhaft aufgreifen und per Mitteilungen für eine Änderung plädieren, weil sie von der puren Anzahl derjenigen, die Änderungen fordern, beeindruckt und überzeugt sind. Von der nun, so die schließliche Annahme, großen Anzahl von Prozessoren, die eine Änderung wollen, lässt sich dann die Regierung beeindrucken und beginnt, sich mit dem Problem zu befassen und beschließt nach einer Zeit, die Regeln zu ändern. Diese Regeländerung wird im sozialen Gebilde breit akzeptiert.

Soweit die Beispielskizze. Sie rekonstruiert auf vereinfachte Weise einen sozialen Prozess, durch den ein Strukturwandel – eine Regeländerung – entsteht.[53] Dieser Prozess resultiert aus einer bestimmten Produktion des Sozialen, also aus aneinander anschließenden Sequenzen bestimmter Input-Output-Geschehnisse. Verkürzt rekapituliert: in bestimmter Weise verfasste Prozessoren produzieren bestimmte Einwirkungen, die in bestimmter Weise rezipiert werden und dann zur Folge haben, dass … usw., usf. Einen solchen Prozess/Strukturwan-

---

53   Dass in der Beispielskizze stärker ein überindividuell-kollektiver Prozess und nicht die einzelnen individuellen Selektionen in den Blick genommen werden, die den Prozess ausmachen, unterscheidet sie von der obigen Skizze sozialen Strukturwandels, die letzteres in den Vordergrund gerückt hat; beide Skizzen sind komplementär, wie auch die folgenden Ausführungen deutlich machen.

del haben Aggregations- bzw. Transformationshypothesen zum Gegenstand. Darauf bezogen formulieren sie dann z. B. die Hypothese, dass sich innerhalb dieses spezifischen Sozialge-bildeprozesses ein bestimmter Strukturwandel kausal aus den Gründen a, b, und c nach dem Muster M ereignet; etwa: dass durch Input-Output-Sequenzen bestimmten Zuschnitts situa-tive Rahmenbedingungen entstehen, die weitere Input-Output-Sequenzen zur Folge haben, die diese Rahmenbedingungen in besonderer Weise ändern, was wiederum bestimmte Input-/Output-Sequenzen zur Folge hat …, usw., usf. Man kann die Hypothese dann auch als eine „Wenn-dann-Aussage" über einen kausalen Zusammenhang formulieren: wenn bestimmte Personen aus den und den Gründen eine Änderung der Regeln R für notwendig erachten und wenn deshalb bestimmte andere Personen diese Änderungsintentionen aufgreifen … (usw.), dann beschließt eine dafür zuständige Regierung … usw.

Die Darstellung macht deutlich, dass eine solche Hypothese gut begründet nicht ohne Bezug auf Rekonstruktionen und Erklärungen der genannten Input-Output-Sequenzen und also der verschiedenen Prozessoren, sozialen Handlungen und Erwartungen, die sie produ-zieren bzw. ausmachen, aufgestellt werden kann. Allerdings gelangt man zu der Hypothese nicht, wenn man die jeweiligen Prozessoren, Handlungen (usw.) nur als einzelne in den Blick nimmt, sondern man muss sie in eine Zusammenschau bringen und als Teile eines bestimm-ten Prozesses sehen – was wiederum zur Voraussetzung hat, dass man über eine entsprechen-de Begrifflichkeit verfügt, die eine solche Zusammenschau ermöglicht.[54]

Was folgt aus den vorstehenden Ausführungen? Um sie etwas zu bündeln und zu syste-matisieren, frage ich: welcher sozialtheoretischen und methodischen Konzepte bedarf es für möglichst gut begründete Erklärungen von Produktionen des Sozialen? Zunächst lässt sich im Abstrakten zweierlei festhalten.

Einmal: mangelt es an Konzepten, um Sequenzen von Input-Output-Geschehen erklä-ren zu können, sind grundlegende Prozesse der Produktion des Sozialen nicht fundiert zu er-forschen. Ist dies der Fall, fehlt ein unerlässlicher Baustein, um die Entwicklung von sozi-alen Gebilden oder Konstellationen mittels Aggregations- bzw. Transformationshypothesen zu erklären. Und das wiederum heißt, dass soziale Regelmäßigkeiten etwa in Form sozialer Mechanismen nicht ermittelt werden können. Denn Regelmäßigkeiten von Sozialgebilde-entwicklungen ergeben sich aus solchen iterativen Input-/Output-Sequenzen. Deshalb, *weil durch dieses Geschehen das Soziale produziert wird*, kommt Untersuchungen und Erklärun-gen des genannten Geschehens – und also den jeweiligen Handlungen bzw. Prozessoren, die dieses Geschehen ausmachen bzw. herstellen –, eine so große Bedeutung zu, eben auch für die Möglichkeit der Erforschung sozialer Regelmäßigkeiten.

Und weiter: nach den obigen Ausführungen sollte deutlich geworden sein, dass die Er-klärung von Sozialgebildeentwicklungen nicht mittels Erklärungen allein von Individuellem gelingen kann, sondern dass es dafür der genannten Aggregations- bzw. Transformationshy-pothesen bedarf. Aber die Qualität der Hypothesen ist wesentlich abhängig von der Qualität der Erklärungen der verschiedenen individuellen Handlungen, denn auf Basis von Erklärun-

---

54   Vgl. ähnlich Hedström und Ylikoski 2010: 59 f., 63. An der Konstruktion des Beispiels kann man auch gut erkennen, dass der einzelne Prozessor vom kausalen Zusammenhang der Bedingungsgefüge nichts wissen muss und ihn trotzdem durch seine Handlungen mit produziert.

gen dieses operativen Geschehens werden ja die Hypothesen gebildet.[55] Das gibt der Frage, mit welcher Handlungstheorie die verschiedenen Input-Output-Operationen zu erfassen und zu erklären sind, ein besonderes Gewicht.[56] Allerdings, die Frage, mit welcher Handlungstheorie man erklären will, kann bezüglich der Erklärung von Sozialgebildeentwicklungen kein Schlussstein sein. Denn wie die Qualität von Aggregations- bzw. Transformationshypothesen abhängig ist von der Qualität der Erklärungen individueller Operationen, so ist die Qualität der Erklärungen individueller Operationen abhängig davon, solche Operationen als Teilgeschehen eines sozialen Gebildes in den Blick nehmen zu können. Denn nur dann kann man die Produktion von Sozialgebildeentwicklungen in ihrer Dynamik, wie sie allein von den Handlungen der Prozessoren erzeugt wird, nachvollziehbar ausbuchstabieren. Was nichts anderes heißt, als dass die Qualität der Erklärungen von Individuellem wie auch der Aggregations- bzw. Transformationshypothesen abhängig ist von der Qualität des zugrunde gelegten Sozialgebildekonzeptes.

Es greift also verschiedenes ineinander: Sozialgebildekonzept, Handlungserklärungen, Aggregations- bzw. Transformationshypothesen und auch Prozessorerklärungen sind noch zu nennen. Aber nichts davon ist gegeneinander auszuspielen, sondern alles ist miteinander zu vermitteln für die Erklärung der Produktion des Sozialen. Mit dieser Beschreibung soll eine bestimmte Problemlage in den Blick genommen werden, die nun etwas näher zu erläutern ist.

Ich knüpfe dafür bei den Handlungserklärungen an.[57] Bei diesen geht es – und das ergibt sich eben aus dem Sozialgebildekonzept – nicht um die Erklärungen von irgendwelchen sozialen Handlungen, sondern um die bestimmter sozialer Handlungen.[58] D.h. die hier gemeinten Handlungserklärungen sind an dem orientiert, was oben als „Letztelement" sozialer Gebilde beschrieben wurde. Ich präzisiere diese Beschreibung jetzt dahin gehend, dass Handlungserklärungen – Referenz ist ja die Erklärung der Produktion des Sozialen – als Minimum die jeweiligen Handlungen von Input-Output-Geschehnissen verschiedener darüber relationierter Prozessoren zum Gegenstand haben, die eine Sequenz bilden.[59] Man kann hier nun einwenden, dass durch einen solchen Erklärungsanspruch eine zu große, nicht handhabbare Komplexität erzeugt werde, weil zu vieles und zudem vielleicht auch überflüssiges zu erklären sei.

---

55 Deshalb ist ja, wie oben erläutert, eine methodologisch-individualistische Fundierung von Sozialtheorien erforderlich, und zwar im Sinne von notwendig, aber eben nicht hinreichend für die Erklärung der Produktion des Sozialen. Ausführlicher dazu siehe Greshoff 2009.

56 Eine starke Kandidatin dafür ist sicher die – (z. B.) als Frame-Selektions-Theorie erweiterte – Wert-Erwartungs-Theorie (vgl. Anm. 44). Zu unterschiedlichen Kritiken daran siehe etwa Mayerl 2009 sowie Albert 2010a.

57 Auf Prozessorerklärungen gehe ich hier nicht gesondert ein. Dass jeweilige Prozessoren in ihrer unterschiedlichen Verfasstheit – also mit ihren grundlegenden Ausrichtungen und Einstellungen, ihrer emotionalen Konstitution, ihren Interessen und was sie sonst noch kennzeichnet – maßgeblich dafür sind, welche sozialen Handlungen seleziert und also welche Produktionen des Sozialen erzeugt werden, wird nach den bisherigen Ausführungen deutlich geworden sein.

58 Dazu, dass es zur Bestimmung sozialer Handlungen und der ihnen zu Grunde liegenden Intentionen größerer Differenzierungen bedarf, als bisher üblich – etwa: welche dieser Handlungen kann ich allein ausführen, bei welchen bin ich auf bestimmte Handlungen meiner Gegenüber notwendig angewiesen, usw. –, vgl. Schützeichel 2010.

59 Gegenstand sind bei diesen Handlungserklärungen auch die Wahlen oder Setzungen der jeweiligen Modi der Informationsverarbeitung, mit denen Handlungen produziert werden (siehe dazu oben Anm. 44).

Dieser Einwand lässt sich meiner Ansicht nach durch folgende Überlegungen entkräften, für die etwas auszuholen ist.

In dieser Perspektive komme ich noch einmal auf die oben schon behandelte Frage zurück: wie sind Produktionen des Sozialen zu rekonstruieren? Solche Produktionen in einem ersten Schritt allein über soziales Handeln zu rekonstruieren und nicht über die verschiedenen Formate sozialen Handelns, die das Input-Output-Geschehen ausmachen, wäre nicht falsch, bliebe aber in verschiedenen Hinsichten zu abstrakt und ließe die Verläufe der Produktionen in ihren Besonderheiten – wie Situationen bestimmt werden, wie zugerechnet, verarbeitet wird, usw., usf. – nicht in den Blick nehmen. Folglich wäre nicht festzustellen, an welcher Stelle welche Änderungen der Fall sein und welches Gewicht sie haben können. Erst eine hinreichend differenziert konzeptualisierte Produktion des Sozialen ermöglicht es, Sozialgeschehen derart zu rekonstruieren, dass entsprechende Einschätzungen vorzunehmen sind. Diese Rekonstruktionen können dann als Grundlage dafür dienen, in einem zweiten Schritt zu erforschen, in welcher Gestalt die Dynamik dieser Produktion welche kollektiv-überindividuellen Folgen hat, also zu rekonstruieren, welche sozialen Prozesse, Strukturen, Formen des Zusammenhandelns, Sozialgebildezustände (usw.) in der Dynamik entstehen bzw. aus ihr resultieren.[60] Derart differenzierter Rekonstruktionen durch die beiden Schritte bedarf es, um die Dynamik der Produktion des Sozialen umfassend abbilden zu können. Anders ausgedrückt: Prozessverläufe des Sozialen etwa im Sinne des oben angedeuteten Mechanismusverständnisses – „X leads to Y through steps A, B, C" (George und Bennett 2005: 141) – lassen sich ohne solche Rekonstruktionen nicht identifizieren.

Die Rekonstruktionen der zwei Schritte können anschließend dann als Grundlage für Erklärungen dienen. Denn von den Rekonstruktionen her ist zu erkennen, einmal, welche Handlungserklärungen zu leisten und weiter, welche kollektiv-überindividuellen Folgen zu erklären sind. Auch bei den Erklärungen gibt es dann wieder aufeinander Aufbauendes. Die geleisteten Handlungserklärungen sind als Material und Basis dafür heranzuziehen, die kollektiv-überindividuellen Folgen – soziale Prozesse, Strukturwandel usw. – zu erklären, welche, wie in den beiden Beispielskizzen angedeutet, aus den (Sequenzen von) Input-/Output-Geschehnissen resultieren. Diese zuletzt genannten Erklärungen sind – wie erläutert – Aufgabe von Aggregations- bzw. Transformationshypothesen, die der gerade dargelegten Grundlagen bedürfen, wenn sie gut fundiert und aussagekräftig sein sollen.

Von den vorstehenden Erläuterungen her lässt sich der oben angesprochene Punkt „nicht handhabbare Komplexität" nun in folgenden Zusammenhang einordnen, der auch deutlich machen soll, worum es mir an dieser Stelle geht. Wir haben auf sozialtheoretischer Ebene in Form verschiedener Handlungstheorien Konzepte, die ausbuchstabieren lassen, über welche Schritte und auf welche Weise Handlungen erzeugt werden, zustande kommen und ablaufen. Wir haben aber wenig entwickelte Konzepte, die auf analoge Art zeigen, über welche Schritte und auf welche Weise soziale Aggregationen[61] wie etwa ein Strukturwandel zustande kommen, erzeugt werden und ablaufen. Aggregationskonzepte, die auf sozialtheoretischer Ebene

---

60 Wofür es natürlich entsprechender Begriffsbildungen bedarf. Solche verorte ich in dem Komplex, den ich eben im Zusammenhang mit dem, was ineinander greift, mit „Sozialgebildekonzept" umschrieben habe (vgl. S. 4 ff.).

61 „Produktion des Sozialen" und „soziale Aggregation" begreife ich als synonym.

Schritt für Schritt ausbuchstabieren und darüber nachvollziehen sowie dann auch erklären lassen, wie kollektiv-überindividuelle Geschehnisse produziert werden, gibt es als Theorieinst-
rument kaum.[62] Man kann das an der Diskussion über soziale Mechanismen sehen. Sie bleibt
meistens sehr abstrakt, blutleer und blass, weil komplexere Konzepte fehlen, die Mechanis-
menverläufe in konkretisierbarer Weise derart ausbuchstabieren lassen, dass dies für die Erforschung von Sozialgeschehen wegweisend sein kann.[63] Und weil es an solchen Konzepten
mangelt, ist es auch so schwer, konkrete Aggregationen genauer zu erforschen bzw. zu erklären.

Was es braucht sind sozialtheoretische Konzepte, welche die Produktion des Sozialen
in den wesentlichen Grundzügen hinreichend differenziert nachzeichnen lassen, so dass von
einem solchen Ausgangspunkt her fundierte und aussagekräftige Erklärungen dieser Produktion möglich werden.[64] Etwa in dem Sinne, dass eine Konzeptualisierung des Grundgerüstes
der Produktion des Sozialen als Konkretionsbasis für Aggregations- bzw. Transformationshypothesen dienen kann. Eine solche Konkretionsbasis wäre dann als eine grundlegende Orientierung von Sozialforschungen zu nutzen. Z.B. von solchen Forschungen, die daran arbeiten, Konzepte zur Erfassung der Dynamik gesellschaftlicher Differenzierung zu entwickeln
und die ansonsten, ohne eine differenzierte Produktionsbegrifflichkeit, in der Gefahr sind, zu
konkretistisch und zu ad-hoc zu argumentieren.

Die oben dargelegten Konzeptüberlegungen zur Erfassung der Dynamik sozialer Gebilde und also zur Erfassung der Produktion von Sozialem – Stichwort „Situationsbestimmung/
Zurechnen/Verarbeiten …", „Input-/Output-Sequenzen", usw. –, sind hier denn als Vorschlag
dafür gedacht, einerseits stärker auf die gerade genannte Problemlage aufmerksam zu machen
und andererseits vor allem auch anhand der Beispielskizzen ansatzweise zu zeigen, wie die
Produktionskonzepte eingesetzt werden und funktionieren können. D.h. diese Überlegungen
sind als Instrument für das gedacht, was ich im vorstehenden Abschnitt mit „Konzeptualisierung des Grundgerüstes der Produktion des Sozialen" umschrieben habe, auf der dann Aggre-
gations- bzw. Transformationshypothesen aufbauen können. Anders ausgedrückt: meine Be-

---

62   Diesbezüglich ist auch auf Luhmanns Konzept sozialer Evolution zu verweisen. Es benennt mit Variation,
      Selektion, Stabilisierung zwar relevante „Evolutionsstationen", die beim Strukturwandel durchlaufen werden,
      gibt aber keine Konzepte an die Hand, die detaillierter nachvollziehen und ausbuchstabieren lassen, auf welche
      Weise sich die Entwicklungen von Station zu Station vollziehen. Ausführlicher zu diesem Punkt siehe Greshoff
      2006a: 535-537.

63   Vgl. exemplarisch mit Blick auf Hedströms Position Greshoff 2010.

64   Was nicht heißen soll, dass es keine Diskussionen und Konzeptvorschläge zu diesem Thema gibt, auf die nicht
      in irgendeiner Form zurückzugreifen wäre. Siehe etwa Gross (2009); seine Konzeption sozialer Dynamik bleibt
      mir allerdings zu vage und ungenau, da soziale Phänomene wie etwa das Zurechnen, Verarbeiten oder auch
      soziale Gültigkeit nicht in den Blick kommen (vgl. ebd.: 368). Zu denken ist weiter an die oben bereits erwähnte
      Frame-Selektions-Theorie – siehe dazu jetzt im Zusammenhang mit der Diskussion eines empirischen Problems
      Esser 2010 – sowie an die Mechanismenkonzeption von Michael Schmid. Sein Konzept (Schmid 2006: 16-25)
      und die hier skizzierte Vorgehensweise lassen sich der groben Linie nach in etlichen Punkten parallelisieren.
      Die Unterschiede, die es in der logischen Anordnung der Konzepte gibt – etwa: mit welchem Konzept welcher
      Entität man beginnt –, sind letztlich nicht gravierend. Ein aus meiner Sicht größerer Differenzpunkt liegt darin,
      dass das, was er Erklärung über „handlungstheoretisch zu entschlüsselnde *Mikroprozesse*" (Schmid 2006: 25)
      nennt, zu wenig die besondere Gestalt des mehrgliedrigen Handlungsprozesses erfassen bzw. erklären lässt,
      über den meiner Ansicht nach die Produktion des Sozialen verläuft. Dieser Differenzpunkt ist aber kein prin-
      zipieller. Denn wenn Michael Schmid schreibt, dass die Soziologie ihre Einheit in einer handlungstheoretisch
      fundierten mechanischen Heuristik findet (Schmid 2006: 175), ist ihm darin nur zuzustimmen.

hauptung ist, dass Aggregations- bzw. Transformationshypothesen, sollen sie gut begründet sein, in irgendeiner Form auf Rekonstruktionen und Erklärungen von Input-Output-Sequenzen im eben angedeuteten Zuschnitt zurückgreifen müssen. Denn diese Hypothesen sind Hypothesen über jeweilige Produktionen des Sozialen, wie sie aus solchen Sequenzen hervorgehen.

Für den Punkt „nicht handhabbare Komplexität" ist an dieser Stelle dann erst einmal Folgendes festhalten. Wenn die Produktion des Sozialen über iterative Input-Output-Sequenzen erfolgt, wird man sich dieser Komplexität irgendwie stellen und dafür eine Umgangsform finden müssen. Es kann nicht sinnvoll sein, Erklärungen unbedingt einfach zu gestalten, damit aber den Gegenstand zu reduziert zu erfassen. Und: es wird bei der Rekonstruktion und Erklärung der Produktion des Sozialen nicht um jedes Detail gehen können,[65] sondern um eine irgendwie zu findende „grobe Produktionslinie", die ich versucht habe, in den Beispielskizzen anzudeuten.[66]

6. Erklären als kausales Herleiten

Mit welchen Schwierigkeiten und Problemen man dann speziell in der Referenz „Erklärung kollektiv-überindividueller Phänomene" zu tun haben wird, soll zum Abschluss auch mit Blick auf eine gegenwärtige Kontroverse kurz erörtert werden. Zunächst ist zu klären, was mit „Erklären" gemeint ist. Dieser Terminus wird ja – wie an verschiedenen Stellen dargelegt[67] – ganz unterschiedlich und vielfach auch sehr diffus benutzt. Darauf will ich jetzt nicht näher eingehen, sondern komme direkt zum hier zugrunde gelegten Erklärungsverständnis. Eine ausführlichere Diskussion dieses Verständnisses scheint mir vor allem auch deshalb wichtig, um die Möglichkeit eines präziseren Erklärungskonzeptes zur Beantwortung von „Warum-Fragen" zu prüfen.

Zentral für dieses Konzept ist, dass *Erklärungsargumente* zu formulieren sind.[68] Solche Erklärungsargumente sollen es ermöglichen – abstrakt formuliert –, Aussagen, die erklärende Angaben über zu erklärende Gegenstände machen, möglichst sicher herleiten zu können. Beschränkt man, wie es hier geschieht, „Erklären" darauf, zu bestimmen, warum etwas der Fall ist, dann geht es mit „Erklären" um das kausale Herleiten eines Sachverhaltes. „Kausales Herleiten" meint dann die Angabe von Ursachen, warum ein jeweiliger Sachverhalt, also etwa ein Vorkommnis an einer bestimmten Raum-Zeit-Stelle, als Folge dieser Ursachen der

---

65   Das ist insbesondere etwa vor dem Hintergrund des Kurzmanzitates in Anm. 42 zu vergegenwärtigen. Trotz dieser „Warnung" halte ich die Aussage von Kurzman gerade auch hinsichtlich des Gegenstands „Produktion des Sozialen" für relevant. Vgl. zum angesprochenen Problem auch Hedström und Ylikoski 2010: 52 f., 60.

66   Dass eine entsprechende Umgangsform sich nicht von heute auf morgen entwickeln kann, macht folgende Aussage Mertons deutlich: „Zwischen der Physik des zwanzigsten Jahrhunderts und der Soziologie des zwanzigsten Jahrhunderts stehen Milliarden Mann-Stunden konsequenter, systematischer und kumulativer Forschung" (Merton 1995: 4). Eine Strategie für den Umgang mit der Komplexität, die aber eben auch Zeit braucht, ist die Entwicklung von Typisierungen (vgl. Schimank 2002: 155 f.). Deren Gewinn beschreibt Manicas mit Blick auf soziale Mechanismen folgendermaßen: „having identified the pertinent social mechanism, one can achieve understanding without history and without appeal to concrete agents. The typical actors of the mechanisms suffice" (Manicas 2006: 122). Zu weiteren Strategien siehe Kroneberg 2008: 240-243.

67   Vgl. für einen Überblick Greshoff und Schimank 2005.

68   Umfassend dazu jetzt Maurer und Schmid 2010.

Fall ist. Um das kausale Herleiten möglichst gut begründet zu gestalten und ein Ergebnis zu gewährleisten, welches als mehr oder weniger sicher gelten kann, wird das genannte Erklärungsargument formuliert, welches wahrheitsgemäße kausale Herleitungen ermöglichen soll. Das ist dann der Fall, wenn das Argument so genannte Adäquatheitsbedingungen erfüllt.[69]

Ein Erklärungsargument besteht aus verschiedenen Aussagen, die so angelegt sind, dass sie eine *logische* Schlussfolgerung darüber ermöglichen, dass ein zu erklärender Sachverhalt als Folge bestimmter Ursachen anzunehmen ist. Und zwar gehört zu einem Erklärungsargument einmal die Aussage über einen zu erklärenden Sachverhalt (das Explanandum). Zum Erklärungsargument gehört zudem die Angabe eines gesetzmäßigen oder regelmäßigen Ursache-Wirkungs-Zusammenhanges (in Form einer allgemeinen „Wenn-dann-Aussage")[70] sowie weiter die Aussage, dass gleichzeitig mit dem zu erklärenden Sachverhalt oder ihm vorgängig spezifische Bedingungen der Fall sind (so genannte „Randbedingungen"). Diese Aussage über die Randbedingungen ist dann eine Aussage darüber, dass das, was die Wenn-Komponente der allgemeinen „Wenn-dann-Aussage" beschreibt, in einer spezifischen Form tatsächlich existiert,[71] und zwar, wie angegeben, zusammen mit dem zu erklärenden Sachverhalt. Die Aussagen über den Ursache-Wirkungs-Zusammenhang sowie die über die Randbedingungen machen – im Unterschied zum Explanandum – das Explanans aus.[72]

Da das Explanandum – gegenständlich gemeint – ein spezifischer Fall dessen ist, was in der „Dann-Komponente" der allgemeinen „Wenn-dann-Aussage" formuliert wird, kann man von Folgendem ausgehen: Erklären mittels des Erklärungsargumentes bedeutet, dass die einen zu erklärenden Sachverhalt beschreibende Aussage dem Explanans, also der allgemeinen Aussage über den Ursache-Wirkungs-Zusammenhang sowie der Aussage über die Randbedingungen, in bestimmter Weise logisch zugeordnet wird. Und zwar dergestalt, dass von der allgemeinen „Wenn-dann-Aussage" sowie der über die Randbedingungen, vorausgesetzt, beide sind gültig, geschlussfolgert werden kann, dass das, was die „Wenn-Komponente" bzw. die Aussage über die Randbedingungen beschreibt, dem zu erklärenden Sachverhalt als „ihn

---

69 Adäquatheitsbedingungen sollen gewährleisten, dass das Argument mit seinen Aussagen Gültigkeit hat. D. h., es muss derart ausgewiesen sein, dass es eine wahrheitsgemäße Antwort auf die Frage erlaubt, warum ein Sachverhalt der Fall ist. Entsprechend ausgewiesen ist das Argument, wenn es Adäquatheitsbedingungen erfüllt. In der Literatur werden dafür vier Bedingungen genannt: das Explanandum muss im Explanans tatsächlich logisch enthalten sein (die Termini „Explanans bzw. Explanandum" werden gleich erläutert), das Explanans muss ein allgemeines Gesetz enthalten, weiter muss das Explanans empirisch prüfbar sein und schließlich müssen Explanans und Explanandum empirisch wahr sein (vgl. Esser 1993: 43; Schmid 2005: 122 f., 2009a: 329 f., Maurer und Schmid 2010). Ob das Explanans in jedem Fall ein allgemeines Gesetz enthalten muss, halte ich für offen. Es kann auch eine Hypothese oder eine Aussage über eine Regelmäßigkeit sein (vgl. Esser 2000: 19, Maurer und Schmid 2010).

70 Der Allgemeinheitsgrad kann unterschiedlich umfassend sein. Die Aussage kann sich also auch auf spezifische Situationstypiken beziehen (vgl. Maurer und Schmid 2010).

71 An einer bestimmten Raum-Zeit-Stelle.

72 Zum Explanans gehören neben den Aussagen über Randbedingungen noch sogenannte Anwendungsbedingungen für die allgemeine „Wenn-dann-Aussage". Diese machen, um Ausschlüsse zu ermöglichen, spezifizierte Angaben über den Zusammenhang, den diese Aussage formuliert (unter welchen Bedingungen der Zusammenhang zustande kommt bzw. unter welchen anderen Bedingungen er nicht zustande kommt), um darüber die Identifikation von Sachverhalten, die von der Hypothese erfasst werden, abzugrenzen von solchen, über die die Hypothese nichts aussagt (vgl. Maurer und Schmid 2010).

ausmachend bzw. ihn verursacht habend" zugerechnet werden kann. Genau diesen gerade skizzierten Zusammenhang meint die Aussage, dass „einen Sachverhalt zu ‚erklären', heißt ... Gründe oder Ursachen dafür anzugeben, *weshalb* er aufgetreten ist" (Schmid 2005: 122). Eine wesentliche „Erklärungslast" trägt bei einem solchen Erklärungsverständnis die allgemeine „Wenn-dann-Aussage". Sie bildet die Basis dafür, welche die eben genannte Schlussfolgerung möglich macht.

Die vorstehenden Bestimmungen, was ein Erklärungsargument ausmacht, sind nun anhand der obigen Beispielskizze etwas anschaulicher zu machen. Ich fasse das Beispiel – Regeländerung für eine bestimmte Technikentwicklung – dafür etwas abstrakter. Erklärungsgegenstand ist eine bestimmte Regeländerung durch eine Regierung, Explanandum somit die entsprechende Aussage darüber. Die allgemeine „Wenn-dann-Aussage" des Explanans besteht darin, den in der Skizze dargelegten Sachverhalt in eine solche Aussageform zu bringen. Etwa: Wenn eine Erfindung von in bestimmter Weise verfassten Prozessoren P_1 kritisch eingeschätzt wird und wenn deshalb andere Prozessoren P_2 diese Einschätzung positiv aufgreifen und wenn auf Grund dieser Ereignisse weitere Prozessoren P_3 diesen Beurteilungen auf eine bestimmte Weise folgen, dann ist alles dies die Ursache dafür, dass es zu einer Regeländerung durch die Regierung kommt. Als Randbedingungen ist anzunehmen, dass – zeitlich/örtlich der im Explanandum formulierten Regeländerung vorher gehend – bestimmte P_1, P_2, und P_3, wie in der „Wenn-dann-Aussage" formuliert, mit bestimmten Handlungen tatsächlich tätig waren.[73] Angenommen, dass alle Aussagen den oben genannten Adäquatheitsbedingungen genügen, die allgemeine „Wenn-dann-Aussage" also eine empirisch bestätigte (Transformations- bzw. Aggregations-)Hypothese ist, kann hinsichtlich des genannten Erklärungsgegenstandes die am Ende des vorstehenden Abschnittes genannte Schlussfolgerung gezogen werden, also der Gegenstand darüber erklärt werden. Etwas verkürzt formuliert sind dann also die Geschehnisse, welche durch die Tätigkeiten der jeweiligen Prozessoren zustande kommen, als Ursache für die Regeländerung anzunehmen.

Dass die allgemeine „Wenn-dann-Aussage" eine Haupterklärungslast trägt, wird auch an diesem Beispiel wieder deutlich. Der entscheidende Punkt ist: damit die Aussage diese „Last" tragen kann, also eine erklärende Schlussfolgerung auf einen empirischen Erklärungsgegenstand möglich ist, muss sie eine *empirisch bestätigte* Hypothese sein. Die genannte Schlussfolgerung ist nicht möglich, wenn die Hypothese „lediglich" eine Definition, analytische Regel oder dergleichen ist. Anders ausgedrückt, Transformations-/Aggregationshypothesen sind als „empirisch belastbare Annahmen über die Entstehungsbedingungen von strukturellen Effekten (im obigen Beispiel also die Regeländerung, R.G.)" (Schmid 2009b: 151), die „an den Sachzusammenhängen scheitern können" (Schmid 2009b: 154; 2006: 168-170), zu begreifen. Legt man diese Bestimmung zu Grunde, dann sind Erklärungsargumente, die im Explanans an die Stelle der allgemeinen „Wenn-dann-Aussage" nicht-empirische, definitorisch-analytische Regeln einsetzen, problematisch. Mit letzterem spiele ich auf den Stellenwert von so genannten Transformationsregeln in Erklärungsargumenten an. Bezüglich dieser Regeln hat

---

73   Die als weitere Komponente des Erklärungsargumentes genannten Anwendungsbedingungen machen dann
      Angaben darüber, unter welchen Bedingungen Regeländerungen der im Argument genannten Art, welche sich
      tatsächlich ereignet haben, als bzw. nicht als – verkürzt formuliert – von den Tätigkeiten der P1, P2, und P3
      verursacht anzunehmen sind.

sich jüngst eine Kontroverse entfaltet, in der Transformationsregelkonzepte von Lindenberg und Wippler sowie Esser von Schmid kritisch diskutiert werden. Worum geht es darin?

Zunächst muss man sich klar machen, dass die Transformationsregeln hergestellt werden, um kollektiv-überindividuelle Phänomene erklären zu können. Lindenberg, der wohl als erster explizit solche Regeln entwickelt hat, geht es mit ihnen darum, „einen *Mechanismus* anzugeben, der erklärt, wie ein sozialer Tatbestand einen bestimmten anderen zur Folge hat" (Lindenberg 1977: 48).[74] Da er als methodologischer Individualist davon ausgeht, dass soziale Tatbestände[75] durch bestimmte Handlungen, Effekte (usw.) individueller Akteure erzeugt werden, muss er, um solche Mechanismen formulieren zu können, angeben, auf welche Weise über welche individuellen Handlungen oder Effekte ein sozialer Tatbestand einen anderen zur Folge hat. Diesen Zusammenhang nennt Lindenberg das Transformationsproblem. Es besteht in „der Formulierung von Bedingungs*konstellationen*, in denen individuelle und kollektive Effekte verbunden werden" (Lindenberg 1977: 51). Gelöst wird dieses Problem durch Transformationsregeln. Die Arbeit, die solche Regeln „leisten, ist die folgende: kollektive Tatbestände werden als individuelle Interdependenzen konzipiert" (Lindenberg und Wippler 1978: 223 f.). Von daher wird auch verständlich, dass Transformationsregeln aufstellen für ihn heißt, kollektive Phänomene durch Bedingungskonstellationen zu definieren, „in denen individuelle und kollektive Effekte verbunden werden" (Lindenberg 1977: 51).[76]

Man muss sich nun weiter klar machen, dass es beim eben genannten „Transformationsproblem" nicht um eine Transformation im Gegenstandsbereich geht, sondern um eine Konzeptualisierung auf der Erfassungsebene. Lindenberg meint mit diesem Problem eine *analytische* Transformation von individuellen Tatbeständen in kollektive Tatbestände. Diese besteht in der Beschreibung von Bedingungen als der Angabe einer Konstellation sozial gerichteter individueller Tätigkeiten (usw.) bestimmter Art, die – also die Beschreibung – einen Mechanismus ausbuchstabiert, über den ein sozialer Tatbestand erzeugt wird (Lindenberg 1977: 52).[77] Transformationsregeln, die solche Mechanismen benennen, haben von daher ebenfalls analytischen Charakter. Der problematische Punkt ist nun, dass Lindenberg solche nicht-empirischen, definitorisch-analytischen Transformationsregeln in Erklärungsargumenten im Ex-

---

74 Man kann die Arbeit von Lindenberg auch als einen frühen Beitrag zur Diskussion über soziale Mechanismen lesen.

75 „Sozialer Tatbestand" steht für kollektiv-überindividuelle Interdependenzen zwischen Individuen. Mit solchen kollektiven Phänomenen hat es Lindenbergs Ansicht nach die Soziologie im Kern zu tun (Lindenberg 1977: 60 f.).

76 Auf die Besonderheit, dass es sich bei dieser Definition um eine sogenannte partielle Definition handelt, kommt es hier nicht an (vgl. dazu Lindenberg 1977: 56).

77 Am Beispiel „Abnahme politischer Stabilität", das für einen sozialen Tatbestand steht, der im Ausgang von einem anderen sozialen Tatbestand über die Angabe eines Mechanismus zu erklären ist, nennt Lindenberg exemplarisch – und vereinfachend – folgende(n) Transformationsregel bzw. Mechanismus: „Wenn die Anzahl (x) der Individuen, die Regierungsbeschlüsse befolgen, abnimmt und die Anzahl (x') der Regierungsbeschlüsse, die ein Individuum befolgt, abnimmt und wenn die Population (y) von der x eine Teilmenge bildet, konstant bleibt, zunimmt, oder langsamer abnimmt als x und wenn die Anzahl (y') der Regierungsbeschlüsse, die auf ein Individuum zutreffen konstant bleibt, zunimmt, oder langsamer abnimmt als x', dann nimmt die politische Stabilität ab" (Lindenberg 1977: 53).

planans als allgemeine „Wenn-dann-Aussagen" einsetzt.[78] Problematisch ist das deshalb, weil im Erklärungskonzept mit diesen Aussagen der Anspruch verbunden ist, einmal, dass sie Aussagen über Kausalzusammenhänge und weiter, dass sie empirisch wahr sind. Nur wenn dieser Anspruch erfüllt ist, können allgemeine „Wenn-dann-Aussagen" als Basis für das dienen, was oben mit „kausalem Herleiten" umschrieben wurde. Als eine derartige Basis können nun gerade rein definitorisch-analytische Transformationsregeln nicht dienen, weil sie keine empirisch bewährten Aussagen über Kausalzusammenhänge sind. Sie ermöglichen also keine Schlussfolgerung auf ein empirisches Explanandum, wie es in Erklärungsargumenten vorgesehen ist.

Diese Kritik trifft auch die Verwendung solcher Transformationsregeln in den Erklärungsargumenten für die Erklärung kollektiv-überindividueller Phänomene, die Hartmut Esser vorschlägt.[79] Denn auch er setzt Transformationsregeln als analytische Regeln bzw. Definitionen in Erklärungsargumenten an der Stelle von allgemeinen „Wenn-dann-Aussagen" ein (Esser 2000: 19). In seinem Beispielfall – Entstehung einer Freundschaft – sieht man zudem deutlich, dass die Transformationsregel keinen Kausalzusammenhang benennt, sondern allein definiert, welche Merkmale für das Bestehen einer Freundschaft erfüllt sein müssen.[80] Von einer solchen Angabe her kann aber das Explanandum, nämlich die Entstehung einer bestimmten Freundschaft, nicht kausal hergeleitet werden.[81] Denn ist die allgemeine Aussage nicht empirisch und hat keinen Kausalzusammenhang zum Gegenstand, kann sie auch nicht als Basis für ein kausales Herleiten dienen.

Meine Vermutung ist, dass Esser beim Erklärungsargument für kollektive Phänomene zweierlei vermischt. Nämlich die *Identifizierung* eines kollektiv-überindividuellen Phänomens mit der *kausalen Erklärung* dieses Phänomens. Denn im eben genannten Aufsatz von 2009 schließt er die Rekonstruktion des Erklärungsargumentes mit der Rekonstruktion der Konklusion, die folgendermaßen lautet: „… *dann* liegt das *zu erklärende* kollektive Phänomen vor" (Esser 2009: 262; Hervorh. R.G.)). Das ist es, worauf anhand des Erklärungsargumentes geschlossen werden können soll: dass ein kollektives Phänomen *vorliegt*! Und ergänzen kann man, es liegt etwas vor, was noch nicht erklärt ist, nämlich, wie es im Zitat heißt, ein *zu erklärendes* Phänomen. Ich vermute, dass diese Deutung auch für sein Freundschaftsbeispiel zutrifft. Es soll nachgewiesen werden, dass eine entstandene Freundschaft vorliegt.

---

78   „Obwohl sie analytisch ist, fungiert diese Transformationsregel nun wie eine allgemeine Aussage" (Lindenberg 1977: 53); und: „die Transformationsregeln erfüllen bei deduktiven Argumentationen dieselbe Funktion wie allgemeine Gesetzesaussagen" (Lindenberg und Wippler 1978: 225).

79   Ich beziehe mich hier primär auf sein Erklärungsbeispiel „Entstehung einer Freundschaft" (Esser 2000: 14-19);. die Kritik trifft aber in gleicher Weise neuere Ausführungen (Esser 2009: 260-265).

80   „Das kollektive Ereignis einer Freundschaft F zwischen zwei Akteuren A und B besteht genau dann, wenn bei *beiden* Akteuren die Einstellung f entstanden ist und sie in ihrem Handeln (ko-) orientiert." (Esser 2000: 16)

81   Michael Schmid verdeutlicht diesen Kritikpunkt an folgendem Beispiel, in dem die darin genannten Regeln für Transformationsregeln stehen: „Wenn (demokratische) Wahlen zu einem benennbaren kollektiven Effekt führen, dann nicht, weil die Sitzverteilung einer mathematisch beschreibbaren Regel folgt, sondern weil Akteure sich dazu entschlossen haben, diese Regel zur Organisation eines Wahlverfahrens zu institutionalisieren" (Schmid 2009b: 155); und: „*handlungstheoretisch erklärt* wird … (eine parlamentarische Sitzverteilung, R.G.) aber sicher nicht vermittels der logischen Implikationseigenschaft von (rechnerischen) Wahl- und Sitzverteilungsregeln, sondern durch den Hinweis darauf, dass bestimmte Akteure (aus welchen Gründen auch immer) *akzeptieren*, dass Wahlen und die daraufhin vorzusehende Sitzverteilung nach einem bestimmten Reglement stattfinden" (Schmid 2006: 168 f.).

Soweit meine Einschätzung der Position von Esser. Nach Abschluss des Aufsatzes habe ich diese Überlegungen mit Hartmut Esser diskutiert. Dabei stellt sich heraus, dass er das Transformationsargument, welches ich als Erklärungsargument gedeutet habe, gar nicht als Erklärungsargument verstanden wissen will. Folglich haben die Transformationsregeln dann auch einen anderen Stellenwert als von mir angenommen. Sie sind nicht Teil eines Erklärungsargumentes, von ihnen wird nichts kausal hergeleitet. Das kausale Herleiten und somit Erklären des kollektiven Explanandums „Entstehung einer Freundschaft" (im Sinne von Anm. 79) ist mit der Erklärung der so genannten „individuellen Effekte" abgeschlossen, also der sozialen Handlungen von Alter und Ego, durch die bei beiden die Einstellung f entsteht, die sie dann wechselseitig orientiert. Die Transformationsregel dient lediglich der „logischen" Zusammenführung der individuellen Effekte, die ja jeweils für sich erklärt werden müssen, als zum Phänomen „Entstehung einer Freundschaft" gehörig. Deshalb, weil es nur um die skizzierte – „logische", wie ich es genannt habe – Zusammenführung geht, schreibt Esser auch vom „logische(n) Argument der Transformation der individuellen Effekte in das kollektive Phänomen" (Esser 2000: 19). Und dieses Argument, das ist der Punkt, auf den ich hier hinaus will, ist eben nicht als Erklärungsargument gemeint, dient nicht der kausalen Herleitung.[82]

Wenn man das so akzeptiert, hat das meiner Ansicht nach verschiedene Konsequenzen. Zunächst, ist das Explanandum ein kollektiv-überindividuelles Phänomen und wird dieses Explanandum mittels Erklärungen von individuellen Effekten erklärt, dann braucht man so etwas wie eine Transformationsregel nicht erst nach der Erklärung der individuellen Effekte, sondern schon vorher, für deren Konzeptualisierung. Denn es muss ja gewährleistet sein, dass man soziale Handlungen bzw. individuelle Effekte erklärt, die Teil eines Aggregationsprozesses sind. Das heißt des Weiteren, im Rahmen des Modells der soziologischen Erklärung, in dem es als letztes Ziel immer um die Erklärung kollektiv-überindividueller Phänomene geht, sind Erklärungen jeweiliger individueller Handlungen nie „bloße" individuelle Erklärungen, sondern Teile von Aggregationserklärungen – und konzeptuell als solche auszuweisen! Und schließlich, bedenkt man – siehe die gerade skizzierte Kontroverse –, welche Unklarheiten zwischen uns darüber bestehen, auf welche Weise und mit welchen wie beschaffenen Erklärungsargumenten soziale Aggregationen zu erklären sind, dann scheinen mir grundsätzlichere Klärungen notwendig.

Um besser auseinander zu halten, was wo seinen Platz hat, halte ich es zunächst für hilfreich, der groben Linie nach folgende „Arbeitsbereiche" zu differenzieren, in denen unterschiedliche Konzepte und Theorien zu produzieren sind:

i) Sozialtheoretische Begriffsbestimmungen bzw. Definitionen usw. von sozialen Gebilden, Konstellationen (deren Reproduktion, Wandel usw.), von sozialen Handlungen, Erwartungen, Gefühlen, Prozessoren usw. sowie Begriffsbestimmungen, Definitionen (etc.) weiterer – spezifischer – Sozialformen (etwa: Gesellschaft, Gruppe, Institution, Organisation usw.).

ii) Beschreibende Rekonstruktionen jeweiligen Sozialgeschehens, also von konkreten sozialen Gebilden, deren sozialen Strukturen, Handlungen, Prozessoren, usw.

---

82 Dass man das Transformationsargument als Erklärungsargument deuten kann, liegt wohl daran, dass Esser die Transformationsregeln als eine Art von Gesetz und die individuellen Effekte als Randbedingungen bezeichnet – und zwar in beiden Fällen als Teil des Transformationsargumentes.

iii) Kausale Erklärungen jeweiligen Sozialgeschehens.[83] Zu diesem Bereich gehören dann auch Theorien, die im Grundsätzlichen angeben, welche zu unterscheidenden Gegenstände (etwa: einzelne soziale Operationen, sozialer Strukturwandel usw.) auf welche Weisen (z.B. mittels Aggregations- bzw. Transformationshypothesen, usw.) kausal zu erklären sind. Hier müsste sich dann auch erläutert finden, wie Erklärungsargumente aufzubauen sind, welche Form und welchen Stellenwert allgemeine „Wenn-dann-Aussagen" darin haben, usw.

Diese Bereiche hätten sich nicht gegeneinander abzuschotten, sondern wären im Sinne einer Arbeitsteilung zu organisieren.[84] Also dergestalt, dass in den verschiedenen Feldern erarbeitete Ergebnisse – über wechselseitige Kritik, Korrektur usw. – voneinander profitieren können. Etwa: sozialtheoretische Konzepte würden im Abstrakten ausbuchstabieren, wie das vorzustellen ist, was ich oben mit „Produktion des Sozialen" umschrieben habe. Von diesen Konzepten her wären dann beschreibende Rekonstruktionen sowie kausale Erklärungen jeweiligen Sozialgeschehens zu entwickeln.

Was solche kausalen Erklärungen angeht, so wäre sicher ein wichtiger Punkt, in verschiedenen Hinsichten genauer darzulegen, worin sich Erklärungen relativ einfacher Aggregationsphänomene – zu denken ist diesbezüglich z.B. an das obige Freundschaftsbeispiel – von komplexeren Aggregationsphänomenen unterscheiden. Vorrangig zu erörtern wäre dann etwa auch, wie Erklärungsargumente für komplexeres Sozialgeschehen aufzuziehen sind, z. B. für vielschrittige Prozess- und Strukturdynamiken umfänglicher sozialer Konstellationen. Welche Modellbildungen sind dafür erforderlich, welche Instrumente – etwa Erklärungen sozialer Mechanismen oder von Pfadabhängigkeiten – können dabei wie genutzt werden? Erst wenn wir in derart grundlegenden Dingen, wie sie mit den vorstehenden Unterscheidungen intendiert sind, größere Klarheit haben, werden wir Ergebnisse erzielen können, die für eine kumulative Wissensproduktion förderlich sind. Eines allerdings scheint mir aus heutiger Sicht dabei nicht zur Disposition zu stehen: Erklärungen jeweiligen Sozialgeschehens werden immer als Erklärungen der Produktion des Sozialen anzulegen sein, und zwar der groben Linie nach in der Weise, wie diese Produktion hier in der Arbeit skizziert wurde. Und das bedeutet dann auch, sie werden als mikrofundierte Produktion des Sozialen anzulegen sein, also unter Berücksichtung von in bestimmter Art verfassten individuellen Prozessoren und deren Operationen und Ausrichtungen. Denn ohne eine solche Mikrofundierung bekommt man die dynamischen Kräfte nicht in den Blick, die das soziale Geschehen herstellen – und folglich wäre letzteres ohne diese Fundierung auch nicht rational zu erklären.[85]

Die Ausgestaltung der drei Bereiche, die mir vorschwebt, ist eine solche, die (auch) methodologisch-individualistisch zu fundieren ist. Auf die Verwendung des Terminus „methodologischer Individualismus" kommt es dabei aber nicht an. Er ist problemlos verzichtbar – und

---

83   „Prognose" lasse ich hier der Einfachheit halber außen vor.

84   Siehe zu einer solchen Arbeitsteilung bereits die entsprechenden obigen Ausführungen in Abschnitt 5, S. 16 ff.

85   Statt „Mikrofundierung" könnte man auch „methodologisch-individualistische Fundierung" sagen. Der Aussagegehalt bleibt derselbe. Die Verwendung des Terminus „methodologischer Individualismus" ist also überhaupt nicht notwendig. Er ist problemlos verzichtbar. Und da er immer wieder Abwehrreflexe, Vorurteile und schief laufende Diskussionen zur Folge hat, sollte man einen Verzicht auch erwägen, wenn die Theoriedebatten dadurch befördert werden.

da er immer wieder bestimmte Abwehrreflexe, Vorurteile und schief laufende Diskussionen zur Folge hat, sollte man einen Verzicht auch erwägen. Von der „Sache her" bleibt allerdings die Annahme bestehen, dass die Produktion des Sozialen nicht ohne Berücksichtung von in bestimmter Weise konzeptualisierten, rekonstruierten und erklärten individuellen Entitäten fruchtbar erfasst werden kann. Von daher wäre es alles andere als rational, darauf zu verzichten.

Literatur

Abbott, Andrew, 2007: Mechanisms and Relations. In: Sociologica 2: 1-22 (doi: 10.2383/24750).

Albert, Gert, 2010a: Handlungstheorien mittlerer oder universaler Reichweite? Zu einer latenten methodologischen Kontroverse. In: Gert Albert und Steffen Sigmund (Hg.), Soziologische Theorie kontrovers. Sonderheft 50 der Kölner Zeitschrift für Soziologie und Sozialpsychologie. Wiesbaden: VS Verlag.

Albert, Gert, 2010b: Warum und wann die verdinglichende Rede vom Sozialen richtig ist!. In: Gert Albert, Rainer Greshoff und Rainer Schützeichel (Hg.), Dimensionen und Konzeptionen von Sozialität. Wiesbaden: VS Verlag: 317-337.

Bedorf, Thomas, Joachim Fischer und Gesa Lindemann (Hg.), 2010: Theorien des Dritten. Fink: München.

Esser, Hartmut, 1993: Soziologie. Allgemeine Grundlagen. Frankfurt/M-New York: Campus.

Esser, Hartmut, 1999: Soziologie. Spezielle Grundlagen. Band 1: Situationslogik und Handeln. Frankfurt/M., New York: Campus.

Esser, Hartmut, 2000: Soziologie. Spezielle Grundlagen. Band 2: Die Konstruktion der Gesellschaft. Frankfurt/M., New York: Campus.

Esser, Hartmut, 2009: Erwiderung: Bringing society (back) in!. In: Paul Hill, Frank Kalter, Johannes Kopp, Clemens Kroneberg, Rainer Schnell (Hg.), Hartmut Essers erklärende Soziologie. Frankfurt/M., New York: Campus: 255-286.

Esser, Hartmut, 2010: How far reaches the „middle range" of a theory? In: Sociologica 1: 1-12 (doi: 10.2383/32059).

George, Alexander L. und Andrew Bennett, 2005: Case studies and theory development in the social sciences. Cambridge, London: MIT Press.

Greshoff, Rainer, 1999: Die theoretischen Konzeptionen des Sozialen von Max Weber und Niklas Luhmann im Vergleich. Opladen: Westdeutscher Verlag.

Greshoff, Rainer, 2004: Methodologischer Individualismus und die Konzeptualisierung von Sozialität bei Friedrich A. von Hayek und Max Weber. In: Manfred Gabriel (Hg.), Paradigmen der akteurszentrierten Soziologie. Wiesbaden: VS Verlag: 261-286.

Greshoff, Rainer, 2006a: Das Essersche „Modell der soziologischen Erklärung" als zentrales Integrationskonzept im Spiegel der Esser-Luhmann-Weber-Vergleiche – was resultiert für die weitere Theoriediskussion?. In: Rainer Greshoff und Uwe Schimank (Hg.), Integrative Sozialtheorie? Esser – Luhmann – Weber. Wiesbaden: VS Verlag: 515-580.

Greshoff, Rainer, 2006b: Die Esser-Luhmann-Kontroverse als unbefriedigender Streit um die Grundlagen der Soziologie – Überlegungen zur Klärung der Debatte. In: Soziologie 35: 161-177.

Greshoff, Rainer, 2008: Ohne Akteure geht es nicht! Oder: warum die Fundamente der Luhmannschen Sozialtheorie nicht tragen. In: Zeitschrift für Soziologie 37: 450-469.

Greshoff, Rainer, 2009: Strukturtheoretischer Individualismus. In: Georg Kneer und Markus Schroer (Hg.), Soziologische Theorien. Ein Handbuch. Wiesbaden: VS-Verlag: 445-467.

Greshoff, Rainer, 2010: Wie aussage- und erklärungskräftig sind die sozialtheoretischen Konzepte Peter Hedströms?. In: Thomas Kron und Thomas Grund (Hg.), Die Analytische Soziologie in der Diskussion. Wiesbaden: VS Verlag: 67-90.

Greshoff, Rainer, 2011a: Emergenz und Reduktion in sozialwissenschaftlicher Perspektive. In: Jens Greve und Annette Schnabel (Hg.), Emergenz: Zur Analyse und Erklärung komplexer Strukturen. Berlin: Suhrkamp: 214-251.

Greshoff, Rainer, 2011b: Die multiparadigmatische Verfassung der Soziologie – woraus resultiert sie, was sind ihre Konsequenzen und wie kann sie bewältigt werden? Konzepte, Kritiken und Vorschläge in sozialtheoretischer Perspektive. MS.

Greshoff, Rainer und Uwe Schimank, 2005: Einleitung: Was erklärt die Soziologie?. In: Uwe Schimank und Rainer Greshoff (Hg.): Was erklärt die Soziologie? Münster: LIT: 7-42.

Greve, Jens, 2009: Nicht intendierte Effekte, Transformationslogik und Institutionen. In: Mateusz Stachura, Agathe Bienfait, Gert Albert und Steffen Sigmund (Hg.), Der Sinn der Institutionen. Wiesbaden: VS Verlag: 90-124.

Gross, Neil, 2009: A Pragmatist Theory of Social Mechanisms. In: American Sociological Review 74: 358-379.

Hedström, Peter, 2005: Dissecting the social. Cambridge: Cambridge University Press.

Hedström, Peter und Petri Ylikoski, 2010: Causal mechanisms in the social sciences. In: Annual Review of Sociology 36: 49-67.

Henrich, Dieter, 2007: Denken und Selbstsein. Frankfurt/M.: Suhrkamp.

Hodgson, Geoffrey M., 2007: Meanings of methodological individualism. In: Journal of Economic Methodology 14: 211-226.

Joas, Hans und Wolfgang Knöbl, 2004: Sozialtheorie. Frankfurt/M: Suhrkamp.

Koenig, Matthias, 2008: Soziale Mechanismen und relationale Soziologie. In: Karl-Siegbert Rehberg (Hg.), Die Natur der Gesellschaft. Frankfurt/M., New York: Campus, 2896-2906.

Kroneberg, Clemens, 2008: Methodologie statt Ontologie. In: Jens Greve, Annette Schnabel und Rainer Schützeichel (Hg.), Das Mikro-Makro-Modell der soziologischen Erklärung. Wiesbaden: VS Verlag: 222-247.

Kroneberg, Clemens, 2011: Integrative Handlungstheorie. Wiesbaden: VS Verlag.

Kurzman, Charles, 2004: Can understanding undermine explanation? In: Philosophy of the social sciences 34: 328-351.

Lindemann, Gesa, 2009: Das Soziale von seinen Grenzen her denken. Weilerswist: Velbrück.

Lindenberg, Siegwart, 1977: Individuelle Effekte, kollektive Phänomene und das Problem der Transformation. In: Klaus Eichner und Werner Habermehl (Hg.), Probleme der Erklärung sozialen Verhaltens. Meisenheim: Hain: 46-84.

Lindenberg, Siegwart und Reinhard Wippler, 1978: Theorienvergleich: Elemente der Rekonstruktion. In: Karl Otto Hondrich und Joachim Matthes (Hg.), Theorienvergleich in den Sozialwissenschaften. Darmstadt, Neuwied: Luchterhand: 219-231.

Little, Daniel, 1998: Microfoundations, Method and Causation. New Brunswick, London: Transaction Publications.

Luhmann, Niklas, 1985: „Neue Politische Ökonomie". In: Soziologische Revue 8: 115-120.

Luhmann, Niklas, 1990: Die Wissenschaft der Gesellschaft. Frankfurt/M.: Suhrkamp.

Luhmann, Niklas, 1997a: Die Gesellschaft der Gesellschaft. Frankfurt/M.: Suhrkamp.

Luhmann, Niklas, 1997b: Selbstorganisation und Mikrodiversität: Zur Wissenssoziologie des neuzeitlichen Individualismus. In: Soziale Systeme 3: 23-32.

Manicas, Peter T., 2006: A Realist Philosophy of Social Science. Cambridge: Cambridge University Press.

Manzo, Gianluca, 2007: Comment on Andrew Abbott. In: Sociologica 2: 1-7 (doi: 10.2383/24752).

Manzo, Gianluca, 2010: Analytical sociology and its critics. In: European Journal of Sociology 51: 129-170.

Maurer, Andrea und Michael Schmid, 2010: Erklärende Soziologie. Grundlagen, Vertreter und Anwendungsfelder eines Forschungsprogramms. Wiesbaden: VS Verlag.

Mayerl, Jochen, 2009: Kognitive Grundlagen sozialen Verhaltens. Wiesbaden: VS Verlag.

Mayntz, Renate, 2005: Soziale Mechanismen in der Analyse gesellschaftlicher Makro-Phänomene. In: Uwe Schimank und Rainer Greshoff (Hg.), Was erklärt die Soziologie? Münster: LIT: 204-227.

Mayntz, Renate und Brigitta Nedelmann, 1987: Eigendynamische soziale Prozesse. In: Kölner Zeitschrift für Soziologie und Sozialpsychologie 39: 648-668.

McAdam, Doug, Sidney Tarrow und Charles Tilly, 2001: Dynamics of contention. Cambridge: Cambridge University Press.

Merton, Robert K., 1995: Soziologische Theorie und soziale Struktur. Berlin, New York: de Gruyter.Nassehi, A. 2003: Und wenn die Welt voll Teufel wär' ... . In: Soziologie 33: 20-28.

Opp, Karl-Dieter, 2009: Das individualistische Erklärungsprogramm in der Soziologie. In: Zeitschrift für Soziologie 38: 26-47.

Porpora, Douglas V., 1989: Four concepts of social structure. In: Journal for the Theory of Social Behaviour 19: 195-211.

Renn, Joachim, 2006: Übersetzungsverhältnisse. Perspektiven einer pragmatistischen Gesellschaftstheorie. Weilerswist: Velbrück.

Schimank, Uwe, 2002: Theoretische Modelle sozialer Strukturdynamiken: Ein Gefüge von Generalisierungsniveaus. In: Renate Mayntz (Hg.), Akteure – Mechanismen – Modelle. Frankfurt/M., New York: Campus: 151-178.

Schmid, Michael, 2005: Ist die Soziologie eine erklärende Wissenschaft?. In: Uwe Schimank und Rainer Greshoff (Hg.), Was erklärt die Soziologie? Münster: LIT: 122-148.

Schmid, Michael, 2006: Die Logik mechanismischer Erklärungen. Wiesbaden: VS Verlag.

Schmid, Michael, 2009a: Theorien, Modelle und Erklärungen. Einige Grundprobleme des soziologischen Theorienvergleichs. In: Gerhard Preyer (Hg.), Neuer Mensch und kollektive Identität in der Kommunikationsgesellschaft. Wiesbaden: VS Verlag. 323-359.

Schmid, Michael, 2009b: Das Aggregationsproblem – Versuch einer methodologischen Analyse. In: Paul Hill, Frank Kalter, Johannes Kopp, Clemens Kroneberg und Rainer Schnell (Hg.), Hartmut Essers erklärende Soziologie. Frankfurt/M., New York: Campus: 135-166.

Schützeichel, Rainer, 2010: Die Logik des Sozialen. Entwurf einer intentional-relationalen Sozialtheorie. In: Gert Albert, Rainer Greshoff und Rainer Schützeichel (Hg.), Dimensionen und Konzeptionen von Sozialität. Wiesbaden: VS Verlag: 339-376.

Simon, Herbert A., 1976: From Substantive to Procedural Rationality. In: Ders., Models of Bounded Rationality. Vol. 2. Cambridge (Mass.): MIT Press: 424-443.

Srubar, Ilja, 1994: Die (neo-) utilitaristische Konstruktion der Wirklichkeit. In: Soziologische Revue 17: 115-121.

Stichweh, Rudolf, 2000: Systems Theory as an Alternative to Action Theory? The Rise of „Communication" as a Theoretical Option. In: Acta Sociologica 43: 5-13.

Tyrell, Hartmann, 1998: Handeln, Religion und Kommunikation – Begriffsgeschichtliche und systematische Überlegungen. In: Hartmann Tyrell, Volkhard Krech und Hubert Knoblauch (Hg.), Religion als Kommunikation. Würzburg: Ergon: 83-134.

Udehn, Lars, 2001: Methodological Individualism. London, New York: Routledge.

Udehn, Lars, 2002: The Changing Face of Methodological Individualism. In: Annual Review of Sociology 28: 479-507.

Weber, Max, 1973/1922: Gesammelte Aufsätze zur Wissenschaftslehre. Tübingen: Mohr (Siebeck).

Weber, Max, 1976/1922: Wirtschaft und Gesellschaft. 5. rev. Aufl. Tübingen: Mohr (Siebeck).

Die Erklärungsaufgabe der Soziologie und das Problem der Rationalität

Michael Schmid

1. Problemstellung

Ich vertrete die Meinung, dass die Soziologie wie jede andere Sozialwissenschaft als eine *erklärende Wissenschaft* betrieben werden kann (wenn auch nicht zwangsläufig betrieben werden muss), die sich der Aufgabe zu widmen hat, Aufbau und Dynamik „kollektiver" oder „sozialer Phänomene" zu analysieren (vgl. Balog 2006; Schmid 2006a). Als eine analytisch-erklärende Wissenschaft kann die Bearbeitung ihrer disziplintypischen Themen und Fragen weder einen erkenntnislogischen noch einen theoretischen Sonderstatus beanspruchen (vgl. Schmid 1996; 2009b). Allerdings ist nicht abschließend geklärt, welcher Logik eine erklärende Sozialwissenschaft folgen kann (Abschnitt 2). Ich werde deshalb im Nachfolgenden zunächst die Grundzüge eines sozialwissenschaftlichen Erklärungsprogramms skizzieren, sodann untersuchen, welche Rolle die Konzeption des rationalen Handelns bei dem Versuch spielen kann, es auf den Weg zu bringen (Abschnitt 3), und endlich einige offenen Fragen durchgehen, deren Beantwortung die weiterreichende Fruchtbarkeit des dargestellten Programms belegen kann (Abschnitt 4).

Ich beginne mit der (kurz gehaltenen) Nachzeichnung der Grundzüge einer erklärenden Sozialwissenschaft.

2. Das Programm der erklärenden Sozialwissenschaften

Ich gehe davon aus, dass alle Sozialwissenschaften als *Handlungswissenschaft* zu betreiben sind und stelle mich insoweit in die Tradition des Methodologischen Individualismus[1], dessen Vertreter die These für plausibel halten, dass wir das gesellschaftliche Leben nur dann durchschauen, wenn wir seine Organisationsformen und Verteilungsstrukturen (in einem technischen Sinn des Begriffs) auf das Handeln individueller Akteure „zurückführen" können. Die Aufgabe der Sozialwissenschaften erschöpft sich dieser Auffassung folgend nicht darin, einzelne Handlungen und deren „individuellen Effekte" (Lindenberg 1977) zu erklären, sondern ist darauf ausgerichtet, (zumindest) zwei überindividuelle Phänomene zu erkunden: zum einen die *Interdependenzmechanismen* oder „Interaktionsregime" (Hedström 2005: 86) bzw. „strukturelle Konfigurationen" (vgl. Mayntz 1997: 27), die die Handlungen einzelner Akteure – wie es vielfach heißt – miteinander „verknüpfen" (Coleman 1991: 13), und zum anderen deren *Struktur-* oder *Kollektiveffekte* bzw. die Verteilungsstrukturen (vgl. Blau 1977; Merton

---

1 Vgl. zur Debatte um den Methodologischen Individualismus O'Neill 1973, Schmid 1996: 20-103 und Udéhn 2001.

1995), welche die Funktionsweise der Interdependenzverhältnisse nach sich ziehen. Erklärungen sozialer Phänomene zu geben, heißt demnach, die *Genese* und *Veränderung* von Strukturen aus den *sozial vermittelten* Handlungen der Akteure (logisch) *abzuleiten*, weshalb auch davon die Rede sein kann, dass die sozialwissenschaftliche Erklärungsaufgabe darin besteht, nach den *generativen Mechanismen* kollektiver Phänomene zu suchen (vgl. Bunge 1996; Fararo 2001; Schmid 2005a; 2006a).

Aus dieser Aufgabenstellung leitet sich ab, dass tragfähige Erklärungsargumente nicht die einfache Form des Hempel-Oppenheim-Schemas annehmen können, zumal wir keine sozialen oder strukturellen Gesetze kennen, die es erlauben würden, Interdependenzen und Strukturfolgen in einem Schritt aus den „allgemeinen Erfahrungsregeln" (des menschlichen Handelns) (Weber 1968/1922: 287 ff.) abzuleiten, indem wir diese Kollektivexplananda als einen ihrer Anwendungsfälle behandeln (vgl. Esser 2002; 2004). Stattdessen sind wird darauf angewiesen, ein *mehrstufiges Erklärungsargument* zu entwickeln, um Interdependenzmechanismen und deren Verteilungsstrukturen aus Einzelhandlungen herzuleiten (vgl. Schmid 2006a: 16 ff.; Maurer und Schmid 2010: 57 ff.). In einem ersten Schritt erklären wir (insoweit durchaus der Logik des Nagel-Hempel-Carnap-Popper-Schemas folgend) die Handlungen einzelner Akteure und deren individuell zuschreibbares Ergebnis (Lindenberg 1977; Wippler und Lindenberg 1987). Dazu müssen wir zweierlei voraussetzen. Zum einen benötigen wir eine *Theorie des individuellen Handelns*, die den „inneren Prozess des Individuums" (Coleman 1991: 1) benennt, vermittels dessen wir die (kausalen) Faktoren identifizieren können, die – um es zunächst unbestimmt auszudrücken – einen Akteur zu einem bestimmten Handeln veranlassen. Zum anderen müssen wir auf Annahmen darüber zurückgreifen können, wie sich die Tatsache auf sein Handeln auswirkt, dass sich ein Akteur in einer spezifischen *Handlungssituation* befindet. Diese Handlungssituation umgreift verschiedene Größen, so die Fähigkeits- und Ressourcenausstattung des Akteurs oder seine Mittel bzw. die Restriktionen und Opportunitäten und – worauf vor allem die an Max Weber geschulte Soziologie immer bestanden hat – das Handeln seiner Mitakteure, an dem er sich, um seine eigenen Absichten zum Erfolg zu führen, zu „orientieren" hat (vgl. Weber 1972/1922: 11 f.; vgl. dazu auch Müller und Maurer in diesem Band). Wir benötigen beide Komponenten: Zum einen *Handlungsannahmen* und zum anderen Kontext- oder *Situationsannahmen* alleine deshalb, weil sich Situationsbeschreibungen nicht aus Handlungsprämissen ableiten lassen (vgl. Eberlein 1971). Situationsannahmen erfassen nicht die Anwendungsbedingungen der Handlungstheorie, sondern deren Randbedingungen.

Eine solche Handlungstheorie enthält zudem keine Informationen darüber, dass das Handeln der Akteure in Abhängigkeit von einander verläuft, weshalb wir das Problem, wie sich die Handlungen unterschiedlicher Akteure miteinander verbinden und aufeinander einwirken, in einem zweiten, *eigenständigen Erklärungsschritt* beantworten müssen. An derartigen Analysen war einesteils die Phänomenologie (vgl. Schütz 1971), die Ethnomethodologie (vgl. Garfinkel 1967) und der Interaktionismus interessiert (vgl. Charon 1979), die sich indessen eher auf die Rekonstruktion der Perspektiven des Einzelakteurs konzentrieren wollten, als auf die Eigenheiten der sozialen Handlungsmechanismen; auf der anderen Seite hatte der Strukturalismus vornehmlich die formalen Eigenschaften der zwischenmenschlichen „Assoziationen" und deren Restriktionswirkungen im Auge, ohne die Zielsetzungen der Akteure als einen gesonderten Erklärungsfaktor heranziehen zu wollen (vgl. Blau 1977). In jüngerer Zeit versuchen sogenannte „mechanismische Erklärungen" (Bunge 2010) beide Aspekte: die *Binnensicht der Akteure* (ihre Ziele und Erwartungen) mit den *Handlungskontexten* zu verbinden, innerhalb derer sie agieren müssen (vgl. zur Geschichte des Programms Schmid 2006a). Im Zentrum entsprechender Forschungen steht die doppelte Frage, *welche Verknüpfungsformen* es geben kann und *unter welchen Bedingungen* absichts- und erwartungsgeleitete Akteure *diese zu etablieren, aufrechtzuerhalten oder umzugestalten* suchen. Die daran geknüpften Überlegungen verbinden sich mit dem Kerngedanken des sozialwissenschaftlichen Institutionalismus insoweit (vgl. Maurer und Schmid 2002), als der erfolgreiche Aufbau derartiger Beziehungsformen davon abhängt, dass es den Akteuren gelingt, sich auf verhaltenssteuernde Regulierungen festzulegen (vgl. auch Zintl in diesem Band).

Dass solche Bemühungen aus der Sicht wenigstens einiger oder gar aller Akteure erfolgreich verlaufen, ist dabei nicht impliziert. Seit ihrer Gründerzeit hat die Sozialtheorie diesen Tatbestand unter dem Gesichtspunkt analysiert, dass der Auf- und Ausbau sozialer Beziehungsformen mit nicht-intendierten Handlungsfolgen verbunden ist (vgl. Wippler 1981). Daraus lässt sich erweiternd ableiten, dass das aufeinander bezogene Handeln der Akteure *Kollektiveffekte* nach sich ziehen kann, die mit den handlungsbestimmenden Überlegungen der Akteure (in der Regel) wenig zu tun haben und die sie auch nicht alleine deshalb kennen, weil sie bestimmte Interdependenzverhältnisse haben schaffen können. Folge davon ist, dass sich die Sozialwissenschaften in einem *weiteren Erklärungsschritt* der Frage widmen müssen, welche Effekte mit der Bearbeitung vorhandener Interdependenzprobleme verbunden sind. Da die erfolgreiche Identifikation derartiger Effekte indessen nichts darüber aussagt, ob und wie die Akteure auf sie reagieren, ist in einem *abschließenden Schritt* zu klären, wie sich die Verteilungseffekte ihres Handelns auf ihre Bereitschaft auswirken, sich auch weiterhin an die einmal gefundenen (institutionellen) Lösungen ihrer Verkehrsprobleme zu halten. Auf diese Weise lassen sich die Kollektiveffekte des Handelns an die situativen Bedingungen der Akteure zurückbinden und Modellierungen ihrer Interdependenzprozesse vorlegen, die die verbreitete Gleichgewichtsorientierung der Markt-, Organisations- und Systemforschung zugunsten dynamischer Überlegungen zu durchbrechen erlauben.

Damit ist die anfangs erwähnte Fragestellung, der sich alle erklärenden Sozialwissenschaften widmen, in einer verallgemeinerten Weise umrissen: Sie sind dazu aufgerufen, die Entstehungs-, Bestands- und Umgestaltungsbedingungen von Interdependenzverhältnissen zu entschlüsseln, indem sie die Effekte des aufeinander bezogenen Handelns einzelner Akteure aus den individuellen und situationalen Bedingungen erklären, unter denen ihr Handeln abläuft. Soweit die Sozialwissenschaftler an den Rückwirkungen der Kollektiveffekte auf die Ausgangsbedingungen des Handelns interessiert sind, können sie ihre Aufmerksamkeit zusätzlich auf die „Strukturdynamiken" (und deren Formenreichtum) richten (vgl. Hernes 1995; Mayntz 1997: 15 ff.).

Indem sie den Aufbau wie die Dynamik sozialer Interdependenzverhältnisse dem Handeln der einzelnen Akteure zuschreiben, verfahren sozialwissenschaftliche Erklärungen „mikrofundierend" (vgl. Little 1998; Manicas 2006; Schmid 2006a). Sie verschaffen den Verteilungsstrukturen, die sich als Folge des interdependent organisierten Handelns einer Vielzahl von Akteuren ergeben, damit eine „Tiefenerklärung" (Bunge 1967: 506 ff.; Esser 1991: 40 ff.;

2002: 133). Diese Vorgabe im technischen Sinne des logischen Reduktionismus (vgl. Nagel 1961: 336 ff.) zu verstehen (vgl. Hummell und Opp 1971), geht indessen nicht an, weil jede mikrofundierende Erklärungspraxis die Eigenständigkeit und Eigenwirksamkeit situativer und struktureller Bedingungen jederzeit akzeptiert. Es gibt (in der Tat) zumeist als „emergent" bezeichnete (vgl. Sawyer 2005) „soziale Tatsachen", die die Akteure bei der Organisation ihres Handelns nicht ignorieren können (vgl. Grafstein 1992) und die insofern ihre Handlungsplanung und -durchführung „kanalisieren" (Albert, H. 1976) oder „prägen" (Albert, G. 2005). Diese Kanalisierungs- oder Prägungswirkung können wir indessen nur dann erkennen, wenn wir über eine Handlungstheorie verfügen, die Angaben darüber macht, wie sich diese sozialen Tatsachen auf die Handlungen einzelner Akteure auswirken, bzw. wie die Akteure auf sie reagieren (Hedström 2005).

Wir benötigen demnach eine Handlungstheorie nicht nur, um Einzelhandlungen und deren abstimmungsrelevanten Eigenheiten zu *erklären*, sondern auch zu dem Zweck, die Folgen und Rückwirkungen von Situations- und Struktureigenschaften auf das Handeln der Akteure zu *identifizieren*.

3. Die Handlungstheorie

Die Problemgeschichte der Frage, welcher Handlungstheorie die besten Erklärungschancen einzuräumen seien, muss erst noch geschrieben werden.[2] Ich kann dieses Manko im vorliegenden Zusammenhang nicht beheben und möchte stattdessen den dogmatischen Vorschlag unterbreiten, ein mikrofundierendes Forschungsprogramm auf der Basis einer *Theorie des rationalen Handelns* voranzutreiben. Um diesen Vorschlag zu begründen, werde ich in einem ersten Schritt die Grundzüge einer solchen Theorie des individuell rationalen Handelns (vgl. dazu auch Zintl und Maurer in diesem Band) darstellen und daran anschließend klären, welche Vorteile damit verbunden sind, wenn man sie zum Ausgangspunkt weiterer Erörterungen macht.

3.1 Die Kernannahmen einer Theorie rationalen Handelns

Jeder Versuch, die Kernannahmen einer Theorie rationalen Handelns zu rekonstruieren, sieht sich alsbald der Schwierigkeit gegenüber, dass es keine vereinheitlichte Auffassung darüber gibt, wie sie lautet (verschiedene Vorschläge diskutieren Elster 1986; Kunz 1997; 2004; Schmid 2004: 146 ff.; Wolf 2005). Einigkeit aber besteht insoweit, als jeder Theorie des rationalen Handelns die Überzeugung zugrunde liegt, dass ein Akteur bei der Beantwortung der Frage, was er tun soll, um seine Absichten (oder seine Ziele) zu realisieren, mit dem Problem zu rechnen hat, dass ihm mehrere Möglichkeiten offenstehen; im einen Extremfall kann er nur zwischen einem bestimmten Handeln und der Möglichkeit, es zu unterlassen, abwägen, im anderen ist die Menge seiner Handlungsalternativen offen oder unbegrenzt. Insofern ist jedes Handeln mit einem *Wahlakt* gleichzusetzen. Oder wie es Ludwig von Mises ausdrückte: um zu handeln, muss ein Akteur (in jedem Fall) „wählen und werten, vorziehen und zurückstellen" (von Mises 1933: 34). Sicher fällt es nicht schwer, auch die immer wieder zitierte

---

2   Die verschiedenen Handlungstheorien werden nur gelegentlich und höchst selektiv miteinander in Verbindung
      gesetzt (vgl. Münch 1982; Etzrodt 2003; Miebach 2006).

Weberstelle, wonach „jede denkende Besinnung auf die letzten Elemente sinnvollen menschlichen Handelns zunächst an die Kategorien ‚Zweck' und ‚Mittel' gebunden (ist)" (Weber
1968/1922: 149), als einen Beleg für die *Wahlabhängigkeit des Handelns* zu verstehen (vgl.
zu dieser Sichtweise Norkus 2001: 201 ff.). Folgt man dieser Handlungsbestimmung, so ist
offenbar jede Handlungswahl mit dem Problem der Zielfestlegung und mit dem Problem der
Mittelknappheit konfrontiert. D. h. *zum einen*: Mit seinen immer beschränkten Ressourcen
kann ein Akteur nicht darauf hoffen, alle seine Ziele erreichen zu können; der Einsatz von Mitteln zu Sicherstellung eines Ziels belastet die übrigen Bestrebungen infolgedessen unweiger-
lich mit Opportunitätskosten. D. h. *zum anderen*: Nicht alle Zielsetzungen müssen miteinander verträglich sein. Man muss nicht soweit gehen wie von Mises, Weber oder auch Parsons
und die Beschreibung dieser Letztelemente unseres Handlungsverständnisses für aprioristisch
wahre, konzeptionell oder denkökonomisch notwendige Aussagen halten, wohl aber stellen
Begriffe wie „Ziele" oder „Mittel", und damit zusammenhängend „Wahl" oder „Knappheit"
offenbar *Grundbegriffe* einer Theorie des individuellen Handelns dar.

Die Frage ist nur, *wie eine solche Theorie genau lauten muss*, und d. h. von welchen
Handlungsprämissen sie ausgehen kann und mit Hilfe *welcher Funktionen* sie die genannten
Variablen in eine Beziehung setzt. Die Soziologie leidet seit Weber daran, dass sie vielfach
nur über (konzeptionelle) „Typen des sozialen Handels" zu verfügen glaubt (vgl. Girndt 1967:
56 ff.) und sich nur ungern darauf einlässt, den *Prozess* zu benennen, der dafür sorgt, dass sich
ein Akteur auf eine spezifische Handlungswahl festlegt. Und auch Parsons „unit act" stellt allenfalls einen „konzeptuellen Bezugsrahmen", aber keine inhaltlich ausformulierte Theorie
des „voluntaristischen Handelns" dar (Parsons 1968/1937: 28 ff.). Was zu fehlen scheint, ist
eine präzise Vorstellung über die *Bedingungen der (individuellen) Handlungsselektion* (vgl.
Esser 1993: 94 ff.). Unglücklicherweise sah sich die Soziologie nachhaltig daran gehindert,
eine solche Theorie der Handlungswahl zu entwickeln; stattdessen ist sie weitgehend der An-
regung Max Webers gefolgt, die soziologische Handlungstheorie als eine Theorie der Hand-
lungsmotivation (vgl. Parsons 1968/1937; Parsons und Shils 1951) bzw. als eine Theorie des
Handlungslernens (vgl. Tolman 1951; Homans 1974) anzulegen, deren Grundannahmen nur
schwer mit den situationalen Bedingungen des Handelns in eine Beziehung gesetzt werden
können (vgl. Fußnote 10). Dabei wurden die Systematisierungen übersehen, die es der Ökonomik erlauben, ihr Forschungsprogramm mit einer haltbaren Mikrofundierung zu versehen.
Wegweisend war dabei insbesondere die systematisierende Version der Handlungstheorie, die
Leonard Savage Anfang der 50er Jahre des letzten Jahrhunderts vorgelegt hat und die Aus-
gangs- und Angelpunkt einer heuristisch fruchtbringenden Revisionsdebatte geworden ist.

Die *Savage-Theorie* (Savage 1954)[3] geht von den folgenden Annahmen aus: Jedes Handeln muss aus der Perspektive eines Akteurs beschrieben werden; insofern verfährt jede Handlungstheorie bei der Suche nach dem Prozess, aufgrund dessen ein einzelner Akteur sein Handeln festlegt, individualistisch oder subjektivistisch. Savages Theorie betrachtet das basale
Problem, das der Akteur mit Hilfe dieses Prozesses lösen kann, als ein *Entscheidungsproblem*.[4]
Die umgangssprachliche Wendung, wonach ein Akteur die Kontingenzen seiner Welt durch

---

3   Für eine nicht-technische Einführung vgl. Sugden 1991.

4   Anders als sein Konkurrent Parsons hatte als einer der wenigen wichtigen Soziologen seiner Zeit Robert K.
     Merton dafür plädiert, die Soziologie entscheidungstheoretisch zu begründen (vgl. Schmid 1998: 72 ff.; 2006a:

die Wahl einer bestimmten Handlungsweise bewältigt, wird somit im Rahmen einer *Theorie des individuellen Entscheidens* expliziert und auf diese Weise präzisiert.[5]

Diese Explikation erfolgt in mehreren Teilschritten und verfolgt das Ziel, die Gesetzmäßigkeiten zu identifizieren, denen die Handlungsselektion folgt. Eine solche nomologische Theorie des Entscheidungshandelns setzt zunächst voraus, dass der Akteur über ein spezifisch gestaltetes Entscheidungs*vermögen* verfügt,[6] das sich in (zumindest) zwei Komponenten zerlegen lässt. Zum einen muss der Akteur dazu in der Lage sein, seine Handlungssituation *wahrzunehmen* bzw. *Erwartungen* darüber auszubilden, was in seinem Handlungsumfeld geschehen und wie sein Handeln einen erfolgskontrollierten Einfluss auf dessen Umgestaltung gewinnen kann. In diesem Zusammenhang nahm Savage an, dass die Umwelt eines Akteurs in eine endliche Anzahl diskreter Zustände aufgeteilt werden kann und dass die Erwartungen eines Akteurs darüber, ob er durch sein Handeln einen spezifischen Zielzustand erreichen kann, umfassend und einem Kriterium der *Erwartungswahrscheinlichkeit* nach geordnet werden können (für die Genese dieser Idee vgl. Raiffa 1973: 328 ff.). Dabei unterstellte er, dass diese subjektiven Erwartungen die objektiven Ereigniswahrscheinlichkeiten richtig abbilden.[7] Der Akteur kennt demnach alle entscheidenden Umstände seines Handlungserfolgs. Daneben besitzt jeder Akteur die zusätzliche Fähigkeit, *Präferenzen* zu bilden, was heißt, dass er dazu in der Lage ist, (mit unterschiedlicher Wahrscheinlichkeit erwartbare) Umweltzustände ihrer Erwünschtheit nach zu vergleichen und zu bewerten. Um zu einer eindeutigen Entscheidung zu gelangen, hat er zirkelhafte Zielfestlegungen ebenso zu meiden wie Widersprüche und Indifferenzen. Gelingt ihm dies, so verfügt er über eine „wohl definierte" Ordnung seiner Präferenzen.

Die Entscheidungswirksamkeit einer solchen Präferenzordnung hängt im Weiteren davon ab, dass es dem Akteur möglich ist, jede seiner Handlungsalternativen mit einem eindeutigen *Kennwert* zu versehen. Das geschieht dadurch, dass er deren Zielwertigkeiten in eine feststehende Beziehung zu ihren jeweiligen Eintrittswahrscheinlichkeiten setzt, wozu er auch die Kosten der verschiedenen Folgen kennen muss, die damit verbunden sein werden, dass er sich für eine seiner Alternativen entscheidet, also die anderen nicht realisieren kann.[8] So-

---

59 ff.). Aber unglücklicherweise hatte er es versäumt, dieser Idee durch die systematische Darstellung einer *Theorie des Entscheidens* Leben einzuhauchen. Es war nie zu klären, welche Theorie Merton verwenden wollte.

5   Im bemerkenswerten Unterschied zu Parsons ist der „frühe" Luhmann diesem Leitgedanken gefolgt, hat ihn späterhin aber zugunsten eines strukturphänomenologisch angelegten Konstruktivismus verlassen und den Graben zwischen einer individualistischen und einer „holistischen" Soziologie, den Autoren wie Robert K. Merton überbrücken wollten, erneut aufgerissen (vgl. Bohnen 1994).

6   Ich wähle diese Interpretation, weil sie erlaubt, an das Gesetzesverständnis Anschluss zu halten, das Popper in seiner Propensity-Interpretation der Kausalität (vgl. Popper 1990), aber auch Nancy Cartwright verteidigt hat. Demzufolge stellen Gesetze keine generalisierenden Wenn-dann-Beschreibungen von wiederholt beobachtbaren Faktenkonstellationen sondern von „capacities" dar, die in unterschiedlichen situativen Kontexten durch ein entsprechend befähigtes System (im vorliegenden Fall: Akteure) mit höchst unterschiedlichen Folgen „aktiviert" werden können (vgl. Cartwright 1989). Die Hume'sche Idee, dass Gesetze „Regelmäßigkeiten" (oder „Invarianzen") abbilden müssten, ist dann nicht länger plausibel.

7   Die Soziologie hat die dabei zugrunde gelegte, stochastische Ontologie kaum beachtet; aus diesem Grund hat sie auch Hempels Vorschlag übergangen, statistische Erklärungen zu verwenden (vgl. Hempel 1965: 367 ff.). Zu einer Kritik an Hempels Vorschlag vgl. Hedström 2005: 15 f.

8   Auf der Berücksichtigung von (verschiedenartigen) Kosten hat vor allem die Wert-Erwartungstheorie bestanden (vgl. Esser 1991: 56 f.).

lange er über alle so bewerteten Folgen die Summe bilden kann, steht ihm eine *Bemessung* der betreffenden *Handlungsalternativen* zur Verfügung, die als deren „Nutzen" charakterisiert wird. „Nutzen" meint demnach – anders als manche Soziologen vermuten (vgl. Miller 1994; Zafirovsky 1999) – kein Motiv und auch kein Handlungsziel (vgl. dazu kritisch Opp 1999; 2004: 47), sondern den (annahmegemäß: numerisch fassbaren) *Entscheidungswert* einer Handlung. Der Begriff des „Nutzens" bezeichnet die Einheit einer Metrik. Die von Soziologen vielfach geäußerte Kritik, der Nutzenbegriff sei inhaltlich leer, trifft die Savage'sche Systematisierung folglich nicht.[9]

Wenn jeder denkbaren oder in Betracht gezogenen Handlungsalternative ein spezifischer Nutzenwert zugeordnet wurde, ist es hernach relativ einfach, eine *Regel* anzuwenden, die bestimmt, welche der derartig geordneten Handlungsalternativen der Akteur wählen wird. Als psychologisch verständlich gilt, dass sich ein Akteur zugunsten der Handlungsalternative entscheidet, die ihm den höchsten Nutzenertrag beschert – er folgt also einer (inhaltsunbestimmten) *Nutzenmaximierungsregel*. Man sieht sofort, dass es auch anders gestaltete Auswahlregeln geben kann, etwa solche, die die Minimierung der Kosten erreichen wollen oder Mischkalkulationen favorisieren.

Es sollte auffallen, dass der Begriff „Rationalität" bislang gar nicht aufgetaucht ist. Tatsächlich kommt er erst dann ins Spiel, wenn es gilt, ein höchst spezifisches Bündel von handlungsrelevanten Bedingungen zu kennzeichnen und damit auszuzeichnen. Mit Russell Hardin kann man sagen, dass aus Sicht einer entsprechenden Entscheidungstheorie *rationales Handeln* darin besteht, eine *unzweideutige Entscheidung* darüber fällen zu können, welche Handlung ein Akteur ergreifen sollte (Hardin 2003). Wie bereits von Mises meinte, liegt an dieser Stelle ein analytischer Zusammenhang vor: „Handeln sucht immer Mittel, um Zwecke zu verwirklichen und ist in diesem Sinne immer rational und auf Nutzen bedacht" (von Mises 1933: 63). In daran anschließender Weise kann im Rahmen der Savage-Theorie ein Handeln (rein) *definitionsgemäß* dann als „rational" gekennzeichnet werden, wenn der Akteur a) über seine Handlungssituation vollständig informiert ist und b) über eine wohlgeordnete Präferenzenliste verfügt. Da die Maximierungsregel zu einem eindeutigen Ergebnis führt, solange diese beiden Bedingungen gelten, kann gefolgert werden, dass ein Akteur immer dann eine eindeutige Entscheidung fällen kann, wenn ihm eine Handlungsalternative gegenüber allen übrigen einen höheren Nutzen verspricht. Als logisches Korrelat dieser Betrachtung gilt sodann, dass Handlungsentscheidungen, die wenigstens eines dieser beiden für eine rationale Entscheidung erforderlichen Definitionsmerkmale nicht erfüllen, „nicht-rationale Entscheidungen" darstellen. In diesem Sinne ist es keineswegs abwegig, von der „variablen Rationalität" (Kroneberg 2005) des menschlichen Entscheidungshandelns zu sprechen.

Es ist wichtig zu sehen, dass dieses Rationalitätsverständnis völlig unbeeinflusst von der Annahme eingeführt wird, ob der Akteur seine Entscheidung aus eigensüchtigen Motiven fällt oder nicht, ob sie bewusst oder unbewusst getroffen wurde, ob sie der Erreichung materieller oder idealler Interessen dient und ob sich ein Akteur in sozialen Situationen bewegt oder alleine auf sich gestellt handeln muss. In diesem Sinn folgen die Savage'schen Überlegungen dem Idealbild des sogenannte „orthodox view of theories", demzufolge Theorien nur teilin-

---

9 Allenfalls kann man vermuten, dass es eine Messtheorie, aus der man Verfahren zur Nutzenbeurteilung herleiten kann, nicht gibt.

terpretierte Aussagenfunktionen enthalten, die, falls sie auf beobachtbare Fälle angewendet werden sollen, durch sogenannte „Korrespondenzregeln" mit den jeweiligen Gegebenheiten in eine (empirisch zutreffenden) Verbindung zu setzen sind (vgl. Feigl 1970).[10]

3.2 Die heuristischen Vorteile der Rationaltheorie

Die heuristischen Vorteile dieser Auffassung sind vielgestaltig. Ich möchte einige davon kurz ansprechen.

3.2.1 Revisionsoffenheit

Dadurch, dass die Rationaltheorie des Handelns die Voraussetzungen und den Selektionsmechanismus genau angibt, denen das Entscheidungshandeln folgen muss, um es als rational kennzeichnen zu können, ist es jederzeit möglich, dessen Defizite zu identifizieren. Oder gegenläufig formuliert: Es kann zwar kaum verborgen bleiben, dass die Bedingungen, die die Entscheidungstheorie zur Identifikation eindeutiger Ableitungen anführt, nicht immer erfüllt sind, weshalb es unrealistisch ist anzunehmen, dass es einem Entscheider immer und unter allen Umständen gelingen wird, eine (im strengen Definitionssinn) rationale Entscheidung zu treffen; aber diese Einsicht erzwingt *keinesfalls*, die Entscheidungstheorie fallen zu lassen oder durch eine Theorie zu ersetzen, die mit der Tatsache, dass jedes Handeln einem Wahlakt entstammt, unvereinbar ist. Vielmehr kann man dazu übergehen, die einfachen, aber vielfach unrealisierten Annahmen der Savage'schen Theorie fortschreitend mit dem Ziel zu überdenken, jene Umstände zu identifizieren, angesichts derer die Akteure zu eindeutigen Handlungswahlen kommen können, *obwohl* die von der Entscheidungstheorie eingeforderten Prämissen nur unvollständig erfüllt sind.

In der Tat hat sich die Savage-Theorie des rationalen Entscheidens alle nur erdenkbaren Korrekturen und Revisionen gefallen lassen müssen, von denen ich nur die auffälligsten nennen will (vgl. Schmid 2004: 175 ff.). Seit langem fiel auf, dass die Bildung brauchbarer Erwartungen nur selten die Voraussetzung erfüllt, dass die Akteure vollständig über ihre Situation und über ihre Handlungsalternativen informiert sind, weshalb es nahelag, Fragen der Informationsbeschaffung selbst zum Gegenstand ihrer Entscheidung zu machen (vgl. Stigler 1961), bzw. den Entscheidungsprozess unter der Annahme zu modellieren, dass die Akteure mit Risiken, Unsicherheiten und Ungewissheiten konfrontiert sind; unter solchen Umständen wird die Minimierung der daraus resultierenden Entscheidungsbeschwernisse selbst zum Gegenstand „rationalen Verhaltens" (Knight 2006/1921: 238). Damit, dass die Voraussetzungen der Savage-Theorie nicht immer erfüllt sind, ist auch der Hinweis von Herbert Simon vereinbar, dass die Maximierungsregel alleine infolge der höchst eingeschränkten Kalkulationsfähigkeiten der Akteure keine Anwendung finden kann und deshalb durch Such- und Entscheidungsverfahren ersetzt werden muss, die sich als „begrenzt rational" erweisen werden (vgl. Simon 1983). Die sich daran anschließenden Forschungen hatten einen reichen Ertrag aufzuweisen (vgl. Gigerenzer und Selten 2001), auch wenn deren Befürworter einsehen mussten, dass sich die stille Eleganz der Savage-Theorie infolgedessen nicht erhalten lässt und einer

---

10   Dass die Handlungstheorie mit der Handlungssituation mit Hilfe von Brückenhypothesen in eine Beziehung zu setzen sei, um deren Anwendbarkeit zu sichern (vgl. Lindenberg 1996), folgt derselben Leitidee.

Liste unterschiedlichster (d. h. logisch wenig integrierter) Entscheidungs*heuristiken* (vgl. Gigerenzer 2000) Platz gemacht hat, die (aus der Perspektive des Gründermodells) nurmehr in einem metaphorischen Sinn als „rational" zu bewerten sind, weshalb etwa Gigerenzer auch nicht länger von der „Rationalität" eines Entscheiders spricht, sondern von dessen „Intelligenz" (vgl. Gigerenzer 2007). Raymond Boudon will soweit nicht gehen, schreibt seinen Akteuren aber allenfalls eine „rationalité située" zu (vgl. Boudon 1988), die unter anderem in der Unfähigkeit der Akteure zum Ausdruck kommt, aus ihren Denkvoraussetzungen fehlerfreie Folgerungen zu ziehen (vgl. Boudon 1994); während die Kahneman-Tversky-Gruppe auf die beschränkte Gabe der Akteure aufmerksam gemacht hat, objektive Ereigniswahrscheinlichkeiten abzuschätzen (vgl. Kahneman et al. 1982). Mit ähnlich revisionistischer Absicht hat Jon Elster auf die Tatsache aufmerksam gemacht, dass Akteure ihre Ziele in Abhängigkeit von ihren Erwartungen bestimmen (vgl. Elster 1983), womit er die Savage-These angreift, dass Zielbestimmung und Mittelwahl unabhängig voneinander verlaufen, und Vertreter der Theorie der kognitiven Dissonanz betonen insistent, dass es auch Prozesse der Präferenzfestigung gibt, die erst nach – vorweg durchaus unsicheren – Entscheidungen stattfinden (vgl. Kuran 1998). Ebenso hat man bestritten, dass Entscheidungen folgeorientiert verlaufen (vgl. Alexander 1988; Elster 1990) oder dass ihnen zwingend wohl geordnete Präferenzen zugrunde liegen müssen (vgl. Pears 1984).

Bis zu welchem Punkt diese Korrekturen vorangetrieben zu werden verdienen, wird sich am Ende nach den strukturellen Explananda zu richten haben, die wir (als SoziologInnen) als problematisch und erklärungsbedürftig ansehen (vgl. Lindenberg 1992). Dabei muss die steigende Präzisierung handlungstheoretischer Annahmen gegen die Möglichkeit abgewogen werden, interessierende kollektive Explananda ableiten zu können, weshalb es in vielen Fällen angeraten ist, sozialwissenschaftliche Erklärungen mit einfachen Annahmen über die „Standardinteressen" der jeweils untersuchten Akteure (Mayntz 2009: 19) bzw. mit der „Präsumtion" ihrer Rationalität (Scholz 2001) zu beginnen und (wenigstens im ersten Anlauf) auf allzu lebensvolle (und insoweit prüfungshinderliche) Schilderungen des Entscheidungshandelns der Akteure zu verzichten.

Der Punkt, auf den es mir im vorliegenden Fall ankommt, ist der folgende: Die Tatsache, dass nur die wenigsten Entscheidungen „rational" im Savage'schen Sinne verlaufen und die Savage-Theorie deshalb offenbar *falsch* ist, legt zwar die Folgerung nahe, dass seine Theorie allenfalls als eine Approximation an die tatsächlichen Entscheidungsverhältnisse gelten kann und in soweit – in einem technischen Sinne – eine strikte *Idealisierung* darstellt (vgl. Schmid 2004: 23 ff.), deren fortwährende Korrekturbedürftigkeit berechtigt aber nicht zu der Folgerung, dass dem Handeln der Akteure keine Entscheidung zugrunde liegt, die auf die Nutzensicherung einer Handlungswahl ausgerichtet ist. Die Ausbildung von routinierten Praktiken (vgl. Reckwitz 2008: 97 ff.), eines Habitus (Bourdieu 1979) oder die Verfolgung relativ veränderungsresistenter Handlungsprogramme (Vanberg 2005) bedeuten nicht, dass die Akteure sich nicht entscheiden, wenn sie handeln, sondern dass es ihnen in bekannten und mit erträglichen Kosten verbundenen Situationen angeraten zu sein scheint, auf beschwerliche Neuabwägungen ihrer Opportunitätsstruktur (mit guten Gründen, wenn man so will) zu verzichten. Der Sinn eines solchen Verzichtes kann in vielen Fällen alleine darin bestehen, dass das Sunk-cost-Theorem keine zutreffende Beschreibung ihres Handlungsproblems gibt, weshalb

sie sich sehr wohl an die Kosten vergangener Entscheidungen erinnern und sich durch Neuentscheidungen keine Zusatzbelastungen aufbürden wollen, bzw. umgekehrt, dass die Akteure die absehbaren Informationsbeschaffungskosten durchaus kennen, denen jede Handlungs-
änderung ausgesetzt ist, die sie aber nicht erbringen wollen oder können. In anderen Fällen
werden die Akteure eine Neuorientierung unterlassen, weil sie wissen, dass sie schlechte Entscheider sind (vgl. Heiner 1988), oder weil sie ahnen, dass ihnen bestimmte Informationen
prinzipiell unzugänglich bleiben (vgl. Akerlof 1984: 7 ff.), oder weil sie ein Selbstbild der
Zuverlässigkeit anstreben, das ihnen leichtfertige Neuentscheidungen verbietet (White 1992).
In positiver Wendung solcher Überlegungen spricht nichts dagegen, wenn Theoretiker bei
ihren Erklärungsversuchen die Bedingungen ausfindig machen, die das Rationalitätsmaxi-
mum gewohnheitsmäßigen Entscheidens mit einiger Sicherheit unterminieren, um daraufhin
zu untersuchen, zu welchen Entscheidungsregeln ein Akteur angesichts seiner damit identi-
fizierten Beschränkungen stattdessen greifen kann und ob es dabei einen rekonstruierbaren
Zusammenhang zwischen den Beschwerlichkeiten der Zielfindung und Erwartungsbildung
und der Etablierung einer alternativen Entscheidungsregel gibt (vgl. Camic 1986; Gigerenzer
2000). Die unterschiedlichen Modellierungen seines Handelns sollten sich demnach danach
ordnen lassen, welche Kenntnisse und Fähigkeiten man einem Entscheider – in kontrollierter
Abgrenzung vom idealisierten Ausgangsmodell – unterstellt. Die Annahme, dass ein Akteur
versuchen wird, in allen Fällen die ertragreichste Handlungsalternative zu wählen, wird damit
nicht aufgegeben, sondern in Hinsicht auf die Umstände, die ihm ein Urteil darüber erlauben,
welches die betreffende Alternative sein kann, spezifiziert (vgl. Maurer und Schmid 2010).

In summarischer Folge eines solchen Vorgehens wird es möglich, ein *entscheidungstheoretisch ausgelegtes Forschungsprogramm* zu initiieren, das revisionsoffen verfährt, weil
es jederzeit erlaubt, die Fehlstellen zu identifizieren, an denen Korrekturen ansetzen können,
wenn die vorliegende Erklärungsaufgabe dies einfordert. Diese Revisionen nehmen ihren Ausgang in der im Nachhinein als Idealisierung erkannten Theorie strenger Rationalität und behandeln jede Veränderung als deren ihrerseits widerrufbare Korrektur. Diese Auffassung hat
zwei erwähnenswerte Konsequenzen: Zum einen kann mit Hilfe solcher Überlegungen die in
Soziologenkreisen vielfach erwünschte Verwendung von Idealtypen eine Präzisierung erfahren; demnach stellen Idealtypen idealisierende Darstellungen bestimmter Einflusszusammen-
hänge dar, die sich zum Zweck ihrer besseren Durchschaubarkeit auf Abstraktionen einlassen
dürfen, die die tatsächlichen Verhältnisse nicht im Detail erfassen und deren Verwendung vor
allem solange ohne Bedenken gestattet werden kann, als man (infolge kontinuierlicher Ver-
besserungsarbeiten) weiß, inwiefern sie falsch sind (vgl. Schmid 1994). Weiterhin wird erkennbar, dass die Dogmatik, mit der auch einige herausragende Vertreter einer solchen entscheidungstheoretisch fundierten Forschungsprogrammatik ihre theoretischen Kernannahmen
gegen empirische Widerlegungen verteidigen (vgl. Friedman 1968; Becker 1982), methodologisch gesehen ganz überflüssig ist. Weder ist es nötig, eine kritikimmunisierende Apriori-
sierung der entscheidungstheoretischen Grundannahmen (vgl. von Mises 1940) oder deren
Gehaltsentleerung vorzunehmen, noch muss man Kritik abwehren, indem man den Geltungsbereich der Savage'schen Entscheidungstheorie auf genau die Fälle eingrenzt, die diese er-

folgreich bearbeiten kann.[11] Der hintergründige Instrumentalismus, der mit dieser Form des Theoriedogmatismus verbunden zu sein pflegt, lässt sich damit neutralisieren.

3.2.2 Entscheidungstheorie versus Strukturtheorie

Einen weiteren Vorteil der mikrofundierenden Verwendung einer Entscheidungstheorie sehe ich darin, dass wir mit ihrer Hilfe einen Fehler beheben können, dem strukturalistische Handlungserklärungen geradezu endemisch ausgesetzt sind. Solche Theorien gehen davon aus, dass die Handlungen der Akteure durch ihre gesellschaftlichen Organisationsformen oder gemeinsamen Deutungsmuster auf bestimmte Handlungsentscheidungen festgelegt sind. Vielfach wird beklagt, dass es gänzlich ungeklärt ist, auf welche Art und Weise die Kollektivität sozialer Sachverhalte das Handeln des Einzelnen bestimmen kann (vgl. Coleman 1991: 1 ff.; Turner 1994). Die Rationaltheorie des Entscheidens kann die Kernthese solcher Strukturtheorien als einen Hinweis darauf deuten, dass die Handlungsspielräume der Akteure durch (unbeeinflussbare) Restriktionen beengt sind, die das Handeln der Akteure (in bestimmbaren Extremfällen) auf einen ganz bestimmten, letztlich alternativlosen Kurs festlegen (vgl. Esser 2004: 19 ff.). Oder umgekehrt betrachtet: Im Lichte einer Entscheidungstheorie, die davon ausgeht, dass Akteure von ihren bisherigen Überlegungen jederzeit abrücken können, ist leicht festzustellen, weshalb strukturdeterministische Folgerungen in vielen Fällen falsch sind. Denn die Entscheidungstheorie erwartet eindeutige Handlungsverläufe nur dort, wo sich Akteure in Situationen befinden, die ihnen nur einen einzigen Handlungsweg offenlassen (vgl. Latsis 1976), oder wo die gesellschaftliche Position eines Akteurs darauf hinwirkt, seine Zielsetzung oder seine Erwartungen unverrückbar festzulegen. Auf diese Weise kann man die Akteure gewissermaßen als „Opfer" ihrer Rollen, ihrer Klassenlage, ihrer Denktraditionen, Stereotype und Vorurteile und dergleichen verstehen. In allen anderen Fällen geraten Strukturtheorien alsbald in Erklärungsnöte, weil sie die beobachtbaren Varianzen des Handelns nicht erklären können und auch keine Angaben darüber abzuleiten vermögen, was Akteure tun werden, wenn sich die strukturellen Zwänge, denen sie bislang ausgesetzt waren, ändern. Indem wir Strukturerklärungen auf diesem Weg einer entscheidungstheoretischen Mikrofundierung unterziehen, verlieren sie den Charakter einer „Black-box-Erklärung" (Bunge 1996; Boudon 1998), die genau besehen nur zufällig und d.h. unter theoretisch unkontrollierten Bedingungen zu wahren Folgerungen führen. Strukturtheorien werden damit zu einem (*unter angebbaren Umständen* zutreffenden) Grenzfall der mikrofundierenden Erklärungspraxis.

3.2.3 Entscheidungstheorie versus alternative Handlungstheorien

Damit ist allerdings nicht die Frage beantwortet, ob es nicht anders geartete Handlungstheorien gibt, die sich *nicht* als Entscheidungstheorien verstehen und die vielleicht sogar bessere Hypothesen darüber zu formulieren erlauben, wie sich die situativen Restriktionen auf die Genese des Handelns auswirken. Ich kann im vorliegenden Zusammenhang dieser Frage nicht ausführlich nachgehen (vgl. Opp 2004: 56 ff.) und will deshalb nur die Lerntheorie und die von Peter Hedström vertretene DBO-Theorie erwähnen. Meiner Auffassung nach stellen beide Theorien *keine* Alternative zur Entscheidungstheorie dar, sondern können als deren Grenzfälle rekonstruiert werden (vgl. Schmid 1993; Schmid 2010). In die Prämissen und Begriffe ei-

---

11   Vgl. für die beiden zuletzt genannten Strategien der Kritikvermeidung Schmid 2004: 23 ff.

ner Entscheidungstheorie übersetzt besagen Lerntheorien nicht mehr, als dass Akteure bei der Wahl ihres Handelns dessen *bisherige* Gewinne und Kosten beachten und dass sie solange an einer Handlungsprägung festhalten, als sich deren Ertragsbilanz nicht zugunsten alternativer Opportunitäten verschiebt. Lerntheorien betonen damit in erster Linie die Wertigkeiten der Zielsetzung und die Zielerreichungskosten, drängen demgegenüber aber die Erwartungen in den Hintergrund oder halten sie bestenfalls konstant, womit sie in keinem Fall mehr besagen als die Entscheidungstheorie. Dass es Theorien gibt, die Erwartungen als Variable betrachten, dafür aber die mögliche Varianz von Werten und Zielen unbeachtet lassen, erwähne ich nur der Vollständigkeit halber (vgl. Fararo und Skvoretz 1986; Bovens und Hartmann 2003).

Aber auch die DBO-Theorie hat keine wirklichen Erklärungsvorteile gegenüber Entscheidungstheorien. Sie *widerlegt* zwar die Theorie streng rationalen Handelns, weil sie von der Annahme, die Akteure seien über ihre Handlungsbedingungen vollständig informiert, zurecht Abstand hält; sie verfügt aber über keinen Zusatzgehalt, zumal sie, wie dies auch im Lager der Entscheidungstheoretiker üblich ist, konstante Ziele und Opportunitäten voraussetzt und die instrumentelle Neigung der Akteure, ihren (in Nutzen gemessenen) Vorteil zu suchen, nicht aufgibt. Dass auch die DBO-Theorie als eine Entscheidungstheorie rekonstruiert werden kann, bleibt nur deshalb verdeckt, weil sie ihr Augenmerk weniger auf die Generierungen einzelner Handlungen richtet als auf die Frage, welche Auswirkungen unterschiedliche Interdependenzstrukturen auf das Handeln der Akteure haben. Bis zum Beweis des Gegenteils würde ich deshalb davon ausgehen, dass alternative Handlungstheorien solange keine Verbesserungen versprechen, als auch sie Handeln (wenigstens im Prinzip und versteckt hinter einer bisweilen irreführenden Semantik) als *Wahlhandeln* modellieren, bzw. Handeln nur dann erklären können, wenn die dazu in der Lage sind, die vorgesehenen Selektionsprozesse mit einer Theorie des Entscheidens zu verknüpfen.

3.2.4 Entscheidungstheorie und strategisches Handeln

Bei näherem Hinsehen fällt ein dritter Vorteil der Entscheidungstheorie ins Auge. Ganz anders als Lern- oder DBO-Theorien[12] kann sie ausgebaut werden zu einer Theorie des wechselorientierten Handelns, und dies ohne die Bedingungen stabiler Beziehungsformen in den Handlungsbegriff definitorisch einzuführen. Zu Letzterem neigen zahlreiche sogenannte Theorien des „sozialen Handelns" (vgl. Campbell 1996), vor allem die Theorie Parsons, die darauf abstellt, die Erfüllung von bestehenden Normen grundbegrifflich in den „unit act" aufzunehmen (vgl. Parsons 1968/1937: 43 ff.), aber auch Kommunikationstheorien, soweit sie das Gelingen von Verständigung zu einem eigenständigen oder gar vorrangigem Handlungsmotiv stilisieren (vgl. Habermas 1981; kritisch Heath 2001; vgl. Greve in diesem Band), oder auch anthropologische Handlungstheorien, die nur dort vom *sozialen Handeln* sprechen wollen, wo Akteu-

---

12 Wie das Scheitern des Homans'schen Forschungsprogramms zeigt, können Lerntheorien nur induktiv auflesen, was ein Akteur tut, wenn andere Akteure etwas Bestimmtes lernen, weil solche Theorien alle sozialen Beziehungen nur unter dem Gesichtspunkt ihrer differentiellen Belohnungsrelevanz für den *einzelnen Lerner* modellieren können. Und die DBO-Theorie beschränkt sich darauf, alle Handlungssituationen aus der Sicht des Einzelakteurs als eine Fremdbeeinflussung abzubilden, die vermittels der von ihr behandelten Variablen beschrieben werden muss. Ob solche Einflussnahmen gelingen, sagt sie nicht. Und zudem gibt sie über alle andersgestalteten Beziehungsverhältnisse keine nähere Auskunft (vgl. Schmid 2010).

re die berechtigten Belange ihrer Mitmenschen im Auge behalten (Honneth und Joas 1980), oder Anerkennungstheorien, die mit Bezug auf Kant schon immer voraussetzen, dass ein Akteur unverrückbare Rechte in Anspruch nehmen kann, die von ihren Mitakteuren zu beachten sind (Honneth 1992). Es existieren zahlreiche derart angelegte Theorien (vgl. Udéhn 1996), die sich darin einig sind, dass der Mensch ein soziales Wesen ist, weshalb es ihm (naturgemäß und normativ einklagbar) immer gelingen muss, friedfertige Verkehrsverhältnisse herzustellen und aufrecht zu erhalten. Unter dieser Voraussetzung ist die sozialwissenschaftliche Theoriebildung auf die Erforschung der Hindernisse festgelegt, die das Erreichen dieses Zustands vereiteln, kann aber die Dauerhaftigkeit unerwünschter Verteilungszustände nicht erklären.

Statt das Ordnungsproblem auf diesem aprioristischen oder funktionalistischen Weg zu lösen, würde ich gerne eine alternative Vorgehensweise empfehlen, die an die Leistungsvorgaben der bislang diskutierten Entscheidungstheorie anknüpft. Zwar sieht sich dieses Theorieprogramm beständig dem Vorwurf ausgesetzt, es könne allenfalls den „atomisierten Entscheider" (vgl. Granovetter 1985: 483 ff.) modellieren bzw. es betrachte den Akteur als ein „isoliertes" Subjekt, das sich allenfalls in einer völlig durchsichtigen Welt zurechtfinden könne (vgl. Beckert 1997: 25 ff.); aber solche Behauptungen sind natürlich nicht richtig. Die Tatsache, dass die Entscheidungstheorie als eine *Theorie des strikt individuellen Handelns* ausformuliert werden muss, kann nicht heißen, dass sie nicht berücksichtigen kann, dass ein Akteur seine Mitakteure und deren Handlungsentscheidungen beachtet. Allerdings folgt aus der Notwendigkeit, die erwartbaren Wirkungen zu beachten, die das Entscheidungshandeln anderer für die Chancen der eigenen Zielerfüllung besitzt, nicht, dass man den theoretisch postulierten, individuellen Entscheidungsalgorithmus zu ändern bräuchte (vgl. Quackenbush 2004). Stattdessen kann man versuchen, die aus ihren Begegnungen resultierenden *Abstimmungsprobleme* um so genauer zu identifizieren, wenn man an der Prämisse *festhält*, dass es in allen Fällen rational am eigenen Nutzen orientierte Akteure sind, die sich darum bemühen müssen, sich ihre Mitmenschen entweder vom Leib zu halten oder sie dazu zu bewegen, zu einer Verbesserung der eigenen Erfolgsaussichten beizutragen. Die Entscheidungstheorie diskutiert das damit zusammenhängende Problem, auf welchen Wegen es eigeninteressierten Akteuren gelingen kann, in übersichtliche und ertragssichernde soziale Beziehungen einzutreten und welche handlungsleitenden Gewinn- und Kostenverteilungen sie zu erwarten haben, als das Problem des „strategischen Handels" (Young 1998) bzw. als „strategische Spiele" (vgl. Rapoport 1976).

Folgt man dem Urteil von Zenonas Norkus, dann hat zumal die an Weber orientierte Handlungstheorie nachdrücklich darunter gelitten, dass sie auf keine Theorie des strategischen Handelns hat zurückgreifen können (vgl. Norkus 2001: 240), um die Stabilität von Verbänden, Bürokratien und Gemeinschaften zu erklären. Dieses Urteil trifft auch auf die funktionalistische, die von Merton begründete[13] und die sozial-statistisch ausgerichtete Forschungstradition zu. Glücklicherweise hat seit etwa drei Jahrzehnten die auf die 40er Jahre des letzten Jahrhunderts zurückreichende Spieltheorie (vgl. Neumann und Morgenstern 1947) damit begonnen, zum einen die Art und Reichweite der Abstimmungsprobleme zu erfassen, denen sich die Akteure gegenübersehen, wenn der Erfolg ihres Handelns von den Entscheidungen anderer abhängt, und zum anderen nach Antworten auf die Frage zu suchen, wie es rationalen Ak-

---

13   Mertons funktionalistischen Neigungen werden von seinen Verteidigern ebenso gerne übersehen (vgl. Bohnen 1975: 54 ff.) wie das völlige Fehlen einer Theorie des „interpersonalen Handelns".

teuren unter solchen Umständen gelingt, einen Interessensausgleich zu schaffen. Wie sich bei näherem Hinsehen zeigt, braucht man bei der Bearbeitung dieser Fragestellung die soziologischen Erkenntnisse keinesfalls zu ignorieren, die sich auf diesen Feld angesammelt haben (vgl. für detailliertere Überlegungen zu diesem Thema Maurer und Schmid 2010).Der theoretische Anspruch einer Theorie des strategischen Handelns geht demnach nicht über den der individuellen Entscheidungstheorie hinaus, sie kommt aber zumindest zu zwei Erkenntnissen, die jedes erklärungsorientierte soziologische Theorieprogramm zu beachten hat. Zum einen kann man die unterschiedlichen Verzahnungen nutzenorientierter Einzelhandlungen dazu verwenden, die „Situationslogik" der Akteure (vgl. Popper 1958: 123 ff.; 1961: 149 f.)[14] bzw. ihre „Opportunitätsstrukturen" (vgl. Merton 1995) zu bestimmen. Dies geschieht zumindest seit den 1950er Jahren durch den Nachweis, dass sich die interdependenzverursachten Abstimmungsprobleme der Akteure als typifizierbare *Interaktionsdilemmata* niederschlagen. Zur Liste dieser Dilemmata gehört das Koordinationsproblem ebenso wie das berühmt-berüchtigte Gefangenendilemma, das Altruismus-Dilemma, das Stag-hunt-Spiel oder die Vielzahl von Konflikten, die sich dadurch auszeichnen, dass Kompromisszonen unerreichbar sind und jede Verteilungslösung Verlierer produziert (vgl. für eine sozialwissenschaftlich informierte Aufbereitung dieses Themenkatalogs Ullmann-Margalit 1977; Zürn 1992; Esser 2000; Bicchieri 2006 sowie Maurer und Schmid 2010). Wie Douglass North einmal beiläufig anmerkte, liegt die Bedeutung derartiger Situationsanalysen nicht darin, dass sich aus ihnen die Antworten auf die in ihnen zum Ausdruck kommenden Abstimmungsfragen logisch ableiten ließen, wohl aber erlauben sie „to specify the problems of cooperation that are at stake" (North 1995: 20).

3.2.4.1 Abstimmungsprobleme

Es sollte sich entsprechend lohnen nachzufragen, welche „situationslogischen" Eigenschaften jene Opportunitätsstrukturen haben können, wenn wir sie unter der Voraussetzung untersuchen, dass rational agierende Akteure ertragsorientiert handeln. Wie bereits angedeutet, liegt die forschungsleitende Bedeutung der Theorie rationalen Handelns darin, jene Faktoren anzuführen, die man benötigt, um die entscheidungsbestimmenden Eigenheiten von Interaktions- oder Interdependenzsituationen zu identifizieren: Zum einen die Ertragsinteressen und zum anderen die Erwartungen (oder Informationen), aufgrund derer Akteure ihre Handlungssituation danach absuchen können, in welchem Umfang diese ihre Ertragsaussichten behindert oder fördert. Situationseigenschaften werden auf diesem Wege als *Anreize* bewertbar, die ihr Entscheidungshandeln „steuern". Inwieweit diese Anreizstruktur ihrerseits durch absichtsgeleitete Interventionen aus- und umgestaltet werden kann, ist dann die nachgeordnete Frage.[15]

Jack Knight hat vermutet, dass es möglich sein müsste, eine Art Algorithmus zu entwickeln, mit dessen Hilfe es gelingen sollte, verschiedenartige Situationslogiken auseinander abzuleiten und dadurch zu systematisieren (vgl. Knight 1995: 110 ff.); leider ist bislang wenig in die Untersuchung der Frage investiert worden, wie die unterschiedlichen Situations-

---

14 Hedström, Swedberg und Udéhn (1998) haben zu Recht darauf hingewiesen, dass Poppers Begriff der ‚Situationslogik' ohne Berücksichtigung von Interaktionsverhältnissen zwischen Akteuren entwickelt wurde und entsprechend wenig hilfreich zur Analyse sozialer Abstimmungsmechanismen ist.

15 Politikberatung, Governance-Maßnahmen, Sozialtechnologien etc. beruhen demnach notwendigerweise auf einer Theorie des Entscheidens.

strukturen logisch ineinander überführt werden können. Gleichwohl lassen sich wenigstens einige der Handlungskonstellationen anführen, die die Eigentümlichkeit der Abstimmungsprobleme zu bestimmen helfen und in eine erkennbare (Teil-)Ordnung zu bringen erlauben.[16]

Die wenigsten Probleme werfen Handlungskonstellationen auf, in denen die Akteure *kompatible*, gemeinsame *Ziele* verfolgen und in *dominanter Weise* daran interessiert sind, die Interaktionsform zu wählen, die ihnen den höchsten Nutzenertrag verschafft. Kann jeder der Akteure seine Höchstauszahlung dann erhalten, wenn für die Mitakteure dasselbe gilt, so haben sie ein ungefährdetes (gemeinsames) Interesse daran, diesen Zustand zu erkennen und zu wählen und können davon allenfalls solange abgehalten werden, als sie nicht wissen, ob die anderen tatsächlich dasselbe Ziel erreichen wollen wie sie selbst bzw. ob sie beide den Weg dorthin kennen.[17] Kritischere Fragen stellen sich indes ein, wenn sie zwischen zwei gleichwertigen Interaktionsverhältnissen wählen müssen. Dann nützt ihnen das Wissen darum, dass auch die Mitakteure rational agieren und nach ihrem höchsten Nutzenertrag streben, solange nichts, als sie nicht wissen, welche der beiden Möglichkeiten sie gewählt haben.[18] Entsprechend verfügen sie über keine dominante Handlungsstrategie, und sie müssen durch geeignete Verfahren (oder Regeln) dafür Sorge tragen, dass sie sichere Erwartungen darüber ausbilden können, was die anderen tun werden. Gelingt dies und ist die betreffende Lösung allen bekannt, existiert eine „Konvention" (vgl. Lewis 1975), an die sich die Akteure halten werden, solange sie wissen, dass alle anderen dies auch tun. Die Kultursoziologie kümmert sich vornehmlich um diese Form sich selbststabilisierender Koordination, wenn sie die Umstände behandelt, die ohne Ertragsverlust für die beteiligten Akteure (immer auch) anders geregelt sein könnten (vgl. Reckwitz 2000: 45).[19] Daneben gibt es auch Theorien der Institutionenbil-

---

16 Die Sozialtheorie verfügt über eine reichhaltige Begrifflichkeit, um das zum Teil hintergründige Verhältnis von individuell rationalen Handlungen der einzelnen Akteure und der Unerwünschtheit, Nichtintendiertheit und Erwartungswidrigkeit der gemeinsam zu ertragenden Handlungsfolgen zu thematisieren. So ist vom „Auseinanderfallen von individuellen und kollektiven Rationalitäten", den „paradoxen Folgen rationalen Handelns", von „Verblendungszusammenhängen" und „dialektischen Verhältnissen" die Rede. Ich denke, dass man diese Topoi mithilfe der Theorie individuell rationalen Entscheidens *präzisieren* sollte; man muss dazu aber zugestehen, dass der Begriff „rational" *ausschließlich* zur Beschreibung individueller Entscheidungen und nicht zur Kennzeichnung von Handlungsfolgen taugt (vgl. auch Zintl in diesem Band). Diese Festlegung kann in der Folge dazu dienen, weitere Begrifflichkeiten genauer zu explizieren, die gerne, wenn auch gedankenlos zur Beschreibung von Interdependenzverhältnissen verwendet werden. So sollte man fragen dürfen, was „paradox" daran ist, wenn sich kollektive Handlungsfolgen einstellen, die den individuellen Absichten der Beteiligten einen Strich durch die Rechnungen machen, oder weshalb die Akteure „verblendet" sind, wenn sie etwas nicht (genau) wissen und auch nicht wissen, weshalb sie es nicht wissen. Durch entsprechende Spezifikationen sollte die Theorie rationalen Entscheidens auch die nur schwer kontrollierbaren externen Bewertungen kontrollieren können, die mit den üblichen Bezeichnungen individuell zweifelhafter Kollektivfolgen verbunden sind.

17 Das Paradigma dieser Situationslogik stellt das *Versicherungsspiel* dar (vgl. Sen 1977 und Chong 1991).

18 Das Paradigma dieser Situationslogik ist das *Koordinationsproblem* (vgl. Schelling 1960 und Bicchieri 1993; Maurer und Schimank in diesem Band).

19 Konventionslösungen besitzen eine doppelte Eigenheit: Zum einen stellen sie ein *Nash-Gleichgewicht* dar, das keiner alleine und in der Hoffnung verlassen kann, sich dadurch einen Ertragsvorteil zu verschaffen; und zum anderen liegt zugleich eine *pareto-optimale Verteilung* der Erträge vor, was gleichbedeutend ist damit, dass es keine alternative Ertragsverteilung gibt, die wenigstens einen der Akteure besser stellt, ohne die anderen (absolut) zu benachteiligen. Die Mehrzahl möglicher Verteilungszustände besitzt diesen Charakter *nicht*.

dung, die davon ausgehen, dass Regeln stabil bleiben, solange keiner der Akteure darauf zählen kann, Abweichungsgewinne zu erhalten (vgl. Schotter 1981).

Allerdings enthalten zahlreiche Handlungskonstellationen auch deutlich *unverträgliche Zielsetzungen*, was in allen Fällen damit einhergeht, dass nicht alle Akteure ihre Höchstauszahlungen erhalten können. Damit sind sie entweder absolut oder aber relativ benachteiligt und müssen sich gegenüber ihren Mitakteuren als Verlierer fühlen (vgl. Ullmann-Margalit 1977: 134 ff.; Myerson 1991). Zum Teil sind die Auszahlungsverhältnisse für sie aber insoweit erträglich, als sie wissen, auch in der Verliererrolle die schlimmstmöglichen Verteilungsverhältnisse vermeiden zu können.[20] Auf der anderen Seite aber haben sie gerade deshalb keine Möglichkeit, ihre Verliererposition wieder zu verlassen; die Verteilungslage ist nash-gleichgewichtig, obgleich es zu Auszahlungsdifferenzen und Interessensschädigungen kommt. Dabei kann es durchaus sein, dass die Akteure sich eine Kooperationsrente fair (und das heißt gleich) teilen könnten, was aber alleine deshalb nicht geschieht, weil keiner ein dominantes Interesse daran hat, auf seinen individuell zugänglichen Höchstgewinn zu verzichten. Im berühmten Gefangenendilemma fallen die individuell rationalen Aktionen und die dadurch erreichbaren Erträge deshalb in *suboptimaler Weise* auseinander. Wenn alle Akteure ihren Maximalgewinn nur dadurch erreichen, dass sie den anderen die Rolle des Düpierten aufdrängen, landen sie alle zusammen in einem Verteilungszustand, der jeden von ihnen schlechter stellt als die faire Aufteilung des möglichen Gesamtertrags. Den Akteuren gehen auf diese Weise im Prinzip erreichbare Renten verloren (vgl. Ostrom 1990: 48 ff.), was den Einzelnen aber insoweit nicht kümmern kann, als die faire Teilung der Kooperationsrente ihm nachgerade keinen maximalen Nutzenertrag zukommen lässt. Während sich ein Akteur im vorliegenden Fall durch eine nicht-kooperative Handlungsstrategie wenigstens davor schützen kann, das schlechteste Los zu ziehen, braucht davon unter anderen Umständen nicht die Rede zu sein. Am besten wird für ihn sein, wenn er in diesen Fällen seine Verluste zu minimieren versteht und nicht die Gesamtzeche zu bezahlen braucht.[21] Auch solche Zustände können nash-gleichgewichtig sein, und den Akteuren jede Aussicht auf eine Paretoverbesserung verwehren.

Alle diese Schilderungen möglicher Verteilungsprobleme variieren die Verträglichkeit der individuellen Zielsetzungen, unterstellen aber, dass die Akteure (im Prinzip jedenfalls) wissen können, mit welchen Folgen sie dann rechnen sollten, wenn sie sich in bestimmter Weise entscheiden. Die Gesamtzahl der Verteilungszustände und deren Eigenschaften sind allen ebenso bekannt wie die Menge der Entscheidungsmöglichkeiten; beide gehören in diesem Sinn zum „common knowledge" der beteiligten Akteure (vgl. Geanakoplos 1992). Diese Bedingung muss indessen nicht in allen Abstimmungslagen realisiert sein. In zahllosen Fällen sind die Informationen der Akteure ungleich oder *asymmetrisch* verteilt (vgl. Rasmusen 2001). Wenn einzelne Akteure, anders als ihre Handlungspartner, nicht wissen können, was sie zu erwarten haben, werden sie durch jene ausbeutbar (vgl. Williamson 1990). Daraus können endlich Verteilungseffekte resultieren, die die Auszahlungsbedingungen aller verschlechtern. Ein berühmtes Beispiel stellt der Gebrauchtwagenmarkt, der „Markt für Zitronen", dar (vgl. Akerlof 1984: 7 ff.). Über den wahren Zustand eines Gebrauchtwagens weiß der Verkäufer

---

20   Solche Verhältnisse werden in Form des sogenannten *Hühnchenspiels* (vgl. Boudon 1980: 40 ff.) bzw. im *Gefangenendilemma* behandelt (vgl. Rapoport und Chammah 1965).

21   Paradigma dieser Verteilungsverhältnisse ist das sogenannte *Nullsummenspiel* (vgl. Diekmann 2009: 90 ff.).

(in aller Regel) besser Bescheid als der Käufer, weshalb Letzterer Gefahr läuft, dass ihm eine „Zitrone", ein Mangelwagen, aufgedrängt wird; auf der anderen Seite wissen die Verkäufer von Gebrauchtautos, die in einem guten Zustand sind, dass ihre Kunden einen entsprechend höheren Preis nur zögerlich akzeptieren, solange sie gute von schlechten Autos nicht unterscheiden können, was die Folge haben kann, dass gute Gebrauchtwagen nicht länger angeboten werden. Der Markt degeneriert.[22]

Durch Informationsasymmetrien sind auch Delegationsverhältnisse gekennzeichnet (vgl. Saam 2002). In vielen Fällen ergehen Leistungsaufträge an einen Akteur deshalb, weil der Auftraggeber keine Möglichkeit sieht, die betreffende Leistung selbst zu erbringen; weiß hernach nur der Beauftragte, unter welchen Bedingungen der Delegationsauftrag zu erfüllen ist, kann er versuchen, aus diesem Informationsvorsprung einen Zusatzgewinn „herauszuschlagen". Der Auftraggeber steht damit vor einem Kontrollproblem, das nur unter zusätzlichen Kosten zu lösen ist und den Interessensausgleich zwischen Prinzipal und Agenten, Beauftragendem und Beauftragtem nicht notwendig herbei führen muss. Noch eindrücklichere Asymmetrien weisen Spionagefälle auf (vgl. Goffman 1981), in denen die erfolgreich spionierende Partei ohne Kenntnis ihres Gegners Informationen über dessen Handlungsabsichten ansammelt, die dieser in der Annahmen verfolgt, dass keiner sie antizipieren kann; Gegenspionage und Doppelagenten verschärfen das Problem bis zur Auflösung jeder sicheren Erwartung. Eine viel diskutierte Informationsasymmetrie beschreibt Schelling, wenn er darauf verweist, dass es für einen Akteur rational sein kann, irrational zu sein (nicht nur zu erscheinen), solange er damit seiner Drohung Glauben verschaffen kann, sich gegen die Übergriffe anderer auch dann zur Wehr zu setzen, wenn das seinen (eigentlichen) Interessen gar nicht entspricht (Schelling 1966: 36 ff.). In anderen Fällen besteht die Informationsasymmetrie darin, dass jeder der Akteure meint, dass die anderen wüssten, welche Entscheidung rational sei, ohne dass er auf eigene Erfahrung zurückgreifen kann. In solchen Fällen ist es rational, genau denselben Weg einzuschlagen, den alle Übrigen in erkennbarer Weise gehen. Wenn jeder in dieser Lage ist, können allerdings Kollektiveffekte, die den Zielsetzungen der Akteure nicht entsprechen müssen, dann entstehen, wenn auch jene Akteure, deren Handlugen imitiert werden, de facto nicht wissen, mit welchen Konsequenzen es verbunden sein wird, dass alle ihnen folgen (vgl. Banerjee 1992). Ergänzend kann in diesem Zusammenhang die unter Soziologen beliebte These von der „Rationalitätsfiktion" (Schimank 2002) genannt werden, die dann entsteht, wenn jeder weiß, dass seine Handlungen die Voraussetzungen eines durchgängig rationalen Handelns nicht erfüllen, anderen gegenüber aber den Eindruck erwecken möchte, dass das Gegenteil der Fall sei, weil er befürchtet, ansonsten Nachteile in Kauf nehmen zu müssen, wenn er sich gegen die vorherrschenden „conscience collective" der Rationalitätsgläubigkeit versündigt. Dadurch entsteht eine Art „Mythos" (Meyer und Rowan 1977), der wirkt, weil jeder glaubt, ihn deshalb unterstützen zu müssen, weil er (irrtümlicher Weise) meint, die anderen glauben tatsächlich an die perfekte Rationalität des Entscheidens. Ob sich die Verteilungsverhältnisse freilich verbessern, wenn jeder dem anderen klar macht, dass er den Mythos durchschaut, bleibt zumeist offen. Komplexere Imitationsverhältnisse treten dort zutage, wo Akteure nicht wissen, dass die Handlungen ihrer Mitakteure gar nicht ihren eigentlichen

---

22 *Müssen* die Besitzer taugliche Gebrauchtwagen hingegen verkaufen, entsteht ein „Schnäppchenmarkt".

Zielsetzungen entsprechen (vgl. Kuran 1995). Dann stellt sich ein Zustand wechselwirksamer „kollektiver Ignoranz" ein, der stabil bleiben kann, solange ein vertrauensbasierter Informationsaustausch nicht möglich ist und der Wechsel zu pareto-optimalen Verkehrsverhältnissen dadurch verhindert wird.

Diese bislang geschilderten Überlegungen sind jüngeren Datums: den Fall hingegen, dass *alle nicht wissen*, welche Folgen das gemeinsame Handeln nach sich zieht, verfolgt die Sozialtheorie schon seit geraumer Zeit. Die Bearbeitung solcher *Symmetrien des Nichtwissens* hat zumindest zwei Szenarien aufgedeckt: Im einen Fall stellen sich hinter dem Rücken der Handelnden segensreiche Verhältnisse ein, obgleich sie nur auf ihren eigenen Gewinn achten und alle Kollektivfolgen ihrer Eigensucht unbeachtet lassen (Mandeville 1968/1714; Ferguson 1986/1767), und im anderen produzieren sie in völliger Verkennung der schädlichen und unumkehrbaren Fernfolgen ihres aktuellen Handelns für alle völlig unakzeptable Verteilungsresultate, ohne jemals Böses im Schilde geführt zu haben (vgl. Diamond 2006). Diese Liste der unerkannten Fernfolgen des gemeinsamen Handelns lässt sich in unterschiedlicher Richtung erweitern: So mögen die Akteure in Übereinstimmung ihrer Zielsetzungen, aber mit wenig Hoffnung darauf, ihn in die Tat umsetzen zu können, einen gemeinsamen Plan verfolgen, um sich hernach durch die Tatsache überraschen zu lassen, dass er – wider die Erwartungen aller – durchaus realisiert werden kann (Hirschman 1980), bzw. um hernach festzustellen, dass sich ein Ergebnis einstellt, das zwar nichts mit ihren anfänglichen Ertragshoffnungen zu tun hat, gleichwohl von allen in höchstem Maße gepriesen wird (Merton und Barber 2004). In allen diesen Fällen verfolgen die Akteure durchaus kompatible Ziele und erwarten keine nachhaltigen Schädigungen ihrer Interessen; gleichwohl stellen sich für ihr weiteres Lebensschicksal gewichtige Fernfolgen ein, die zunächst niemand zur Grundlage seiner Entscheidung hat machen können.[23]

3.2.4.2 Lösungsmechanismen

Die bisherige Themendurchsicht war von der Frage geleitet, mit welchem Ergebnis wir rechnen können, wenn wir die Abstimmungsprobleme aus der Sicht rationaler Akteure beschreiben; dieselbe Frage lässt sich auch angesichts der möglichen Lösungen stellen, auf die die Akteure sich einlassen können, um sich koordinationsdienliche Informationen zu beschaffen, Kooperationsschädigungen zu meiden und Verteilungsunterschiede zu mildern oder zu beseitigen (vgl. ausführlich Maurer und Schmid 2010, Kapitel 7 bis 9).

Die Theorie rationalen Entscheidens enthält keine logischen Implikation darüber, wie die Akteure der Beschwernisse Herr werden können, die aus ihren mangelhaft aufeinander abgestimmten Erwartungen bzw. daraus resultieren, dass sie sich bei der Erfüllung ihrer Wünsche wechselseitig behindern. Die Zielrichtung entsprechender Bemühungen aber liegt klar zu Tage: Wenn die Akteure miteinander „auskommen" und einen Interessensausgleich erreichen wollen, dann müssen sie *Regeln* finden und durchsetzen, deren Einhaltung die erwartbaren

---

23 Die Erforschung derartiger nicht-intendierter Fernfolgen des sozialen Handelns verschafft der sozialwissenschaftlichen Forschung ein unabschließbares Betätigungsfeld. Zudem kann sie aufklärerische Funktionen annehmen, indem sie die Handelnden darüber informiert, dass sie bestimmte Kollektivfolgen ihres Handelns übersehen. Damit gewinnen die Akteure auch dann neue Handlungsoptionen, wenn sie sich in einer Weise entscheiden, die den „Aufklärern" missfällt.

(oder befürchteten) Schädigungen abwehrt oder zumindest erträglich macht. Die dauerhafte Etablierung solcher Regeln ist mit der *Institutionalisierung von Abstimmungsmechanismen* gleichzusetzen. Damit ist die überkommene Ordnungsfrage der klassischen Soziologie präzisiert: Die gesellschaftliche Ordnung wird sich dann einstellen, wenn die Akteure dazu in der Lage sind, Regulierungen zuzustimmen oder sich ihnen zu fügen, die ihren Opportunitätsspielraum soweit einschränken, dass sie Schädigungshandlungen auch dann unterlassen, wenn ihnen daraus aktuelle Nachteile und Kosten entstehen.

Die Handlungsannahmen der Entscheidungstheorie braucht man zur Beantwortung der damit aufgeworfenen Fragen nicht in dem Maß umzugestalten, dass die Einhaltung von Regeln keiner rationalen Überlegung folgen darf. Vielmehr gilt umgekehrt, dass wir im Rahmen einer Entscheidungstheorie die Einhaltung von Regeln nur dann erklären können, wenn wir wissen, weshalb es aus Sicht der Akteure „situativ rational" ist, in Übereinstimmung mit bestimmten Regeln zu handeln, und welche Ertragsaussichten bzw. -abstriche sie dabei zu erwarten haben. Kosten fallen in nur geringem Umfang an, wenn die Aufgabe der Akteure darin besteht, eine allgemeinverbindliche Konvention einzuführen, an die sie sich in ihrem wohlverstandenem Eigeninteresse solange halten können, als ihnen an der Koordination ihres Handelns gelegen ist. Schwieriger wird es, wenn sie vor dem Problem stehen, eine Konvention zu bestimmen, die einige Akteure benachteiligt. Nash-gleichgewichtige Lösungen entstehen dann nur deshalb, weil jedem benachteiligten Akteur klar sein muss, dass er alleine seine Auszahlungssituation nicht zu seinen Gunsten verändern kann und dass er nichts gewinnt, wenn er den anderen deren Vorteil nimmt.

In Fällen, in denen die Akteure die Chance besitzen, Abweichungsgewinne zu kassieren, indem sie auf die faire Aufteilung der Kooperationsrente verzichten, um ihren eigenen Vorteil zu suchen, sind solche Regeln zu wählen, die diese Versuche unterminieren. Ein Anreiz, dies zu tun, gibt vor allem die Erfahrung, dass unregulierte Verhältnisse zu suboptimalen „sozialen Fallen" (Cross und Guyer 1980) führen, aus denen die Akteure, ohne auf Teile ihrer Freiheiten zu verzichten, nicht entfliehen können (Buchanan 1975). Die Palette möglicher Lösungen ist umfangreich; abstrakt gesprochen folgen sie in allen Fällen einer Route, auf der den Akteuren sichtbar wird, dass sie falsch beraten sind, wenn sie die langfristigen Folgen ihres Abweichungshandelns außer Acht lassen, und ihr Ertrag hängt in allen Fällen davon ab, dass ihre Einsicht in die Notwendigkeit, auf ihren maximalen Auszahlungsgewinn zu verzichten, für sie Motivationskraft besitzt. Gleichwohl können derartige Motivationen sich verlieren, weshalb Modellierungen entsprechender Lösungsmechanismen auf die Institutionalisierung von Sanktionen in aller Regel nicht verzichten (vgl. Hechter 1987; Heckathorne 1989; Greif 2006). Zu diesem Zweck können Akteure auf Formen gleichberechtigter Überwachung und konsensueller Bestrafungen zurückgreifen (vgl. Ostrom 1990) oder aber auf die Installation von herrschaftlich organisierten Kontroll- und Abwehrmaßnahmen, die ihrerseits indessen Kosten nach sich ziehen, die die Akteure nicht immer begleichen können oder auch nur erbringen wollen (vgl. Barzel 2002; Maurer 2004; auch Maurer in diesem Band).

Noch aufwendiger und voraussetzungsreicher sind Versuche, Konflikte dauerhaft zu lösen. Denn in diesen Fällen gilt es, Verlierer dazu zu bewegen, ihr Zuteilungsschicksal anzuerkennen und vor allem auf Gewaltmaßnahmen bei der eventuellen Revision der Verteilungsverhältnisse und -ergebnisse zu verzichten. Wettbewerbsregeln (vgl. Hirsch 1980), Verhandlungen (vgl. Raiffa et al. 2002) oder Kompensationen (vgl. Frank 1985) sind die gängigen Lösungsmechanismen, die aber nicht immer die erwünschten Folgen besitzen und deshalb zu Abwanderungen und Protesten (vgl. Hirschman 1974), Selbstbescheidungsideologien (vgl. Moore 1978) oder gewaltsamen Umstürzen und Rebellionen (vgl. Lichbach 1995) Anlass sind, die ihrerseits nicht kosten- und voraussetzungslos gelingen.

4. Offene Fragen

In einem letzten Schritt möchte ich das Leistungsprofil eines entscheidungstheoretisch fundierten Forschungsprogramms dadurch verdeutlichen, dass ich zeige, in welcher Weise es einigen der kritischen Anfragen gerecht wird, die vor allem innerhalb der soziologischen Debatte über seine Reichweite gestellt werden.

4.1 Rationalität als historisches Phänomen

Immer wieder trifft man auf die offenbar Max Weber geschuldete Ansicht, dass (zumal Zweck-) Rationalität keine zeitlos gültige und insoweit verallgemeinerbare (theoretische) Kategorie sei, sondern eine historisch entstandene und nur lokal wirksame Erscheinung darstelle (vgl. Swedberg 2009: 92). Dabei denkt man in der Regel daran, dass Rationalität vor allem dort entstanden sei, wo es den Handelnden auf die kalkulierte Abschätzung von Rentabilitäten ankomme musste oder wo sich ihnen Verfahren kontrollierter Finanz- und Wirtschaftsrechnung aufdrängten. Der Schaden solcher Vermutungen ist solange gering, als darin kein Widerspruch zu den Annahmen der Theorie des rationalen Entscheidens gesehen wird. Unterstellt man aber, dass beide Sichtweisen unvereinbar seien, so entsteht das Problem, welche Handlungsorientierungen Akteure in den vorherigen historischen Epochen hatten. Nur zu leicht folgt daraus das Bild eines rein gewohnheitsmäßig agierenden Menschen, der auf die bewusste Abwägung seiner Ziele und Opportunitäten verzichten musste. Tatsächlich kann man aus dem Nichtvorhandensein von rechnerischen Kontrolltechniken von Handlungsplänen und -abläufen nicht auf die Nicht-Rationalität des Entscheidungshandelns schließen; im Lichte eines rationalistischen Theorieprogramms liegt vielmehr die Hypothese nahe, dass Akteure ihre Ziele in universeller Weise rational verfolgen werden (vgl. Goldthorpe 2007: 189), und d. h. auch dann, wenn ihnen keine formal-rechnerische Hilfe bei ihrer Entscheidungsfindung zur Verfügung steht. Dass sich die Theorie des Entscheidens aufgrund der gesteigerten Nachfrage nach dessen Rechenhaftigkeit entwickelt hat, mag hingegen zutreffen, berührt die Ausgangsthese aber nicht.

4.2 Rationalität in der Moderne

Eng verwandt damit ist das Argument, die Entstehung komplexer Gesellschaftsformationen und die Erweiterung der Kontaktkreise, wie sie sich etwa im Gefolge von Globalisierungs- und Modernisierungsprozessen durchgesetzt haben, erforderten eine neue Handlungstheorie, etwa weil die Menge der unsicheren und unabwägbaren Handlungsfolgen zugenommen habe oder weil sich Fernfolgen einstellen, die die Akteure nicht beachten können, was am Ende zum Zusammenbruch der überkommenen, sicherheitsverbürgenden Institutionen führe (vgl.

Beck 2007). Die Beschreibung solcher Verhältnisse ist sicher richtig, aber daraus folgt nicht, dass die Entscheidungstheorie renoviert werden muss (vgl. Schmid 2006b; 2009a); ich würde die These für viel plausibler halten, dass man sie offenbar vorausgesetzt hat, um die gesteigerten Unübersichtlichkeiten, die uns derzeit Sorgen bereiten, allererst zu identifizieren. Auch dürfte die Mutmaßung von der abnehmenden Rationalität des Entscheidens nur solange plausibel sein, als die Vermutung zutrifft, dass sich die derzeit zerfallende Gesellschaftsformation dadurch ausgezeichnet hat, dass alle Entscheidungen im Savage'schen Sinne rationale Entscheidungen waren. Der wiederholte soziologische Einwand, dass in „modernen" Zeiten Entscheidungen mit Hilfe der Savage-Theorie nur unzureichend erklärt werden können, ist dann zwar richtig, kommt aber zu spät, denn man kann kaum übersehen, dass die Entscheidungstheorie seit geraumer Zeit dazu übergangen ist, nicht nur Entscheidungen unter vollständiger Sicherheit zu modellieren, sondern auch *Risikolagen*, *Unsicherheit* und *Ungewissheiten* zu berücksichtigen (vgl. Knight 2006/1921). Umgekehrt betrachtet sollten neuartige bzw. unübersichtlicher werdende Problemlagen das Fällen von Entscheidungen sicher erschweren, aber nicht suspendieren können.[24] Entsprechend würde ich die Hoffnung nicht vorschnell aufgeben, dass die derzeit praktizierte Entscheidungstheorie, die ihre Ausgangsmodellierung als eine Idealisierung zu erkennen erlaubt, jederzeit dazu in der Lage ist, differenzielle Anreiz- und Kostenwirkungen neuer Regulierungsvorschläge und neuer Institutionen, mit deren Hilfe wir den Bedrängnissen der Moderne entgegentreten wollen, auch dann angemessen abzuschätzen (vgl. Schmid 2009a), wenn es Anlass zur Befürchtung gibt, dass es uns nicht gelingt, die drohenden Gefahren der zukünftigen Gesellschaftsentwicklung erfolgreich abzuwenden (vgl. Diamond 2006: 599 ff.).

4.3 Rationalität und nicht-ökonomisches Handeln

Eine noch radikalere Variante dieser Sichtweise mündet in ein weiteres Problem aus. Soziologen kennzeichnen ihr Verhältnis zur Ökonomie oftmals mit Hilfe der These, sie müssten deren imperiale (oder kolonialisierende) Erklärungsansprüche dadurch abwehren, dass sie einen eigenständigen Handlungsbereich ausklammern, in dem rationale Entscheidungen keine prägende Rolle spielen (können). Im besten Fall führt eine solche disziplinäre Abwehr- bzw. Differenzierungsstrategie zur Suche nach den normativen oder werthaltigen Grundlagen des sozialen Lebens, die man der egozentrischen, auf ökonomische ausgerichtete Nutzenmehrung (vgl. Beckert 1997) aber auch den strategisch angelegten Handlungsvorhaben der Akteure (vgl. Habermas 1981) glaubt entgegensetzen zu müssen. Am Ende solcher Überlegungen findet man dann die These, dass es eine eigenständige „soziale" Motivationslage gebe, die von im engeren Sinn ökonomischen Motiven zu unterscheiden wäre und die die Akteure dazu anhält, ihre individuelle Ertragslage zu missachten, um sich stattdessen an der Zustimmung oder Anerkennung anderer bzw. am Einverständnis mit anderen zu orientieren.[25] Ich denke, dass solche Überlegungen einer Fehldeutung der Leistungskraft der Theorie des rationalen

---

24 Allenfalls kann man entscheiden, auf maximal rationale Handlungsstrategien zu verzichten (vgl. Schimank 2005: 372).

25 Mit einflussreichen Folgen hat Mark Granovetter eine solche Argumentation vertreten (vgl. kritisch dazu Schmid 2008a).

Handelns aufsitzen. Selbstverständlich existieren Güter wie das wechselseitige Einvernehmen oder Anerkennung und soziales Ansehen, die man nicht auf Märkten kaufen kann; aber daraus folgt weder, dass die Akteure sich Entscheidungen darüber ersparen können, wie sie in den Besitz der Zuerkennung ihrer Mitakteure gelangen können, noch ist ausgeschlossen, dass sie diese Bemühungen unter den Bedingungen vollständiger Information und wohldefinierter Absichten beginnen (vgl. Brennan und Petit 2004). Auch sollte man festhalten, dass die Entscheidungstheorie zwischen dem Nutzen von marktgängigen Gütern, die man als „ökonomische" zu bezeichnen hätte, und nicht-marktgängigen Gütern, die anders zu benennen wären, nicht unterscheidet; und dies zurecht, denn der Instrumentalität des Entscheidungshandelns ist es in allen Fällen gleichgültig, welche Gütersorten die Akteure anstreben (von Mises 1933). „Zweckrationalität" unterliegt demnach auch den Bestrebungen nach Gütern mit Sozialkapitalcharakter wie Vertrauen, kollektiv erstellten Erwartungssicherheiten usf.; auch bei der Versorgung mit Sozialkapital müssen die Akteure Handlungswahlen vornehmen, deren Selektionscharakter den Bedingungen eines rationalen Entscheidens genügt. Die Soziologie sollte deshalb aufhören, sich von der Ökonomik dadurch abheben zu wollen, dass sie die Entscheidungsabhängigkeit des individuellen Handelns leugnet, statt sich der Frage zuzuwenden, inwieweit der Inhalt des Entscheidens, die Art der angestrebten Ziele bzw. Art und Menge der dabei zu beachtenden Restriktionen sich in unterschiedlich regulierten Handlungssystemen unterscheiden. Wenn sie es will, kann sie in der Folge darauf verzichten, Markthandeln zu erklären, und sich den Fällen zuwenden, in denen die Güterverteilung anderen Zugangs- und Verteilungsgesichtspunkten untergeordnet ist. Ein autonomes „normatives Paradigma" oder eine entscheidungsbereinigte Theorie des Handelns braucht sie dazu nicht und sie wird sie auch nicht finden (vgl. Hechter 2004).

4.4 Rationalität und Gleichgewicht

Ein weiteres Missverständnis rankt sich um die Behauptung, man könne die zumal im Umkreis des Gary S. Becker'schen Modellierungsprogramms übliche Konstanthaltung der Handlungspräferenzen nicht akzeptieren (vgl. Udéhn 1996: 129 ff.). Da viele historische oder demoskopische Beobachtungen zeigen, dass die Präferenzen der Akteure tatsächlich *nicht* konstant sind, sondern sich (situativ oder im historischen Verlauf) ändern können, hält man die Becker-Modellierungen für empirisch widerlegt, was infolge der übersteigerten Abwehr ökonomischer Erklärungsfiguren in der Regel mit deren völligem Scheitern gleichgesetzt wird (vgl. für weitere Belege dieser Sichtweise Berger 1999: 307 ff.). Ich muss gestehen, dass ich dieses Argument – aus mehreren Gründen – nie verstanden habe. Zum einen sollten auch eingefleischte Soziologen wissen, dass es – etwa im Rahmen der Parsons'schen Modellierungen erwartungsgesteuerter Gleichgewichtsprozesse – üblich ist, die Werthaltungen der Akteure als unveränderliche Größe zu betrachten. Die Konstanzforderung ist eine methodologisch (oder doch verfahrenstechnisch) zu rechtfertigende Folge der Tatsache, dass Modellierungen darauf ausgerichtet sind, die Bestandsbedingungen sozialer Beziehungsverhältnisse zu erfassen. Dass Parsons und Becker dieselben Festlegungen vornehmen, ist dann nicht Ausdruck einer fatalen Allianz, sondern hat seinen Grund in der Tatsache, dass *beide* Gleichgewichtsanalysen jener Handlungsinterdependenzen anstreben, in deren Verlauf sich die Wert- und Zielsetzungen der Akteure nicht verändern.

4.5 Rationalität und Gewohnheit

In diesem Zusammenhang empfehlen Soziologen zur Kennzeichnung der Situationen, in denen Akteure vorgeblicher Weise keine Entscheidungen fällen, in vielen Fällen von der Annahme auszugehen, dass Akteure zur gleichgewichtigen Lösung ihrer Abstimmungsprobleme stattdessen bestimmten unbefragten Vorgegebenheiten wie Gewohnheiten, Autoritäten, Moralen usw. folgen. Diese Vermutung ist nicht unter allen Bedingungen falsch, aber sie übersieht, dass die Akteure Gründe dafür benötigen, Vorgegebenheiten zu akzeptieren, Gewohnheiten für lebenswert zu halten und legitimen Autoritäten und moralischen Verpflichtungen Glauben zu schenken. Sicherlich können die obwaltenden Verhältnisse darauf hinwirken, dass die Akteure, ohne ins Grübeln zu geraten, fixierte Ziele verfolgen und weitgehend unveränderliche Erwartungen über deren Realisationschancen hegen. Auf der anderen Seite ist aber mit solchen segenreichen Umständen nicht in allen Fällen zu rechnen, und ihre Beschreibung lässt offen, was die Akteure tun werden, wenn sie den Verdacht haben, dass die Verhältnisse, in die sie gestellt sind, ihren Zielsetzungen zuwider laufen, oder wenn sie vermuten, dass ihre Erfolgserwartungen sich als fehlerhaft herausstellen. Ich denke, dass sie dann ein *Entscheidungsproblem* haben werden, das SozialwissenschaftlerInnen theoretisch bearbeiten müssen, und dessen Lösung nicht darin bestehen kann, sich hinter zunehmend unrealistischen Hypothesen über die Bestands- und Ordnungsbedingungen der von ihnen thematisierten sozialen Verhältnisse zu verstecken. Im Umkehrschluss muss dies heißen, dass Akteure in zahllosen Fällen keinen Anlass bzw. keine Möglichkeit sehen, sich gegen einmal eingeführte Abstimmungslösungen auszusprechen, ohne dass man zu der Unterstellung gezwungen wäre, dieser Verzicht entspränge keinen Entscheidungen. Ganz zweifelsfrei stellen gleichgewichtige Abstimmungsverhältnisse Ecklösungen dar, die es wenigstens bisweilen und mit schwankender Dauer gibt. Der Theorie des strategischen Entscheidungshandelns aber sollte man den auf John Nashs Dissertation (vgl. Nash 1950) zurückreichenden Hinweis entnehmen dürfen, dass sich derartige „Gleichgewichte" nur solange einstellen können, als die Akteure keinen Anlass bzw. keine Chance sehen, sich durch eine einseitige Veränderung ihrer Entscheidungsstrategie Ertragsvorteile zu verschaffen.

5. Schluss

Die sozialtheoretische Verwendung von Rationalitätskonzepten ist unübersichtlich (vgl. Schmidt 2000: 74 ff.) und lässt sich theoriepolitisch kaum steuern. Bevorzugt man eine nicht-normative Verwendung des Begriffs des „rationalen Handelns", dann kann die individuelle Entscheidungstheorie helfen, dessen Bedeutung und Tragweite abzustecken. Zu diesem Zweck kann man festhalten, dass er dort Verwendung findet, wo Akteure den Versuch machen (müssen), Handlungsalternativen mit der Absicht gegeneinander abzuwägen, zu einer eindeutigen, nutzensteigernden Entscheidung zu gelangen. Der Savage-Theorie des individuellen Entscheidens kann man die *Basisvariablen des Entscheidungsprozesses* entnehmen, der zur Wahl einer im Erwartungshorizont liegenden Handlungsalternativen führt.

Diese Theorie stellt einen hochgradig idealisierten Ausgangspunkt der Theorienentwicklung dar und ist in zahllosen Richtungen korrigiert und verbessert worden; insofern hat sie sich als Grundlage eines *revisionsoffenen Forschungsprogramms* erwiesen. Im direkten Vergleich mit (wenigstens einigen) Alternativhypothesen kommt ihr überdies zugute, dass man mit ihrer Hilfe *strategisches Handelns* angemessen berücksichtigen und auf dessen *Verteilungsfolgen* hin befragen kann. Und zugleich hilft sie auch zu erklären, weshalb rationale Akteure bestimmte Regulierungen ihres Handelns akzeptieren und andere verwerfen, bzw. weshalb nicht jede Art der Regulierung jedes ihrer unterschiedlichen Abstimmungsprobleme löst. Im Grenzfall kann sie auch erklären, dass Akteure keine Möglichkeiten haben, ihre Entscheidungen zu revidieren, und insoweit zu Marionetten ihrer Verhältnisse werden. In Anlehnung an ein Diktum von Karl Popper kann man deshalb sagen, dass wir die Probleme, die die Akteure miteinander und mit den kollektiven Folgen ihres Handelns haben, wie deren möglichen Lösungen *nur* im *Lichte dieser Theorie* zu Gesicht bekommen.

Wenn es gelingt, einige, zumal unter Soziologen verbreitete Anfragen an die Leistungskraft einer rationalistischen Handlungstheorie zu entkräften, dann steht ihrer Verwendung als „hard core" eines verallgemeinerungsfähigen, mikrofundierenden Erklärungsprogramms nichts im Wege. Ein solches Programm kann in Form wohl definierter *Strukturmodelle* (Esser 2002: 144) in vielfältiger Weise Anwendung finden und überprüft werden. Die Erstellung solcher Strukturmodelle besitzt einen mehrfachen Vorteil: In einer Richtung hin kann man untersuchen, durch die Varianz welcher ihrer situationsbeschreibenden Annahmen verschiedene solcher Modellierungen ineinander überführt oder auseinander abgeleitet werden können. Und gegenläufig dazu kann man augenscheinlich verschiedene inhaltliche Erklärungsprobleme dadurch in Kontakt zu einander bringen, dass man zeigt, dass ihnen *ein und dieselbe* Situationslogik zugrunde liegt. Dabei sollte sich herausstellen, dass die Reichweite dieser Vorgehensweise nicht mit den Grenzen unterschiedlicher sozialwissenschaftlicher Disziplinen zusammenfällt, sondern dass sich zwischen den unterschiedlichen „Paradigmen" und deren disziplinären Selbstdeutungen Brücken schlagen und gemeinsame Erklärungsstrategien entwickeln lassen (vgl. Schmid 2005b; Schmid 2009b).

Ob diese Chance genutzt wird, ist natürlich eine andere und – wie es scheint – durchaus offene Frage (vgl. Schmid 2008b).

Literatur

Akerlof, George A., 1984: An Economic Theorist's Book of Tales. Cambridge et al.: Cambridge University Press.
Albert, Gert, 2005: Moderater methodologischer Holismus. Eine weberianische Interpretation des Makro-Mikro-Modells. In: Kölner Zeitschrift für Soziologie und Sozialpsychologie 57: 387-413.
Albert, Hans, 1976: Aufklärung und Steuerung. Aufsätze zur Sozialphilosophie und zur Wissenschaftslehre der Sozialwissenschaften. Hamburg: Hoffmann und Campe Verlag.
Alexander, Jeffrey C., 1988: Action and Its Environments. Toward a New Synthesis. New York: Columbia University Press.
Balog, Andreas, 2006: Soziale Phänomene. Identität, Aufbau und Erklärung. Wiesbaden: VS Verlag für Sozialwissenschaften.
Banerjee, Abhijit V., 1992: A Simple Model of Herd Behavior. In: Quarterly Journal of Economics 107: 797-817.

Barzel, Yoram, 2002: A Theory of the State. Economic Rights, Legal Rights, and the Scope of the State. Cambridge: Cambridge University Press.

Beck, Ulrich, 2007: Weltrisikogesellschaft. Auf der Suche nach der verlorenen Sicherheit. Frankfurt/M.: Suhrkamp Verlag.

Becker, Gary S., 1982: Der ökonomische Ansatz zur Erklärung menschlichen Verhaltens. Tübingen: J.C.B. Mohr (Paul Siebeck).

Beckert, Jens, 1997: Grenzen des Marktes. Die sozialen Grundlagen wirtschaftlicher Effizienz. Frankfurt/M., New York: Campus Verlag.

Berger, Johannes, 1999: Die Wirtschaft der modernen Gesellschaft. Strukturprobleme und Zukunftsperspektiven. Frankfurt/M., New York: Campus Verlag.

Bicchieri, Cristina, 1993: Rationality and Coordination. Cambridge: Cambridge University Press.

Bicchieri, Cristina, 2006: The Grammar of Society. The Nature and Dynamics of Social Norms. Cambridge: Cambridge University Press.

Blau, Peter M., 1977: Inequality and Heterogeneity. A Primitive Theory of Social Structure. New York, London: The Free Press, Collier Macmillan Publishers.

Bohnen, Alfred, 1975: Individualismus und Gesellschaftstheorie. Tübingen: J.C.B. Mohr (Paul Siebeck).

Bohnen, Alfred, 1994: Die Systemtheorie und das Dogma der Irreduzibilität des Sozialen. In: Zeitschrift für Soziologie 23: 292-305.

Boudon, Raymond, 1980: Die Logik gesellschaftlichen Handelns. Eine Einführung in die soziologische Denk- und Arbeitsweise. Franz. Orig. 1978. Neuwied, Darmstadt: Luchterhand Verlag.

Boudon, Raymond, 1988: L'acteur social est-il si irrationnel (et si conformiste) qu'on le dit? In: Catherine Audard, Jean-Pierre Dupuy und René Sève (Hg.), Individu et justice sociale. Autour de John Rawls. Paris: Éditions du Seuil: 219-244.

Boudon, Raymond, 1994: The Art of Self-Persuasion. The Social Explanation of False Beliefs. Franz. Orig. 1990. Cambridge: Polity Press.

Boudon, Raymond, 1998: Social Mechanisms without Black Boxes. In: Peter Hedström und Richard Swedberg (Hg.), Social Mechanisms. An Analytical Approach to Social Theory. Cambridge: Cambridge University Press: 172-203.

Bourdieu, Pierre, 1979: Entwurf einer Theorie der Praxis auf der ethnologischen Grundlage der kabylischen Gesellschaft. Franz. Orig. 1972. Frankfurt/M.: Suhrkamp Verlag.

Bovens, Luc und Stephan Hartmann, 2003: Bayesian Epistemology. Oxford: Clarendon Press.

Brennan, Geoffrey und Philip Pettit, 2004: The Economy of Esteem. An Essay on Civil and Political Society. Oxford: Oxford University Press.

Buchanan, James M., 1975: The Limits of Liberty. Between Anarchy and Leviathan. Chicago, London: The University of Chicago Press.

Bunge, Mario, 1967: Scientific Research II. The Search for Truth. Berlin et al.: Springer Verlag.

Bunge, Mario, 1996: Finding Philosophy in the Social Sciences. New Haven et al.: Yale University Press.

Bunge, Mario, 2010: Soziale Mechanismen und mechanismische Erklärungen. In: Berliner Journal für Soziologie (im Erscheinen).

Camic, Charles, 1986: The Matter of Habit. In: American Journal of Sociology 91: 1039-1087.

Campbell, Colin, 1996: The Myth of Social Action. Cambridge: Cambridge University Press.

Cartwright, Nancy, 1989: Nature's Capacities and Their Measurement. Oxford: Clarendon Press.

Charon, Joel M., 1979: Symbolic Interactionism. An Introduction, an Interpretation, an Integration. Englewood Cliffs, NJ: Prentice Hall.

Chong, Dennis, 1991: Collective Action and the Civil Rights Movement. Chicago: University of Chicago Press.

Coleman, James S., 1991: Grundlagen der Sozialtheorie. Handlungen und Handlungssysteme. Bd. I. München: R. Oldenbourg Verlag.

Cross, John G. und Melvin J. Guyer, 1980: Social Traps. Ann Arbor: The University of Michigan Press.

Diamond, Jared, 2006: Kollaps. Warum Gesellschaften überleben oder untergehen. Amerik. Orig. 2005. Frankfurt/M.: Fischer Taschenbuch Verlag.

Diekmann, Andreas, 2009: Spieltheorie. Einführung, Beispiele, Experimente. Reinbek bei Hamburg: Rowohlt Verlag.

Eberlein, Gerald, 1971: Soziologische Theorie heute. Stuttgart: Ferdinand Enke Verlag.

Elster, Jon, 1983: Sour Grapes. Studies in the Subversion of Rationality. Cambridge, Paris: Cambridge University Press, Édition de la Maison des Sciences de L'Homme.

Elster, Jon, 1986: Introduction. In: Jon Elster (ed.), Rational Choice. Oxford: Basil Blackwell: 1-33.

Elster, Jon, 1990: Norms of Revenge. In: Ethics 100: 862-885.

Esser, Hartmut, 1991: Alltagshandeln und Verstehen. Zum Verhältnis von erklärender und verstehender Soziologie am Beispiel von Alfred Schütz und „Rational Choice". Tübingen: J.C.B. Mohr (Paul Siebeck).

Esser, Hartmut, 1993: Soziologie. Allgemeine Grundlagen. Frankfurt/M., New York: Campus Verlag.

Esser, Hartmut, 2000a: Soziologie. Spezielle Grundlagen, Band 3: Soziales Handeln. Frankfurt/M., New York: Campus Verlag.

Esser, Hartmut, 2002: Was könnte man (heute) unter einer „Theorie mittlerer Reichweite" verstehen? In: Renate Mayntz (Hg.), Akteure – Mechanismen – Modelle. Zur Theoriefähigkeit makrosozialer Analysen. Frankfurt/M., New York: Campus Verlag: 128-150.

Esser, Hartmut, 2004: Soziologische Anstöße. Frankfurt/M., New York: Campus Verlag.

Etzrodt, Christian, 2003: Sozialwissenschaftliche Handlungstheorien. Eine Einführung. Konstanz: UVK.

Fararo, Thomas J. und John Skvoretz, 1986: E-State Structuralism. In: American Sociological Review 51: 591-602.

Fararo, Thomas J., 2001: Social Action Systems. Foundation and Synthesis in Sociological Theory. Westpoint, Conn., London: Praeger.

Feigl, Herbert, 1970: The ,Orthodox' View of Theories. Remarks in Defense as well as Critique. In: Michael Radner und Stephen Winokur (Hg.), Analyses of Theories and Methods of Physics and Psychology, Minnesota Studies in the Philosophy of Science. Bd. IV. Minneapolis: University of Minnesota Press: 3-16.

Ferguson, Adam, 1986/1767: Versuch über die Geschichte der bürgerlichen Gesellschaft. Frankfurt/M.: Suhrkamp Verlag.

Frank, Robert H., 1985: Choosing the Right Pond. Human Behavior and the Quest for Status. New York, Oxford: Oxford University Press.

Friedman, Milton, 1968: The Methodology of Positive Economics. In: May Brodbeck (Hg.), Readings in the Philosophy of Social Sciences. London: The Macmillan Company, Collier-Macmillan Ltd.: 508-528.

Garfinkel, Harold, 1967: Studies in Ethnomethodology. Englewood Cliffs, NJ: Prentice Hall

Geanakoplos, John, 1992: Common Knowledge. In: Journal of Economic Perspectives 6: 53-82.

Gigerenzer, Gerd und Reinhard Selten (Hg.), 2001: Bounded Rationality. The Adaptive Toolbox. Cambridge, MA, London: MIT Press.

Gigerenzer, Gerd, 2000: Adaptive Thinking. Rationality in the Real World. Oxford et al.: Oxford University Press.

Gigerenzer, Gerd, 2007: Bauchentscheidungen. Die Intelligenz des Unbewussten und die Macht der Intuition. Amerik. Orig. 2007. München: C. Bertelsmann Verlag.

Girndt, Helmut, 1967: Das soziale Handeln als Grundkategorie erfahrungswissenschaftlicher Soziologie. Tübingen: J.C.B. Mohr (Paul Siebeck).

Goffman, Erving, 1981: Strategische Interaktion. Amerik. Orig. 1969. München: Carl Hanser Verlag.

Goldthorpe, John H., 2007: Rational Action Theory in Sociology: Misconceptions and Real Problems. In: John H. Goldthorpe, On Sociology, Vol. 1: Critique and Program. 2. Aufl. Stanford: Stanford University Press: 163-189.

Grafstein, Robert, 1992: Institutional Realism. Social and Political Constraints on Rational Actors. New Haven, London: Yale University Press.

Granovetter, Mark, 1985: Economic Action and Social Structures. The Problem of Embeddedness. In: American Journal of Sociology 91: 481-510.

Greif, Avner, 2006: Institutions and the Path to the Modern Economy. Cambridge: Cambridge University Press.

Habermas, Jürgen, 1981: Theorie kommunikativen Handelns. 2 Bände. Frankfurt/M.: Suhrkamp Verlag.

Hardin, Russell, 2003: Indeterminacy and Society. Princeton, Oxford: Princeton University Press.

Heath, Joseph, 2001: Communicative Action and Rational Choice. Cambridge, MA, London: MIT Press.

Hechter, Michael, 1987: Principles of Group Solidarity. Berkeley et al.: University of California Press.

Hechter, Michael, 2004: Towards a Sociological Rational Choice Theory. In: Axel van den Berg und Hudson Meadwell (Hg.), The Social Sciences and Rationality. Promises, Limits, and Problems. New Brunswick, London: Transaction Publishers: 23-39.

Heckathorne, Douglas D., 1989: Collective Action and the Second Order Free-Rider Problem. In: Rationality and Society 1: 78-100.

Hedström, Peter, 2005: Dissecting the Social. On the Principles of Analytical Sociology. Cambridge: Cambridge University Press.

Hedström, Peter, Richard Swedberg und Lars Udéhn, 1998: Popper's Situational Analysis in Contemporary Sociology. In: Philosophy of the Social Sciences 28: 339-364.

Heiner, Ronald A., 1988: Imperfect Decision and Routinized Production. Implication for Evolutionary Modelling and Inertial Technical Change. In: Giovanni Dosi, Christopher Freeman, Richard Nelson, Gerald Silverberg und Luc Soete (Hg.), Technological Change and Economic Theory. London, New York: Pinter Publishers: 147-169.

Hempel, Carl G., 1965: Aspects of Scientific Explanation and other Essays in the Philosophy of Science. New York, London: The Free Press, Collier Macmillan.

Hernes, Gudmund, 1995: Prozeß und struktureller Wandel. Amerik. Orig. 1976. In: Hans-Peter Müller und Michael Schmid (Hg.), Sozialer Wandel. Modellbildung und theoretische Ansätze. Frankfurt/M.: Suhrkamp Verlag: 85-138.

Hirsch, Fred, 1980: Die sozialen Grenzen des Wachstums. Eine ökonomische Analyse der Wachstumskrise. Reinbek bei Hamburg: Rowohlt Verlag.

Hirschman, Albert O., 1974: Abwanderung und Widerspruch. Reaktionen auf Leistungsabfall bei Unternehmungen, Organisationen und Staaten. Amerik. Orig. 1970. Tübingen: J.C.B. Mohr (Paul Siebeck).

Hirschman, Albert O., 1980: Leidenschaften und Interessen. Politische Begründungen des Kapitalismus vor seinem Sieg. Amerik. Orig. 1982. Frankfurt/M.: Suhrkamp Verlag.

Homans, George C., 1974: Human Behavior. Its Elementary Forms. Orig. 1961, 2., rev. Aufl. New York: Harcourt Brace & Janowitch.

Honneth, Axel und Hans Joas, 1980: Soziales Handeln und menschliche Natur. Anthropologische Grundlagen der Gesellschaftswissenschaften. Frankfurt/M., New York: Campus Verlag.

Honneth, Axel, 1992: Kampf um Anerkennung. Frankfurt/M.: Suhrkamp Verlag.

Hummell, Hans J. und Karl-Dieter Opp, 1971: Die Reduzierbarkeit von Soziologie auf Psychologie: Eine These, ihr Test und ihre theoretische Bedeutung. Braunschweig: Vieweg Verlag.

Kahneman, Daniel, Paul Slovic und Amos Tversky (Hg.), 1982: Judgement Under Uncertainty: Heuristics and Biases. Cambridge et al..: Cambridge University Press.

Knight, Frank H., 2006/1921: Risk, Uncertainty and Profit. Mineola, N.Y.: Dover Publications.

Knight, Jack, 1995: Models, Interpretation, and Theories. Constructing Explanations of Institutional Emergence and Change. In: Jack Knight und Itai Sened (Hg.), Explaining Institutions. Ann Arbor: The University of Michigan Press: 95-119.

Kroneberg, Clemens, 2005: Die Definition der Situation und die variable Rationalität der Akteure. In: Zeitschrift für Soziologie 34: 344-363.

Kunz, Volker, 1997: Theorie rationalen Handelns. Konzepte und Anwendungsprobleme. Opladen: Leske + Budrich.

Kuran, Timur, 1995: Private Truths, Public Lies. The Social Consequences of Preference Falsification. Cambridge, MA, London: Harvard University Press.

Kuran, Timur, 1998: Social Mechanisms of Dissonance Reduction. In: Peter Hedström und Richard Swedberg (Hg.), Social Mechanisms. An Analytical Approach to Social Theory. Cambridge: Cambridge University Press: 147-171.

Landa, Janet T., 1994: Trust, Ethnicity, and Identity. Beyond New Institutional Economics of Ethnic Trading Networks, Contract Laws, and Gift Exchange. Ann Arbor: The University of Michigan Press.

Latsis, Spiro J., 1976: A Research Programme in Economics. In: Spiro J. Latsis (Hg.), Method and Appraisal in Economics. Cambridge: Cambridge University Press: 1- 41.

Lewis, David, 1975: Konventionen. Eine sprachphilosophische Abhandlung. Amerik. Orig. 1969. Berlin et al.: Walter de Gruyter Verlag.

Lichbach, Mark I., 1995: The Rebel's Dilemma. Ann Arbor: The University of Michigan Press.

Lindenberg, Siegwart, 1977: Individuelle Effekte, kollektive Phänomene und das Problem der Transformation. In: Kurt Eichner und Werner Habermehl (Hg.), Probleme der Erklärung sozialen Verhaltens. Meisenheim: Verlag Anton Hain: 46-84.

Lindenberg, Siegwart, 1992: The Method of Decreasing Abstraction. In: James S. Coleman und Thomas J. Fararo (Hg.), Rational Choice Theory. Advocacy and Critique. Newbury Park, CA: Sage Publications: 3-20.

Lindenberg, Siegwart, 1996: Die Relevanz theoriereicher Brückenannahmen. In: Kölner Zeitschrift für Soziologie und Sozialpsychologie 48: 126-140.

Little, Daniel, 1998: Microfoundations, Method, and Causation. New Brunswick, London: Transaction Publishers.

Mandeville, Bernard de, 1968/1714: Die Bienenfabel oder private Laster, öffentliche Vorteile. Frankfurt/M.: Suhrkamp Verlag.

Manicas, Peter T., 2006: A Realist Philosophy of Social Science. Explanation and Understanding. Cambridge: Cambridge University Press.

Maurer, Andrea, 2004: Herrschaftssoziologie. Eine Einführung. Frankfurt/M., New York: Campus Verlag

Maurer, Andrea und Michael Schmid (Hg.), 2002: Neuer Institutionalismus. Soziologische Beiträge zur Erklärung von Organisation, Moral und Vertrauen. Frankfurt/M., New York: Campus Verlag.

Maurer, Andrea und Michael Schmid, 2010: Erklärende Soziologie. Grundlagen, Vertreter und Anwendungsfelder eines soziologischen Forschungsprogramms. Wiesbaden: VS Verlag für Sozialwissenschaften.

Mayntz, Renate, 1997: Soziale Dynamik und politische Steuerung. Theoretische und methodologische Überlegungen. Frankfurt/M., New York: Campus Verlag.

Mayntz, Renate, 2009: Sozialwissenschaftliches Erklären. Probleme der Theoriebildung und Methodologie. Frankfurt/M., New York: Campus Verlag.

Merton, Robert K. und Elinor Barber, 2004: The Travels and Adventures of Serendipity. A Study in Sociological Semantics and the Sociology of Knowledge. Princeton, Oxford: Princeton University Press.

Merton, Robert K., 1995: Opportunity Structure: The Emergence, Diffusion, and Differentiation of a Sociological Concept, 1930s-1950s. In: Freda Adler und William S. Laufer (Hg.), Advances in Criminological Theory 6. New Brunswick/London: Transaction Publishers: 3-78.

Meyer, John W. und Brian Rowan, 1977: Institutionalized Organization: Formal Structures as Myth and Ceremony. In: American Journal of Sociology 83: 340-363.

Miebach, Bernhard, 2006: Soziologische Handlungstheorie. Eine Einführung. 2., aktual. Aufl. Wiesbaden: VS Verlag für Sozialwissenschaften.

Miller, Max, 1994: Ellenbogenmentalität und ihre theoretische Apotheose. Einige kritische Anmerkungen zur Rational Choice Theorie. In: Soziale Welt 45: 5-15.

Mises, Ludwig von, 1933: Grundprobleme der Nationalökonomie. Jena: Gustav Fischer Verlag.

Mises, Ludwig von, 1940: Nationalökonomie. Theorie des Handelns und Wirtschaftens. München: Philosophia Verlag.

Moore, Barrington, 1978: Injustice. The Basis of Disobedience and Revolt. White Plains, N.J.: M.E. Sharpe Inc.

Münch, Richard, 1982: Theorie des Handelns. Zur Rekonstruktion der Beiträge von Talcott Parsons, Emile Durkheim und Max Weber. Frankfurt/M.: Suhrkamp Verlag.

Myerson, Roger B., 1991: Game Theory. Analysis of Conflict. Cambridge, MA, London: Harvard University Press.

Nagel, Ernest, 1961: The Structure of Science. Problems in the Logic of Scientific Explanations. London: Routledge & Kegan Paul.

Nash, John F., 1950: Non-Cooperative Games. Dissertation Princeton (http://www.princeton.edu/mudd/news/faq/topics/Non-Cooperative_Games_Nash.pdf.)

Neumann, John von und Oskar Morgenstern, 1947: Theory of Games and Economic Behavior. 2. Aufl. Princeton, NJ: Princeton University Press.

Norkus, Zenonas, 2001: Max Weber und Rational Choice. Marburg: Metropolis Verlag.

North, Douglass C., 1995: Five Propositions about Institutional Change. In: Jack Knight und Itai Sened (Hg.), Explaining Social Institutions. Ann Arbor: The University of Michigan Press: 15-26.

O'Neill, John (Hg.), 1973: Modes of Individualism and Collectivism. London: Heineman.

Opp, Karl-Dieter, 1999: Contending Conceptions of the Theory of Rational Action. In: Journal of Theoretical Politics 11: 171-202.

Opp, Karl-Dieter, 2004: Die Theorie rationalen Handelns im Vergleich mit alternativen Theorien. In: Manfred Gabriel (Hg.), Paradigmen der akteurszentrierten Soziologie. Wiesbaden: VS Verlag für Sozialwissenschaften: 43-68.

Ostrom, Elinor, 1990: Governing the Commons. The Evolution of Institutions for Collective Action. Cambridge: Cambridge University Press.

Parsons, Talcott und Eduard A. Shils, 1951: Values, Motives, and Systems of Action. In: Talcott Parsons und Eduard A. Shils (Hg.), Toward a General Theory of Action. Theoretical Foundations for the Social Sciences. New York: Harper & Row: 47-243.

Parsons, Talcott, 1968/1937: The Structure of Social Action. Vol. 1: Marshall, Pareto, Durkheim. Glencoe: The Free Press.

Pears, David, 1984: Motivated Irrationality. Oxford: Clarendon Press

Popper, Karl R., 1958: Die offene Gesellschaft und ihre Feinde. Bd. 2: Falsche Propheten. Hegel, Marx und die Folgen. Engl. Orig. 1945. Bern: A. Francke Verlag.

Popper, Karl R., 1961: The Poverty of Historicism. Amerik. Orig. 1944/45. London: Routledge & Kegan Paul.

Popper, Karl. R., 1990: A World of Propensities. Bristol: Thoemmes Antiquarian Books Ltd.

Quackenbush, Stephen, 2004: The Rationality of Rational Choice Theory. In: International Interactions 30: 87-107.

Raiffa, Howard 1973: Einführung in die Entscheidungstheorie. Amerik. Orig. 1968. München: Oldenbourg Verlag.

Raiffa, Howard, John Richardson und David Metcalfe, 2002: Negotiation Analysis. The Science and Art of Collaborative Decision Making. Cambridge, MA, London: The Belknap Press of Harvard University Press.

Rapoport, Anatol und A.M. Chammah, 1965: Prisoner's Dilemma. Ann Arbor: The University of Michigan Press.

Rapoport, Anatol, 1976: Kämpfe, Spiele und Debatten. Drei Konfliktmodelle. Amerik. Orig. 1960. Darmstadt: Verlag Darmstädter Blätter.

Rasmusen, Eric, 2001: Games and Information. An Introduction to Game Theory. 3. Aufl. Malden, Mass., Oxford: Blackwell Publishers.

Reckwitz, Andreas, 2000: Die Transformation der Kulturtheorie. Zur Entwicklung eines Theorieprogramms. Weilerswist: Velbrück Wissenschaft.

Reckwitz, Andreas, 2008: Unscharfe Grenzen. Perspektiven der Kultursoziologie. Bielefeld: Transcript.

Ripperger, Tanja, 1998: Ökonomik des Vertrauens. Analyse eines Organisationsprinzips. Tübingen: J.C.B. Mohr (Paul Siebeck).

Saam, Nicole J., 2002: Prinzipale, Agenten und Macht. Eine machttheoretische Erweiterung der Agenturtheorie und ihre Anwendung auf Interaktionsstrukturen in der Organisationsberatung. Tübingen: Mohr Siebeck.

Savage, Leonard J., 1954: The Foundations of Statistics. New York: Wiley & Sons.

Sawyer, Keith, 2005: Social Emergence. Societies as Complex Systems. Cambridge: Cambridge University Press.

Schelling, Thomas C., 1960: The Strategy of Conflict. Cambridge, MA, London: Harvard University Press.

Schelling, Thomas C., 1966: Arms and Influence. New Haven, London: Yale University Press.

Schimank, Uwe, 2002: Organisationen: Akteurkonstellationen – Korporative Akteure – Sozialsysteme. In: Jutta Allmendinger und Thomas Hinz (Hg.), Organisationssoziologie. Sonderheft 42 der Kölner Zeitschrift für Soziologie und Sozialpsychologie. Wiesbaden: Westdeutscher Verlag: 29-54.

Schimank, Uwe, 2005: Die Entscheidungsgesellschaft. Komplexität und Rationalität der Moderne. Wiesbaden: VS Verlag für Sozialwissenschaften.

Schmid, Michael, 1993: Verhaltenstheorie versus Nutzentheorie. Zur Systematik einer theoretischen Kontroverse. In: Journal for General Philosophy of Science 24: 275-292

Schmid, Michael, 1994: Idealisierung und Idealtyp. Zur Logik der Typenbildung bei Max Weber. In: Gerhard Wagner und Heinz Zyprian (Hg.), Max Webers Wissenschaftslehre. Interpretationen und Kritik. Frankfurt/M.: Suhrkamp Verlag: 415-444.

Schmid, Michael, 1996: Rationalität und Theoriebildung. Studien zu Karl R. Poppers Methodologie der Sozialwissenschaften. Amsterdam/Atlanta, GA: Rodopi Verlag.

Schmid, Michael, 1998: Soziales Handeln und strukturelle Selektion. Beiträge zur Theorie sozialer Systeme. Opladen: Westdeutscher Verlag.

Schmid, Michael, 2004: Rationales Handeln und soziale Prozesse. Beiträge zur soziologischen Theoriebildung. Wiesbaden: VS Verlag für Sozialwissenschaften.

Schmid, Michael, 2005a: Soziale Mechanismen und soziologische Erklärungen. In: Hans-Jürgen Aretz und Christian Lahusen (Hg.), Die Ordnung der Gesellschaft. Festschrift zum 60. Geburtstag von Richard Münch. Frankfurt/M. et al.: Peter Lang: 35-82.

Schmid, Michael, 2005b: Ist die Soziologie eine erklärende Wissenschaft? In: Uwe Schimank und Rainer Greshoff (Hg.), Was erklärt die Soziologie? Soziologische Erklärung, Modellbau, Simulation. Münster: LIT Verlag: 122-148.

Schmid, Michael, 2006a: Die Logik mechanismischer Erklärungen. Wiesbaden: VS Verlag für Sozialwissenschaften.

Schmid, Michael, 2006b: Individuelles Handeln und gesellschaftliche Veränderung. Einige Bemerkungen zur Subjektkonzeption der soziologischen Handlungstheorie. In: Heiner Keupp und Joachim Hohl (Hg.), Subjektdiskurse im gesellschaftlichen Wandel. Zur Theorie des Subjekts in der Spätmoderne. Bielefeld: [transcript] Verlag: 29-49.

Schmid, Michael, 2008a: Soziale Einbettung und ökonomisches Handeln. Mark Granovetters Beitrag zu einer soziologischen Theorie des Unternehmens. In: Andrea Maurer und Uwe Schimank (Hg.), Die Gesellschaft der Unternehmen – Die Unternehmen der Gesellschaft. Gesellschaftstheoretische Zugänge zum Wirtschaftsgeschehen. Wiesbaden: VS Verlag für Sozialwissenschaften: 78-101.

Schmid, Michael, 2008b: Theoriebildung und Theoriepolitik in der Soziologie. Ein Kommentar zu Norman Braun ‚Theorie in der Soziologie'. In: Soziale Welt 60, 2009: 199-215.

Schmid, Michael, 2009a: Die Unsicherheit des Entscheidens. Überlegungen zur rationaltheoretischen Mikrofundierung der Theorie reflexiver Modernisierung. In: Fritz Böhle und Margit Weihrich (Hg.), Handeln unter Unsicherheit. Wiesbaden: VS Verlag für Sozialwissenschaften: 49-66.

Schmid, Michael, 2009b: Theorien, Modelle und Erklärungen. Einige Grundprobleme des soziologischen Theorienvergleichs. In: Gerhard Preyer (Hg.), Neuer Mensch und kollektive Identität in der Kommunikationsgesellschaft. Wiesbaden: VS Verlag für Sozialwissenschaften: 323-359.

Schmid, Michael, 2010: Mechanismische Erklärungen und die „Anatomie des Sozialen". Bemerkungen zum Forschungsprogramm der Analytischen Soziologie. In: Thomas Kron und Thomas Grund (Hg.), Die Analytische Soziologie auf dem Prüfstand. Wiesbaden: VS Verlag für Sozialwissenschaften: 31-65.

Schmidt, Jürgen, 2000: Die Grenzen der Rational Choice Theorie. Eine kritische Untersuchung und empirische Studie. Opladen: Leske + Budrich.

Scholz, Oliver R., 2001: Verstehen und Rationalität. Untersuchungen zu den Grundlagen von Hermeneutik und Sprachphilosophie. 2., rev. Aufl. Frankfurt/M.: Vittorio Klostermann.

Schotter, Andrew, 1981: The Economic Theory of Social Institutions. Cambridge: Cambridge University Press.

Schütz, Alfred, 1971: Das Problem der Relevanz. Frankfurt/M.: Suhrkamp Verlag.

Sen, Amartya K., 1977: Rational Fools. A Critique of the Behavioral Foundations of Economic Theory. In: Philosophy and Public Affairs 6: 317-344.

Simon, Herbert A., 1983: Reason and Human Affairs. Stanford, CA: Stanford University Press.

Stigler, George J., 1961: The Economics of Information. In: Journal of Political Economy 69: 213-225.

Sugden, Robert, 1991: Rational Choice: A Survey of Contributions from Economics and Philosophy. In: The Economic Journal 101: 751-785.

Swedberg, Richard, 2009: Grundlagen der Wirtschaftssoziologie. Hrsg. und eingeleitet von Andrea Maurer. Amerik. Orig. 2003. Wiesbaden: VS Verlag für Sozialwissenschaften.

Tolman, Edward C., 1951: A Psychological Model. In: Talcott Parsons und Edward A. Shils (Hg.), Toward a General Theory of Action. Theoretical Foundations for the Social Sciences. New York: Harper & Row Publishers: 279-359.

Turner, Stephen, 1994: The Social Theory of Practices. Tradition, Tacit Knowledge and Presuppositions. Cambridge, Oxford: Polity Press.

Udéhn, Lars, 1996: The Limits of Public Choice. A Sociological Critique of the Economic Theories of Politics. London: Routledge.

Udéhn, Lars, 2001: Methodological Individualism. Background, History and Meaning. London: Routledge.

Ullmann-Margalit, Edna, 1977: The Emergence of Norms. Oxford: Clarendon Press.

Umbeck, John R., 1981: A Theory of Property Rights with Applications to the California Gold Rush. Ames: The Iowa State University Press.

Vanberg, Viktor, 2005: Rationalitätsprinzip und Rationalitätshypothesen: Zum methodologischen Status der Theorie rationalen Handelns. In: Hansjörg Siegenthaler (Hg.), Rationalität im Prozess kultureller Evolution. Rationalitätsunterstellungen als eine Bedingung der Möglichkeit substanzieller Rationalität des Handelns. Tübingen: Mohr Siebeck: 33-63.

Weber, Max, 1920: Gesammelte Aufsätze zur Religionssoziologie. Bd. I. Tübingen: Verlag von J.C.B. Mohr (Paul Siebeck).

Weber, Max, 1968/1922: Gesammelte Aufsätze zur Wissenschaftslehre. 3. Aufl. Tübingen: J.C.B. Mohr (Paul Siebeck).

Weber, Max, 1972/1922: Wirtschaft und Gesellschaft. Grundriss der verstehenden Soziologie. 5., rev. Aufl. Tübingen: J.C.B. Mohr (Paul Siebeck).

White, Harrison C., 1992: Identity and Control. A Structural Theory of Action. Princeton: Princeton University Press.

Williamson, Oliver E., 1990: Die ökonomischen Institutionen des Kapitalismus. Unternehmen, Märkte, Kooperationen. Amerik. Orig. 1985. Tübingen: J.C.B. Mohr (Paul Siebeck).

Wippler, Reinhard und Siegwart Lindenberg, 1987: Collective Phenomena and Rational Choice. In: Jeffrey C. Alexander, Bernhard Giesen, Richard Münch und Neil J. Smelser (Hg.), The Micro-Macro-Link. Berkeley et al.: The University of California Press: 135-152.

Wippler, Reinhard, 1981: Die Erklärung unbeabsichtigter Handlungsfolgen: Ziel oder Meilenstein soziologischer Theoriebildung. In: Joachim Matthes (Hg.), Lebenswelt und soziale Probleme. Verhandlungen des 20. Deutschen Soziologentags. Frankfurt/M., New York: Campus Verlag: 241-261.

Wolf, Dorothea, 2005: Ökonomische Sicht(en) auf das Handeln. Ein Vergleich der Akteursmodelle in ausgewählten Rational-Choice-Konzeptionen. Marburg: Metropolis.

Young, H. Peyton, 1998: Individual Strategy and Social Structure. An Evolutionary Theory of Institutions. Princeton, London: Princeton University Press.

Zafirovski, Milan, 1999: What is Really Rational Choice? In: Current Sociology 47: 47-113.

Zürn, Michael, 1992: Interessen und Institutionen in der internationalen Politik. Grundlegung und Anwendung des situationsstrukturellen Ansatzes. Opladen: Leske + Budrich.

AutorInnen

Anita Engels ist Professorin für Soziologie am Centrum für Globalisierung und Governance der Universität Hamburg. *Forschungsschwerpunkte:* Globalisierungstheorien, Wirtschaftssoziologie, Umweltsoziologie, sozialwissenschaftliche Klimaforschung, Emissionshandel. *Ausgewählte Veröffentlichungen:* Ökologische Resonanzen in der Wirtschaft. Moralisierung der Märkte? In: Büscher, Christian / Japp, Klaus Peter (Hg.) 2010: Ökologische Aufklärung. 25 Jahre „Ökologische Kommunikation", Wiesbaden: VS Verlag, 99-130. Die soziale Konstitution von Märkten, in: Jens Beckert/Christoph Deutschmann (Hrsg.), Wirtschaftssoziologie. Sonderheft 49/2009 der Kölner Zeitschrift für Soziologie und Sozialpsychologie, 67-86. Preparing for the ‚real' market: National patterns of institutional learning and company behaviour in the European Emissions Trading Scheme (EU ETS) [mit Lisa Knoll und Martin Huth], in: European Environment 2008, 18/5, 276-297. Die geteilte Umwelt. Ungleichheit, Konflikt und ökologische Selbstgefährdung in der Weltgesellschaft, 2003. Weilerswist: Velbrück Wissenschaft.

E-Mail: anita.engels@wiso.uni-hamburg.de

Rainer Greshoff ist wissenschaftlicher Mitarbeiter am Institut für Soziologie der Universität Bremen. *Forschungsschwerpunkte:* Sozialtheorie, Theorienvergleich, Theorienintegration und sozialwissenschaftliche Interdisziplinarität. *Ausgewählte Veröffentlichungen:* Dimensionen und Konzeptionen von Sozialität, 2010. Wiesbaden: VS-Verlag [hg. gem. mit Gert Albert und Rainer Schützeichel]. Ohne Akteure geht es nicht! Oder: warum die Fundamente der Luhmannschen Sozialtheorie nicht tragen. In: Zeitschrift für Soziologie 37/2008, 450-469. Verstehen und Erklären, 2008. München: Fink [hg. gem. mit Georg Kneer/Wolfgang L. Schneider]. Integrative Sozialtheorie? Esser – Luhmann – Weber, 2006. Wiesbaden: VS Verlag [hg. gem. mit Uwe Schimank]. Die theoretischen Konzeptionen des Sozialen von Max Weber und Niklas Luhmann im Vergleich, 1999. Wiesbaden: Westdeutscher Verlag.

E-Mail: r-greshoff@versanet.de

Jens Greve vertritt derzeit den Lehrstuhl für Soziologische Theorie und Philosophie der Sozialwissenschaften an der Universität Kassel. *Forschungsschwerpunkte:* Soziologische Theorie, Gesellschaftstheorie, Weltgesellschaft und gesellschaftliche Ungleichheiten. *Ausgewählte Veröffentlichungen:* Soziale Differenzierung. Erkenntnisgewinne handlungs- und systemtheoretischer Zugänge. Wiesbaden: VS Verlag für Sozialwissenschaften (hg. gemeinsam mit Clemens Kroneberg und Thomas Schwinn), 2011; Emergenz. Zur Analyse und Erklärung komplexer Strukturen. Frankfurt a.M.: Suhrkamp (hg. gemeinsam mit Annette Schnabel), 2011; Emergence in Sociology: A Critique of Non-reductive Individualism. In: Philosophy of the Social Sciences, 2010; Globale Ungleichheit: Weltgesellschaftliche Perspektiven. In: Berliner Journal für Soziologie 20, 2010: 65-87; Jürgen Habermas. Konstanz: UVK, 2009.

E-Mail: jensgreve@gmx.de

Andrea Maurer ist Professorin für Soziologie an der Universität der Bundeswehr München. *Forschungsschwerpunkte:* Soziologische Theoriebildung, Organisations-, Herrschafts- und Wirtschaftssoziologie. *Ausgewählte Veröffentlichungen:* Erklärende Soziologie, 2010. Wiesbaden: VS Verlag [gem. mit M. Schmid]. Soziologische Erklärungen wirtschaftlicher Sachverhalte: ein institutionentheoretischer Zugang. In: KZfSS SB 49/2009, VS: Wiesbaden: 208-218; Verhaltensmodelle und Handlungstheorien in der Soziologie. In: Menschenbilder und Verhaltensmodelle in der wissenschaftlichen Politikberatung, hrsg. von Martin Führ, Kilian Bizer, Peter H. Feindt, Stuttgart, 2007: NOMOS: 180-191. Herrschaftssoziologie. Eine Einführung, 2004. Frankfurt/M., New York: Campus Verlag.

E-Mail: andrea.maurer@unibw.de

Hans-Peter Müller ist Professor für Allgemeine Soziologie an der Humboldt-Universität zu Berlin. *Forschungsschwerpunkte:* Klassische und zeitgenössische soziologische Theorie, Sozialstruktur und soziale Ungleichheit, politische Soziologie und Kultursoziologie. *Ausgewählte Veröffentlichungen:* Max Weber. Eine Einführung in sein Werk. Köln, Weimar, Wien, 2007. Böhlau: UTB. Die europäische Gesellschaft, 2006. Konstanz: UVK [gem. mit Robert Hettlage]. Pierre Bourdieu, théorie et pratique. Perspectives franco-allemandes, 2006. Paris: La Découverte [gem. mit Yves Sintomer]. Encyclopedia of social theory, 2006. London/New York: Routledge [hg. gem. mit Austin Harrington und Barbara I. Marshall]. Sozialstruktur und Lebensstile, 1992. Frankfurt/Main: Suhrkamp (2.Aufl. 1997).

E-Mail: hans-peter.mueller@sowi.hu-berlin.de

Richard Münch ist Professor für Soziologie an der Otto-Friedrich-Universität Bamberg. *Forschungsschwerpunkte:* Gesellschaftstheorie und komparative Makrosoziologie. *Ausgewählte Veröffentlichungen:* Soziologische Theorie, 3 Bde., 2002-2004, Frankfurt/New York: Campus. Die akademische Elite. Zur sozialen Konstruktion wissenschaftlicher Exzellenz, 2007, Frankfurt a.M.: Suhrkamp. Die Konstruktion der europäischen Gesellschaft. Zur Dialektik von transnationaler Integration und nationaler Desintegration, 2008, Frankfurt/New York: Campus. Globale Eliten, lokale Autoritäten. Bildung und Wissenschaft unter dem Regime von PISA, McKinsey & Co., 2009, Frankfurt a.M.: Suhrkamp. Das Regime des liberalen Kapitalismus, 2009, Frankfurt/New York: Campus. Das Regime des Pluralismus. Zivilgesellschaft im Kontext der Globalisierung, 2010, Frankfurt/New York: Campus. European Governmentality. The Liberal Drift of Multilevel Governance, 2010, London: Routledge. Das Regime des Freihandels. Entwicklung und Ungleichheit in der Weltgesellschaft, 2011, Frankfurt/New York: Campus.

E-Mail: richard.muench@uni-bamberg.de

Uwe Schimank ist Professor für Soziologische Theorie an der Universität Bremen. *Forschungsschwerpunkte:* soziologische Theorie, insbesondere Theorien der modernen Gesellschaft, Organisations- und Wirtschaftssoziologie, Wissenschafts- und Hochschulforschung. *Ausgewählte Veröffentlichungen:* „Vater Staat": ein vorhersehbares Comeback. Staatsverständnis und Staatstätigkeit in der Moderne. In: der moderne staat 2/2009, 249-270. Die Moderne: eine funktional differenzierte kapitalistische Gesellschaft. In: Berliner Journal für Soziologie 19/2009, 327-351. Verhalten im Stillstand – Stillstand als Verhalten: Organisationsblockaden in der Perspektive des akteurzentrierten Institutionalismus. In: Managementforschung 19 / Georg Schreyögg/Jörg Sydow (Hrsg.), Verhalten in Organisationen, 2009. Wiesbaden: Gabler, 239-283 (mit Jürgen Deeg und Jürgen Weibler). Die Entscheidungsgesellschaft – Komplexität und Rationalität der Moderne, 2005. Wiesbaden: VS. Differenzierung und Integration der modernen Gesellschaft – Beiträge zur akteurzentrierten Differenzierungstheorie 1, 2005. Wiesbaden: VS.

E-Mail: uwe.schimank@uni-bremen.de

Michael Schmid war bis 2008 Professor für Allgemeine Soziologie an der Universität der Bundeswehr München. *Forschungsschwerpunkte:* Systematik und Geschichte der soziologischen Theorie, Methodologie und Wissenschaftstheorie der Sozialwissenschaften. *Ausgewählte Veröffentlichungen:* Erklärende Soziologie. Grundlagen, Vertreter und Anwendungsfelder eines soziologischen Forschungsprogramms, 2010. Wiesbaden: VS Verlag [gem. mit A. Maurer]. Die Logik mechanismischer Erklärungen, 2006. Wiesbaden: VS Verlag. Soziales Handeln und strukturelle Selektion. Beiträge zur Theorie sozialer Systeme, 1998. Opladen: Westdeutscher Verlag. Rationales Handeln und soziale Prozesse. Beiträge zur soziologischen Theoriebildung, 2004. Wiesbaden: VS Verlag. Theorie sozialen Wandels, 1982. Opladen: Westdeutscher Verlag. Rationalität und Theoriebildung. Studien zu Karl R. Poppers Methodologie der Sozialwissenschaften, 1996. Amsterdam/Atlanta, GA: Rodopi Verlag. Handlungsrationalität. Kritik einer dogmatischen Handlungswissenschaft, 1979. München: Fink Verlag.

E-Mail: Dr.Michael.Schmid@t-online.de

Wolfgang Ludwig Schneider ist Professor für Allgemeine Soziologie an der Universität Osnabrück. *Forschungsschwerpunkte:* Gesellschaftliche Differenzierung und 'Pathologien' der modernen Gesellschaft, Kommunikations- und Kultursoziologie, sequenzanalytische Methoden. *Ausgewählte Veröffentlichungen:* Religion und funktionale Differenzierung. In: Jens Greve, Clemens Kroneberg, Thomas Schwinn (Hrsg.), Soziale Differenzierung. Erkenntnisgewinne handlungs- und systemtheoretischer Zugänge, 2011. Wiesbaden: VS, 181-210. Parasitäre Netzwerke in Wissenschaft und Politik. In: Michael Bommes, Veronika Tacke (Hrsg.), Netzwerke in der funktional differenzierten Gesellschaft, 2011. Wiesbaden: VS, 173-210 [gem. mit Isabel Kusche]. Kultur als Beobachtungsform. In: Monika Wohlrab-Sahr (Hrsg.), Kultursoziologie: Paradigmen – Methoden – Fragestellungen, 2010. Wiesbaden: VS, 339-374. Grundlagen der soziologischen Theorie, Band III: Sinnverstehen und Intersubjektivität – Hermeneutik, funktionale Analyse, Konversationsanalyse und Systemtheorie, 2. Aufl. 2009. Wiesbaden: VS.

E-Mail: wolfgang.ludwig.schneider@uni-osnabrueck.de

Reinhard Zintl war bis 2010 Professor für Politikwissenschaft an der Universität Bamberg. *Forschungsschwerpunkte:* Konstitutionelle Politische Ökonomie; Anwendungsprobleme des Rational-Choice-Ansatzes in der Politikwissenschaft; Theorien gerechter Ordnung; politische Philosophie. *Ausgewählte Veröffentlichungen:* Markt statt Politik? Kommentar zu Reiner Eichenberger: „Bessere Politik dank Deregulierung des politischen Prozesses". In: Analyse & Kritik 23/2001, S. 81-87; Politik und Markt. PVS Sonderheft 34. Wiesbaden: VS Verlag für Sozialwissenschaften 2004 (hg. gem. mit Roland Czada); Das Verhältnis von Markt und Politik. In: Karl Graf Ballestrem et al. (Hg.), Jahrbuch Politisches Denken. Berlin: Duncker & Humblot, 2006/2007, S. 79-95; Kollektive Entscheidungsprozesse und die Funktionalität legitimer Macht. In: Martin Held et al. (Hg.), Normative und institutionelle Grundfragen der Ökonomik, Band 7: Macht in der Ökonomie. Marburg: Metropolis 2008, S. 121-141.

E-Mail: reinhard.zintl@uni-bamberg.de

The manufacturer's authorised representative in the EU is Springer
Nature Customer Service Centre GmbH, Europaplatz 3, 69115 Heidelberg,
Germany. If you have any concerns regarding our products, please
contact ProductSafety@springernature.com

Printed and bound by CPI Group (UK) Ltd, Croydon, CR0 4YY
24/04/2026
02096312-0015